The
Welsh
LEARNER'S
Dictionary

I JEFF ROBERTS ac ADRIAN REES,

*dau o adeiladwyr y Gymraeg
yn Abertawe*

The
Welsh
LEARNER'S
Dictionary

HEINI GRUFFUDD

First impression: 1998
Third impression (revised): 1999
Mini edition: 2000
Fifth impression (revised): 2004
This pocket edition: 2007
This impression: 2009

ISBN (this pocket edition only): 0 86243 363 0

Published, printed and bound in Wales
by Y Lolfa Cyf., Talybont, Ceredigion SY24 5HE
e-mail ylolfa@ylolfa.com
website www.ylolfa.com
tel. (01970) 832 304
fax 832 782

Foreword

THE EXCELLENT sales of this dictionary both in its standard and mini formats has proved what I had suspected when undertaking this project: that learning Welsh is becoming increasingly popular, and that learners need a friendly yet practical dictionary created specially for their needs.

As Welsh is becoming a more visible language in Wales, the dictionary will also be useful for those who wish to understand the Welsh they see around them, and for tourists and visitors to Wales who wish to take an interest in modern Welsh life and culture.

The 10,000 Welsh words and phrases in this dictionary should be ample for you to understand, speak and write everyday Welsh. A rough guide to pronunciation is given on the **Cymraeg-English** side, while word plurals and genders are given on both sides of the dictionary. Word contexts are given, and words which cause the painful mutations are noted throughout. Common phrases and sentences are included to enable the user to see the language at work.

Geographical names, including the names of countries, appear in two separate lists (**English-Cymraeg, Cymraeg-English**) for easy access, though some of the more common names of countries are also included in the **English-Cymraeg** section of the dictionary. They are not included in the **Cymraeg-English** section because they are, for the most part, easily recognizable.

There is also a brief guide and grammar section, but this is not meant to replace the use of a Welsh grammar or Welsh teaching book.

Rwy am ddiolch i wasg Y Lolfa ac yn arbennig i Eiry Jones, eu golygydd, am ei gwaith wrth gynhyrchu'r geiriadur hwn.

HEINI GRUFFUDD
Abertawe

Numbers

> **Numbers are followed by singular noun**
> *or*
> **Numbers are followed by 'o' + plural noun (+S.M.)**

1	un *(+S.M. with f noun)*
2	dau *(with m noun)* *(+S.M.)*
	dwy *(with f noun)* *(+S.M.)*
3	tri *(with m noun)* *(+A.M.)*
	tair *(with f noun)*
4	pedwar *(with m noun)*
	pedair *(with f noun)*
5	pump; pum + noun
6	chwech; chwe + A.M
7	saith
8	wyth
9	naw
10	deg
11	un deg un
12	un deg dau *(with m noun)*
	un deg dwy *(with f noun)*
13	un deg tri *(with m noun)*
	un deg tair *(with f noun)*
14	un deg pedwar *(with m noun)*
	un deg pedair *(with f noun)*
15	un deg pump
16	un deg chwech
17	un deg saith
18	un deg wyth
19	un deg naw
20	dau ddeg
21	dau ddeg un
30	tri deg
40	pedwar deg
50	pum deg
60	chwe deg
70	saith deg
80	wyth deg
90	naw deg
100	cant
101	cant ac un
200	dau gant
300	tri chant
400	pedwar cant
500	pum cant
600	chwe chant
1000	mil
2000	dwy fil

Traditional Numbers

> **These forms are used in telling the time and with age**
> **Nouns are placed after the first element, e.g.**
> *25 minutes* – **pum munud ar hugain**

11	un ar ddeg
12	deuddeg
13	tri ar ddeg *(with m noun)*
	tair ar ddeg *(with f noun)*
14	pedwar ar ddeg *(with m noun)*
	pedair ar ddeg *(with f noun)*
15	pymtheg
16	un ar bymtheg
17	dau ar bymtheg *(with m noun)*
	dwy ar bymtheg *(with f noun)*
18	deunaw
19	pedwar ar bymtheg *(with m noun)*
	pedair ar bymtheg *(with f noun)*
20	ugain
21	un ar hugain
22	dau ar hugain *(with m noun)*
	dwy ar hugain *(with f noun)*
23	tri ar hugain *(with m noun)*
	tair ar hugain *(with f noun)*

24	pedwar ar hugain *(with m noun)*
	pedair ar hugain *(with f noun)*
25	pump ar hugain
30	deg ar hugain
31	un ar ddeg ar hugain
40	deugain
41	un a deugain
42	dau a deugain *(with m noun)*
	dwy a deugain *(with f noun)*
50	hanner cant
51	hanner cant ac un
60	trigain
61	un a thrigain
70	deg a thrigain
80	pedwar ugain
81	un a phedwar ugain
90	deg a phedwar ugain
91	un ar ddeg a phedwar ugain

Ordinals

> **Most ordinals precede the noun**
> **f ordinals are followed by S.M.**
> **Nouns are put after the first element, e.g.**
> **22nd verse – ail adnod ar hugain**

1st	cyntaf *(follows noun)*
2nd	ail *(+S.M.)*
3rd	trydydd *(with m noun)*
	trydedd *(with f noun) (+S.M.)*
4th	pedwerydd *(with m noun)*
	pedwaredd *(with f noun) (+S.M.)*
5th	pumed
6th	chweched
7th	seithfed
8th	wythfed
9th	nawfed
10th	degfed
11th	unfed ar ddeg

12th	deuddegfed
13th	trydydd ar ddeg *(with m noun)*
	trydedd ar deg *(with f noun)*
14th	pedwerydd ar ddeg *(with m noun)*
	pedwaredd ar ddeg *(with f noun)*
15th	pymthegfed
16th	unfed ar bymtheg
17th	ail ar bymtheg
18th	deunawfed
19th	pedwerydd ar bymtheg *(with m noun)*
	pedwaredd ar bymtheg *(with f noun)*
20th	ugeinfed
21st	unfed ar hugain
22nd	ail ar hugain
30th	degfed ar hugain
31st	unfed ar ddeg ar hugain
32nd	deuddegfed ar hugain
35th	pymthegfed ar hugain
36th	unfed ar bymtheg ar hugain
38th	deunawfed ar hugain
39th	pedwerydd ar bymtheg ar hugain *(with m noun)*
	pedwaredd ar bymtheg ar hugain *(with f noun)*
40th	deugeinfed
41st	unfed a deugain
50th	hanner canfed
51st	unfed a hanner cant

Guide and Grammar

The Welsh Alphabet

A, B, C, CH, D, DD, E, F, FF, G, NG, H, I, J, K, L, LL, M, N, O, P, PH, R, RH, S, T, TH, U, W, X, Y, Z

The letters J, K, X and Z are not normally included in the Welsh alphabet, but they are used at times, e.g. jam, kilometr, pelydr X (X ray) and zinc.

Notice that the order of the Welsh alphabet can be deceptive. There are eight 'double' letters: CH, DD, FF, NG, LL, PH, RH, TH. These have a single sound (see under **PRONUNCIATION**) and they are classed as single letters in the alphabet, following the order shown above. **Achos** comes after **acw** in the dictionary, because the letter **ch** follows **c**. Care must therefore be used when looking up words. **Ng** is difficult, because this letter comes after **g**, and not after **n**. Therefore **angel** comes before **alaw** in the dictionary.

Pronunciation

The following letters always have the same sound as in English:
A , B, D, FF, H, J, K, L, M, N, P, PH, T.

Other letters are pronounced thus:		*denoted in dictionary*
C	as English 'K' (**K**ing)	k
CH	as Scottish 'CH' (Lo**ch**)	ch
DD	as voiced 'TH' in English (**th**is)	dd
F	as 'V' in English (**v**ote)	v
G	as hard 'G' in English (**g**irl)	g
NG	almost always without a hard 'G' (Ki**ng**)	ng
LL	voiceless, blown 'L' (**Ll**anelli)	ll
R	trilled 'R' (**rrrr**)	r
RH	voiceless trilled 'R'	rh
S	always as voiceless 'S' (thi**s**)	s
TH	always as voiceless 'TH' (bo**th**)	th

The vowels can be either short or long:

A	as in J**a**p**a**n or t**a**rt (â - as in t**a**rt)	a
E	as in j**e**t or caf**é** (ê - as in caf**é**)	e
I	as in t**i**n or 'ee' in b**ee**n (î - as in b**ee**n)	i **or** ee
O	as in g**o**ne or C**o**ca C**o**la (ô - as in C**o**la)	o
U	as 'ee' in b**ee**n (In North Wales, like the French 'u')	ee
W	as 'u' in p**u**t or 'o' in wh**o** (w - as in wh**o**)	oo
Y	as 'u' in l**u**ck or '**u**' in nurse	uh **or** ee
	or as 'ee' in b**ee**n (ŷ - as in b**ee**n)	

Vowel Combinations

Some vowel sounds change when they are in combination with other vowels:

AE	as in '**aye**, **aye**, sir'	aee
AI	as in '**aye**, **aye**, sir'	aee
AU	as in '**aye**, **aye**, sir'	aee
AW	as in 'L**au**da' (not as in 'd**aw**n')	aoo
EI	as in 'r**ai**n'	e-ee
EU	as in '**eye**'	e-ee
OE	as in 'c**oi**n'	oee
OY	as in 'c**oi**n'	oee
WY	a combination of 'oo' and 'ee'	ooee

A guide to pronunciation is given in the Welsh section of the dictionary, in *italics,* using the above denotations.

Accents On Words

When Welsh words have two or more syllables, the accent is almost always on the **last but one syllable**. In the pronunciation guide, if the accent is on another part of the word, the accent is after the sign ´.)

Letter Changes (Mutations)

In certain circumstances, and many of these are noted in this dictionary, the first letter of words can change. **Nine** letters can change. These letters can change in up to three different ways, as follows:

Original Letter	Soft Mutation	Nasal Mutation	Aspirate Mutation
c	g	ngh	ch
p	b	mh	ph
t	d	nh	th
g	*left out*	ng	*no change*
b	f	m	*no change*
d	dd	n	*no change*
ll	l	*no change*	*no change*
m	f	*no change*	*no change*
rh	r	*no change*	*no change*

As this happens to the **first letter** of words, a word in a sentence could start with an **a** but it could be under **g** in the dictionary (as the letter **g** drops off with soft mutation). You must therefore look up what the **original spelling** would be: words starting with **f**, for example, could be mutated from **m** or **b**. You should therefore look up **f, m** or **b**.

Brief Guide to Mutations

Soft Mutation

This is the most common change.

> Feminine singular nouns change after **y**, **yr** and '**r** *(the)*.(Except when they start with RH or LL.)
> e.g. **merch** *(girl)*; **y ferch** *(the girl)* but **y llaw** *(the hand)*
> Nouns change after **ei** *(his)* e.g. **tad** *(father)*; **ei dad** *(his father)*.
> Adjectives change after a feminine noun, e.g. **mawr** *(big)*; **merch fawr** *(a big girl)*
> Feminine singular nouns change after **un** *(one)*, e.g. **punt** *(pound)*; **un bunt** *(one pound)*, except when they start with **ll** or **rh**, e.g. **un llong** *(one ship)*.
> Nouns and adjectives change after **yn** or '**n** , e.g. **da** *(good)*; **mae e'n dda** *(it's good)*.
> Nouns change after prepositions: **am** *(for, at)*, **ar** *(on)*, **at** *(at)*, **gan** *(by)*, **heb** *(without)*, **i** *(to)*, **o** *(of, from)*, **dan** *(under)*, **dros** *(over)*, **drwy** *(through)*, **wrth** *(by)*, **i** *(to)* **hyd** *(until)* e.g. **dau** *(two)*; **am ddau o'r gloch** *(at two o'clock)*.
> Object of short form of verb: **car** > prynes i **gar** *(I bought a car)*.

Nasal Mutations
> Nouns and place-names change after **yn** *(in)*, e.g. **Caerdydd** *(Cardiff)*; **yng Nghaerdydd** *(in Cardiff)*.
> Nouns change after **fy** *(my)*, e.g. **cot** *(coat)*; **fy nghot** *(my coat)*.

Aspirate Mutations
> Nouns and adjectives change after **a** *(and)* e.g. **ci a chath** *(dog and cat)*.
> Nouns change after **tri** *(three)* and **chwe** *(six)*, e.g. **car** *(car)*: **tri char** *(three cars)*.
> Nouns change after **ei** *(her)*, e.g. **tad** *(father)*: **ei thad** *(her father)*.

H
An **h** is added to words beginning with a vowel, after **ei** *(her)*, **ein** *(our)*, **eu** *(their)*, e.g. **eu hysgol** *(their school)*

Words followed by a Mutation
In this dictionary, these letters after certain words indicate that these words are immediately followed by a letter change (mutation).

> **+S.M.**   The word is followed by Soft Mutation
> **+N.M.**   The word is followed by Nasal Mutation
> **+A.M.**   The word is followed by Aspirate Mutation

A Word of Comfort
If you forget a mutation, or use the wrong one, don't worry – you'll still be understood.

Plurals

Plurals of Welsh nouns are given after '/'. When '/–' is used, the ending is put after the original word.

Feminine and Masculine Nouns

All Welsh nouns are either **masculine** or **feminine**. These are noted in the Welsh and English sections by (m) or (f). The main difference is that feminine nouns beginning with one of the nine changeable letters change their first letter after **y**, **yr** or **'r** (the) (soft mutation). Adjectives following feminine singular nouns also change (soft mutation again).

Useful Phrases

Many useful phrases and sentences are given in the course of the dictionary.

Verbs in Welsh

Most tenses of the verb can be formed using the verb **bod** ('to be'). This has two forms: popular Welsh (Cymraeg Byw) and literary Welsh:

Present tense:

Popular Welsh	Literary Welsh		Negative
rydw i, rwy, dw i, wi	yr wyf i	*I am*	dydw i ddim
rwyt ti	yr wyt ti	*you are*	dwyt ti ddim
mae e	mae e	*he is*	dyw/dydy e ddim
mae hi	mae hi	*she is*	dyw/dydy hi ddim
rydyn ni	yr ydym ni	*we are*	dydyn ni ddim
rydych chi	yr ydych chi	*you are*	dydych chi ddim
maen nhw	maent hwy	*they are*	dydyn nhw ddim
mae Huw	mae Huw	*Huw is*	dyw/dydy Huw ddim
mae'r plant	mae'r plant	*the children are*	dyw'r/dydy'r plant ddim

Questions:

		Yes:	No:
ydw i?	*am I?*	ydw (I am)	na *or* nag ydw
wyt ti?	*are you?*	wyt (you are)	na *or* nag wyt
ydy e?	*is he?*	ydy (he is)	na *or* nag ydyw
ydy hi?	*is she?*	ydy (she is)	na *or* nag ydy
ydyn ni?	*are we?*	ydyn (we are)	na *or* nag ydyn
ydych chi?	*are you?*	ydych (you are)	na *or* nag ydych
ydyn nhw?	*are they?*	ydyn (they are)	na *or* nag ydyn
ydy Huw?	*is Huw?*	ydy (he is)	na *or* nag yw/ydy
ydy'r plant?	*are the children?*	ydyn (they are)	na *or* nag ydyn

These words will start questions with all verbs e.g.
Wyt ti'n dod?   *Are you coming?*

> This dictionary tends towards Popular Welsh, but it also contains instances of literary Welsh and spoken Welsh.
> **Ti** and **chi** are used for 'you'. **Ti** is kept for the singular, and is used for people you know well (This is called the FAMILIAR form). **Chi** can be singular or plural (this is called the POLITE form).

Verb-nouns are linked to the above forms by **yn** or **'n**

Rydw i'n mynd	*I am going*
Rwyt ti'n dod	*You are coming*
Mae e'n chwarae	*He is playing*
Mae hi'n cysgu	*She is sleeping*
Rydyn ni'n cerdded	*We are walking*
Rydych chi'n gyrru	*You are driving*
Maen nhw'n talu	*They are paying*
Mae Huw yn bwyta	*Huw is eating*
Mae'r plant yn yfed	*The children are drinking*

Past Tense (perfect): *has/have*

To form the past (perfect) tense, using 'have', verb-nouns are linked to the above forms by **wedi**:

Rydw i wedi mynd	*I have gone*
Rwyt ti wedi dod	*You have come*
Mae e wedi chwarae	*He has played*
Mae hi wedi cysgu	*She has slept*
Rydyn ni wedi cerdded	*We have walked*
Rydych chi wedi gyrru	*You have driven*
Maen nhw wedi talu	*They have paid*
Mae Huw wedi ennill	*Huw has won*
Mae'r plant wedi ennill	*The chilren have won*

The verb-noun does not change when the verb changes in English (e.g. *sleep* > *slept*).

Past tense (imperfect): *was/were*

		Negative
roeddwn i	*I was*	doeddwn i ddim
roeddet ti	*you were*	doeddet ti ddim
roedd e	*he was*	doedd e ddim
roedd hi	*she was*	doedd hi ddim
roedden ni	*we were*	doedden ni ddim
roeddech chi	*you were*	doeddech chi ddim
roedden nhw	*they were*	doedden nhw ddim
roedd Siân	*Siân was*	doedd Siân ddim
roedd y plant	*the children were*	doedd y plant ddim

Questions:		Yes:	No:
oeddwn i?	*was I?*	oeddwn	na *or* nag oeddwn
oeddet ti?	*were you?*	oeddet	na *or* nag oeddet
oedd e?	*was he?*	oedd	na *or* nag oedd
oedd hi?	*was she?*	oedd	na *or* nag oedd
oedden ni?	*were we?*	oedden	na *or* nag oedden
oeddech chi?	*were you?*	oeddech	na *or* nag oeddech
oedden nhw?	*were they?*	oedden	na *or* nag oedden
oedd Siân?	*was Siân?*	oedd	na *or* nag oedd
oedd y plant?	*were the children?*	oedden	na *or* nag oedden

These forms are used for questions, e.g.

Oedd hi'n chwarae?   *Was she playing?*

Verb-nouns are linked to the above forms by **yn** or **'n**:

Roeddwn i'n cysgu	*I was sleeping*
Roeddet ti'n mynd	*You were going*
Roedd e'n aros	*He was staying*
Roedd hi'n dod	*She was coming*
Roedden ni'n rhedeg	*We were running*
Roeddech chi'n cerdded	*You were walking*
Roedden nhw'n bwyta	*They were eating*
Roedd Siân yn yfed	*Siân was drinking*
Roedd y plant yn cysgu	*The children were sleeping*

Past tense (pluperfect): *had*

To form the past (pluperfect) tense, using 'had', verb-nouns are linked to the above forms by 'wedi':

Roeddwn i wedi prynu	*I had bought*
Roeddet ti wedi yfed	*You had drunk*
Roedd e wedi mynd	*He had gone*
Roedd hi wedi codi	*She had got up*
Roedden ni wedi gwisgo	*We had dressed*
Roeddech chi wedi gorffen	*You had finished*
Roedden nhw wedi bod	*They had been*
Roedd Alun wedi cysgu	*Alun had slept*
Roedd y plant wedi darllen	*The children had read*

Future

These are the future forms of the verb **bod** (to be):

Popular Welsh	Literary Welsh		Negative
fe fydda i	byddaf i	*I shall*	fydda i ddim
fe fyddi di	byddi di	*you will*	fyddi di ddim
fe fydd e	bydd e	*he will*	fydd e ddim
fe fydd hi	bydd hi	*she will*	fydd hi ddim
fe fyddwn ni	byddwn ni	*we shall*	fyddwn ni ddim
fe fyddwch chi	byddwch chi	*you will*	fyddwch chi ddim
fe fyddan nhw	byddant hwy	*they will*	fyddan nhw ddim
fe fydd Mari	bydd Mari	*Mari will*	fydd Mari ddim
fe fydd y plant	bydd y plant	*the children will*	fydd y plant ddim

Questions:		**Yes:**	**No:**
fydda i ?	*will I?*	bydda	na *or* na fydda
fyddi di?	*will you?*	byddi	na *or* na fyddi
fydd e?	*will he?*	bydd	na *or* na fydd
fydd hi?	*will she?*	bydd	na *or* na fydd
fyddwn ni?	*will we?*	byddwn	na *or* na fyddwn
fyddwch chi?	*will you?*	byddwch	na *or* na fyddwch
fyddan nhw?	*will they?*	byddan	na *or* na fyddan
fydd Mair	*will Mair?*	bydd	na *or* na fydd
fydd y plant	*will the children?*	byddan	na *or* na fyddan

These forms are used for questions in the future tense, e.g

    Fydd hi'n dod?   *Will she come?*

'Fe' can be used before the verb. It has no meaning; it just introduces the verb, and is not necessary.

To form the future of verbs, link the verb-nouns to the above forms by **yn** or **'n**:

Fe fydda i'n mynd	*I shall go*
Fe fyddi di'n ennill	*You will win*
Fe fydd e'n colli	*He will lose*
Fe fydd hi'n chwerthin	*She will laugh*
Fe fyddwn ni'n darllen	*We will read*
Fe fyddwch chi'n edrych	*You will watch*
Fe fyddan nhw'n gweithio	*They will work*
Fe fydd Huw'n cysgu	*Huw will sleep*
Fe fydd y plant yn dod	*The children will come*

Future perfect: *will have*

In the same way, link verb-nouns to the above forms by **wedi**:

Fe fydda i wedi gweithio	*I will have worked*
Fe fyddi di wedi cyrraedd	*You will have arrived*
Fe fydd e wedi mynd	*He will have gone*
Fe fydd hi wedi dod	*She will have come*
Fe fyddwn ni wedi colli	*We will have lost*
Fe fyddwch chi wedi aros	*You will have stayed*
Fe fyddwch chi wedi gyrru	*You will have driven*
Fe fydd Siân wedi ennill	*Siân will have won*
Fe fydd y plant wedi mynd	*The children will have gone*

All these forms of verbs are known as *long forms*. All verbs also have *short forms*. These are similar in meaning. Full tables of short forms of verbs are to be found in grammar books.

Present/Future tense of regular verbs: short forms:

The following endings are added to the stem of the verb (this stem is usually found by deleting the final vowel of the verb-noun, e.g. codi > cod)

Here are some verb stems:

aros	> arhos-	dal	> dali-	gwerthu	> gwerth-
bwyta	> bwyt-	darllen	> darllen-	gyrru	> gyrr-
cerdded	> cerdd-	edrych	> edrych-	llosgi	> llosg-
cicio	> cici-	ennill	> enill-	prynu	> pryn-
codi	> cod-	gorffen	> gorffenn-	rhedeg	> rhed-
coginio	> cogini-	gwenu	> gwen-	siarad	> siarad-
cysgu	> cysg-	gweld	> gwel-	yfed	> yf-

Popular Welsh	Literary Welsh		edrych- : look/ 'll look
—a i	—af (i)	I —	edrycha i
—i di	—i (di)	you —	edrychi di
—a fe	— (ef)	he —	edrycha fe
—a hi	— (hi)	she —	edrycha hi
—wn ni	—wn (ni)	we —	edrychwn ni
—wch chi	—wch (chi)	you —	edrychwch chi
—an nhw	—ant (hwy)	they —	edrychan nhw
			edrycha Siân
			edrycha'r plant

Past tense

Popular Welsh	Literary		edrych- : looked
—es i	—ais (i)	I —	edryches i
—est ti	—aist (ti)	you —	edrychest ti
—odd e	—odd (ef)	he —	edrychodd e
—odd hi	—odd (hi)	she —	edrychodd hi
—on ni	—asom (ni)	we —	edrychon ni
—och chi	—asoch (chi)	you —	edrychoch chi
—on nhw	—asant (hwy)	they —	edrychon nhw
		Siân —	edrychodd Siân
		y plant —	edrychodd y plant

Negative forms

Start with aspirate or soft mutation, and put **ddim** afterwards e.g.

pryna i >	phryna i ddim	*I won't buy*
gwerthodd e >	werthodd e ddim	*he didn't sell*
ces i >	ches i ddim te	*I didn't have tea*

Irregular verbs: some forms:
Cael *(have/may)* Gwneud *(do)* Mynd *(go)* Dod *(come)*

Present tense

Cael	Gwneud	Mynd	Dod	
ca(f) i	gwna(f) i	a(f) i	do(f) i	*I*
cei di	gwnei di	ei di	doi di	*you*
caiff e	gwnaiff e	aiff e/â e	daw e	*he*
caiff hi	gwnaiff hi	aiff hi/â hi	daw hi	*she*
cawn ni	gwnawn ni	awn ni	down ni	*we*
cewch chi	gwnewch chi	ewch chi	dewch chi	*you*
cân nhw	gwnân nhw	ân nhw	dôn nhw	*they*

Past tense

Cael	Gwneud	Mynd	Dod
ces i	gwnes i	es i	des i
cest ti	gwnes ti	est ti	dest ti
cas e/cafodd e	gwnaeth e	aeth e	daeth e
cas hi/cafodd hi	gwnaeth hi	aeth hi	daeth hi
cawson ni	gwnaethon ni	aethon ni	daethon ni
cawsoch chi	gwnaethoch chi	aethoch chi	daethoch chi
cawson nhw	gwnaethon nhw	aethon nhw	daethon nhw

Questions:

Questions are formed by **soft mutating the first letter of the verb.**

cawsoch >	gawsoch chi fwyd?	*did you have food?*
gweloch >	weloch chi'r gêm?	*did you see the game?*

To answer **Yes,** just say the verb (e.g. cewch = yes, you may; cawsoch = yes, you had). To answer **No**, just say 'Na', or you could add the verb to Na, (with aspirate or soft mutation!)

na chewch	= *no, you can't*
na wnaf	= *no, I won't*

Conditional tense: *would*

The following endings are put after the stem of the verb:

—wn i	*I would*
—et ti	*you would*
—ai fe	*he would*
—ai hi	*she would*
—en ni	*we would*
—ech chi	*you would*
—en nhw	*they would*

e.g. hoffi > hoffwn i gael te   *I would like to have tea*

Dylwn i *(I should)* only has conditional forms.

dylwn i fynd	*I should go*
dylen ni ddod	*we should come*

Impersonal, short forms (literary use only)
Present tense:
-ir can be added to the verb stem to say that something is being done, e.g.
darllenir y newyddion (gan …) — *the news is read (by …)*

Past tense:
-wyd can be added to the verb stem to say that something has been done, e.g.
darllenwyd y newyddion (gan …) — *the news was read (by …)*

Sentences

> The following order is usually used:

    1. Verb and Subject   **2. Object**   **3. Other information**

    Mae'r dyn yn prynu car yn y garej.
    The man is buying a car in the garage.

    Fe bryna i'r tocyn cyn y gêm.
    I'll buy the ticket before the game.

> To emphasize something, begin with the word to be emphasized:

    Siân sy'n canu.
    It's Siân who's singing.

    Yn y garej mae'r car.
    It's in the garage that the car is.

> To say more about a noun, put the definition first:

    Athro yw Huw.
    Huw is a teacher.

Questions

> Begin questions with a verb (see section on **VERBS**)

    Wyt ti'n dod heno?   *Are you coming tonight?*

> Some question words are followed by **sy:**

    Pwy sy'n dod?   *Who is coming?*
    Beth sy ar y bwrdd?   *What's on the table?*
    Pa ffilm sy yn y sinema?   *Which film is in the cinema?*

> Some question words are followed by **mae** or other forms of the verb 'to be'

    Ble mae'r llaeth?   *Where's the milk?*
    Pryd mae'r bws yn dod?   *When is the bus coming?*
    Sut mae'r gwaith?   *How is the work?*
    Ble ydych chi'n byw?   *Where do you live?*
    Pwy ydych chi?   *Who are you?*
    Beth yw ... yn Gymraeg?   *What's ... in Welsh?*

Sentence Clauses

Noun clauses:
for long forms of verbs:
1) use the word 'fod' instead of present tense and imperfect tense
   rydw i'n gwybod fod y bws yn dod — *I know that the bus is coming*
   roeddwn i'n gwybod fod y bws yn dod – *I knew that the bus was coming*
with pronouns:

fy mod i	*that I*
dy fod ti	*that you*
ei fod e	*that he*
ei bod hi	*that she*
ein bod ni	*that we*
eich bod chi	*that you*
eu bod nhw	*that they*

2) for future tense, use 'y' before the future form
rydw i'n gwybod y bydd y bws yn dod — *I know the bus will come*

3) replace **yn** by **wedi** for 'has', 'have' or 'had'
rydw i'n gwybod fod y bws wedi dod — *I know that the bus has come*
roeddwn i'n gwybod fod y bws wedi dod — *I knew that the bus had come*

for short forms of verbs:
1) use 'y' for present and future forms
   rydw i'n gwybod y daw'r bws — *I know the bus will come*
2) use 'i' + noun + verb (soft mutated) for past tense
   rydw i'n gwybod i'r bws ddod — *I know the bus came*

For fuller explanations, look up grammar books.

Adjectival clauses:
With long form of verbs, introduce clause with **sy** for the subject of the adjectival clause:
nhw yw'r bobl sy'n mynd – *they are the people who are going*

With long form of verbs, introduce clause with **y** for the object of the adjectival clause:
nhw yw'r bobl y mae hi'n eu nabod — *they are the people she knows*

With short form of verbs, introduce clause with **a** for the subject or object of the adjectival clause:

nhw yw'r bobl a ddaw — *they are the people who are coming*
nhw yw'r bobl a welais — *they are the people whom I saw*

Most other types of adjectival clauses are introduced by **y**:
dyma'r fenyw y gyrrais i ei char — *this is the woman whose car I drove*
dyma'r llyfr y clywais i amdano — *this is the book I heard about*

Adverbial clauses:

These are often introduced by **y** e.g.
Dyna'r flwyddyn y gweles i e — *That's the year I sam him*
These introduce clauses:

fel y	*so that*
nes y	*until*
pryd y	*when*
pan	*when*
er mwyn	*in order to*

Some words are followed by the noun clause construction:

am	*as, because*
gan	*since, because*
oherwydd	*because*
achos	*because*

achos ei fod e'n mynd	*because he's going*
gan eich bod chi'n canu	*since you're singing*

Adjectives

Adjectives usually follow the noun:

    car coch   *a red car*

Adjectives mutate after feminine nouns:

    merch fach   *a small girl*

Some adjectives, e.g. **hen** (old), **prif** (main), **unig** (only) are put before the noun, which undergoes soft mutation:

    hen ddyn   *an old man*

Some adjectives have plural forms:

    gwyrdd > gwyrddion
    caeau gwyrddion   *green fields*

Adverbs

Adverbs in Welsh are made up by putting **yn** before the adjective, followed by the soft mutation,

slow = **araf**   slowly = **yn araf**
quick = **cyflym**   quickly = **yn gyflym**

Article the, a/an

There is no word in Welsh for 'a' or 'an':

car   *a car*

'The' is **y:**

y car   *the car*

After vowels, **y** changes to **'r'**:

mae'r car   *the car is*

Before vowels, **y** changes to **yr**:

yr afal   *the apple*

Possessive Pronouns

The first part is the more important, and some are followed by mutations:

fy... i	*my*	*car*	> fy nghar i	Nasal mutation
dy... di	*your*	*car*	> dy gar di	Soft mutation
ei... e	*his*	*car*	> ei gar e	Soft mutation
ei... hi	*her*	*car*	> ei char hi	Aspirate mutation
	her	*ysgol*	> ei hysgol hi	Add 'h' before vowel
ein... ni	*our*	*ysgol*	> ein hysgol ni	Add 'h' before vowel
eich... chi	*your*	*car*	> eich car chi	No mutation
eu... nhw	*their*	*ysgol*	> eu hysgol nhw	Add 'h' before vowel

Names

Geographical Names:
Enwau Daearyddol
Place-names: Enwau Llefydd
Names of Countries: Enwau
Gwledydd

Names of countries in Welsh are usually feminine. Where they are not, the gender is noted in brackets.

ENGLISH–CYMRAEG
Aberdare Aberdâr
Abergavenny Y Fenni
Alps Alpau (pl)
Africa Affrica
  South Africa De Affrica
America America
  North America Gogledd America
  South America De America
Ammanford Rhydaman
Anglesey Môn, Ynys Môn
the Antarctic yr Antarctig
Argentina Ariannin
Asia Asia
Atlantic Iwerydd
  Atlantic Ocean Cefnfor Iwerydd
Australia Awstralia
Austria Awstria
Bala Lake Llyn Tegid
Baltic Sea Môr Llychlyn
Bardsey Island Ynys Enlli
Barry Y Barri
Bath Caerfaddon
Belgium Gwlad Belg
Black Mountain Mynydd Du
Brazil Brasil
Brecon Aberhonddu
Brecon Beacons Bannau Brycheiniog
Bridgend Pen-y-bont ar Ogwr
Bristol Bryste
Bristol Channel Môr Hafren
Britain Prydain
Brittany Llydaw
Britton Ferry Llansawel
Builth Wells Llanfair-ym-Muallt

Caerleon Caerllion
Caldy Island Ynys Bŷr
Cambridge Caergrawnt
Canada Canada
Cardiff Caerdydd
Cardigan Aberteifi
Carmarthen Caerfyrddin
Catalonya Catalwnia
Chepstow Cas-gwent
Chester Caer
China Tsieina
Chirk Y Waun
Conway Conwy
Cornwall Cernyw
Country Gwlad (f)
Crete Creta
Czech Republic Gweriniaeth Tsiec
Denbigh Dinbych
Denmark Denmarc
Devil's Bridge Pontarfynach
Dublin Dulyn
Ebbw Vale Glyn Ebwy
Edinburgh Caeredin
Egypt yr Aifft
England Lloegr
English Channel Môr Udd
Europe Ewrop
Finland Ffindir (m)
Fishguard Abergwaun
France Ffrainc
Germany yr Almaen
Gloucester Caerloyw
Gower Gŵyr
Great Britain Prydain Fawr
Greece Groeg
Gulf Gwlff (m)
Haverfordwest Hwlffordd
Hay Y Gelli
the Hebrides Ynysoedd Heledd
Hereford Henffordd
Holyhead Caergybi
Holywell Treffynnon
Hungary Hwngari, Hwngaria
Iceland Gwlad yr Iâ
Ireland Iwerddon
Island Ynys (f)
Isle of Man Ynys Manaw
Isle of Wight Ynys Wyth
Israel Israel
Italy yr Eidal
Japan Siapan
Kent Caint
Knighton Trefyclo
Lampeter Llanbedr Pont Steffan
Laugharne Talacharn

Liverpool Lerpwl
Llandaff Llandaf
Llandovery Llanymddyfri
Llangorse Lake Llyn Safaddan
Llanthony Llanddewi Nant Hodni
Llantwit Major Llanilltud Fawr
London Llundain
Loughor Casllwchwr
Luxembourg Lwcsembwrg
Manchester Manceinion
Mediterranean Sea Y Môr Canoldir
Menai Bridge Porthaethwy
Mexico Mecsico, Mexico
Milford Haven Aberdaugleddau
Mold Yr Wyddgrug
Monmouth Trefynwy
Morriston Treforys
Mountain Mynydd (m)
Mountain Ash Aberpennar
Neath Castell-nedd
Netherlands yr Iseldiroedd
Nevern Nanhyfer
New York Efrog Newydd
New Zealand Seland Newydd
Newbridge Trecely
Newport (Gwent) Casnewydd
Newport (Penfro) Trefdraeth
Nile Nîl
North Sea Môr Tawch
Northern Ireland Gogledd Iwerddon
Norway Norwy
Ocean Cefnfor (m)
Orkney Isles Ynysoedd Erch
Oswestry Croesoswallt
Oxford Rhydychen
Pacific Ocean Cefnfor Tawel
Pakistan Pacistan
Plynlimon Pumlumon
Poland Gwlad Pwyl
Port Dinorwic Y Felinheli
Portugal Portiwgal
Puffin Island Ynys Seiriol
Pyrenees Pyreneau
Red Sea Môr Coch
Rhayader Rhaeadr Gwy
Rhine Rhein
River Afon (f)
River Dee Afon Dyfrdwy
River Neath Afon Nedd
River Severn Afon Hafren
River Taff Afon Taf
River Usk Afon Wysg
River Wye Afon Gwy
Rome Rhufain
Russia Rwsia

Scotland yr Alban
Sea Môr (m)
Shrewsbury Amwythig
Sketty Sgeti
Snowdon Yr Wyddfa
Snowdonia Eryri
South Africa De Affrica
Spain Sbaen
St. Asaph Llanelwy
St. Davids Tyddewi
St. Dogmael's Llandudoch
St. Fagan's Sain Ffagan
St. Mellons Llaneirwg
Swansea Abertawe
Sweden Sweden
Switzerland y Swistir (m)
Talley Talyllychau
Tenby Dinbych-y-pysgod
the Basque Country Gwlad y Basg
Turkey Twrci
U.K. D.U.
United Kingdom y Deyrnas Unedig
United States Unol Daleithiau
U.S.A. U.D.A.
Usk Brynbuga
Vale Dyffryn (m)
Valley Cwm (m)
Wales Cymru
Welshpool Y Trallwng
Wenvoe Gwenfô
Wrexham Wrecsam
York Caer Efrog

CYMRAEG–ENGLISH
Aberdâr Aberdare
Aberdaugleddau Milford Haven
Abergwaun Fishguard
Aberhonddu Brecon
Aberpennar Mountain Ash
Abertawe Swansea
Aberteifi Cardigan
Afon (f) River
Afon Dyfrdwy River Dee
Afon Gwy River Wye
Afon Hafren River Severn
Afon Nedd River Neath
Afon Taf River Taff
Afon Wysg River Usk
Affrica Africa
yr Aifft Egypt
yr Alban Scotland
yr Almaen Germany
Alpau (pl) Alps
America America
Amwythig Shrewsbury

yr Antarctig the Antarctic
Ariannin Argentina
Asia Asia
Awstralia Australia
Awstria Austria
Bannau Brycheiniog Brecon Beacons
Brasil Brazil
Brynbuga Usk
Bryste Bristol
Caer Chester
Caer Efrog York
Caerdydd Cardiff
Caerfyrddin Carmarthen
Caeredin Edinburgh
Caerfaddon Bath
Caergrawnt Cambridge
Caergybi Holyhead
Caerllion Caerleon
Caerloyw Gloucester
Caint Kent
Canada Canada
Cas-gwent Chepstow
Casllwchwr Loughor
Casnewydd Newport (Gwent)
Castell-nedd Neath
Catalwnia Catalonya
Cefnfor (m) Ocean
Cefnfor Iwerydd Atlantic Ocean
Cefnfor Tawel Pacific Ocean
Cernyw Cornwall
Conwy Conway
Creta Crete
Croesoswallt Oswestry
De America South America
y Deyrnas Unedig United Kimgdom
Gwlad Belg Belgium
Cwm (m) Valley
Cymru Wales
D.U. U.K.
De Affrica South Africa
Denmarc Denmark
Dinbych Denbigh
Dinbych-y-pysgod Tenby
Dulyn Dublin
Dyffryn (m) Vale
Efrog Newydd New York
yr Eidal Italy
Eryri Snowdonia
Ewrop Europe
y Ffindir (m) Finland
Ffrainc France
Glyn Ebwy Ebbw Vale
Gogledd America North America
Gogledd Iwerddon Northern Ireland
Groeg Greece

Gwenfô Wenvoe
Gweriniaeth Tsiec Czech Republic
Gwlad (f) Country
Gwlad Belg Belgium
Gwlad Pwyl Poland
Gwlad y Basg the Basque Country
Gwlad yr Iâ Iceland
Gwlff (m) Gulf
Gŵyr Gower
Henffordd Hereford
Hwlffordd Haverfordwest
Hwngari, Hwngaria Hungary
yr Iseldiroedd the Netherlands
Israel Israel
Iwerddon Ireland
Lerpwl Liverpool
Lwcsembwrg Luxembourg
Llanbedr Pont Steffan Lampeter
Llandaf Llandaff
Llandudoch St. Dogmael's
Llanddewi Nant Hodni Llanthony
Llaneirwg St. Mellons
Llanelwy St. Asaph
Llanfair-ym-Muallt Builth Wells
Llanilltud Fawr Llantwit Major
Llansawel Britton Ferry
Llanymddyfri Llandovery
Lloegr England
Llundain London
Llydaw Brittany
Llyn (m) Lake
Llyn Safaddan Llangorse Lake
Llyn Tegid Bala Lake
Manceinion Manchester
Mecsico Mexico
Môn Anglesey
Môr (m) Sea
Môr Coch Red Sea
Môr Hafren Bristol Channel
Môr Llychlyn Baltic Sea
Môr Tawch North Sea
Môr Udd English Channel
Y Môr Canoldir The Mediterranean Sea
Mynydd (m) Mountain
Mynydd Du Black Mountain
Nanhyfer Nevern
Nîl Nile
Norwy Norway
Pacistan Pakistan
Pen-y-bont ar Ogwr Bridgend
Pontarfynach Devil's Bridge
Porthaethwy Menai Bridge
Portiwgal Portugal
Prydain (Fawr) (Great) Britain
Pumlumon Plynlimon

Pyreneau (pl) Pyrenees
Rhaeadr Gwy Rhayader
Rhein Rhine
Rhufain Rome
Rhydaman Ammanford
Rhydychen Oxford
Rwsia Russia
Sain Ffagan St. Fagan's
Sbaen Spain
Seland Newydd New Zealand
Sgeti Sketty
Siapan Japan
Sweden Sweden
y Swistir (m) Switzerland
Talacharn Laugharne
Talyllychau Talley
Trecely Newbridge
Trefdraeth Newport (Penfro)
Treforys Morriston
Trefyclo Knighton
Treffynnon Holywell
Tsieina China
Twrci Turkey
Tyddewi St. Davids
U.D.A. U.S.A.
Unol Daleithiau United States
Wrecsam Wrexham
Y Barri Barry
Y Felinheli Port Dinorwic
Y Fenni Abergavenny
Y Gelli Hay
Y Trallwng Welshpool
Y Waun Chirk
Ynys (f) Island
Ynys Bŷr Caldy Island
Ynys Enlli Bardsey Island
Ynys Manaw Isle of Man
Ynys Môn (Isle of) Anglesey
Ynys Seiriol Puffin Island
Ynys Wyth Isle of Wight
Ynysoedd Erch Orkney Isles
Ynysoedd Heledd The Hebrides
Yr Wyddfa Snowdon
Yr Wyddgrug Mold

Abbreviations

(adj)	adjective
(adv)	adverb
+A.M	word is followed by aspirate mutation
(conj)	conjunction
(definite article)	definite article
(f)	feminine noun, *or* last letter of word which is often left out
FAMILIAR	used when speaking to people you know well
(fm)	noun can be feminine or masculine
(int)	interjection
(interrog)	interrogative word (introduces a question)
(m)	masculine noun
(mf)	noun can be masculine or feminine
+N.M.	word is followed by nasal mutation
(num)	numeral
(NW)	North Walian Welsh
(ord)	ordinal
(particle)	particle
(pl)	plural noun
POLITE	used with mainly new acquaintances
(pref)	prefix
(prep)	preposition
(pron)	pronoun
(rel pron)	relative pronoun
+S.M.	word is followed by soft mutation
(SW)	South Walian Welsh
(v)	verb
italics	are used in the English-Cymraeg section for explanations
see	look up elsewhere also
SMALL CAPITALS	are used to give the context or meaning of words

CYMRAEG
—*English*

A

Some words beginning with **H** could derive from **A** (e.g. **hacen** from **acen**) so look up here under **A**. Mutated words beginning with **A** could derive from **G** (e.g. **ardd** from **gardd**) so look up under **G**.

a[1](conj) *[a]*
+A.M.; **ac** used before vowels and **mae**
1. and
bachgen a merch boy and girl
ci a chath dog and cat
2. with
when used with preposition to indicate possession
merch a chanddi wallt tywyll a girl with dark hair
3. with an independent phrase
a'i law ar ei braich, edrychodd arni (with) his hand on her arm, he looked at her
a hithau ar fin mynd allan canodd y ffôn just as she was going out the phone rang

a[2] (interrog) *[a]*
+S.M.; it can be omitted
1. begins a direct question
(A) ydy e'n dod? **Ydy** Is he coming? Yes
(A) oes tomatos yn yr oergell? Oes Are there tomatos in the fridge? Yes
(A) welaist ti hi? Do Did you see her? Yes
2. if, whether
indirect question; can sometimes be omitted
tybed (a) oes tomatos yn yr oergell I wonder if there are any tomatos in the fridge
dw i ddim yn gwybod a ydy e'n dod I don't know if he's coming

a[3] (rel pron) *[a]*
+S.M.; is usually omitted before 3rd singular of the verb **bod** and can be omitted before other verbs
1. who, whom, which, that
y dyn (a) oedd wrth y drws the

man who was at the door, it was the man who was at the door
y dynion a ddaeth i'r tŷ (N.B. singular verb) the men who came to the house, it was the men who came to the house
y fenyw (a) welais i yn y siop the woman (whom) I saw in the shop, it was the woman (whom) I saw in the shop
2. what
dyna (a) ddywedodd e that's what he said

a[4] *[a]* (v)
see **af**; from **mynd** to go
a i I'll go

â[1] (prep) *[a]*
+A.M.; before vowels use **ag**
1. with
gweld â'm llygaid fy hun to see with my own eyes
bwyta â llwy to eat with a spoon
merched â thraed mawr girls with big feet
car ag olwyn fflat a car with a flat wheel
2. against
ymladd â to fight against
3. to
siarad â to speak to
arfer â to be used to
4. no English equivalent with certain verbs
cyffwrdd â to touch
dod â to bring
dewch â fe bring it, bring him
dewch ag afal bring an apple
mynd â to take
mynd â'r ci am dro to take the dog for a walk
paid â chyffwrdd â fe! don't touch it!
rydw i'n methu'n lân â chofio I can't for the life of me remember
taw â sôn! you don't say!
ymweld â to visit
5. with another preposition to denote movement
i ffwrdd â ni! (NW) off we go!, let's go!

bant â ni! (SW) off we go!, let's go!
ymlaen â chi! on you go!
yn ôl â chi! back you go!
i mewn â fe! in it goes!
allan â fe! out with it!

â² (conj) *[a]* as
+A.M.; before vowels use **ag**
mor fawr â bws as big as a bus
cystal â char as good as a car
mor wyn ag eira as white as snow
cymaint ag e(f) as big as he
cymaint â hynny as much as that

â³ (v) *[a]*
from **mynd** to go
â hi she goes, she'll go

ab (m) *[ab]* son of
ap is used before consonants; used with personal names only
Ifan ab Owen Edwards Ifan, son of Owen Edwards

abaty/abatai (m) *[abatee]* abbey

aber/–oedd (fm) *[aber]* mouth of river, estuary
often seen in place-names

abl (adj) *[abl]* able, strong, capable

absennol (adj) *[absenol]* absent

absenoldeb/–au (m) *[absenoldeb]* absence

ac (conj) *[ag]*
see **a¹**; used before vowels and **mae**; **a** is used before consonants
1. and
oren ac afal an orange and an apple
ac mae e'n dod and he is coming
2. with
when used with preposition to indicate possession
llyfr ac iddo glawr coch a book with a red cover
3. with an independent phrase
dylai wybod yn well ac yntau'n brifathro
he should know better being that he's a headmaster

A.C. A.M. (Assembly Member)

academaidd (adj) *[akademaeedd]* academic

academi/academïau (f) *[ak´ademee]* academy

Yr Academi Gymreig The Welsh Academy (an organization of Welsh authors)

acen/–ion (f) *[aken]* accent, intonation
acen y gogledd North Walian accent
acen y de South Walian accent
rydw i'n siarad ag acen y de I speak with a South Walian accent

act/–au (f) *[akt]* act
yr act gynta(f) the first act
yr ail act the second act
yr act ola(f) the last act

actio (v) *[aktyo]* to act

actor/–ion (m) *[aktor]* actor

actores/–au (f) *[aktores]* actress

acw (adv) *[akoo]* over there, yonder
dewch acw (NW) come and visit

achos¹(conj) *[achos]* because
rydw i'n gynnar achos bod y bws yn gynnar I'm early because the bus is early

achos² (prep) *[achos]* because of
rydw i'n hwyr (o) achos y glaw I'm late because of the rain
mae e'n hwyr o'm hachos i he's late because of me
o'm hachos i, o'th achos di, o'i achos e, o'i hachos hi, o'n hachos ni, o'ch achos chi, o'u hachos nhw because of me etc.

achos³/–ion (m) *[achos]* cause, LAW case
achos da good cause

achosi (v) *[achosee]* to cause

achub (v) *[achib]* to save

achwyn (v) *[achooin]* to complain

adain/adenydd (f) *[adaeen]* wing

adar (pl) *[adar]* birds
see **aderyn**

adeg/–au (f) *[adeg]* period, time
adeg Nadolig Christmas time
ar adegau sometimes
yr adeg honno at that time

adeilad/–au (m) *[ade-eelad]* building

adeiladol (adj) *[ade-eeladol]* constructive

adeiladu (v) *[ade-eeladee]* to build

adeiladwr/adeiladwyr (m) *[ade-eeladoor]* builder

aden/–ydd (f) *[aden]* wing
see **adain**

aderyn/adar (m) *[aderin]* bird
   aderyn du blackbird
adfail/adfeilion (fm) *[advaeel]* ruin
adfer[1] (v) *[adver]* to restore
Adfer[2] (m) *[adver]* a movement to restore the Welsh language in traditional Welsh speaking areas of Wales
adferiad (m) *[adveryad]* recovery
   adferiad buan! a swift recovery!
adio (v) *[adyo]* to add
adlais/adleisiau (m) *[adlaees]* echo
adlam (m) *[adlam]* rebound
   cic adlam a drop-kick
adlewyrchiad/–au (m) *[adleoouhrchyad]* reflection
adlewyrchu (v) *[adleoouhrchee]* to reflect
adloniant (m) *[adlonyant]* entertainment
adnabod (v) *[adnabod]* to know (a person or place), to recognize (often shortened to **nabod**)
   rydw i'n adnabod Caerdydd yn dda I know Cardiff well
   wyt ti'n (ei) nabod hi? do you know her?
   wnes i mo dy nabod di I didn't recognize you
adnod/–au (f) *[adnod]* BIBLE verse
adnoddau (pl) *[adnoddaee]* resources
   adnoddau dysgu teaching resources
adolygu (v) *[adoluhgee]* to review, to revise
   adolygu llyfr to review a book
   gwers adolygu a revision lesson
adran/–nau (f) *[adran]* section, department, FOOTBALL division
   Adran y Gymraeg the Welsh Department
   Adran Addysg Education Department
   dechrau'r ail adran beginning of the second section
   pennaeth adran head of department
   yr adran gyntaf the first division
adre(f) (adv) *[adre(v)]* homewards
   see **cartre(f)** and **gartre(f)**
   mynd adre to go home
   ewch adre! go home!
   dewch adre! come home!
   teg edrych tuag adre it's nice to set eyes on home, it's nice to think about going home

adrodd (v) *[adrodd]* STORY to relate, to recite
   adrodd yn ôl to report
adroddiad/–au (m) *[adroddyad]* report, recitation
adroddwr/adroddwyr (m) *[adroddoor]* reciter, narrator
adweithio (v) *[adooe-eethyo]* to react
adweithydd niwclear (m) *[adooe-eethidd 'nioocleear]* nuclear reactor
addas (adj) *[addas]* suitable, appropriate
addasu (v) *[addasee]* to adapt, to adjust
addawol (adj) *[addaoo-ol]* promising
addewid/addewidion (fm) *[addeooid]* promise
addfwyn (adj) *[addvooeen]* gentle, tender
addo (v) *[addo]* to promise
addoli (v) *[addolee]* to worship
addurn (m) *[addirn]* decoration
addurno (v) *[addirno]* to decorate
addysg (f) *[addisg]* education
   addysg feithrin nursery education
   addysg gynradd primary education
   addysg uwchradd secondary education
   addysg drydyddol tertiary education
   addysg bellach further education
   addysg uwch higher education
addysgiadol (adj) *[adduhsgyadol]* educative, instructive
addysgol (adj) *[adduhsgol]* educational
addysgu (v) *[adduhsgee]* to educate
aeddfed (adj) *[aeeddved]* ripe, mature
ael/–iau (f) *[aeel]* eyebrow
   ael y bryn brow of hill
aelod/–au (m) *[aeelod]* member, limb
   aelod o'r Blaid a member of Plaid Cymru
   Aelod Seneddol Member of Parliament
aelwyd/–ydd (f) *[aeelooeed]* hearth
   ar yr aelwyd on the hearth, at home
   Aelwyd yr Urdd youth club of Urdd Gobaith Cymru (Welsh League of Youth)
aerobeg (fm) *[aeerobeg]* aerobics
aeth (v) *[aeeth]*
   from **mynd**

aeth e/hi he/she/it went
af (v) *[av]*
　see **a**[4]; from **mynd**
　af i I'll go
afal/–au (fm) *[aval]* apple
afalans/–au (m) *['avalansh]* avalanche
afiach (adj) *[avyach]* unhealthy, sickly
　mae mwg sigaréts yn afiach
　cigarette smoke is unhealthy
　mae e'n blentyn afiach he's a sickly
　child
afiechyd/–on (m) *[avyechid]* illness, disease
aflonydd (adj) *[avlonidd]* restless
afon/–ydd (f) *[avon]* river
afresymol (adj) *[avresuhmol]* unreasonable
afu (fm) *[avee]* liver
ag[1] (prep) *[ag]*
　see **â**[1]; used before vowels; **â** used
　before consonants
　1. with
　car ag olwyn fflat a car with a flat
　wheel
　2. against
　ymladd ag to fight against
　3. to
　siarad ag to speak to
　arfer ag to be used to
　4. no English equivalent with certain
　verbs
　cyffwrdd ag to touch
　dod ag to bring
　dewch ag afal bring an apple
　mynd ag to take
　mynd ag oren to take an orange
　paid ag edrych! don't look!
　rydw i'n methu'n lân ag aros! I
　can't wait!
　ymweld ag to visit
　5. with another preposition to denote
　movement
　i ffwrdd ag e! (NW) off he goes!, off
　with it!
　ymlaen ag e! on he goes!
　yn ôl ag e! back he goes!
　i mewn ag e! in it goes!
　allan ag e! out with it!
ag[2] (conj) *[ag]* as
　see **â**[2]; used before vowels; **â** used
　before consonants

mor wyn ag eira as white as snow
cymaint ag e as big as he
ager (m) *[ager]* steam
agor (v) *[agor]* to open
　ar agor SIGN open
　agor ffos to dig a trench
agored (adj) *[agored]* open, candid
agoriad/–au (m) *[agoryad]* opening, (NW)
　key
　see **allwedd**
agos (adj) *[agos]* near, close
　agos i'r môr near the sea
　agos at y diwedd near the end
　daeth e'n agos he came close
　ffrind agos close friend, dear friend
agosáu (v) *[agos'aee]* to approach, to go/
　come near
　agosáu at to approach, to go/come
　near to
agwedd/–au (fm) *[agooedd]* attitude,
　approach, aspect
　agwedd bositif at y gwaith a
　positive approach/attitude to the work
　ystyried pob agwedd ar broblem
　to consider a problem from every
　aspect/angle
ang- or **angh-** (pref) *[ang]* changes words
　beginning with 'c' or 'g' to the negative,
　equivalent to 'un-', 'in-', 'dis-' in
　English
angau (m) *[angaee]* death
angel/angylion (m) *[angel* not *enjel]* angel
angen (m) *[angen]* need
　mae angen car ar Huw Huw needs
　a car
anghofio (v) *[anghovyo]* to forget
anghwrtais (adj) *[anghoortaees]*
　discourteous
anghydfod/–au (m) *[anghuhdvod]*
　disagreement, INDUSTRIAL dispute
anghyfarwydd (adj) *[anghuhvarooeedd]*
　unfamiliar, unaccustomed, not used
　to
　gair anghyfarwydd unfamiliar term
　**anghyfarwydd â siarad yn
　gyhoeddus** unaccustomed to public
　speaking
anghyfiawnder/–au (m)
　[anghuhvyaoonder] injustice

anghyfleus (adj) *[anghuhv'le-ees]*
inconvenient
anghyfreithlon (adj) *[anghuhvre-eethlon]*
illegal, illegitimate
anghyffredin (adj) *[anghuhphredin]*
uncommon, rare
anghyson (adj) *[anghuhson]* inconsistent
anghywir (adj) *[anghuhooir]* incorrect,
wrong
angladd/–au (fm) *[angladd]* funeral
angor/–au/–ion (fm) *[angor]* anchor
ai (interrog) *[aee]*
used before noun, pronoun, infinitive,
adjective, adverbs, preposition to ask
questions; the answer will always be **ie**
or **nage**; can often be omitted
1. is…?, are…?, was…?, will…? etc
(ai) Huw ydy e? is it Huw?
(ai) ceffyl oedd e? was it a horse?
(ai) coch yw ei liw e? is it red in
colour?
**(ai) o dan y gwely (y) gwelaist ti e
ddiwethaf?** was it under the bed you
saw it last?
(ai) ti sydd o dan y gwely? is that
you under the bed?
2. ai e? …is it?, …was it?
ti oedd o dan y gwely ai e? - it was
you under the bed, was it?
3. in a double question use **ai…ai**
(ai) mynd ai dod rwyt ti? are you
coming or going?
4. if, whether
wn i ddim ai hwn yw'r rhif cywir I
don't know if this is the right number
ail[1] (adj) *[aeel]* second
+S.M.
yr ail adran the second division
ail-law second hand
ail[2] (pref) *[aeel]* re…, again
ailadrodd (v) *[aeeladrodd]* to repeat
alarch/elyrch (m) *[alarch]* swan
Albanes/–au (f) *[albanes]* Scot,
Scotswoman
Albanwr/Albanwyr (m) *[albanoor]* Scot,
Scotsman
alcohol (m) *[alcohol]* alcohol
Almaeneg (f) *[Almaeeneg]* LANGUAGE
German

Almaenwr/Almaenwyr (m) *[almaeenoor]*
German (male)
Almaenes/–au (f) *[almaeenes]* German
(female)
allan (adv) *[allan]* out
see **mas**
mynd allan to go out
allwedd/–i (f) *[allooedd]* (SW) key
see **agoriad**
am[1] (prep) *[am]*
+S.M.
1.for
am ddwy awr for two hours
am amser hir for a long time
mynd am dro to go for a walk
mynd am beint to go for a drink
Cymru am byth Wales for ever
rhad ac am ddim for nothing, free
2. at
am ddau o'r gloch at two o'clock
3. about
stori am Huw a story about Huw
am ei chanol about her waist
4. around
am ei gwddf around her neck
am ei chanol around her waist
5. on
het am ei phen a hat on her head
menig am ei dwylo gloves on her
hands
sgidiau am ei thraed shoes on her
feet
6. towards
mynd am yr orsaf fysiau to go
toward the bus station
ei throi hi am adre to set off
homewards
mynd am yn ôl to go backwards
7. want
rydw i am gael peint I want a pint
8. future intent
rydw i am wneud hynny fory I shall
do it tomorrow, I'm going to do it
tomorrow, I intend doing it tomorrow
**amdana(f) i, amdanat ti, amdano
fe, amdani hi, amdanon ni,
amdanoch chi, amdanyn nhw**
am[2] (conj) *[am]* because
dydw i ddim yn mynd am ei bod

hi'n bwrw glaw I'm not going because it's raining

am- or **amh-** (pref) *[am]* changes words beginning with 'b' or 'p' to the negative, similar to 'un-', 'dis-', 'de-' in English

amaethwr/amaethwyr (m) *[amaeethoor]* farmer

amaethyddiaeth (f) *[amaeethuhddyaeeth]* agriculture

amau (v) *[amaee]* to doubt, to suspect
  1. to doubt, to disbelieve
  rydw i'n amau stori'r tyst I doubt/ disbelieve the witness's story
  2. to be doubtful, to be hesitant
  rydw i'n amau a fydd hi'n dod I doubt whether she will come
  3. to doubt, to suspect, to be suspicious
  rydw i'n amau ei gymhelliad I'm suspicious of his motive
  4. to suspect, to consider
  rydw i'n amau bod y dyn yn mynd i siarad yn reit hir
  I suspect that the man is going to go on talking for quite a while
  dydw i ddim yn amau nad hi yw'r soprano orau I consider her the best soprano, I don't doubt that she is the best soprano

ambell (adj) *[ambell]* some
  ambell un a few
  ambell ferch a few girls
  ambell waith sometimes, occasionally

ambiwlans (m) *['ambiwlans]* ambulance

amcan/–ion (m) *[amkan]* purpose, notion
  does dim amcan gyda Huw Huw has no idea, Huw doesn't have a clue

amcangyfrif[1]/–on (m) *[amkanguhvriv]* estimate

amcangyfrif[2] (v) *[amkanguhvriv]* to estimate

amddiffyn (v) *[amddiphin]* to defend, to protect
  Y Weinyddiaeth Amddiffyn The Ministry of Defence

amen (m) *[a'men]* amen

amgáu (v) *[amg'aee]* to enclose

amgaeedig (adj) *[amgaee-edig]* enclosed

amgueddfa/amgueddfeydd (f) *[amgee-eddva]* museum
  Amgueddfa Genedlaethol Cymru National Museum of Wales
  Amgueddfa Werin Cymru Welsh Folk Museum, Museum of Welsh Life

amgylch, o (prep) *[o amgilch]* around
  o'm hamgylch i, o'th amgylch di, o'i amgylch e, o'i hamgylch hi, o'n hamgylch ni, o'ch amgylch chi, o'u hamgylch nhw

amgylchedd (mf) *[amguhlchedd]* environment

amherffaith (adj) *[amherphaeeth]* imperfect

amhersonol (adj) *[amhersonol]* impersonal

amheuaeth/amheuon (f) *[amhe-eeaeeth]* doubt, suspicion

amheus (adj) *[am'he-ees]* doubtful, suspicious

amhoblogaidd (adj) *[amhoblogaeedd]* unpopular

amhosibl (adj) *[amhosibl]* impossible

aml (adj) *[aml]* frequent
  yn aml often, frequently

aml-lawr (adj) *[aml-laoor]* multi-storey

amlen/–ni (f) *[amlen]* envelope

amlwg (adj) *[amloog]* clear, obvious, evident, prominent, famous
  roedd yn amlwg ei fod wedi'i blesio it was evident that he was pleased
  gwleidydd mwyaf amlwg ei oes the most famous politician of his time

amod/–au (fm) *[amod]* condition, terms
  ar yr amod bod Siân yn dod on condition that Siân comes
  amodau'r cytundeb terms of the contract

amrant/amrannau (m) *[amrant]* eyelid

amrantiad (m) *[amrantyad]* wink
  ar amrantiad in a twinkling of an eye, instantly

amryw (adj) *[amrioo]* several, divers with plural noun
  amryw bethau several things, divers things
  amryw ohonyn nhw several of them

amrywiol (adj) *[amriooyol]* various,

diverse, miscellaneous
pethau amrywiol various things,
diverse things
amser/–au (m) *[amser]* time
   amser cinio dinner time
   amser te tea time
   cael amser da to have a good time
amserlen/–ni (f) *[amserlen]* timetable
amseru (v) *[amseree]* to time
amynedd (m) *[amuhnedd]* patience
amyneddgar (adj) *[amuhneddgar]* patient
ân(t) (v) *[an(t)]*
   from **mynd**
   ân nhw they will go
an- (pref) *[an]* changes a word into the
   negative - similar to 'un-', 'dis-', 'de-' in
   English
anabl (adj) *[an'abl]* disabled
anadl/–au/–on (fm) *[anadl]* breath
anadlu (v) *[anadlee]* breathe
anaddas (adj) *[anaddas]* unsuitable
anaf/–iadau (m) *[anav]* injury
   mae e wedi cael anaf he's injured
anafu (v) *[anavee]* to injure, to hurt
   mae e wedi'i anafu he's injured
anaml (adj) *[an'aml]* infrequent, rare
   yn anaml seldom, rarely
   **anaml y mae'r côr yn cyfarfod ar
   nos Fawrth** the choir seldom meets
   on Tuesday evenings
anarferol (adj) *[anarverol]* unusual
aneffeithiol (adj) *[anephe-eethyol]*
   ineffectual, ineffective
aneglur (adj) *[aneglir]* unclear, indistinct
anelu (v) *[anelee]* to aim
   anelu at to aim at
   anelu am to aim for
anerchiad/–au (m) *[anerchyad]* talk,
   lecture
anesmwyth (adj) *[anesmooeeth]*
   uncomfortable, rough, uneasy
   **fe gawson ni daith anesmwyth ar y
   trên** we had an uncomfortable journey
   by train
   rydw i'n anesmwyth fy meddwl I
   feel uneasy
anfantais/anfanteision (f) *[anvantaees]*
   disadvantage
anferth(ol) (adj) *[anverth]* huge

anfodlon (adj) *[anvodlon]* discontented,
   unwilling
anfoesol (adj) *[anvoeesol]* immoral
anfoesoldeb (m) *[anvoeesoldeb]*
   immorality
anfon (v) *[anvon]* to send
   anfon at to send to (a person)
   anfon i to send to (a place)
anfoneb/–au (f) *[anvoneb]* invoice
anffodus (adj) *[anphodis]* unfortunate
   yn anffodus unfortunately
anffyddlon (adj) *[anphuhddlon]* unfaithful
anhapus (adj) *[anhapis]* unhappy
anhrefn (m) *[anhrevn]* disorder, confusion
anhrefnus (adj) *[anhrevnis]* disorganized,
   untidy
anhwylus (adj) *[anhooeelis]* unwell
anhygoel (adj) *[anhuhgoeel]* incredible
anifail/anifeiliaid (m) *[aneevaeel]* animal
   see **anwes**
anlwc (m) *[anlook]* misfortune
   ces i dipyn o anlwc I had a bit of
   bad luck
anlwcus (adj) *[anlookis]* unlucky
annaturiol (adj) *[anatiryol]* unnatural
annhaclus (adj) *[anhaklis]* untidy
annhebyg (adj) *[anhebig]* unlike
annhebygol (adj) *[anhebuhgol]* unlikely,
   improbable
annheg (adj) *[an'heg]* unfair
anniben (adj) *[aneeben]* untidy
Annibynnwr/Annibynwyr (m)
   [aneebuhnoor] Independent,
   Congregationalist
   Yr Annibynwyr the Independents,
   RELIGIOUS DENOMINATION
   Congregationalists
annioddefol (adj) *[aneeoddevol]*
   unbearable
anniogel (adj) *[aneeogel]* unsafe
anniolchgar (adj) *[aneeolchgar]* ungrateful
annoeth (adj) *[anoeeth]* unwise
annwyd/anwydau (m) *[anooeed]* cold
   mae annwyd arna i I have a cold
   mae annwyd 'da fi I have a cold
   dal annwyd to catch a cold
annwyl (adj) *[anooeel]* dear
   +S.M.
   Annwyl Syr Dear Sir

Annwyl Fadam Dear Madam

anobeithio (v) *[anobe-eethyo]* to despair

anobeithiol (adj) *[anobe-eethyol]* hopeless

anodd (adj) *[anodd]* difficult, hard

anonest (adj) *[anonest]* dishonest

anrheg/–ion (f) *[anrheg]* gift, present

anrhydedd (m) *[anrhuhdedd]* honour

ansawdd/ansoddau (fm) *[ansaoodd]* quality, texture

ansicr (adj) *[an'sikr]* unsure, uncertain

ansoddair/ansoddeiriau (m) *[ansoddaeer]* adjective

Antarctig (adj) *[antarktig]* Antarctic

antur/–iau (mf) *[antir]* venture, enterprise, adventure

anthem/–au (f) *[anthem]* anthem
  yr anthem genedlaethol the national anthem

anufudd (adj) *[aneevidd]* disobedient

anweddus (adj) *[anooeddis]* indecent, unseemly

anwes/–au (m) *[anooes]* caress
  anifail anwes pet (animal)

anwiredd/–au (m) *[anooeeredd]* lie, untruth

anwybodaeth (mf) *[anooibodaeeth]* ignorance

anymarferol (adj) *[anuhmarverol]* impractical, impracticable
  mae e'n berson anymarferol he's an impractical person
  mae mynd o Gaerdydd i Gaernarfon ar y trên yn anymarferol taking the train from Cardiff to Caernarfon is impracticable

anymwybodol (adj) *[anuhmooibodol]* unconscious

ap (m) *[ap]* son of
  ab is used before vowels; used with personal names only
  Dafydd ap Gwilym Dafydd, son of Gwilym

apêl/apeliadau (fm) *[ap'el]* appeal

apelio (v) *[apelyo]* to appeal
  ydy'r syniad yn apelio atoch? does the idea appeal to you?
  rydw i'n apelio ar i bob un wneud ei orau I appeal to every one to do

his best

apwyntiad/–au (m) *[apooeentyad]* appointment

apwyntio (v) *[apooeentyo]* to appoint

ar (prep) *[ar]*
  +S.M.
  1. on, upon
  ar y bwrdd on the table
  galw ar rywun to call (up)on someone
  cefnu ar to turn one's back on
  myfyrio ar to meditate upon
  2. at
  ar doriad dydd at the break of day
  ar y funud at the moment
  edrych arni hi to look at her
  ar fai at fault
  gweiddi ar to shout at
  3. about, and with future intent
  dotio ar to be mad about
  ffoli ar to be mad about
  rydw i ar fynd I'm about to go, I'm on my way, I'm just going
  4. to
  gweddïo ar Dduw to pray to God
  gwrando ar y radio to listen to the radio
  5. owe
  mae arnat ti ddeg punt i fi you owe me ten pounds
  6. used after certain adjectives
  mae'n galed arno fe things are difficult for him, he's having a hard time
  mae'n galed iawn arno fe he's in dire straits
  dydy e ddim yn gwbod pryd mae'n dda arno fe he doesn't know when he's well off
  bydd hi'n ddrwg arnat ti you'll suffer for it
  7. used after certain verbs
  lladd ar to denounce
  achwyn ar, cwyno ar to complain of *neu* about
  aflonyddu ar to disturb
  crefu ar to beg
  mennu ar to affect
  sylwi ar to notice

ymosod ar to attack
8. used with certain nouns to express verbs
mae arna i angen I need
mae cywilydd arna i I'm ashamed
mae arna i eisiau I want
mae arna i ofn I'm afraid
mae e'n codi arswyd arna i it terrifies me
9. ar agor open
ar brydiau sometimes, occasionally
ar ddamwain accidentally
ar gau closed
ar goll lost
ar ôl left over, after
faint sy ar ôl? how many are left?
ar ôl un o'r gloch after one o'clock
ar unwaith at once, immediately
ar wasgar scattered
ar werth for sale
arna(f) i, arnat ti, arno fe, arni hi, arnon ni, arnoch chi, arnyn nhw
araf (adj) *[arav]* slow
siaradwch yn araf speak slowly
arafu (v) *[aravee]* to slow down
arall/eraill (adj) *[arall]* the other, another
un arall? another one?
arbenigwr/arbenigwyr (m) *[arbeneegoor]* specialist, expert
arbennig (adj) *[arbenig]* special
arbrawf/arbrofion (m) *[arbraoov]* experiment
arbrofi (v) *[arbrovee]* to experiment
archeb/–ion (f) *[archeb]* order
archebu (v) *[archebee]* TICKETS ETC. to order
archesgob/–ion (m) *[archesgob]* archbishop
archfarchnad/–oedd (f) *[archvarchnad]* supermarket, hypermarket
archwiliad/–au (m) *[archooilyad]* investigation, survey, audit
archwiliad meddygol medical examination
archwilio (v) *[archooilyo]* to inspect, to examine, to audit
ardal/–oedd (f) *[ardal]* district, region, area
arddangos (v) *[arddang-gos]* to

demonstrate, to exhibit
ardderchog (adj) *[ardderchog]* excellent
arddwrn/arddyrnau (m) *[arddoorn]* wrist
aredig (v) *[aredig]* to plough
aren/–nau (f) *[aren]* kidney
arestio (v) *[arestyo]* to arrest
arf/–au (fm) *[arv]* weapon, tool
Parc yr Arfau Cardiff Arms Park
arfer[1]/–ion (m) *[arver]* custom, habit
fel arfer usually, as usual
arfer[2] (v) *[arver]*
1. to use
dylech arfer y Gymraeg bob dydd you should use your Welsh every day
2. to be accustomed
rydw i'n arfer siarad Cymraeg â'i mam hi I'm accustomed to speaking Welsh with her mother, I usually/ normally speak Welsh with her mother
3. to become accustomed, to grow accustomed
rydw i wedi arfer â sŵn ei lais I've grown accustomed to the sound of his voice
arferol (adj) *[arverol]* usual
arfog (adj) *[arvog]* armed
y lluoedd arfog the armed forces
arfordir/–oedd (m) *[arvordir]* coast
argae/–au (m) *[argaee]* dam
arglwydd/–i (m) *[arglooeedd]* lord
argraff/–au (f) *[argraph]* impression
argraffiad/–au (m) *[argraphyad]* edition
argraffu (v) *[argraphee]* to print
argraffydd/–ion (m) *[argraphidd]* printer
argyfwng/argyfyngau (m) *[arguhvoong]* crisis, emergency
argyhoeddi (v) *[arguhoeeddee]* to convince
argymell (v) *[arguhmell]* to recommend
arholiad/–au (m) *[arholyad]* examination
sefyll arholiad to sit an exam
arholwr/arholwyr (m) *[arholoor]* examiner
arhosfan/–nau (m) *[arhosvan]* lay-by
arhosfan bws bus stop
arian[1] (m) *[aryan]* silver, money
llwy arian silver spoon
oes arian gen ti? have you got money
arian parod cash
arian papur notes

arian poced pocket-money

arian[2] (adj) *[aryan]* silver
paent arian silver paint

ariangar (adj) *[aryangar]* fond of money

ariannol (adj) *[aryanol]* financial

arlunio (v) *[arlinyo]* to draw

arlunydd/arlunwyr (m) *[arleenidd]* artist

arlywydd/–ion (m) *[arluhooidd]* COUNTRY president

arllwys (v) *[arllooees]* to pour
mae'n arllwys y glaw it's pouring

aroglau/arogleuon (m) *[arogl]* smell, scent, stink
mae 'oglau drwg 'ma this place stinks
mae 'oglau cwrw arnat ti you smell of beer

arogleuo (v) *[arogle-eeo]* to smell, to stink
see **aroglau**

arogli (v) *[aroglee]* to smell
see **arogleuo**

arolwg/arolygon (m) *[aroloog]* survey
arolwg barn opinion poll

arolygu (v) *[aroluhgee]* to supervise, to survey

arolygwr/arolygwyr (m) *[aroluhgoor]* inspector, supervisor
Arolygwr Ei Mawrhydi (AEM) Her Majesty's Inspector (HMI)

arolygydd/–ion (m) *[aroluhgidd]* supervisor, POLICE superintendent

aros (v) *[aros]*
1. to wait
arhoswch amdana i! wait for me!
2. to stop
mae'r bws wedi aros the bus has stopped
3. to stay
ble rwyt ti'n aros heno? where are you staying tonight?

arswyd (m) *[arsooeed]* terror
ffilm arswyd horror film
arswyd y byd! good grief!

arswydus (adj) *[arsooeedis]* terrifying, terrible, awful

artiffisial (adj) *[artiphishal]* artificial

artist/–iaid (m) *[artist]* artist

artistig (adj) *[artistig]* artistic

arth/eirth (fm) *[arth]* bear

aruthrol (adj) *[arithrol]* huge, terrific

arwain (v) *[arwaeen]* to lead, ORCHESTRA to conduct

arweinydd/–ion (m) *[arwe-eenidd]* leader, ORCHESTRA conductor

arweiniad (m) *[arooe-eenyad]* leadership, guidance

arwerthiant/arwerthiannau (m) *[arooerthyant]* auction

arwr/arwyr (m) *[aroor]* hero

arwres/–au (f) *[aroores]* heroine

arwrol (adj) *[aroorol]* heroic

arwydd/–ion (fm) *[arooeedd]* sign

arwyddo (v) *[arooeeddo]* to sign, to signify

arwyddocâd (m) *[arooeeddo'cad]* significance

A.S. M.P. (Member of Parliament)

asen/–nau (f) *[asen]* rib

asgell/esgyll (f) *[asgell]* wing, aisle

asgellwr/asgellwyr (m) *[asgelloor]* TEAM BALL GAMES wing

asgwrn/esgyrn (m) *[asgoorn]* bone

asiant/–au (m) *[ashant]* agent

asid/–au (m) *[asid]* acid

astud (adj) *[astid]* intent
gwrando'n astud to listen intently

astudio (v) *[astidyo]* to study

asyn/–nod (m) *[asin]* donkey

at (prep) *[at]*
+S.M.
1. at
taflu at to throw at
anelu at to aim at
2. towards
taflu at to throw towards
tueddu at to tend towards
troi at to turn towards
3. to
anfon at to send to
apelio at to appeal to
ysgrifennu at to write to
ychwanegu at to add to
cofiwch fi at remember me to
mynd at y prifathro to go to the headmaster
4. right up to, as far as
rhedwch at y llinell run up to the line
5. for
llyfr at ddysgu Cymraeg a book for

learning Welsh
anelu at to aim for
6. mynd ati i weithio to get down to work
ata(f) i, atat ti, ato fe, ati hi, aton ni, atoch chi, atyn nhw

atal (v) *[atal]* to stop, to hinder
  atal dweud stammer

atalnod/–au (m) *[atalnod]* punctuation mark
  atalnod llawn full stop

atalnodi (v) *[atalnodee]* to punctuate

ateb[1]/–ion (m) *[ateb]* answer, solution

ateb[2] (v) *[ateb]* to answer
  ateb y gofyn to fulfil the need
  ateb y diben to do its job

atgof/–ion (m) *[atgov]* recollection, memory

atgoffa (v) *[atgopha]* to remind

atgyfodi (v) *[atguhvodee]* to resurrect

atom/–au (m) *[atom]* atom

atomfa/atomfeydd (f) *[atomva]* nuclear power station

atomig (adj) *[atomig]* atomic

atyniadol (adj) *[atuhnyadol]* attractive

athletau (pl) *[athletaee]* athletics

athletwr/athletwyr (m) *[athletoor]* athlete

athrawes/–au (f) *[athraooes]* (female) teacher

athro/athrawon (m) *[athro]* (male) teacher, professor

athrofa/athrofeydd (f) *[athrova]* institute, college

athroniaeth (f) *[athronyaeeth]* philosophy

athrylith/–oedd (f) *[athruhlith]* genius

aur[1] (m) *[aeer]* gold
  wats aur gold watch

aur[2] (adj) *[aeer]* gold, golden
  paent aur gold paint
  blodau aur golden flowers

awdl/–au (f) *[aoodl]* poem in strict metre see **cynghanedd**

awdur/–on (m) *[aoodir]* author

awdurdod/–au (m) *[aoodirdod]* authority
  awdurdod lleol local authority
  awdurdod addysg education authority

awdures/–au (f) *[aoodeeres]* authoress

awel/–on (f) *[aooel]* breeze

awgrym/–iadau (m) *[aoogrim]* suggestion
  rydw i'n hoffi'r awgrym I like the suggestion
  awgrym o chwerwedd a touch of bitterness

awgrymu (v) *[aoogruhmee]* to suggest

awn (v) *[aoon]*
  from **mynd** to go
  awn! let's go!
  awn ni we shall go
  awn i I used to go

awr/oriau (f) *[aoor]* hour
  yn awr now
  yn awr ac yn y man now and then

Awst (m) *[aoost]* August
  ym mis Awst in August

awydd (m) *[aooidd]* desire
  oes gen ti awydd 'paned would you like a cup of tea
  does gen i ddim awydd mynd i gyngerdd I don't feel like going to a concert
  does gen i ddim awydd bwyd I don't feel hungry, I'm not hungry

awyddus (adj) *[aoouhddis]* keen, eager

awyr (f) *[aooir]* sky, air
  awyr las blue sky
  awyr iach fresh air
  awyr agored open air

awyren/–nau (f) *[aoouhren]* aeroplane

awyrgylch/–oedd (fm) *[aoouhrgilch]* atmosphere

B

Words can be mutated to **B** from **P** (e.g. **ben** from **pen**) so look up under **P**. Mutated words beginning with **F** or **M** can derive from **B** (e.g. **faban** or **maban** from **baban**) so look them up here.

baban/–od (m) *[baban]* baby

babŵn/–s (m) *[ba'boon]* baboon

baco (m) *[backo]* tobacco

bacwn (m) *[backoon]* bacon

bach (adj) *[bach]* small, little, dear

bachgen bach a little boy
merch fach a little girl
tŷ bach toilet
shw' ma' 'i, bach hello, dear
bachgen/bechgyn (m) *[bachgen]* boy
bachwr/bachwyr (m) *[bachoor]* RUGBY
hooker
bad/–au (m) *[bad]* boat
baddon/–au (m) *[baddon]* bath
bae/–au (m) *[baee]* bay
baeddu (v) *[baeeddee]* to dirty, to beat
bag/–iau (m) *[bag]* bag
bai/beiau (m) *[baee]* fault
baich/beichiau (m) *[baeech]* load, burden
balch (adj) *[balch]* proud
balchder (m) *[balchder]* pride
bale (m) *[bale]* ballet
baled/–i (f) *[baled]* ballad
balŵn/balwnau (f) *[ba'loon]* baloon
ban/–nau (fm) *[ban]* beacon, peak
    Bannau Brycheiniog Brecon
    Beacons
banana/–s (m) *[banana]* banana
banc/–iau (m) *[bank]* bank
bancio (v) *[bankyo]* to bank
band/–iau (m) *[band]* band
bando (m) *[bando]* bando (a traditional
    Welsh game, played with a stick and ball)
baner/–au (f) *[baner]* flag
bant (f) *[bant]* off, away
bar/–rau (m) *[bar]* bar
bara (m) *[bara]* bread
    bara brith currant loaf
    bara lawr laver bread
    bara cartre home-made bread
barbariad/barbariaid (m) *[barbaryad]*
    barbarian
barbwr/barbwyr (m) *[barboor]* barber
barcut (m) *[barkit]* kite
barcuta (v) *[barkita]* to hanglide
bardd/beirdd (m) *[bardd]* poet
barddoniaeth (f) *[barddonyaeeth]* poetry
barf/barfau (f) *[barv]* beard
bargen/bargeinion (f) *[bargen]* bargain
bargyfreithiwr/bargyfreithwyr (m)
    [barguhvre-eethyoor] barrister
barn/–au (f) *[barn]* opinion, judgement
    Dydd y Farn Judgement Day
    yn fy marn i in my opinion

    beth yw dy farn di? what's your
    opinion?
    rydw i o'r farn fod... I am of the
    opinion that...
barnu (v) *[barnee]* to judge, to assess
barnwr/barnwyr (m) *[barnoor]* judge
baromedr (m) *[baromedr]* barometer
bas (adj) *[bas]* shallow, base
basai (v) *[base]*
    from **bod**; in answer to questions it
    means 'yes' or preceded by **na** it means
    'no'
    basai fe he would
    basai hi she would
    Basai fe'n dod? Basai. Would he
    come? Yes
    na fasai no
basech (v) *[basech]*
    from **bod** to be; in answer to
    questions it means 'yes' or preceded by
    na it means 'no'
    basech chi you would
basen (v) *[basen]*
    from **bod** to be; in answer to
    questions it means 'yes' or preceded by
    na it means 'no'
    basen ni we would
    basen nhw they would
baset (v) *[baset]*
    from **bod** to be; in answer to
    questions it means 'yes' or preceded by
    na it means 'no'
    baset ti you would
basged/–i (f) *[basged]* basket
basn/–au (m) *[basn]* basin
baswn (v) *[basoon]*
    see **byddwn**; from **bod** to be; in
    answer to questions it means 'yes' or
    preceded by **na** it means 'no'
    baswn i I would
    Basech chi'n dod? Baswn. Would
    you come? Yes
    na faswn no
bat/–iau (m) *[bat]* bat
batio (v) *[batyo]* to bat
batiwr/batwyr (m) *[batyoor]* batsman
batri/batrïau (m) *[batree]* battery
bathodyn/–nau (m) *[bathodin]* badge
baw (m) *[baoo]* dirt

bawd/bodiau (m) *[ba-ood]* thumb
  bys bawd thumb
bechgyn (pl) *[bechgin]* boys
  see **bachgen**
bedyddio (v) *[beduhddyo]* to baptize
Bedyddiwr/Bedyddwyr (m) *[Beduhddyoor]*
  Baptist
bedd/–au (m) *[bedd]* grave
beiau (pl) *[be-eeaee]* faults
  see **bai**
Beibl/–au (m) *[be-eebl]* Bible
beic/–iau (m) *[be-eek]* bike
beicio (v) *[be-eekyo]* to cycle
beichiau (pl) *[be-eechyaee]* loads, burdens
  see **baich**
beichiog (adj) *[be-eechyog]* pregnant
beio (v) *[be-eeo]* to blame
beirdd (pl) *[be-eerdd]* poets
  see **bardd**
beirniad/beirniaid (m) *[be-eernyad]*
  adjudicator, critic
beirniadaeth/–au (f) *[be-eernyadaeeth]*
  adjudication, criticism
beirniadu (v) *[be-eernyadee]* to adjudicate,
  to criticize
bellach (adv) *[bellach]* since, by now
belt/–iau (f) *[belt]* belt
bendigedig (adj) *[bendigedig]* great,
  fantastic, blessed
bendith/–ion (f) *[bendith]* blessing, grace
benthyca (v) *[benthuhka]* to borrow, to
  lend
benthyg (m) *[benthig]* loan
  rhoi benthyg pensil i Ann to lend
  Ann a pencil
  cael benthyg pensil gan Ann to
  borrow a pencil from Ann
  wnei di roi benthyg pensil i fi? will
  you lend me a pencil?
benthyciad/–au (m) *[benthuhkyad]* loan
benyw/–od (f) *[benioo]* woman
  see **menyw**
benywaidd (adj) *[benuhooaeedd]* feminine
berf/–au (f) *[berv]* verb
berfa/berfâu (f) *[berva]* wheelbarrow
berw[1] (adj) *[beroo]* boiling
  dŵr berw boiling water
berw[2] (m) *[beroo]* turmoil
  berw dŵr watercress

berwi (v) *[berooee]* to boil
  wy wedi'i ferwi a boiled egg
berwr (m) *[beroor]*
  berwr dŵr watercress
bet/–iau (f) *[bet]* bet
betio (v) *[betyo]* to bet, to gamble
betysen/betys (f) *[betuhsen]* beet(root)
  more common in plural form
beth? (interrog) *[beth]* what?
  beth am +S.M...? what about...?
  beth mae e'n 'wneud? what is he
  doing?
  beth oedd e? what was it?
  beth wna i? what shall I do
  beth yw...yn Gymraeg? (SW), **beth
  ydy...yn Gymraeg?** (NW)
  what's...in Welsh?
  beth yw e? (SW) **beth ydy e?** (NW)
  what is it?
bethti'ngalw (m) *[bethteengaloo]*
  what'sitcalled, thingamajig
beudy/beudai (m) *[be-eedee]* cowshed
beunydd (adv) *[be-eenidd]* daily,
  constantly
  byth a beunydd constantly
beunyddiol (adj) *[be-eenuhddyol]* daily
  **dyro inni heddiw ein bara
  beunyddiol** give us this day our daily
  bread
bicini/–s (m) *[bikeenee]* bikini
bihafio (v) *[beehavyo]* to behave
  see **ymddwyn**
bil/–iau (m) *[bil]* bill
biliwn/biliynau (m) *[bilyoon]* billion
bin/–iau (m) *[bin]* bin
bioleg (fm) *[beeoleg]* biology
bisged/–i (f) *[bisged]* biscuit
bisgïen/bisgedi (f) *[bisgee-en]* biscuit
biwrocratiaeth (f) *[bioorokratyaeeth]*
  bureaucracy
blaen[1] (m) *[blaeen]* front end
  ar y blaen in front
  blaenau'r cymoedd heads of the
  valleys
  ym mlaen y car in the front of the
  car
  o flaen llaw before hand
blaen[2] (adj) *[blaeen]* front
  drws blaen front door

sedd flaen front seat
blaenasgellwr/blaenasgellwyr (m)
[blaeenasgelloor] wing-forward
blaenoriaeth/–au (f) *[blaeenoryaeeth]*
priority
blaenorol (adj) *[blaeenorol]* previous
blaenwr/blaenwyr (m) *[blaeenoor]* SPORT
forward
blaguryn/blagur (m) *[blageerin]* PLANT
bud, shoot
blaidd/bleiddiaid (m) *[blaeedd]* wolf
blanced/–i (f) *[blanked]* blanket
blas/–au (m) *[blas]* taste
blasu (v) *[blasee]* to taste
blasus (adj) *[blasis]* tasty, delicious
blawd (m) *[blaood]* flour
blawd codi self-raising flour
blawd gwenith wholemeal flour
ble? (interrog) *[ble]* where?
ble mae e? where is he?
bleiddiaid (pl) *[ble-eeddyaeed]* wolves
see **blaidd**
blewyn/blew (m) *[bleooin]* hair (on body,
not head)
blewog (adj) *[bleoo-og]* hairy
blingo (v) *[blingo]* to skin
blin (adj) *[bleen]* tired, sorry, cross
mae'n flin 'da fi (SW) I'm sorry
blinder (m) *[bleender]* weariness
blinedig (adj) *[bleenedig]* tired
blino (v) *[bleeno]* to tire, to get tired
rydw i wedi blino I'm tired
wedi blino'n lân tired out
blith draphlith (adv) *[bleeth draphlith]*
mixed up, topsy-turvey
bloc/–iau (m) *[blok]* block
bloc o fflatiau block of flats
blodeuo (v) *[blode-eeo]* to flower
blodfresychen/blodfresych (f)
[blodvresuhchen] cauliflower
blodyn/blodau (m) *[blodin]* flower
bloedd/–iadau (fm) *[bloeedd]* shout, cry
bloeddio (v) *[bloeeddyo]* to shout
blows/–ys (fm) *[blo-oos]* blouse
blwch/blychau (m) *[blooch]* box
blwydd/–i (f) *[blooeedd]* year
un flwydd oed one year old
tri deg un flwydd oed thirty-one
years old

dwy flwydd oed two years old
tair blwydd oed three years old
pedair blwydd oed four years old
pum mlwydd oed five years old
deng mlwydd oed ten years old
babi blwydd year old baby
blwyddyn/blynyddoedd/blynedd (f)
[blooeeddin] year
blynedd is used after numbers
un flwyddyn one year
dwy flynedd two years
pum mlynedd five years
deng mlynedd ten years
blychau (pl) *[bluhchaee]* boxes
see **blwch**
blynyddol (adj) *[bluhnuhddol]* annual
bo (v) *[bo]* may be
3rd person present subjunctive of **bod**
da bo good-bye
pawb at y peth y bo everyone has
his own interest
pan fo... when (there) is...
bocs/–ys (m) *[box]* box
bocsio (v) *[boxyo]* to box
bocsiwr/bocswyr (m) *[boxyoor]* boxer
boch/–au (f) *[boch]* cheek
bod (v) *[bod]* to be
er bod although
er fy mod i'n dost although I'm ill
achos bod because
achos dy fod ti because you are
oherwydd bod because
oherwydd ei fod e because he is
**fy mod i, dy fod ti, ei fod e, ei bod
hi, ein bod ni, eich bod chi, eu bod
nhw**
bodiau (pl) *[bodyaee]* thumbs
see **bawd**
bodio (v) *[bodyo]* to thumb, to thumb a lift
bodlon (adj) *[bodlon]* content, satisfied,
happy
bodlondeb (m) *[bodlondeb]* satisfaction
bodloni (v) *[bodlonee]* to satisfy
bondlonrwydd (m) *[bodlonrooeedd]*
satisfaction
bodolaeth (f) *[bodolaeeth]* existence
bodoli (v) *[bodolee]* to exist
bodd/–au (m) *[bodd]* pleasure, consent
usually used in phrases such as:

rydw i wrth fy modd I'm in my element

wrth fy modd, wrth dy fodd, wrth ei fodd, wrth ei bodd, wrth ein bodd, wrth eich bodd, wrth eu bodd in my element etc.

boddhad (m) *[bodd'had]* satisfaction

boddhaol (adj) *[boddhaol]* satisfactory

boddi (v) *[boddee]* to drown

boddlon (adj) *[boddlon]* content, satisfied, happy
see **bodlon**

boed (v) *[boyd]* be he/she/it, may he/she/it be, let there be
from **bod**
boed felly so be it

bogail/bogeiliau (fm) *[bogaeel]* navel

bol/–iau (m) *[bol]* belly, stomach

bola/boliau (m) *[bola]* belly, stomach
see **bol**

bolgi/bolgwn (m) *[bolgee]* glutton

bol(a)heulo (v) *[bol(a)he-eelo]* to sunbathe

bom/–iau (fm) *[bom]* bomb
bom atomig atomic bomb

bomio (v) *[bomyo]* to bomb

bôn/bonau/bonion (m) *[bon]* base, trunk, counterfoil

bonclust/–iau (m) *[bonklist]* box on the ear

boned/–i/–au (f) *[boned]* bonnet

bonedd (m) *[bonedd]* nobility, gentry

boneddiges/–au (f) *[boneddeeges]* lady

boneddigion (pl) *[boneddigyon]* gentlemen
foneddigion a boneddigesau ladies and gentlemen

bones (f) *[bonehs]* miss
Y fones... Miss, Ms or Mrs

bonheddig (adj) *[bonheddig]* courteous, kind, gentle

bonheddwr/bonheddwyr (m) *[bonheddoor]* gentleman

bord/–ydd/–au (f) *[bord]* table, board

bore/–au (m) *[bore]* morning
bore da good morning
codi'n fore early
yn y bore in the morning
bore Sul Sunday morning
bore ddoe yesterday morning
bore 'ma this morning

yn y bore bach in the early morning

botaneg (fm) *[botaneg]* botany

botwm/botymau (m) *[botoom]* button

botymu (v) *[botuhmee]* to button up

bowlen/–ni (f) *[bo-oolen]* bowl

bowlio (v) *[bo-oolyo]* to bowl

bowliwr/bowlwyr (m) *[bo-oolyoor]* bowler

bowls (f) *[bo-ools]* SPORT bowls

brad (m) *[brad]* treason, betrayal

bradwr/bradwyr (m) *[bradoor]* traitor

bradychu (v) *[braduhchee]* to betray

braf (adj) *[brav]* fine
does not mutate
mae hi'n braf it's fine

bragdy/bragdai (m) *[bragdee]* brewery

braich/breichiau (f) *[braeech]* arm

braidd (adv) *[braeedd]* almost, just, scarcely
o'r braidd hardly

braint/breintiau (f) *[braeent]* honour, privilege

braith (adj) *[braeeth]* speckled
see **brith**
siaced fraith coat of many colours

brân/brain (f) *[bran]* crow, rook

brandi (m) *[brandee]* brandy

bras (adj) *[bras]* thick, fat, coarse, rough, approximate
yn fras approximately

brasgamu (v) *[brasgamee]* to stride

braslun/–iau (m) *[braslin]* sketch

braster/–au (m) *[braster]* fat

brathu (v) *[brathee]* to bite, to sting

braw/–iau (m) *[braoo]* terror, fear

brawd/brodyr (m) *[braood]* brother
mae e'n frawd i mi he's my brother

brawddeg/–au (f) *[braooddeg]* GRAMMAR sentence

brawychwr/brawychwyr (m) *[braoouhchoor]* terrorist

brêc/breciau (m) *[brek]* brake

brecio (v) *[brekyo]* to brake

brecwast/–au (m) *[brekooast]* breakfast
i frecwast for breakfast

brech/–au (f) *[brech]* vaccination, pox
y frech goch measles
y frech wen smallpox
y frech Almaenig German measles

brechdan/–au (f) *[brechdan]* sandwich

brefu (v) *[brevee]* to bleat

breichiau (pl) *[bre-eechyaee]* arms
see **braich**

breichled/–au (f) *[bre-eechled]* bracelet

breintiau (pl) *[bre-eentyaee]* honours,
privileges
see **braint**

brenhines/breninesau (f) *[brenheenes]*
queen

brenhinoedd (pl) *[brenheenoeedd]* kings
see **brenin**

brenhinol (adj) *[brenheenol]* royal

brenin/brenhinoedd (m) *[brenin]* king

brest/–iau (f) *[brest]* chest

bresychen/bresych (f) *[bresuchen]* cabbage

brethyn/–nau (m) *[brethin]* cloth

breuddwyd/–ion (fm) *[bre-eeddooeed]*
dream
breuddwyd gwrach wishful thinking

breuddwydio (v) *[bre-eeddooeedyo]* to
dream

briallen/briallu (f) *[breeallen]* primrose

bric/–iau (f) *[brik]* brick

brifo (v) *[breevo]* to hurt, to wound

brig/–au (m) *[breeg]* summit, twig
glo brig open cast (surface) coal

brigâd/brigadau (f) *[bri´gad]* brigade
y frigâd dân the fire brigade

brigdonni (v) *[breegdonee]* to surf, surfing

brigyn/brigau (m) *[breegin]* branch

brith (adj) *[breeth]* speckled
mae brith gof 'da fi I have a faint
memory

brithyll/–od (m) *[brithill]* trout

briw/–iau (m) *[brioo]* wound, cut

briwgig/–oedd (m) *[brioogig]* MEAT mince

briwsionyn/briwsion (m) *[briooshonin]*
crumb

bro/–ydd (f) *[bro]* region
y fro Gymraeg the Welsh speaking
region, the Welsh heartland

brodor/–ion (m) *[brodor]* native

brodorol (adj) *[brodorol]* native

brodyr (pl) *[brodir]* brothers
see **brawd**

broga/–od (m) *[broga]* frog

brolio (v) *[brolyo]* to boast

bron[1] (adv) *[bron]* almost

bron[2]/–nau (f) *[bron]* breast

bron[3]/–nydd (f) *[bron]* breast of hill

broncitis (m) *[bronkeetis]* bronchitis

bronfraith/bronfreithod (f) *[bronvraeeth]*
song thrush

bronglwm/bronglymau (f) *[brongloom]*
brassière

brown (adj) *[bro-oon]* brown

brownio (v) *[bro-oonyo]* to brown

brwd (adj) *[brood]* fervent
brwd dros yr iaith enthusiastic for
the language

brwdfrydedd (m) *[broodvruhdedd]*
enthusiasm

brwdfrydig (adj) *[broodvruhdig]*
enthusiastic

brwnt (adj) *[broont]* dirty

brws/–ys (m) *[broosh]* brush

brwsio (v) *[broosho]* to brush

brwydr/–au (f) *[brooeedr]* battle

brwynen/brwyn (f) *[brooeenen]* rush

brychni (m) *[bruhchnee]* freckles

bryd/–iau (m) *[breed]* mind
mae ei fryd e ar ennill he's intent on
winning

bryn/–iau (m) *[brin]* hill

brys (m) *[brees]* haste

buan (adj) *[beean]* soon, fast
yn fuan soon, quickly

buarth/–au (m) *[beearth]* yard, farmyard

buchod (pl) *[beechod]* cows
see **buwch**

budr (adj) *[bidr]* dirty

budreddi (m) *[bidreddee]* dirt

budd-dal (m) *[bidd-dal]* benefit, payment

buddsoddi (v) *[biddsoddee]* to invest

buddsoddiad/–au (m) *[biddsoddyad]*
investment

buddugol (adj) *[biddeegol]* victorious

buddugwr/buddugwyr (m) *[biddeegoor]*
winner, victor

bugail/bugeiliaid (m) *[beegaeel]* shepherd

busnes/–au (fm) *[bisnes]* business

busnesa (v) *[bisnesa]* to interfere (in
someone else's business)

bustachu (v) *[bistachee]* to flounder

buwch/buchod (f) *[biooch]* cow

bwa/bwâu (m) *[booa]* arch, bow

bwced/–i (fm) *[booked]* bucket

bwci/bwcïod (m) *[bookee]* ghost, bogey

bwgan/–od (m) *[boogan]* ghost, bogey
   bwgan brain scarecrow
bwlch/bylchau (m) *[boolch]* gap, pass
bwled/–i (f) *[booled]* bullet
bwli/bwlïod (m) *[boolee]* bully
bwncer/–i (m) *[boonker]* bunker
   bwncer niwclear nuclear bunker
bwnglera (v) *[boonglera]* to bungle
bwrdeistref/–i (f) *[boorde-eestrev]* borough
bwrdd/byrddau (m) *[boordd]* table, board
   bwrdd du blackboard
   bwrdd sglefrio skate board
   wrth y bwrdd at the table
bwriad/–au (m) *[booryad]* intention
bwriadol (adj) *[booryadol]* intentional
bwrlwm/byrlymau (m) *[boorloom]* bubble
bwrw (v) *[booroo]* to hit, to rain, to imagine
   bwrw glaw to rain
   bwrw eira to snow
   bwrw hen wragedd a ffyn to rain cats and dogs
bws/bysys/bysiau (m) *[boos]* bus
bwthyn/bythynnod (m) *[boothin]* cottage
   caws bwthyn cottage cheese
bwyell/bwyeill (f) *[booee-ell]* axe
bwyd/–ydd (m) *[booeed]* food
bwydlen/–ni (f) *[booeedlen]* menu
bwydo (v) *[booeedo]* to feed
bwyta (v) *[booeeta]* to eat
bwytawr/bwytawyr (m) *[booeetaoor]* eater
bwyty/bwytai (m) *[booeetee]* café, restaurant
bychan (adj) *[buhchan]* small
bychanu (v) *[buhchanee]* to belittle
byd/–oedd (m) *[beed]* world
   dim byd nothing
   y byd a'r betws lit.: the world and the chapel, people everywhere
   beth yn y byd? what on earth?
bydwraig/bydwragedd (f) *[buhdooraeeg]* midwife
bydysawd (m) *[buhduhsaood]* universe
bydd (v) *[beedd]*
   from **bod**
   bydd e he will
   bydd hi she will,
   bydd yes
   na fydd no

bydda(f) (v) *[buhdda(v)]*
   from **bod**
   bydda i I will be
   bydda yes
   na fydda no
byddai (v) *[buhddaee]*
   from **bod**
   byddai fe he would be
   byddai hi she would be
   byddai yes
   na fyddai no
byddan (v) *[buhddan]*
   from **bod**
   byddan nhw they will
   byddan yes
   na fyddan no
byddar (adj) *[buhddar]* deaf
byddarol (adj) *[buhddarol]* deafening
byddaru (v) *[buhddaree]* to deafen
byddech (v) *[buhddech]*
   from **bod**
   byddech chi you would be
   byddech yes
   na fyddech no
bydden (v) *[buhdden]*
   from **bod**
   bydden ni we would be
   bydden nhw they would be
   bydden yes
   na fydden no
byddet (v) *[buhddet]*
   from **bod**
   byddet ti you would be
   byddet yes
   na fyddet no
byddi (v) *[buhddee]*
   from **bod**
   byddi di you will
   byddi yes
   na fyddi no
byddin/–oedd (f) *[buhddin]* army
byddwch (v) *[buhddooch]*
   from **bod**
   byddwch chi you will
   byddwch yes
   na fyddwch no
   byddwch chi you will,
byddwn (v) *[buhddoon]*
   from **bod** to be

byddwn ni we shall be
byddwn i I would be
byddwn yes
na fyddwn no
bygwth (v) *[buhgooth]* to threaten
bygythiad/–au (m) *[buhguhthyad]* threat
bylb/–iau (m) *[buhlb]* bulb
bylchau (pl) *[buhlchaee]* gaps
see **bwlch**
bylchu (v) *[buhlchee]* to go through gap
byngalo/–s (m) *['buhn-galo]* bungalow
bynnag (pron) *[buhnag]* ever
beth bynnag whatever
beth bynnag yw e whatever it is
pa… bynnag whichever ….
pa lyfr bynnag whichever book
pwy bynnag whoever
pwy bynnag sy'n dod whoever is
coming
bynnen/byns (f) *[buhnen]* bun
byr/–ion (adj) *[bir]* short
byrbryd/–au (m) *[birbreed]* snack
byrbwyll (adj) *[buhrbooeell]* rash,
impulsive
byrfodd/–au (m) *[birvodd]* abbreviation
byrfyfyr (adj) *[birvuhvir]* impromptu
byrhau (v) *[bir'haee]* to shorten
byrlymau (pl) *[buhrluhmaee]* bubbles
see **bwrlwm**
byrlymu (v) *[buhrluhmee]* to gurgle, to
bubble
bys/–edd (m) *[bees]* finger
byseddu (v) *[buhseddee]* to finger, to
handle
bysell/–au (f) *[buhsell]* KEYBOARD key
bysellfwrdd/bysellfyrddau (m)
[buhsellvoordd] keyboard
bysiau (pl) *[buhsyaee]* buses
see **bws**
bysys (pl) *[buhsis]* buses
see **bws**
byth (adv) *[bith* or *beeth]* ever, never
Cymru am byth Wales for ever
dyw e byth yn canu he never sings
bythgofiadwy (adj) *[bithgovyadooee]*
memorable
bythol (adj) *[buhthol]* everlasting
bythwyrdd (adj) *[bithwirdd]* evergreen
bythynnod (pl) *[buhthuhnod]* cottages

see **bwthyn**
byw (v) *[bioo]* to live
has no other verb forms
ble rydych chi'n byw? where do you
live?
rydw i'n byw yn Aberystwyth I live
in Aberystwyth
bywgraffiad/–au (m) *[bioographyad]*
biography
bywiog (adj) *[biooyog]* lively
bywyd/–au (m) *[buhooid]* life
bywydeg (fm) *[buhoouhdeg]* biology

C

Mutated words beginning with **G**, **CH** or **NG**
can derive from **C** (e.g. gadair, chadair,
nghadair from **cadair**) so look them up here.

ca(f) (v) *[ka(v)]*
from **cael** to have
ca(f) i I have, I shall have, I may, I am
allowed
ga i losin? can I have a sweet?
ga i ddod? may I come?
cha i ddim mynd I'm not allowed to
go
caban/–au (m) *[kaban]* cabin
cabinet/–au (m) *[kabinet]* cabinet
cacen/–nau (f) *[kaken]* cake
cacen gri Welsh cake
cacynen/cacwn (f) *[kakuhnen]* wasp
yn (wyllt) gacwn furious
cachgi/cachgwn (m) *[kachghee]* coward
cachu[1] (m) *[kachee]* excrement
cachu[2] (v) *[kachee]* to defecate
cadach/–au (m) *[kadach]* cloth, rag
cadach poced handkerchief
cadach llestri dish-cloth
cadair/cadeiriau (f) *[kadaeer]* chair, udder
cadarn/cedyrn (adj) *[kadarn]* strong, firm
cadarnhau (v) *[kadarn'haee]* to confirm,
to strengthen
cadeirio (v) *[kade-eeryo]* to chair
cadeirio'r bardd the chairing of the
bard (at an **eisteddfod**)

cadeiriol (adj) *[kade-eeryol]* chairing, chaired

eglwys gadeiriol cathedral

eisteddfod gadeiriol eisteddfod that awards a chair to the winning poet

bardd cadeiriol a poet who has won a chair

cadeirydd/–ion (m) *[kade-eeridd]* chairman

cadno/–id (m) *[kadno]* fox

cadw (v) *[kadoo]* to keep, to save

cadw'n gynnes to keep warm

cadw rhan rhywun to support someone

rhoi i gadw to put away

cadwyn/–i/–au (f) *[kadooeen]* chain, MOUNTAINS range

cae/–au (m) *[kaee]* field

caead/–au (m) *[kaeead]* cover, lid

cael (v) *[kaeel]* to have, to obtain, to find, to be allowed to

  1. rydw i'n cael cot newydd I'm having a new coat

  rydw i wedi cael lle i eistedd I've found a place to sit

  rydw i'n cael dod I'm allowed to come

  2. used to form passive voice of verbs

  mae'r tŷ'n cael ei adeiladu the house is being built

  cafodd y lleidr ei weld the thief was seen

  3. ar gael available

  cael a chael oedd hi it was touch and go

caer/–au/ceyrydd (f) *[kaeer]* fort, castle many place names begin with **caer**

caeth /–ion (adj) *[kaeeth]* captive

caeth i gyffuriau addicted to drugs

cafodd (v) *[kavodd]*
  from **cael** to have

  cafodd e/hi he/she had

caffe/–s (m) *[kaphe]* café

cangen/canghennau (f) *[kangen]* branch, bough

canghellor/cangellorion (m) *[kanghellor]* chancellor

  canghellor y trysorlys chancellor of the exchequer

caiff (v) *[kaeeph]*
  from **cael** to have

  caiff e/hi he/she has, he/she will have

cainc[1]/ceinciau (f) *[kaeenk]* tune, branch, bough

cainc[2]/cangau (f) *[kaeenk]* branch, bough

cais[1]/ceisiadau (m) *[kaees]* attempt, application, request

  gwneud cais am swydd apply for a job

cais[2]/ceisiau (m) *[kaees]* RUGBY try

  sgorio cais score a try

calch (m) *[kalch]* lime

calchen (f) *[kalchen]* limestone

  yn wyn fel y galchen white as a sheet

caled (adj) *[kaled]* hard, severe

caledi (m) *[kaledee]* hardship

caledu (v) *[kaledee]* to harden, (SW) CLOTHES to air

calendr/–au (m) *[kalendr]* calendar

calon/–nau (f) *[kalon]* heart

  cod dy galon cheer up

calonogi (v) *[kalonogee]* to encourage

call (adj) *[kall]* wise, sensible

cam[1]/–au (m) *[kam]* step, stage

  bob cam all the way

  un cam ar y tro one step at a time

  y cam nesaf the next step/stage

cam[2] (adj) *[kam]* crooked, false

camarwain (v) *[kamarooaeen]* to mislead

cam-drin (v) *[kam 'dreen]* to abuse, to ill-treat
  normally only used in verb-noun form

  mae hi wedi cael ei cham-drin she has been abused

camddeall (v) *[kamddeall]* to misunderstand

camel/–od (m) *[kamel]* camel

camera/camerâu (m) *['kamera]* camera

camgymeriad/–au (m) *[kamguhmeryad]* mistake

camlas/camlesi (f) *[kamlas]* canal

camochri (v) *[kamochree]* SPORTS to be offside

camp/–au (f) *[kamp]* feat

  y campau sports

campfa/campfeydd (f) *[kampva]* gymnasium

campus (adj) *[kampis]* excellent

camsyniad/–au (m) *[kamsuhnyad]* mistake
gwneud camsyniad to make a mistake

camu (v) *[kamee]* to step, to stride, to bend

cân[1]**/caneuon** (f) *[kan]* song, poem
gwlad y gân land of song (Wales)
cân werin folk song

cân(t)[2] (v) *[kan(t)]*
from **cael** to have
cân nhw they have, they will have, they are allowed

can[1] (num) *[kan]* hundred
see **cant**; + N.M. in **blwydd, blynedd**
can punt £100
can mlwydd oed a hundred years old
can mlynedd a hundred years

can[2] (m) *[kan]* flour

can[3]**/**–iau (m) *[kan]* tin

cancr (m) *[kankr]* cancer

canfed (ord) *[kanved]* hundredth

caniad/–au (m) *[kanyad]* song, ring
rho ganiad give (me) a ring

caniatâd (m) *[kanyat'ad]* permission

caniatáu (v) *[kanyat'aee]* to allow, to permit

canlyn (v) *[kanlin]* to follow, to court

canlyniad/–au (m) *[kanluhnyad]* result

canlynol (adj) *[kanluhnol]* following

canllaw/–iau (fm) *[kanllaoo]* handrail, guidelines

canmlwyddiant (m) *[kanmlooeeddyant]* centenary

canmol (v) *[kanmol]* to praise

canmoliaeth (f) *[kanmolyaeeth]* praise

cannoedd (pl) *[kanoeedd]* hundreds
see **can, cant**

cannwyll/canhwyllau (f) *[kanooeell]* candle

canol/–au (m) *[kanol]* middle
yr oesoedd canol the middle ages
canol y ddinas city centre

canolbarth/–au (m) *[kanolbarth]* midland
Y Canolbarth Mid Wales

canolbwynt/–iau (m) *[kanolbooeent]* centre point

canolbwyntio (v) *[kanolbooeentyo]* to concentrate

canoldir/–oedd (m) *[kanoldir]* inland area
Y Môr Canoldir The Mediterranean Sea

canolfan/–nau (fm) *[kanolvan]* centre
canolfan hamdden leisure centre

canolig (adj) *[kanolig]* middling, average

canolog (adj) *[kanolog]* central

canolwr/canolwyr (m) *[kanoloor]* SPORTS centre (half), mediator

canradd/–au (f) *[kanradd]* centigrade

canran/–nau (m) *[kanran]* percentage

canrif/–oedd (f) *[kanriv]* century

cant/cannoedd (num) *[kant]* hundred
see **can**; **can** is the usual form before a noun
can punt a hundred pounds
cant a deg a hundred and ten
cant ac un one hundred and one
cant o fechgyn a hundred boys
un y cant one per cent

cant (m) *[kant]* hundredweight
cant o lo a hundredweight of coal

cantor/–ion (m) *[kantor]* singer

cantores/–au (f) *[kantores]* female singer

canu (v) *[kanee]* to sing, to ring
canu gwerin folk singing
canu'n iach to bid farewell
canu'r piano to play the piano
mae'r gloch yn canu the bell rings
mae'r ffôn yn canu the telephone is ringing

canwaith (adv) *[kanooaeeth]* hundred times

canŵ/–s (m) *[kan'oo]* canoe

canwr/canwyr/cantorion (m) *[kanoor]* singer, MUSICAL INSTRUMENT player

cap/–iau (m) *[kap]* cap

capel/–i (m) *[kapel]* chapel
mynd i'r capel to go to chapel

capten/capteiniaid (m) *[kapten]* captain
capten Cymru the Welsh captain

car/ceir (m) *[kar]* car

carafán/carafannau (f) *[kara'van]* caravan

carchar/–au (m) *[karchar]* prison
yn y carchar in prison

carcharor/–ion (m) *[karcharor]* prisoner

carcharu (v) *[karcharee]* to imprison

carden/cardiau (f) *[karden]* card
carden Nadolig Christmas card

carden pen blwydd birthday card

cardigan/–au (f) *['kardeegan]* cardigan

cardota (v) *[kardota]* to beg

cardotyn/cadotwyr (m) *[kardotin]* beggar

caredig (adj) *[karedig]* kind

    bod yn garedig wrth Ann to be kind to Ann

carfan/–au (mf) *[karvan]* squad, group, faction

cariad[1]/–au (m) *[karyad]* love, affection

cariad[2]/–on (m) *[karyad]* sweetheart, lover, darling

    fy nghariad my sweetheart

cariadus (adj) *[karyadis]* loving

cario (v) *[karyo]* to carry

carlam/–au (m) *[karlam]* gallop

    ar garlam swiftly, at full speed

    cwrs carlam crash course

carlamu (v) *[karlamee]* to gallop

carnifal (m) *['karnival]* carnival

carol/–au (fm) *[karol]* carol

    carol Nadolig Christmas carol

carped/–i (m) *[karped]* carpet

carreg/cerrig (f) *[kareg]* stone, pip

cart/ceirt/certi (fm) *[kart]* cart

cartre(f)/cartrefi (m) *[kartre(v)]* home

    gartre(f) at home

    oddi cartref away

cartrefol (adj) *[kartrevol]* homely, intimate, comfortable

cartŵn/cartwnau (m) *[kar'toon]* cartoon

carthen/–ni (f) *[karthen]* quilt, blanket

caru (v) *[karee]* to love, to like, to court

    rwy'n dy garu di I love you

carw/ceirw (m) *[karoo]* deer, stag

carwr/carwyr (m) *[karoor]* lover

cas (adj) *[kas]* nasty, hateful

    mae'n gas gen i foron I hate carrots

casáu (v) *[cas'aee]* to hate

casét/casetiau (m) *[kas'et]* cassette

casgen/–ni (f) *[kasgen]* barrel, cask

casgliad/–au (m) *[kasglyad]* collection, gathering, conclusion

casglu (v) *[kasglee]* to collect, to gather, to conclude

casglwr/casglwyr (m) *[kasgloor]* collector

casineb (m) *[kaseeneb]* hate

cast/–iau (m) *[kast]* trick, prank, PLAY cast

castell/cestyll (m) *[kastell]* castle

catalog/–au (m) *['katalog]* catalogue

cath/–od (f) *[kath]* cat

catholig (adj) *[katholig]* catholic

    yr Eglwys Gatholig the Catholic Church

cau (v) *[kaee]* shut, close, fasten

    ar gau closed

    wedi cau closed

    caewch y drws close the door

cawell/cewyll (m) *[kaooell]* cage, basket

cawl/–iau (m) *[kaool]* soup, broth

    gwneud cawl o rywbeth to make a mess of something

cawlach (m) *[kaoolach]* mess

cawn (v) *[kaoon]*

    from **cael**

    cawn ni we have, we shall have, we may

    cawn i I used to have

    pe cawn if I had

cawod/–ydd (f) *[kaoo-od]* shower

cawr/cewri (m) *[kaoor]* giant

caws/–iau (m) *[kaoos]* cheese

cawsoch (v) *[kaoosoch]*

    from **cael**

    cawsoch chi you had

cawson (v) *[kaooson]*

    from **cael**

    cawson ni we had

    cawson nhw they had

cebl/–au (m) *[kebl]* cable

cedwir (v) *[kedooir]* is kept

    from **cadw**

    cedwir y bwyd yn y cwpwrdd the food is kept in the cupboard

cedyrn (adj) *[kedirn]* firm

    see **cadarn**; used with pl. nouns

cefais (v) *[kevaees]*

    see **ces**; from **cael**

    cefais i I had

cefaist (v) *[kevaeest]*

    see **cest ti**; from **cael**

    cefaist ti you had

cefn/–au (m) *[kevn]* back, MOUNTAINS ridge

    bod yn gefn i rywun to give moral support to someone

    cefn dydd middle of the day

    cefn gwlad the countryside

cefn nos dead of night
tu cefn i'r tŷ behind the house
wrth gefn in reserve
cefnder/–oedd/cefndyr/cefndryd (m)
[kevnder] male cousin
cefndir/–oedd (m) *[kevndir]* background,
setting
cefnog (adj) *[kevnog]* wealthy
cefnogaeth (f) *[kevnogaeeth]* support,
backing
cefnogi (v) *[kevnogee]* to support, to
encourage
cefnogwr/cefnogwyr (m) *[kevnogoor]*
supporter
cefnu (v) *[kevnee]*
cefnu ar +S.M. to turn one's back
on, to desert
cefnwr/cefnwyr (m) *[kevnoor]* back, full-
back
ceffyl/–au (m) *[keffil]* horse
mae e ar gefn ei geffyl he's on his
high horse
ceg/–au (f) *[keg]* mouth
gweiddi nerth ei geg to shout as
loud as possible
cegin/–au (f) *[kegin]* kitchen
yn y gegin in the kitchen
cei[1]/–au (m) *[ke-ee]* quay
cei[2] (v) *[ke-ee]*
from **cael**
cei di you will have, you may have,
you may, you can
fe gei di ddod fory you can come
tomorrow
ceidwad/ceidwaid (m) *[ke-eedooad]* keeper,
guardian
gôl-geidwad goalkeeper
ceidwadol (adj) *[ke-eedooadol]*
conservative
y Blaid Geidwadol the Conservative
Party
Ceidwadwr/Ceidwadwyr (m) *[ke-eedooadoor]*
Conservative
ceiliog/–od (m) *[ke-eelyog]* cockerel
ceinciau (pl) *[ke-eenkyaee]* branches, tunes
see **cainc**[1]
ceiniog/–au (f) *[ke-eenyog]* penny
pum ceiniog five pence
ceir[1] (pl) *[ke-eer]* cars

see **car**
ceir[2] (v) *[ke-eer]* is to be had, is available,
there is. there are, is allowed, are
allowed
from **cael** to have
ceir problemau there are problems
ceir ysmygu smoking is allowed
ceirch (f) *[ke-eerch]* oats
ceiriosen/ceirios (f) *[ke-eeryosen]* cherry
ceirt (pl) *[ke-eert]* carts
see **cart**
ceirw (pl) *[ke-eeroo]* deer, stags
see **carw**
ceisiau (pl) *[ke-eesyaee]* RUGBY tries
see **cais**[2]
ceisiadau (pl) *[ke-eesyadaee]* requests,
applications
see **cais**[1]
ceisio (v) *[ke-eesyo]* to try, to seek
celf (f) *[kelv]* art
amgueddfa gelf art museum
celficyn/celfi (m) *[kelvikin]* (piece of)
furniture
siop gelfi furniture shop
celfyddyd/–au (f) *[kelvuhddid]* art
y celfyddydau the arts
Cyngor y Celfyddydau Arts Council
Celt/–iaid (m) *[kelt]* Celt
Celtaidd (adj) *[keltaeedd]* Celtic
celwydd/–au (m) *[kelooidd]* lie, untruth
celwydd golau white lie
celwydd noeth bare-faced lie
dweud celwydd to lie, to tell lies
celwyddgi/celwyddgwn (m) *[kelooiddgee]*
liar
celynnen/celyn (f) *[keluhnen]* holly
cell/–oedd (f) *[kell]* cell
cemeg (fm) *[kemeg]* chemistry
cemegol (adj) *[kemegol]* chemical
cenedl/cenhedloedd (f) *[kenedl]* nation
cenedl enw gender of a noun
y Cenhedloedd Unedig the United
Nations
cenedlaethol (adj) *[kenedlaeethol]* national
Amgueddfa Genedlaethol National
Museum
y tîm cenedlaethol the national team
Llyfrgell Genedlaethol National
Library

y Blaid Genedlaethol national party, Plaid Cymru

cenedlaetholdeb (m) *[kenedlaetholdeb]* nationalism

cenedlaetholwr/cenedlaetholwyr (m) *[kenedlaetholoor]* nationalist

cenedligrwydd (m) *[kenedligrooeedd]* nationality, nationhood

cenfigen/-nau (f) *[kenveegen]* jealousy, envy

cenfigennu (v) *[kenvigenee]*
cenfigennu wrth rywun to envy someone, to be jealous of someone

cenfigennus (adj) *[kenvigenis]* jealous, envious

cenhadaeth (mf) *[kenhadaaeth]* mission

cenhadwr/cenhadon (m) *[kenhadoor]* missionary

cenhedlaeth/cenedlaethau (f) *[kenhedlaeeth]* generation

cenhinen/cennin (f) *[kenheenen]* leek
cennin Pedr daffodils

centimetr/-au (m) *['kentimetr]* centimetre

cerbyd/-au (m) *[kerbid]* vehicle, carriage
cerbyd bwyd restaurant car

cerdyn/cardiau (m) *[kerdin]* card
cerdyn post post card

cerdd/-i (f) *[kerdd]* music, song, poem
offeryn cerdd musical instrument

cerdded (v) *[kerdded]* to walk
ar gerdded afoot

cerddor/-ion (m) *[kerddor]* musician

cerddorfa/cerddorfeydd (f) *[kerddorva]* orchestra

cerddoriaeth (f) *[kerddoryaeeth]* music
cerddoriaeth glasurol classical music
cerddoriaeth bop pop music

cerddorol (adj) *[kerddorol]* musical

cerddwr/cerddwyr (m) *[kerddoor]* walker, pedestrian

cerfio (v) *[kervyo]* to carve

cerflun/-iau (m) *[kervlin]* sculpture, statue

cerrig (pl) *[kerig]* stones, testicles
see **carreg**

cerrynt (m) *[kerint]* ELECTRIC, WATER current

cert/-i/ceirt (m) *[kert]* cart

ces (v) *[kes]*
see **cefais**; from **cael**

ces i I had, I was allowed
ces (or **cefais**) **i fy ngeni** I was born
ces i fynd I was allowed to go

cesail/ceseiliau (f) *[kesaeel]* armpit, recess

cesair (pl) *[kesaeer]* hail (stones)
mae hi'n bwrw cesair it's hailing

cest (v) *[kest]*
see **cefaist**; from **cael**
cest ti you had, you were allowed

cestyll (pl) *[kestill]* castles
see **castell**

cewch (v) *[keooch]*
from **cael**
1. **cewch chi** you have, you will have, you may
fe gewch chi ei weld e fory you can see it tomorrow
2. yes, no: short form of present tense used in answer to a question
Ga i ddod? Cewch Can I come? Yes
Ga i ddod? Na chewch Can I come? No

cewri (pl) *[keooree]* giants
see **cawr**

cewyll (pl) *[keooill]* cages, baskets
see **cawell**

cewyn/-nau (m) *[keooin]* napkin, nappy

ceyrydd (pl) *[ke-eeridd]* forts, castles
see **caer**

ci/cŵn (m) *[kee]* dog

cic/-iau (mf) *[kik]* cic
cic adlam RUGBY drop kick
cic gosb RUGBY free kick, penalty
cic o'r smotyn FOOTBALL penalty
cic rydd FOOTBALL free kick

cicio (v) *[kikyo]* to kick

ciciwr/cicwyr (m) *[kikyoor]* kicker

cig/-oedd (m) *[keeg]* meat
cig eidion beef
cig moch bacon
cig mochyn pork
cig oen lamb

cigydd/-ion (m) *[keegidd]* butcher

cildwrn (m) *[kildoorn]* MONEY tip, bribe

cilio (v) *[kilyo]* to recede, to retreat

cilogram/-au (m) *['kilogram]* kilogram

ciniawa (v) *[kinyaooa]* to dine

cinio/ciniawau (fm) *[kinyo]* dinner, lunch
cinio dydd Sul Sunday lunch

cip/–iau (m) *[kip]* glance, glimpse
>**cael cip ar rywbeth** to have a glance at something, to catch a glimpse of something

cipio (v) *[kipyo]* to snatch
>**cipio'r wobr** to win the prize

cipolwg/cipolygon (m) *[kipoloog]* glance, glimpse

cist/–iau (f) *[kist]* chest, coffer
>**cist car** car boot
>**sêl cist car** car boot sale

ciwb/–iau (m) *[kioob]* cube

claddu (v) *[kladdee]* to bury

claf[1]/cleifion (m) *[klav]* patient, a sick person

claf[2] (adj) *[klav]* ill, sick

clai/cleiau (m) *[klaee]* clay

clais/cleisiau (m) *[klaees]* bruise

clapio (v) *[klapyo]* to clap

clarc/–od (m) *[klark]* clerk

clasur/–on (m) *[klasir]* classic

clasurol (adj) *[klaseerol]* classical

clau (adj) *[klaee]* (SW) quick
pronounced *cloy*
>**yn glou** quickly

clawdd/cloddiau (m) *[klaoodd]* hedge

clawr/cloriau (m) *[klaoor]* cover, lid
>**clawr caled** hard cover
>**llyfr clawr papur** paperback

clebran (v) *[klebran]* to chatter, to prattle

cleddyf/–au (m) *[kleddiv]* sword

clefyd/–au (m) *[klevid]* illness, disease, infection
>**y clefyd melyn** jaundice
>**clefyd y gwair** hay fever

cleiau (pl) *[kle-eeaee]* clays
see **clai**

cleifion (pl) *[kle-eevyon]* patients, sick people
see **claf**

cleisiau (pl) *[kle-eesyaee]* bruises
see **clais**

clem (f) *[klem]* notion, gumption
>**does dim clem 'da fi** I've no idea

clemau (pl) *[klemaee]* looks, grimaces
>**gwneud clemau** to make faces, to grimace

clerc/–od (m) *[klerk]* clerk

clinig/–au (m) *[klinig]* clinic

clir (adj) *[kleer]* clear

clirio (v) *[kliryo]* to clear

clo/–eon (m) *[klo]* lock, RUGBY lock-forward
>**ar glo** locked
>**dan glo** under lock and key

cloc/–iau (m) *[klok]* clock

clocsen/closcsiau (f) *[kloksen]* clog
>**dawns y glocsen** clog dance

cloch/clychau (f) *[kloch]* bell
>**faint o'r gloch yw hi?** what time is it?
>**un o'r gloch** one o'clock
>**mae'r gloch yn canu** the bell is ringing

cloddfa/cloddfeydd (f) *[kloddva]* quarry

cloddiau (pl) *[kloddyaee]* hedges
see **clawdd**

cloddio (v) *[kloddyo]* to dig, to mine, to quarry

cloff (adj) *[kloph]* lame

cloffi (v) *[klophee]* to become lame, to make lame

cloffni (m) *[klophnee]* lameness

clogwyn/–i (m) *[klogooeen]* cliff, precipice

clogyn/–nau (m) *[klogin]* cloak, cape

cloi (v) *[kloy]* to lock
>**ac i gloi** and to conclude

clonc/–iau (f) *[klonk]* gossip

clorian/–nau (fm) *[kloryan]* scales, balance

cloriau (pl) *[kloryaee]* covers, lids
see **clawr**

closio (v) *[kloshyo]* to draw near
>**closio at rywun** to snuggle up to someone

clown/–iaid (m) *[klo-oon]* clown

cludiant/cludiannau (m) *[klidyant]* transport

cludo (v) *[kleedo]* to transport, to carry

clun/–iau (f) *[kleen]* hip

clust/–iau (fm) *[klist]* ear
>**mae clust dost 'da fi** I have earache

clustog/–au (fm) *[klistog]* cushion, pillow

clwb/clybiau (m) *[kloob]* club
>**Clwb Ifor Bach** Cardiff's Welsh club
>**Clwb yr Hen Bont** Welsh club at Pontypridd
>**Clwb Tŷ Tawe** Welsh club at Swansea
>**Clwb Brynmenyn** Welsh club at

Brynmenyn, near Bridgend

clwm/clymau (m) *[kloom]* knot, tie
see **cwlwm**

clwt/clytiau (m) *[kloot]* rag, cloth

clwyd/-i (f) *[klooeed]* gate, ATHLETICS hurdle

clwyf/-au (m) *[klooeev]* wound

clwyfo (v) *[klooeevo]* to wound

clybiau (pl) *[kluhbyaee]* clubs
see **clwb**

clyd (adj) *[kleed]* cosy

clymu (v) *[kluhmee]* to knot, to tie, to bind

clymau (pl) *[kluhmaee]* knots
see **cwlwm**

clytiau (pl) *[kluhtyaee]* rags, cloths
see **clwt**

clyw (m) *[klioo]* hearing, earshot
trwm fy (dy etc) nghlyw hard of hearing
o fewn clyw within earshot

clywed (v) *[kluhooeed]* to hear

cnaf/-on (m) *[knav]* rascal

cnawd (m) *[knaawd]* flesh

cneuen/cnau (f) *[kne-ee-en]* nut

cnewyllyn/cnewyll (m) *[kneoouhllin]* kernel, crux

cnoc/-iau (m) *[knok]* knock

cnocio (v) *[knokyo]* to knock

cnoi (v) *[knoee]* to chew, to bite, to gnaw
cnoi cil to chew the cud

cnwd/cnydau (m) *[knood]* crop

coban/-au (m) *[koban]* night-shirt, night-dress

coblyn/-nod (m) *[koblin]* goblin, imp
be' goblyn? (NW) what on earth?

coco (m) *[koko]* cocoa
cneuen goco coconut

cocosen/cocos/cocs (f) *[kokosen]* cockle

coch[1]/-ion (adj) *[koch]* red
Crysau Cochion Welsh rugby team (Red Shirts)
pridd coch brown earth
gwallt coch auburn hair
canu coch very poor singing
ffilm goch blue film

coch[2] (m) *[koch]* (the colour) red

cochni (m) *[kochnee]* redness, ruddiness

cochi (v) *[kochee]* to redden, to blush

cod/-au (m) *[kod]* code

codi (v) *[kodee]* to get up, to arise, to increase, to pick up, to raise, to lift, to charge
codi arian at achos da to collect for a good cause
codi canu to lead the singing (in chapel)
codi llaw ar rywun to wave to someone
codwch e! pick it up!
codwch eich breichiau! raise your arms!
faint mae e'n (ei) godi? how much does he charge?
mae e'n codi am saith he gets up at seven
mae 'na broblem wedi codi a problem has arisen
mae'r pris wedi codi the price has increased, the price has gone up

codiad/-au (m) *[kodyad]* rise, elevation

codwm/codymau (m) *[kodoom]* fall, tumble
ymaflyd codwm to wrestle

codwr/codwyr (m) *[kodoor]* riser, raiser, lifter
codwr canu leader of the singing in chapel
codwr pwysau weight lifter

coed (pl) *[koeed]* forest, trees, wood, timber
see **coeden**
coed tân firewood
coedydd (double plural) forests, woods, timbers

coeden/coed (f) *[koeeden]* tree
coeden afalau (or **afallen**) apple tree
coeden geirios cherry tree

cof/-ion (m) *[kov]* memory
dysgu ar fy nghof (dy gof etc.) to learn by heart
er cof am in remembrance of
At end of letter:
cofion cynnes best wishes, regards

cofiadwy (adj) *[kovyadooee]* memorable

cofiant/cofiannau (m) *[kovyant]* biography

cofio (v) *[kovyo]* to recall, to remember
cofio at rywun to send one's regards to someone

cofiwch fi at Ann give Ann my regards
coflaid/-cofleidiau (f) *[kovlaeed]* armful
cofleidio (v) *[kovle-eedyo]* to embrace
cofnod/-ion (m) *[kovnod]* record, MEETING minute, memorandum
  cofnodion cyfarfod the minutes of a meeting
cofnodi (v) *[kovnodee]* FACTS to record, to make a note of
cofrestr/-i/-au (f) *[kov'restr]* register
cofrestru (v) *[kovrestree]* to register, to enrol
  swyddfa gofrestru registry office
cofrestrydd/-ion (m) *[kovrestridd]* registrar
cofrodd/-ion (f) *[kovrodd]* souvenir
coffa (m) *[kopha]* memorial, remembrance
  carreg goffa memorial
coffáu (v) *[koph'aee]* commemorate
coffi (m) *[kophee]* coffee
cog/-au (f) *[cog]* cuckoo
  usually seen as **y gog**
coginio (v) *[koginyo]* to cook
cogydd/-ion (m) *[kogidd]* cook
cogyddes/-au (f) *[koguhddes]* cook
côl (f) *[kol]* lap, bosom
coleg/-au (m) *[koleg]* college
  Coleg Prifysgol Cymru University College of Wales
  coleg technegol technical college
  coleg trydyddol tertiary college
coler/-i/-au (fm) *[koler]* collar
colofn/-au (f) *[kolovn]* column, pillar
colomen/-nod (f) *[kolomen]* pigeon, dove
colur/-au (m) *[kolir]* make-up
coluro (v) *[koleero]* to put on make-up
coll (adj) *[koll]* lost, missing
  mae'r llyfr ar goll the book is missing
colled/-ion (f) *[kolled]* loss
colledig (adj) *[kolledig]* lost
collen/cyll (f) *[kollen]* hazel
colli (v) *[kollee]* to lose, to miss, to spill
  mae Lloegr wedi colli'r gêm England have lost the game
  rydw i wedi colli'r bws I've missed the bus
  rydw i wedi colli te ar y lliain bwrdd I've spilt tea on the table-cloth

collwr/collwyr (m) *[kolloor]* looser
comed/-au (f) *[komed]* comet
comedi/comedïau (f) *['komedee]* comedy
comin (m) *[komin]* LAND common
  tir comin common land
comisiwn/comisiynau (m) *[komishoon]* commission
Comiwnydd/-ion (m) *[komioonidd]* Communist
comiwnyddiaeth (f) *[komioonuhddyaeeth]* communism
comiwnyddol (adj) *[komioonuhddol]* communist
concrit (m) *[konkrit]* concrete
concro (v) *[konkro]* to conquer
concwerwr/concwerwyr (m) *[konkooeroor]* conqueror
concwest/-au (f) *[konkooest]* conquest
condemnio (v) *[kondemnyo]* to condemn
consesiwn/consesiynau (m) *[konseshoon]* concession
consol/-au (m) *[konsol]* console
consurio (v) *[konsiryo]* to conjure
consuriwr/consurwyr (m) *[konsiryoor]* conjurer
conswl/-iaid (m) *[konsool]* consul
copa/-on/copâu (m) *[kopa]* summit, crown (of head)
  pob copa walltog everyone
copi/copïau (m) *[kopee]* copy, imitation
copïo (v) *[kopeeo]* to copy, to imitate
copïwr/copïwyr (m) *[kopeeoor]* copier
copor (m) *[kopor]* copper
copr (m) *[kopr]* copper
  see **copor**
côr/corau (m) *[kor]* choir, pew
  côr cymysg mixed choir
  côr meibion male voice choir
  côr merched female choir
corachod (pl) *[korachod]* dwarfs
  see **corrach**
corcyn/cyrc (m) *[korkin]* cork
  sych fel corcyn dry as a bone
corden/-ni (f) *[korden]* cord
corff/cyrff (m) *[korph]* body, corpse
corfforol (adj) *[korphorol]* physical
corgi/corgwn (m) *[korgee]* corgi
corgimwch/corgimychiaid (m) *[korgeemooch]* prawn

coridor/–au (m) *['koridor]* coridor
corn/cyrn (m) *[korn]* horn, antler, trumpet, hooter, corn, callus
    canu corn to hoot, to sound the horn
    corn gwddw throat, gullet
    corn gwlad ceremonial trumpet used in National Eisteddfod ceremonies
    corn simne chimney stack
    sefyll ar gyrn rhywun to tread on someone's toes
cornel/–i (fm) *[kornel]* corner
coron/–au (f) *[koron]* crown, garland
corrach/corachod (m) *[korach]* dwarf
corryn/corynnod (m) *[korin]* spider
cors/–ydd (f) *[kors]* bog, swamp
cortyn/–nau (m) *[kortin]* cord, string
corws (m) *[koroos]* chorus
corwynt/–oedd (m) *[korooint]* hurricane, whirlwind, tornado
corynnod (pl) *[koruhnod]* spiders
    see **corryn**
cosb/–au (f) *[kosb]* punishment, penalty
cosbi (v) *[kosbee]* to punish, to penalize
cosfa/cosfeydd (f) *[kosva]* thrashing, itch
    cael cosfa to receive a thrashing
cosi (v) *[kosee]* to tickle, to itch
cost/–au (f) *[kost]* cost
    beth yw'r gost? what does it cost?
costio (v) *[kostyo]* to cost
    faint mae e'n (ei) gostio? how much does it cost?
costus (adj) *[kostis]* expensive
cot/–iau (m) *[kot]* coat
    cot fawr overcoat
    cot law raincoat
côt/cotiau (f) *[kot]* coat
    see **cot**
cotwm (m) *[kotoom]* cotton
cownter/–au/–i (m) *[ko-oonter]* counter
crac[1]/–iau (m) *[krak]* crack
crac[2] (adj) *[krak]* angry
cracio (v) *[krakyo]* to crack
crach (pl) *[krach]* snobs, gentry
    see **crachach**
crachach (pl) *[krachach]* snobs, gentry
    see **crach**
crachen/crach (f) *[krachen]* scab
craen/–iau (m) *[kraeen]* crane
crafanc/crafangau (f) *[kravank]* claw, talon, clutch
    mynd i grafangau rhywun to fall into the clutches of someone
crafiad/–au (m) *[kravyad]* scratch
crafwr/crafwyr (m) *[kravoor]* LIT. AND FIG. scraper
craff (adj) *[kraph]* observant, wise
craffu (v) *[kraphee]* to look closely
cragen/cregyn (f) *[kragen]* shell
crai (adj) *[kraee]* raw, crude
    defnydd crai raw materials
    olew crai crude oil
craidd/creiddiau (m) *[kraeedd]* centre, crux, essence
craig/creigiau (f) *[kraeeg]* rock, crag, boulder
    mae e'n graig o arian he's made of money
craith/creithiau (f) *[kraeeth]* scar
cranc/–od (m) *[krank]* crab, crank
crand (adj) *[krand]* grand
crap/–iau (m) *[krap]* grasp, understanding
    cael crap ar yr iaith to have a grasp of the language
cras (adj) *[kras]* baked, harsh, aired
    dillad cras aired clothes
crasboeth (adj) *[krasboeeth]* scorching, extremely hot
crasfa/crasfeydd (f) *[krasva]* hiding, thrashing
crasu (v) *[krasee]* to bake, to dry, to air
crawc/–iau (f) *[kraook]* croak
cread (m) *[kread]* creation
creadigol (adj) *[kreadeegol]* creative
creadur/–iaid (m) *[kreadir]* creature
cred/–au (f) *[kred]* belief
credadwy (adj) *[credadooee]* credible
credo/–au (fm) *[kredo]* creed, credo, belief
credu (v) *[kredee]* to believe
credwr/credwyr (m) *[kredoor]* believer
credyd/–on (m) *[kredid]* credit
crefydd/–au (f) *[krevidd]* religion
crefyddol (adj) *[krevuhddol]* religious
crefft/–au (f) *[krepht]* craft, trade
crefftus (adj) *[krephtis]* skilled
crefftwr/crefftwyr (m) *[krephtoor]* craftsman
cregyn (pl) *[kregin]* shells
    see **cragen**

creiddiau (pl) *[kre-eeddyaee]* centres
  see **craidd**
creigiau (pl) *[kre-eegyaee]* rocks, crags,
  boulders
  see **craig**
creigiog (adj) *[kre-eegyog]* rocky, craggy
creision (pl) *[kre-eeshyon]* crisps
  creision ŷd corn flakes
creithiau (pl) *[kre-eethyaee]* scars
  see **craith**
crempog/–au (f) *[krempog]* pancake
creu (v) *[kre-ee]* to create, to make
  creu gwaith to make work
  cynllun creu gwaith work creation
  scheme
creulon (adj) *[kre-eelon]* cruel
creulondeb/–au (m) *[kre-eelondeb]* cruelty
crëwr/crewyr (m) *[kreoor]* creator
cri/–au (fm) *[kree]* cry
crib/–au (f) *[kreeb]* comb, crest, ridge
cribo (v) *[kreebo]* to comb
criced (m) *[kriked]* cricket
cricedwr/cricedwyr (m) *[krikedoor]*
  cricketer
crin (adj) *[kreen]* withered
crino (v) *[kreeno]* to wither
crintachu (v) *[krintachee]* to moan
crintach(lyd) (adj) *[krintach(lid)]* mean,
  complaining
crio (v) *[kreeo]* (SW) to cry, to weep, (NW)
  to shout
cripian (v) *[kripyan]* to creep
crisial[1]/–au (m) *[krisyal or krishal]* crystal
crisial[2] (adj) *[krisyal or krishal]* crystal
crisialu (v) *[krisyalee or krishalee]* to
  crystallize
Crist (m) *[krist]* Christ
Cristion/Crist(io)nogion (m) *[kristyon]*
  Christian
Crist(io)nogaeth (f) *[kristyonogaeth]*
  Christianity
Crist(io)nogol (adj) *[kristyonogol]*
  Christian
Cristnogion (pl) *[kristnogyon]* Christians
  see **Cristion**
criw/–iau (m) *[krioo]* crew
croch (adj) *[kroch]* loud, harsh, strident
crochan/–au (m) *[krochan]* pot, cauldron
crochenwaith/crochenweithiau (m)

[krochenooaeeth] pottery
crochenydd/–ion (m) *[krochenidd]* potter
croen/crwyn (m) *[kroeen]* skin, hide, peel,
  rind
  mae e'n mynd dan fy nghroen he
  gets right up my nose
  mae e'n llond ei groen he looks well
croes[1]/–au (f) *[kroees]* cross
  croes Geltaidd a Celtic cross
  croes Treforys Morriston cross
  y Groes Goch the Red Cross
croes[2] (adj) *[kroees]* cross, adverse, perverse
croesair/croeseiriau (m) *[kroeesaeer]*
  crossword
croesawgar (adj) *[kroeesaoogar]*
  welcoming, hospitable
croesawu (v) *[kroeesaooee]* to welcome
croes-ddweud (v) *[kroeesddooee-eed]* to
  contradict
croesfan/–nau (f) *[kroeesvan]* crossing
croesffordd/croesffyrdd (f) *[kroeesphordd]*
  cross-roads, junction
croeshoelio (v) *[kroeeshoeelyo]* to crucify
croesi (v) *[kroeesee]* to cross, to thwart
  croesi'r bont to cross the bridge
  gofalwch rhag croesi'r bòs
  heddiw! beware of annoying the
  boss today!
croeso (m) *[kroeeso]* welcome, hospitality
  â chroeso with pleasure, be my guest
crog (adj) *[krog]* hanging, suspended
  pont grog suspension bridge
crogi (v) *[krogee]* to hang, to suspend
croglofft/–ydd (f) *[kroglopht]* garret
crombil/–iau (fm) *[krombil]* bowels,
  depths
  yng nghrombil y ddaear in the
  depths of the earth
cromfach/–au (m) *[kromvach]* bracket
cromiwm (m) *[kromyoom]* chromium
cromlech/–i (f) *[kromlech]* cromlech,
  ancient burial stones
cronfa/cronfeydd (f) *[kronva]* reservoir,
  fund
  cronfa ddŵr water reservoir
  cronfa goffa memorial fund
croten/crotesi (f) *[kroten]* (SW) girl
croth/–au (f) *[kroth]* womb
  croth y goes calf of leg

croyw (adj) *[kroeeoo]* clear, plain, unleavened
  dŵr croyw clear water
  iaith groyw plain language
  bara croyw unleavened bread
crud/–iau (m) *[creed]* cradle
crwban/–od (m) *[krooban]* tortoise
crwm (adj) *[kroom]* curved
  grom is used with f. nouns
crwn (adj) *[kroon]* round, circular, rotund, whole
  gron is used with f. nouns
crwner/–iaid (m) *[krooner]* coroner
crwst/crystiau (m) *[kroost]* crust, BAKING pastry
crwstyn/–adau (m) *[kroostin]* crust
crwydr/–adau (m) *[krooeedr]* wandering
  mynd ar grwydr to wander around, to roam
crwydro (v) *[krooeedro]* to wander, to digress
crwydryn/crwydraid (m) *[krooeedrin]* wanderer, tramp
crwyn (pl) *[krooin]* skins, hides, rinds
  see **croen**
  tatws trwy'u crwyn jacket potatoes
crychu (v) *[kruhchee]* to crease, to pucker, to ripple
cryd/–iau (m) *[kreed]* shiver, fever
crydd/–ion (m) *[kreedd]* cobbler
cryf/–ion (adj) *[kreev]* strong, powerful, flourishing
cryfder/–au (m) *[kruhvder]* strength, power, might
cryfhau (v) *[kruv'haee]* to strengthen, to become powerful
cryg (adj) *[kreeg]* hoarse
cryman/–au (m) *[kruhman]* sickle
crymion (adj) *[kruhmyon]* curved
  see **crwm, crom**
cryn (adj) *[krin]* quite a, a fair + S.M.
  cryn dipyn quite a lot
  cryn nifer a fair number
cryndod/–au (m) *[kruhndod]* shivering, trembling
crynedig (adj) *[kruhnedig]* trembling, shaky
crynhoi (v) *[kruhn'hoee]* to gather, to summarize

crynion (adj) *[kruhnyon]* round, circular, rotund
  used with pl. nouns; see **crwn**
cryno (adj) *[kruhno]* brief, concise, compact, neat
crynodeb/–au (m) *[kruhnodeb]* summary
cryno-ddisg (m) *[kruhno'ddisg]* compact disc, CD
Crynwr/Crynwyr (m) *[kruhnoor]* Quaker
crys/–au (m) *[krees]* shirt
  crys nos night-shirt
  crys T T shirt
crystiau (pl) *[kruhstyaee]* crusts
  see **crwst, crwstyn**
cu (adj) *[kee]* dear, beloved
  mam-gu grandmother
  tad-cu grandfather
cudd (adj) *[keedd]* hidden
  heddlu cudd secret police, MI5
cuddfan/–nau (f) *[kiddvan]* hiding-place
cuddiedig (adj) *[kiddee-edig]* hidden
cuddio (v) *[kiddyo]* to hide, to obscure
cul/–ion (adj) *[keel]* narrow
culfor/–oedd (m) *[kilvor]* SEA channel, strait
culhau (v) *[kil'haee]* to (become) narrow
culni (m) *[kilnee]* narrowness, intolerance
cur (m) *[keer]* pain, ache, throbbing
  cur pen (NW) headache (SW = **pen tost**)
  mae cur pen gen i I have a headache
curad/–iaid (m) *[keerad]* curate
curfa/curfeydd (f) *[kirva]* hiding, thrashing, beating
  cafodd gurfa gan ei dad am ddweud celwydd his father gave him a hiding for telling lies
  cafodd y tîm cartref gurfa gan yr ymwelwyr the home team was well beaten by the visitors
curiad/–au (m) *[kiryad]* beat, pulse, throb
curo (v) *[keero]* to hit, to knock, to beat
  curo dwylo to clap
  curo traed to stamp
  curo wrth y drws to knock at the door
cusan/–au (fm) *[kisan]* kiss
cusanu (v) *[kisanee]* to kiss
cwar/–rau (m) *[kooar]* quarry

cwarel/–i (m) *[kooarel]* pane (of glass)

cwart/–au (m) *[kooart]* quart
see **chwart**

cwarter/–i (m) *[kooarter]* quarter
see **chwarter**
cwarter i dri a quarter to three
cwarter call mad
dydy e ddim cwarter call he's mad

cwb(w)l[1] (m) *[koobool]* all, everything
always preceded by **y** or **'r**
y cwbl o'r bechgyn all the boys
rydw i wedi gweld y cwbl I've seen
the lot
wedi'r cwbl after all

cwb(w)l[2] (adv) *[koobool]* completely
+ S.M.
cwbl angenrheidiol completely
necessary
cwbl ddiniwed completely innocent
dim o gwbl not at all, nothing at all

cwblhau (v) *[koobl'haee]* to finish, to
complete

cwcw/cwcŵod (f) *[kookoo]* cuckoo

cwch/cychod (mf) *[kooch]* boat
cwch gwenyn bee-hive
cwch hwylio sailing boat

cwd(yn)/cydau (m) *[kood(in)]* bag, pouch
prynu cath mewn cwd to buy a pig
in a poke

cweir/–iau (m) *[kooe-eer]* thrashing

cweryl/–on (m) *[kooeril]* quarrel

cwest/–au (m) *[kooest]* inquest

cwestiwn/cwestiynau (m) *[kooestyoon]*
question

cwffio (v) *[koophyo]* to fight, (NW) to box

cwilt/–iau (m) *[kooilt]* quilt

cwlwm/clymau (m) *[kooloom]* knot,
tangle, bond

cwm/cymoedd (m) *[koom]* valley, vale

cwmni/cwmnïau (m) *[koomnee]* company,
companion
cwmni cyfyngedig cyhoeddus (ccc)
public limited company (plc)
cwmni drama drama company
dw i eisiau cwmni i fynd ar wyliau
I want a holiday companion
mae e'n gwmni da he's good
company

cwmpas/–au (m) *[koompas]* GENERAL

compass (not directional), scope
**defnyddiwch gwmpas i wneud
cylch** use a compass to draw a circle
cwmpas ei ddyletswyddau the
scope of his duties
o gwmpas y dre around town

cwmpawd/cwmpodau (m) *[koompaood]*
DIRECTIONAL compass

cwmwl/cymylau (m) *[koomool]* cloud

cŵn (pl) *[koon]* dogs
see **ci**
codi cyn cŵn Caer to get up very
early indeed

cwningen/cwningod (f) *[kooningen]* rabbit

cwnstabl/–iaid (m) *['koonstabl]* constable

cwota/cwotâu (m) *[koo-ota]* quota
cwota llaeth milk quota

cwpan/–au (fm) *[koopan]* cup
cwpan wy egg cup
cwpan y byd world cup

cwp(w)l/cyplau (m) *[koopl]* couple

cwpla (v) *[koopla]* to finish

cwpled/–i (m) *[koopled]* couplet

cwpwrdd/cypyrddau (m) *[koopoordd]*
cupboard
cwpwrdd cornel corner cupboard
cwpwrdd dillad wardrobe

cwr/cyrrau/cyrion (m) *[koor]* edge, fringe
ar gwr y goedwig at the edge of the
forest

cwrcwd (m) *[koorkood]*
yn fy nghwrcwd (dy gwrcwd etc.)
squatting, crouching
roedd merch yn ei chwrcwd there
was a girl squatting

cwrdd[1]/cyrddau (m) *[koordd]* meeting,
CHAPEL service

cwrdd[2] **â** (v) *[koordd]* to meet
+A.M
cwrdd â chyfaill to meet a friend
cwrdd â ffrind to meet a friend

cwricwlwm/cwricwla (m) *[koorikooloom]*
curriculum
y Cwricwlwm Cenedlaethol the
National Curriculum

cwrs/cyrsiau (m) *[koors]* course
cwrs cadarnhau consolidation
course
cwrs carlam crash course

cwrs estyn extension course
cwrs gloywi polishing course
cwrs pontio bridging course
cwrs golff golf course
cwrs cyntaf MEAL first course
gwaith cwrs coursework
prif gwrs MEAL main course
wrth gwrs of course
cwrsio (v) *[koorsyo]* to drive off, to chase, to hunt
cwrt/cyrtiau (m) *[koort]* court
cwrtais (adj) *[koortaees]* courteous
cwrteisi (m) *[koorte-eesee]* courtesy
cwrw (m) *[kooroo]* beer
cwrw chwerw bitter beer
cwrw golau light beer
cwrw tywyll dark beer
cwrw cartref home brew
cwrwgl/cyryglau (m) *[kooroogl]* coracle
cwsg[1] (m) *[koosg]* sleep
cwsg[2] (v) *[koosg]*
from **cysgu**
cwsg ef/hi he/she sleeps, he/she will sleep
cwsg! sleep!
cwsmer/–iaid (m) *[koosmer]* customer
cwstard (m) *[koostard]* custard
cwt[1]/cytiau (m) *[koot]* hut, shed, cut, wound
cwt glo coal shed
cwt ar ei fys a cut on his finger
cwt[2]/cytau (mf) *[koot]* (SW) tail, queue
cwt y gath the cat's tail
Dai bach y sowldiwr a chwt 'i grys e mas Dai bach, the soldier, with his shirt tail hanging out
aros yn y gwt to stand in the queue, to queue
cwta (adj) *[koota]* short
ateb cwta a curt reply
cwtogi (v) *[kootogee]* to shorten, to cut down, to cut back
cwtogi sgert to shorten a skirt
cwtogi ar gyflogau to cut back on salaries
y cwtogi the cutbacks
cwymp (m) *[kooimp]* fall, collapse
cwympo (v) *[kooimpo]* to fall, to take a tumble

cwyn/–ion (fm) *[kooeen]* complaint
gwrando ar fy nghwyn to listen to my complaint
gwrando ar ei gŵyn to listen to his complaint
gwrando ar ei chŵyn to listen to her complaint
cwynfan (v) *[kooeenvan]* to moan
cwynfanllyd (adj) *[kooeenvanllid]* moaning, grumbling
cwyno (v) *[kooeeno]* to complain
cwyr/–au (m) *[kooeer]* wax
cannwyll gŵyr wax candle
canhwyllau cwyr wax candles
cybydd/–ion (m) *[kuhbidd]* miser
cybydd-dod (m) *[kuh'buhdd-dod]* miserliness
cybyddlyd (adj) *[kuhbuhddlid]* mean, miserly
cychod (pl) *[kuhchod]* boats
see **cwch**
cychwyn (v) *[kuhchooin]* to start, to set off
cychwynnodd ar ei daith yn gynnar he set off early on his journey
cyd-[1] (pref) *[keed]* co-, joint, fellow
cydweithio to work together, to co-operate
cyd-weithiwr fellow-worker, colleague
cyd-weld to agree
cyd[2] (m) *[keed]* union
gwneud rhywbeth ar y cyd to do something together
CYD movement for Welsh learners and speakers
cydbwysedd (m) *[keedbooeesedd]* balance, equilibrium
cyd-destun/–au (m) *[keed-destin]* context
cyd-fyw (v) *[keed'vioo]* to live together
has no other verb forms
cydio (v) *[kuhdyo]* to join, to grasp, to hold fast
cydio rhywbeth wrth rywbeth to join something to something
cydio yn llaw rhywun to take hold of someone's hand
wnaiff e gydio? will it hold fast?
cydiwr/cydwyr (m) *[kuhdyoor]* CAR clutch
cydnabod[1] (m) *[kuhdnabod]* acquaintance

cydnabod[2] (v) *[kuhdnabod]* to acknowledge

cydnabyddiaeth/–au (f) *[kuhdnabuhddyaeeth]* acknowledgement, recognition, payment (when you don't want to mention money)

cydol (fm) *[kuhdol]* seen only in certain phrases
  trwy gydol y dydd all day long
  trwy gydol y nos all night long
  trwy gydol yr amser all the time
  trwy gydol y mis the whole month

cydradd (adj) *[kuhdradd]* equal

cydraddoldeb/–au (m) *kuhdraddoldeb]* equality

cydsyniad/–au (m) *[keedsuhnyad]* consent

cydsynio (v) *[keedsuhnyo]* to agree, to consent

cydweithrediad (m) *[keedooe-eethredyad]* co-operation

cydweithredu (v) *[keedooe-eethredee]* to co-operate

cydweithredol (adj) *[keedooe-eethredol]* co-operative
  menter gydweithredol co-operative venture

cyd-weld (v) *[keed'ooeld]* to agree
  cyd-weld â (A.M.) to agree with

cydwybod/–au (f) *[keedooeebod]* conscience

cydymdeimlad/–au (m) *[keeduhmde-eemlad]* sympathy

cydymdeimlo (v) *[keeduhmde-eemlo]* to sympathize

cyfadran/–nau (f) *[kuhvadran]* COLLEGE faculty

cyfaddawd/–au (m) *[kuhvaddaood]* compromise

cyfaddawdu (v) *[kuhvaddaoodee]* to compromise

cyfaddef (v) *[kuhvaddev]* to admit, to confess

cyfaddefiad/–au (m) *[kuhvaddevyad]* confession

cyfaill/cyfeillion (m) *[kuhvaeell]* friend
  Cyfeillion y Ddaear Friends of the Earth

cyfaint/cyfeintiau (m) *[kuhvaeent]* volume

cyfalaf/–au (m) *[kuhvalav]* MONEY capital

cyfalafiaeth (f) *[kuhvalavyaeeth]* capitalism

cyfalafol (adj) *[kuhvalavol]* capitalist

cyfalafwr/cyfalafwyr (m) *[kuvalavoor]* capitalist

cyfamod/–au (m) *[kuhvamod]* covenant

cyfamodi (v) *[kuhvamodee]* to covenant

cyfamodwr/cyfamodwyr (m) *[kuhvamodoor]* covenanter
  cyfamodwyr y Cymry rhydd covenanters of the free Welsh

cyfamser (m) *[kuhvamsehr]* meantime
  yn y cyfamser in the meantime, meanwhile

cyfan[1] (m) *[kuhvan]* whole, total always preceded by **y** or **'r**
  rydw i wedi darllen y cyfan I've read everything
  ar y cyfan on the whole
  wedi'r cyfan after all

cyfan[2]/cyfain (adj) *[kuhvan]* whole
  y wlad gyfan the whole land
  yn gyfan gwbl completely

cyfandir/–oedd (m) *[kuhvandir]* continent

cyfandirol (adj) *[kuhvandeerol]* continental

cyfansoddi (v) *[kuhvansoddee]* to compose

cyfansoddiad/–au (m) *[kuhvansoddyad]* composition, constitution
  cyfansoddiadau'r eisteddfod eisteddfod compositions
  cyfansoddiad y Gymdeithas Rieni constitution of the Parents' Association

cyfansoddiadol (adj) *[kuhvansoddyadol]* constitutional

cyfansoddwr/cyfansoddwyr (m) *[kuhvansoddoor]* composer

cyfanswm/cyfansymiau (m) *[kuhvansoom]* total, sum

cyfarch (v) *[kuhvarch]* to greet

cyfarchiad/cyfarchion (m) *[kuhvarchyad]* greeting
  cyfarchion y tymor season's greetings
  gyda chyfarchion with greetings

cyfarfod/–ydd (m) *[kuhvarvod]* meeting

cyfartal (adj) *[kuhvartal]* equal
  Comisiwn Cyfle Cyfartal Equal Opportunities Commission

cyfartaledd/–au (m) *[kuhvartaledd]* average

ar gyfartaledd on average

cyfarth (v) *[kuhvarth]* to bark

cyfarwydd (adj) *[kuhvarooeedd]* familiar

cyfarwyddo (v) *[kuhvarooeeddo]* to direct, to become accustomed to

cyfarwyddwr/cyfarwyddwyr (m) *[kuhvarooeeddoor]* director

cyfarwyddyd/cyfarwyddiadau (m) *[kuhvarooeeddid]* guidance, instruction

cyfathrach/–au (f) *[kuhvathrach]* liaison, intercourse

cyfathrach rywiol sexual intercourse

cyfathrebu (v) *[kuhvathrebee]* to communicate

cyfeiliant/cyfeiliannau (m) *[kuhve-eelyant]* MUSIC accompaniment

cyfeilio (v) *[kuhve-eelyo]* MUSIC to accompany

cyfeiliorn (m) *[kuhve-eelyorn]*

mynd ar gyfeiliorn to go astray

cyfeilydd/–ion (m) *[kuhve-eelidd]* MUSIC accompanist

cyfeillgar (adj) *[kuhve-eellgar]* friendly

cyfeillgarwch (m) *[kuhve-eellgarooch]* friendship

cyfeiriad/–au (m) *[kuhve-eeryad]* address, direction, reference

beth yw eich cyfeiriad? what's your address

i'r cyfeiriad arall in the other direction

mae cyfeiriad ato yn yr erthygl there is a reference to it in the article

cyfeiriadur/–on (m) *[kuhve-eeryadir]* directory

cyfeirio (v) *[kuhve-eeryo]* to direct, to address, to refer

cyfeirio rhywun ar hyd y ffyrdd cefn to direct someone along the minor roads

cyfeirio amlen to address an envelope

wyt ti'n cyfeirio ata i? are you referring to me?

cyfeirnod/–au (m) *[kuhve-eernod]* reference (number)

eich cyf. your ref.

ein cyf. our ref.

cyfenw/–au (m) *[kuhvenoo]* surname

cyfer (m) *[kuhver]*

ar gyfer beth mae hwn? what is this for?

siarad yn ei gyfer to talk rashly

cyferbyn (adj) *[kuhvehrbin]* opposite

gyferbyn â +A.M. opposite

cyfethol (v) *[kuhvethol]* to co-opt

cyfiawn (adj) *[kuhvyaoon]* just

cyfiawnder/–au (m) *[kuhvyaoonder]* justice

cyfiawnhad (m) *[kuhvyaoon'had]* justification

cyfiawnhau (v) *[kuhvyaoon'haee]* to justify

cyfieithiad/–au (m) *[kuhvye-eethyad]* translation

cyfieithu (v) *[kuhvye-eethee]* to translate

cyfieithydd/cyfieithwyr (m) *[kuhvye-eethidd]* translator

cyflaith (m) *[kuhvlaeeth]* toffee

cyfle/–oedd (m) *[kuhvle]* chance, opportunity

cyfle cyfartal equal opportunity

cyflenwad/–au (m) *[kuhvlenooad]* supply

cyflenwi (v) *[kuhvlenooee]* to supply

athro cyflenwi supply teacher

athrawes gyflenwi supply teacher

cyfleus (adj) *[kuhvle-ees]* convenient

cyfleuster/–au (m) *[kuhvle-eester]* convenience

cyfleusterau facilities

cyfleusterau cyhoeddus public conveniences

cyfleustra (m) *[kuhvle-eestra]* convenience

cyflog/–au (fm) *[kuhvlog]* pay, salary, wage

cyflogi (v) *[kuhvlogee]* to employ

cyflogwr/cyflogwyr (m) *[kuhvlogoor]* employer

cyflwr/cyflyrau (m) *[kuhvloor]* state, condition

cyflwyno (v) *[kuhvlooeeno]* to present, to introduce, to submit

cyflwyno rhaglen deledu to present a television programme

cyflwyno adroddiad to submit a report

ga i gyflwyno fy ngwraig? may I introduce my wife?

cyflwynydd/–ion (m) *[kuhvlooeenidd]*

presenter

cyflym (adj) *[kuhvlim]* quick, fast

cyflymder (m) *[kuhvluhmder]* speed

cyflymu (v) *[kuhvluhmee]* to accelerate

cyfnewid (v) *[kuhvneooid]* to exchange
ras gyfnewid relay race
taith gyfnewid exchange visit

cyfnewidfa/cyfnewidfeydd (f)
[kuhvneooidva] exchange
cyfnewidfa ffôn telephone exchange
cyfnewidfa stoc stock exchange

cyfnither/–oedd (f) *[kuhvneether]* (female)
cousin

cyfnod/–au (m) *[kuhvnod]* period, era

cyfoes (adj) *[kuhvoees]* contemporary

cyfoeth (m) *[kuhvoeeth]* wealth

cyfoethog (adj) *[kuhvoeethog]* wealthy, rich

cyfoethogi (v) *[kuhvoeethogee]* to enrich,
to make rich, to become rich

cyfog (m) *[kuhvog]* vomit, nausea
mae e'n codi cyfog arna i he makes
me sick

cyfogi (v) *[kuhvogee]* to be sick, to vomit

cyfradd/–au (f) *[kuhvradd]* rate
cyfradd cyfnewid exchange rate
cyfradd llog rate of interest

cyfraith/cyfreithiau (f) *[kuhvraeeth]* law
mam-yng-nghyfraith mother in law
cyfraith trosedd criminal law

cyfranddaliad/–au (m) *[kuhvranddalyad]*
STOCKS & SHARES share

cyfraniad/–au (m) *[kuhvranyad]*
contribution

cyfrannu (v) *[kuhvranee]* to contribute
cyfrannodd bunt at y gronfa he
contributed a pound to the fund

cyfrannwr/cyfranwyr (m) *[kuhvranoor]*
contributor

cyfredol (adj) *[kuhvredol]* current
cyfrif cyfredol current account

cyfreithiol (adj) *[kuhvre-eethyol]* legal,
judicial

cyfreithiwr/cyfreithwyr (m)
[kuhvre-eethyoor] solicitor, lawyer

cyfreithlon (adj) *[kuhvre-eethlon]* lawful,
legal, legitimate

cyfres/–i (f) *[kuhvres]* series, list

cyfrif[1]/–on (m) *[kuhvriv]* account
ar bob cyfrif by all means

a i ddim ar unrhyw gyfrif I won't go
on any account

cyfrif[2] (v) *[kuhvriv]* to count, to calculate
cyfrif y gost to count the cost, to
calculate the cost
dydy hynny ddim yn cyfrif that
doesn't count, that's of no significance

cyfrifiad/–au (m) *[kuhvrivyad]* census

cyfrifiadur/–on (m) *[kuhvrivyadir]*
computer

cyfrifiadureg (f) *[kuhvrivyadeereg]*
computer science

cyfrifol (adj) *[kuhvreevol]* responsible

cyfrifoldeb/–au (m) *[kuhvrivoldeb]*
responsibility

cyfrifydd/–ion (m) *[kuhvreevidd]*
accountant

cyfrinach/–au (f) *[kuhvreenach]* secret

cyfrinachol (adj) *[kuhvrinachol]* secret,
confidential

cyfrinfa/cyfrinfeydd (f) *[kuhvrinva]*
MINERS, FREEMASONS lodge

cyfrol/–au (f) *[kuhvrol]* volume

cyfrwng/cyfryngau (m) *[kuhvroong]*
means, medium
cyfryngau torfol mass media
trwy gyfrwng by means of
trwy gyfrwng y Saesneg through
the medium of English

cyfrwy/–au (m) *[kuhvrooee]* saddle

cyfrwys (adj) *[kuhvrooees]* cunning

cyfrwystra (m) *[kuhvrooeestra]* cunning

cyfryw (adj) *[kuhvrioo]* such
+ S.M.
y cyfryw berson such person

cyfun (adj) *[kuhvin]* comprehensive,
united
ysgol gyfun comprehensive school

cyfuwch (adj) *[kuhveeooch]*
see **uchel**
cyfuwch â +A.M. as high as

cyf-weld (v) *[kuhv´ooeld]* to interview

cyfweliad/–au (m) *[kuhvooelyad]* interview

cyfyng (adj) *[kuhving]* narrow, confined
mewn cyfyng-gyngor in a quandary

cyfyl/–ion (m) *[kuhvil]* vicinity
usually seen in a phrase such as:
doedd neb ar gyfyl y lle there was
no-one in the vicinity

cyfystyr[1]/–on (m) *[kuhvuhstir]* synonym
cyfystyr[2] (adj) *[kuhvuhstir]* synonymous
cyffaith/cyffeithiau (m) *[kuhphaeeth]* jam,
  preserve
cyffes/–ion (f) *[kuhphes]* confession,
  admission
cyffesu (v) *[kuhphesee]* to confess, to admit
cyffordd/cyffyrdd (f) *[kuhphordd]* junction
cyfforddus (adj) *[kuhphorddis]*
  comfortable
cyffredin (adj) *[kuhphredin]* common,
  ordinary, mediocre
  Tŷ'r Cyffredin House of Commons
  diwrnod cyffredin ordinary day
  cyffredin iawn oedd y perfformiad
  it was a mediocre performance
cyffredinol (adj) *[kuhphredeenol]* general
cyffro/–adau (m) *[kuhphro]* excitement
cyffroi (v) *[kuhph'roee]* to excite
cyffrous (adj) *[kuhph'roees]* exciting
cyffur/–iau (m) *[kuhphir]* drug
cyffwrdd (v) *[kuhphoordd]* to touch, to
  touch on
  cyffwrdd â +A.M. to touch
  cyffyrddodd â hynny yn ei ddarlith
  he touched on that in his lecture
cyffyrddiad/–au (m) *[kuhphuhrddyad]*
  touch
cyffyrddus (adj) *[kuhphuhrddis]*
  comfortable
  see **cyfforddus**
cynganeddu (v) *[kuhnganeddee]* to write
  cynghanedd; MUSIC to harmonize
cyngerdd/cyngherddau (fm) *[kuhngerdd]*
  concert
cynghanedd/cynganeddion (f)
  [kuhnghanedd] strict system of writing
  poetry in Welsh
cynghori (v) *[kuhnghoree]* to advise, to
  counsel
cynghorwr/cynghorwyr (m) *[kuhnghoroor]*
  adviser, counsellor, councillor
  cynghorwr sir county councillor
cynghorydd/cynghorwyr (m)
  [kuhnghoridd] councillor
cynghrair/cynghreiriau (mf) *[kunghraeer]*
  league, alliance
cyngor[1]/cynghorau (m) *[kuhngor]* council
cyngor[2]/cynghorion (m) *[kuhngor]* advice,
  counsel
cyngres/–au (f) *[kungres]* congress
cyhoedd (m) *[kuhoeedd]* public
  y cyhoedd the public
cyhoeddi (v) *[kuh-hoeeddee]* to publish, to
  announce
  cyhoeddwyd gan published by
cyhoeddiad/–au (m) *[kuh-hoeeddyad]*
  publication, announcement
cyhoeddus (adj) *[kuhoeeddis]* public
cyhoeddusrwydd (m) *[kuhoeeddisrooeedd]*
  publicity
cyhoeddwr/cyhoeddwyr (m) *[kuhoeeddoor]*
  publisher, announcer
cyhuddiad/–au (m) *[kuhiddyad]*
  accusation, LAW charge
cyhuddo (v) *[kuheeddo]* to accuse
cyhyd (adj) *[ku'heed]* so long, as long
  cyhyd ag y bo modd as far as
  possible
cyhydedd/–au (m) *[kuhuhdedd]* equator
cyhyr/–au (m) *[kuh-hir]* muscle
cyhyrog (adj) *[kuh-huhrog]* muscular,
  robust
  iaith gyhyrog robust language
cylch/–oedd (m) *[kilch]* circle, hoop, orbit
  cylch chwarae play group
  cylch Meithrin Welsh play group
cylchgrawn/cylchgronau (m)
  [kuhlchgraoon] magazine
cylchlythyr/–au/–on (m) *[kilchluhthir]*
  LETTER circular
cylchredeg (v) *[kilchredeg]* to circulate
cylchrediad/–au (m) *[kilchredyad]*
  circulation
  cylchrediad y gwaed circulation of
  the blood
cylymau (pl) *[kuhluhmaee]* knots, tangles,
  bonds
  see **cwlwm**
cyll (pl) *[kill]* hazels
  see **collen**
cylla/–on (m) *[kuhlla]* (NW) stomach
cyllell/cyllyll (f) *[kuhllell]* knife
  cyllell boced penknife
  cyllell fara bread knife
cyllid/–au (m) *[kuhllid]* revenue
cyllideb/–au (f) *[kuhlleedeb]* budget
cymaint (adj) *[kuhmaeent]* as/so large, as/

so much, as/so many
cymaint o blant so many children
cymaint â +A.M. as big as
cymal/–au (m) [kuhmal] joint, clause
crydcymalau rheumatoid arthritis
cymal cyntaf the first leg (of two games)
cymanfa/–oedd (f) [kuhmanva] assembly, festival (usually religious)
cymanfa ganu hymn-singing festival
cymar/cymheiriaid (m) [kuhmar] partner
cymdeithas/–au (f) [kuhmde-eethas] society, association
Cymdeithas yr Iaith Gymraeg Welsh Language Society
cymdeithaseg (fm) [kuhmde-eethaseg] sociology, social science
cymdeithasol (adj) [kuhmde-eethasol] social
cymdeithasu (v) [kuhmde-eethasee] to socialize
cymdogaeth/–au (f) [kuhmdogaeth] neighbourhood
cymedrol (adj) [kuhmedrol] moderate
cymedroldeb (m) [kuhmedroldeb] moderation
cymer[1]/–au (m) [kuhmer] confluence
cymer[2] (v) [kuhmer]
from **cymryd** to take
cymer di you take, you will take
cymer ef/hi he/she/it takes
cymer e! take it!
cymeradwyaeth (f) [kuhmeradooeeaeeth] approval, applause
cymeradwyo (v) [kuhmeradooeeo] to approve, to recommend, to applaud
cymeriad/–au (m) [kuhmeryad] character
cymhariaeth/cymariaethau (f) [kuhmharyaeeth] comparison
cymhariaeth â +A.M. a comparison with
cymharol (adj) [kuhmharol] comparative
yn gymharol dda comparatively good
cymharu (v) [kuhmharee] to compare
cymharu â to compare to
o'i gymharu â compared to
cymhelliad/cymelliadau (m) [kuhmhellyad] motive

cymhleth (adj) [kuhmleth] complicated
cymhlethdod/–au (m) [kuhmlethdod] complication
cymhlethu (v) [kuhmlethee] to complicate
cymhorthdal/cymorthdaliadau (m) [kuhmorthdal] subsidy, grant
cymhwyster/cymwysterau (m) [kuhmhooeester] qualification, suitability
cymodi (v) [kuhmodee] to reconcile, to conciliate
cymoedd (pl) [kuhmoeedd] valleys, vales see **cwm**
y cymoedd the (Welsh) valleys
cymoedd y de the South Wales valleys
cymorth/cymorthion (m) [kuhmorth] assistance, aid
cymorth cyntaf first aid
Cymraeg (adj) [kuhm'raeeg] Welsh
yr iaith Gymraeg the Welsh language
Cymraeg (f) [kuhm'raeeg] Welsh language used as m. noun when qualified
mewn Cymraeg da in good Welsh
beth yw...yn Gymraeg? what is...in Welsh?
dywedwch e yn Gymraeg say it in Welsh
y Gymraeg LANGUAGE Welsh
yn Gymraeg in Welsh
yng Nghymraeg y de in the Welsh of South Wales
Cymraes/Cymraësau (f) [kuhm'raees] Welsh woman
Cymreictod (m) [kuhmre-eektod] Welshness
Cymreig (adj) [kuhm're-eeg] Welsh (Welsh in nature not in language)
Cymreigio (v) [kuhmre-eegyo] to make Welsh, to translate into Welsh
Cymro/Cymry (m) [kuhmro] Welshman
Cymro Cymraeg A Welsh speaking Welshman
Cymru (f) [kuhmree] Wales
Cymru rydd Free Wales
Plaid Cymru National Party of Wales
Urdd Gobaith Cymru Welsh League of Youth
Cymry (pl) [kuhmree] Welshmen, Welsh

people
see **Cymro**
cymryd (v) *[kuhmrid]* to take
  cymryd ar +S.M. to pretend
  cymerodd arno gysgu he pretended
  to sleep
cymun(deb) (m) *[kuhmindeb]*
  communion
cymwynas/–au (f) *[kuhmooeenas]* favour
  gwneud cymwynas â (rhywun)
  +A.M. to do (someone) a favour
  gwnewch gymwynas â fi do me a
  favour
cymwynasgar (adj) *[kuhmooeenasgar]*
  obliging, helpful
cymwys (adj) *[kuhmooees]* suitable, exact
  often pronounced as *goomoos* when it
  means 'exact'
  yn gymwys! exactly!
  yn gymwys wyth exactly eight
cymydog/cymdogion (m) *[kuhmuhdog]*
  neighbour
cymylau (pl) *[kuhmuhlaee]* clouds
  see **cwmwl**
cymylog (adj) *[kuhmuhlog]* cloudy
cymylu (v) *[kuhmuhlee]* to cloud, to
  become cloudy
cymysg (adj) *[kuhmisg]* mixed
cymysgedd/–au (m) *[kuhmuhsgedd]*
  mixture
cymysgfa (f) *[kuhmuhsgva]* muddle,
  jumble
cymysglyd (adj) *[kuhmuhsglid]* muddled,
  confused
cymysgu (v) *[kuhmuhsgee]* to mix, to mix
  up, to confuse
cymysgwch (m) *[kuhmuhsgooch]* muddle,
  jumble, confusion
cymysgwr/cymysgwyr (m) *[kuhmuhsgoor]*
  mixer, blender
cymysgwy (m) *[kuhmuhsgooee]* scrambled
  egg
cyn[1] (prep) *[kin]* before
  cyn cinio before dinner
  cyn mynd before going
cyn-[2] (pref) *[kin]* previous, former
  +S.M.
  cyn-brifweinidog former prime-
  minister

cyn[3] (particle) *[kin]* as
  + S.M. except for **ll** and **rh**
  cyn goched â +A.M. as red as
  cyn gynted â phosib as soon as
  possible
  cyn lased â +A.M. as blue as
  cyn llawned â +A.M. as full as
  cyn rhated â +A.M. as cheap as
cyndad/–au (m) *[kindad]* forefather
cynderfynol (adj) *[kindervuhnol]* semi-
  final
  y gêm gynderfynol the semi-final
  (game)
cynddrwg (adj) *[kuhnddroog]* as bad
  cynddrwg â +A.M. as bad as
cynefino (v) *[kuhneveeno]* to grow
  accustomed
  cynefino â +A.M. to become familiar
  with, to become used to
cynffon/–nau (f) *[kuhnphon]* tail
cynffonna (v) *[kuhnphona]* to grovel, to
  fawn
cyn-geni (adj) *[kin-genee]* ante-natal
cynhadledd/cynadleddau (f)
  [kuhnhadledd] conference
cynhaeaf/cynaeafau (m) *[kuhnhaeeav]*
  harvest
  cynhaeaf gwair hay making
cynhaliaeth/cynaliaethau (f)
  [kuhnhaleeaeeth] maintenance,
  sustenance, support
cynhesu (v) *[kuhnhesee]* to warm
cynhorthwy/cynorthwyon (m)
  [kuhnhorthooee] aid
cynhwysyn/cynhwysion (m)
  [kuhnhooeesin] ingredient
cynhyrchiad/cynyrchiadau (m)
  [kuhnhuhrchyad] production
cynhyrchydd/cynhyrchwyr (m)
  [kuhnhuhrchidd] producer, generator
cynhyrfu (v) *[kuhnhurvee]* to excite, to
  become agitated
  mae e wedi cynhyrfu he's in a tizzy
  peidiwch â chynhyrfu! don't lose
  your head!
cynhyrfus (adj) *[kuhnhuhrvis]* exciting,
  thrilling
cynifer (adj) (m) *[kuhneever]* as many, so
  many

cynifer â +A.M. as many as

cynigiad/–au (m) *[kuhnigyad]* proposal, motion

cynigydd/cynigwyr (m) *[kuhneegidd]* proposer

cynilion (pl) *[kuhnilyon]* savings

cynilo (v) *[kuhneelo]* to save, to economize

cynllun/–iau (m) *[kuhnllin]* plan, design

cynllunio (v) *[kuhnllinyo]* to plan, to design

cynllunydd/cynllunwyr (m) *[kuhnlleenidd]* designer, planner

cynllwyn/–ion (m) *[kuhnllooeen]* plot, conspiracy

cynllwynio (v) *[kuhnllooeenyo]* to conspire, to plot

cynnal (v) *[kuhnal]* EVENT to hold, to keep, to maintain, to support
  cynhaliwyd cyngerdd yn y neuadd a concert was held in the hall
  cynhelir y gerddi mewn cyflwr da the gardens are kept in good order
  cynnal y teulu to support the family

cynnar (adj) *[kuhnar]* early
  mae'r bws yn gynnar the bus is early

cynnau (v) *[kuhnaee]* FIRE ETC. to light
  cyneuodd gannwyll he lit a candle

cynnes (adj) *[kuhnes]* warm, affectionate
  tŷ cynnes a warm house
  cofion cynnes LETTER affectionately yours, warm regards

cynnig[1]/cynigion (m) *[kuhnig]* offer, bid, proposal, motion, attempt

cynnig[2] (v) *[kuhnig]* to offer, to bid, to propose, to move, to attempt

cynnwys[1] (m) *[kuhnooees]* content(s)

cynnwys[2] (v) *[kuhnooees]* to contain, to consist of, to include

cynnydd (m) *[kuhnidd]* increase, progress
  cynnydd yn nifer yr ymgeiswyr increase in the number of candidates
  mae e wedi gwneud cynnydd sylweddol eleni he has mad considerable progress this year

cynnyrch/cynhyrchion (m) *[kuhnirch]* produce, product, production

cynorthwyo (v) *[kuhnorthooeeo]* to help

cynorthwyol (adj) *[kuhnorthooeeol]* auxiliary

cynorthwywr/cynorthwywyr (m) *[kuhnorthooeeoor]* helper, assistant

cynradd (adj) *[kuhnradd]* primary
  ysgol gynradd primary school

cynrychiolaeth/–au (f) *[kuhnruhchyolaeeth]* representation, delegation

cynrychioli (v) *[kuhnruhchyolee]* to represent

cynrychiolwr/cynrychiolwyr (m) *[kuhnruhchyoloor]* representative, delegate

cynt[1] (adj) *[kint]* quicker, earlier

cynt[2] (adv) *[kint]* formerly, previous, before, that was, past, gone by undergoes S.M. when it means 'formerly' and 'that was/were', 'past',or 'gone by'
  roedd e gynt yn athro he was formerly a teacher
  y noson cynt the night before, the previous night
  yr amser gynt the time that was, times past
  yn y dyddiau gynt in days past, in days gone by

cynta(f) (adj) *[kuhnta(v)]* first
  y dyn cynta the first man

cynta(f) (adv) *[kuhnta(v)]* first
  mae hi'n dod yma gynta she's coming here first

cyntedd/–au/–oedd (m) *[kuhntedd]* porch, hall

cynulleidfa/–oedd (f) *[kuhnille-eedva]* congregation

cynyddu (v) *[kuhnuhddee]* to increase

cyplau (pl) *[kuhplaee]* couples
  see **cwpwl**

cypyrddau (pl) *[kuhpuhrddaee]* cupboards
  see **cwpwrdd**

cyrc (pl) *[kirk]* corks
  see **corcyn**

cyrchfan/–nau (f) *[kuhrchvan]* resort, destination

cyrddau (pl) *[kuhrddaee]* meetings, services
  see **cwrdd**

cyrff (pl) *[kirph]* bodies

see **corff**

cyrhaeddiad/cyraeddiadau (m)
[*kuhrhaeeddyad*] attainment, arrival

cyrliog (adj) [*kuhrlyog*] curly

cyrn (pl) [*kirn*] horns, antlers, trumpets,
hooters, corns
see **corn**

cyrnol/–iaid (m) [*kuhrnol*] colonel

cyrraedd (v) [*kuhraeedd*] to arrive

cyrri (m) [*kuhree*] curry

cyrsiau (pl) [*kuhrsyaee*] courses
see **cwrs**

cyrtiau (pl) [*kuhrtyaee*] courts
see **cwrt**

cyrydiad (m) [*kuhruhdyad*] corrosion

cyrydu (v) [*kuhruhdee*] to corrode

cyryglau (pl) [*kuhruhglaee*] coracles
see **cwrwgl**

cysawd/cysodau (m) [*kuhsaood*]
constellation

cysegredig (adj) [*kuhsegredig*] sacred

cysglyd (adj) [*kuhsglid*] sleepy

cysgod/–ion (m) [*kuhsgod*] shadow, shelter

cysgodi (v) [*kuhsgodee*] to shelter

cysgodol (adj) [*kuhsgodol*] sheltered

cysgu (v) [*kuhsgee*] to sleep

cyson (adj) [*kuhson*] consistent, regular

cysondeb/–au (m) [*kuhsondeb*]
consistency, regularity

cysoni (v) [*kusonee*] to reconcile, to
standardize

cystadleuaeth/cystadlaethau (f)
[*kuhstadle-eeaeeth*] competition

cystadleuydd/cystadleuwyr (m)
[*kuhstadle-eeidd*] competitor

cystadlu (v) [*kuhstadlee*] to compete
tends not to have any other verb forms

cystal (adj) [*kuhstal*] as good, so good
cystal â +A.M. as good as
rydw i cystal â fe I am as good as he

cystal (adv) [*kuhstal*] as well, so well
cystal â +A.M. as well as

cysur/–on (m) [*kuhsir*] comfort,
consolation

cysuro (v) [*kuhseero*] to comfort, to
console

cysurus (adj) [*kuhseeris*] comfortable

cyswllt/cysylltiadau (m) [*kuhsoollt*]
connection

swyddog cyswllt liaison officer

cysylltiad/–au (m) [*kuhsuhlltyad*]
connection

cysylltu (v) [*kuhsuhlltee*] to connect

cysylltydd/cysylltwyr (m) [*kuhsuhlltidd*]
connector, co-ordinator

cytau (pl) [*kuhtaee*] tails
see **cwt**[2]

cytbwys (adj) [*kuhtbooees*] balanced

cytgan/–au (fm) [*kuhtgan*] chorus

cytgord/–iau (m) [*kuhtgord*] co-ordination,
concord

cytiau (pl) [*kuhtyaee*] huts, sheds, cuts,
wounds
see **cwt**[1]

cytsain/cytseiniaid (f) [*kuhtsaeen*]
consonant

cytûn (adj) [*kuh´teen*] agreed, unanimous

cytundeb/–au (m) [*kuhtindeb*] agreement,
contract

cytuno (v) [*kuhteeno*] to agree
cytuno â +A.M. to agree with

cythraul/cythreuliaid (m) [*kuhthraeel*]
devil

cythreulig (adj) [*kuhthre-eelig*] devilish,
awful

cyw/–ion (m) [*kioo*] chick, chicken

cywair/cyweiriau (m) [*kuhooaeer*] MUSIC
key, pitch

cywaith/cyweithiau (m) [*kuhooaeeth*]
project

cyweirio (v) [*kuhooe-eeryo*] to repair, to
prepare

cywilydd (m) [*kuhooeelidd*] shame

cywilyddio (v) [*kuhooiluhddyo*] to shame,
to be ashamed

cywilyddus (adj) [*kuhooiluhddis*]
shameful, disgraceful

cywir (adj) [*kuhooir*] correct, true

cywiriad/–au (m) [*kuhooiryad*] correction

cywiro (v) [*kuhooeero*] to correct

cywydd/–au (m) [*kuhooidd*] poem of
rhyming couplets, with lines of 7
syllables, written in **cynghanedd**

CH

Mutated words beginning with **CH** derive from **C** (e.g. **chadair** from **cadair**), so look up **C**.

chi (pron) *[chee]* you
 ydych chi'n dod? are you coming?
chithau (pron) *[chithaee]* you also
chwaer/chwiorydd (f) *[chooaeer]* sister
 chwaer-yng-nghyfraith sister-in-law
chwaeth (f) *[chooaeeth]* ARTS taste
 mae chwaeth dda 'da hi she's got good taste
chwaethus (adj) *[chooaeethis]* in good taste, tasteful
chwaith (adv) *[chooaeeth]* either, neither
 see **ychwaith**
 dydw i ddim wedi gweld y ffilm chwaith I haven't seen the film either
 na finnau chwaith neither have I
chwalu (v) *[chooalee]* to break into pieces, to scatter
 mae'r gwynt wedi chwalu'r gwydr the wind has shattered the glass
 mae'r gwydr wedi chwalu the glass has shattered
 mae'r gwynt wedi chwalu'r dail the wind has scattered the leaves
chwant/–au (m) *[chooant]* desire
 mae chwant bwyd arna i I want some food, I'm hungry
 oes chwant mynd am dro arnat ti? do you feel like going for a walk?
chwarae/–on (m) *[chooaraee]* play
 chwaraeon games, sport
 chwarae teg fair play
chwarae (v) *[chooaraee]* to play
 cae chwarae playing field
 cylch chwarae play group
chwaraewr/chwaraewyr (m) *[chooaraeeoor]* player
chwarel/–i (f) *[chooarel]* quarry
chwart/–au/–iau (m) *[chooart]* quart
 see **cwart**
chwarter/–i (m) *[chooarter]* quarter
 see **cwarter**

mae hi'n chwarter i dri it's a quarter to three
 mae hi'n chwarter wedi pedwar it's a quarter past four
chwe (num) *[chooe]* six
 +A.M.; **chwech** is used before a vowel
 chwe chân six songs
 chwe blwydd oed, chwe mlwydd oed six years old
chwech (num) *[chooech]* six
 used on its own and before a word beginning with a vowel; **chwe** is used before a consonant
 chwech ysgol six schools
 chwech o ganeuon six songs
 chwech o'r gloch six o'clock
 chwech oed six years old
 Faint yw hanner dwsin? Chwech. How many is half a dozen? Six.
 lle chwech toilet
chweched (ord) *[chooeched]* sixth
 +S.M. with f. nouns
 y chweched dafarn the sixth public house
 y chweched tîm the sixth team
 chweched dosbarth sixth form
chwedl/–au (f) *[chooedl]* tale, fable
Chwefror (m) *[chooevror]* February
 ym mis Chwefror in February
chwerthin (v) *[chooerthin]* to laugh
 chwerthin yn uchel to laugh loudly
 chwerthin am ben y dyn to make fun of the man
chwerw (adj) *[chooeroo]* bitter
 cwrw chwerw bitter beer
chwi (pron) *[chee]* you
 see **chi**
chwiban (mf) *[chooeeban]* whistle
chwibanu (v) *[chooeebanee]* to whistle
chwifio (v) *[chooivyo]* to wave, to brandish
chwil (adj) *[chooeel]* reeling, blind drunk
 mae e'n chwil he's blind drunk
chwilen/chwilod (f) *[chooeelen]* beetle
chwilfrydedd (m) *[chooeelvruhdedd]* curiosity, inquisitiveness
chwilfrydig (adj) *[chooilvruhdig]* inquisitive
chwilio (v) *[chooilyo]* to look for, to search
 mae hi'n chwilio am y ferch she's

looking for the girl

chwim (adj) *[chooim]* fast

chwiorydd (pl) *[chooeeoridd]* sisters
see **chwaer**

chwip/–iau (f) *[chooip]* whip

chwipio (v) *[chooipyo]* to whip

chwit-chwat (adj) *[chooit 'chooat]* not
dependable, fickle
mae hi'n chwit-chwat iawn you
can't depend on her

chwith (adj) *[chooeeth]* left, sad
ar y chwith on the left
i'r chwith to the left
trowch i'r chwith turn left
mae'n chwith 'da fi glywed I'm
sorry to hear

chwithig (adj) *[chooithig]* embarrassed,
awkward
ro'n i'n teimlo'n chwithig I felt
awkward

chwydu (v) *[choouhdee]* to vomit, to be
sick

chwyddo (v) *[chooeeddo]* to swell, to
enlarge

chwyldro/–adau (m) *[chooildro]* revolution

chwyldroadol (adj) *[chooildroadol]*
revolutionary

chwyn (pl) *[chooin]* weeds

chwynnu (v) *[choouhnee]* to weed

chwyrnu (v) *[choouhrnee]* to snore

chwys (m) *[chooees]* sweat
yn chwys domen in a lather of
sweat, soaking with sweat

chwysu (v) *[choouhsee]* to sweat, to
perspire

chwythu (v) *[choouhthee]* to blow

D

Mutated words beginning with **D** can derive
from **T** (e.g. **dŷ** from **tŷ**) so look up **T**. Mutated
words beginning with **DD** or **N** (e.g. **ddant,
nant** from **dant**) can derive from **d** so look
up here.

da[1] (m) *[da]* cattle, goods

da[2] (adj) *[da]* good
merch dda a good girl
mae'n dda 'da fi 'ch gweld chi I'm
glad to see you
os gwelwch yn dda please
dda gen i mo'r dyn I don't like the
man

'da (prep) *[da]* with, have *see* **gyda**
Mae car 'da fi I have a car

dacw (v) *[dakoo]* there (he) is
+S.M.
dacw fe there he is
dacw gar Mair there's Mair's car

dad[1] (m) *[dad]* daddy

dad-[2] (pref) *[dad]* used before verbs,
similar to 'un' in English

dadansoddi (v) *[dadansoddee]* to analyse

dadeni (m) *[dadenee]* renaissance

dadfeilio (v) *[dadve-eelyo]* to fall into ruin

dadflino (v) *[dadvleeno]* to refresh

dadl/–euon (f) *[dadl]* argument, debate

dadlaith (v) *[dadlaeeth]* to thaw

dadlau (v) *[dadlaee]* to argue

dadlwytho (v) *[dadlooeetho]* to unload

dadrithio (v) *[dadrithyo]* to disillusion

dadwisgo (v) *[dadwisgo]* to undress

dad-wneud (v) *[dad 'oone-eed]* undo

daear (f) *[daeear]* earth
beth ar y ddaear? what on earth?

daeth (v) *[daeeth]*
from **dod** to come
daeth e or **fe ddaeth e** he came
daeth hi she came

daethoch (v) *[daeethoch]*
from **dod** to come
daethoch chi you came

daethon (v) *[daeethon]*
from **dod** to come
daethon ni we came
daethon nhw they came

dafad/defaid (f) *[davad]* sheep

dafaden/–nau (f) *[davaden]* wart

dagr (m) *[dagr]* dagger

dagrau (pl) *[dagraee]* tears
see **deigryn**

dail (pl) *[daeel]* leaves
see **deilen**

daioni (m) *[daeeonee]* goodness

dal (v) *[dal]* to catch, to hold, to continue

dal y bws to catch the bus
maen nhw wedi dal y dyn they've caught the man
mae hi'n dal i fwrw glaw it's still raining
dw i ddim yn gallu dal rhagor I can't stand any more
dala (v) *[dal]* (SW) to catch, to hold, to continue
see **dal**
dalfa (f) *[dalva]* police custody
mae e'n cael ei gadw yn y ddalfa he's being kept in police custody
dalgylch/-oedd (m) *[dalgilch]* catchment area
dalier (v) *[dalyer]*
from **dal**
dalier e/hi hold him/her/it
dalier sylw (D.S.) take note (N.B.)
dall/deillion (adj) *[dall]* blind
dallt (v) *[dallt]* (NW) to understand
see **deall**
dallu (v) *[dallee]* to blind
dameg/damhegion (f) *[dameg]* parable
damnio (v) *[damnyo]* to damn
damwain/damweiniau (f) *[damooaeen]* accident, chance
mae hi wedi cael damwain she's had an accident
ar ddamwain by chance
dan (prep) *[dan]* under
+S.M.; also **o dan**
dan y bwrdd under the table
dan sang packed
mae hi'n dod dan ganu she's coming, singing the same time
dana i, danat ti, dano fe/fo, dani hi, danon ni, danoch chi, danyn nhw under me etc.
danadl (pl) *[danadl]* nettles
danfon (v) *[danvon]* to send
dangos (v) *[dan-gos]* to show
dannedd (pl) *[danedd]* teeth
see **dant**
dannoedd (f) *[danodd]* toothache
mae'r ddanno'dd arna i I've got toothache
dant/dannedd (m) *[dant]* tooth
dannedd gosod, (SW) **dannedd dodi**

false teeth
dant y llew dandelion
darfod (v) *[darvod]* to come to an end
darfu (v) *[darvee]* he/she/it came to an end
from **darfod**
darganfod (v) *[darganvod]* to discover
darganfu (v) *[darganvee]* he/she discovered
see **darganfyddodd**; from **darganfod**
darganfyddiad/-au (m) *[darganvuhddyad]* discovery
darganfyddodd (v) *[darganvuhddodd]* he/she discovered
see **darganfu**; from **darganfod**
darlith/-iau/-oedd (f) *[darlith]* lecture
darlithydd/darlithwyr (m) *[darlithidd]* lecturer
darlun/-iau (m) *[darlin]* picture
darlunio (v) *[darlinyo]* to draw, to depict
darllediad/-au (m) *[darlledyad]* broadcast
darlledu (v) *[darlledee]* to broadcast
darlledwr/darlledwyr (m) *[darlledoor]* broadcaster
darllen (v) *[darllen]* to read
darllenadwy (adj) *[darllenadooee]* readable
darllenydd/darllenwyr (m) *[darllenidd]* reader
darn/-au (m) *[darn]* piece, part
darn o fara a piece of bread
darpar (adj) *[darpar]* prospective
+S.M.
darpar ymgeisydd prospective candidate
darpar wraig intended wife
darparu (v) *[darparee]* to provide
darpariaeth/-au (f) *[darparyaeeth]* provision
datblygiad/-au (m) *[datbluhgyad]* development
datblygu (v) *[datblughee]* to develop
datganiad/-au (m) *[datganyad]* announcement, rendering
datgloi (v) *[datgloee]* to unlock
datod (v) *[datod]* to untie
datrys (v) *[datris]* to solve
has no other verb forms
dathliad/-au (m) *[dathlyad]* celebration
dathlu (v) *[dathlee]* to celebrate
dau (num) *[daee]* two
+S.M. except for **can** (hundred); used

with m. nouns; **dwy** is used with f. nouns
  dau ddyn two men
  dau gant o lo two hundredweight of coal
  dau can mlynedd two hundred years
  y ddau (m) both
  y ddau ddyn both men
  ill dau both
daw (v) *[daoo]*
  from **dod** to come
  fe ddaw e/hi he/she will come
  Ddaw hi heno? Daw Will she come tonight? Yes
dawn/doniau (mf) *[daoon]* talent
dawns/–feydd (f) *[daoons]* dance
  dawns werin folk dance
dawnsio (v) *[daoonsyo]* to dance
dawnsiwr/dawnswyr (m) *[daoonsyoor]* dancer
dawnus (adj) *[daoonis]* talented
de¹ (adj) *[de]* right
  ar y dde on the right
  i'r dde to the right
  trowch i'r dde turn right
de² (m) *[de]* south
  yn y de in the south
deall (v) *[deall]* understand
dealladwy (adj) *[dealladooee]* intelligible
deallus (adj) *[deallis]* intelligent
dechrau (v) *[dechraee]* begin, start
dechreuwr/dechreuwyr (m) *[dechre-eeoor]* beginner
dedfryd/–au (f) *[dedvrid]* verdict
dedwydd (adj) *[dedooidd]* happy
deddf/–au (f) *[deddv]* law, act
  deddf iaith language act
deellais (v) *[de-ellaees]* I understood
  from **deall** to understand
defaid (pl) *[devaeed]* sheep
  see **dafad**
defnydd/–iau (m) *[devnidd]* material, use
defnyddio (v) *[devnuhddyo]* to use
defnyddiol (adj) *[devnuhddyol]* useful
deffro (v) *[dephro]* to wake up
deg (num) *[deg]* ten
  deng +N.M is used with **blwydd** and **blynedd**
  deg ceiniog ten pence

  deg punt ten pounds
  deng mlynedd ten years
  deng mlwydd oed ten years old
degfed (ord) *[degved]* tenth
  +S.M. with f. nouns
  y degfed mis the tenth month
  y ddegfed flwyddyn the tenth year
deheuig (adj) *[dehe-eeig]* skilful
dehongli (v) *[dehonglee]* to interpret
deial/–au (m) *[de-eeal]* dial
deigryn/dagrau (m) *[de-eegrin]* tear
deilen/dail (f) *[de-eelen]* leaf
deillion (adj) *[de-eellyon]* blind
  see **dall**
  y deillion the blind (people)
deiseb/–au (f) *[de-eeseb]* petition
del (adj) *[del]* pretty
delfryd/–au (m) *[delvrid]* ideal
delfrydol (adj) *[delvruhdol]* ideal
delio (v) *[delyo]* to deal
  delio â +A.M. to deal with
delwedd/–au (f) *[delooedd]* image
democratiaeth (f) *[demokratyaeeth]* democracy
deniadol (adj) *[denyadol]* attractive
denu (v) *[denee]* to attract
der(e) (v) *[der(e)]* come!
  from **dod** to come
derbyn (v) *[derbin]* to accept, to receive
  mae hi wedi derbyn y llythyr she's received the letter
  mae e wedi derbyn y swydd he's accepted the post
derbynneb/derbynebau (f) *[derbuhneb]* receipt
derwen/derw (f) *[derooen]* oak
derwydd/–on (m) *[derooeedd]* druid
des (v) *[des]*
  from **dod** to come
  des i I came
  des i adre I came home
desg/–iau (f) *[desk]* desk
dest (v) *[dest]*
  from **dod** to come
  dest ti you came
destlus (adj) *[destlis]* tidy
dethol (v) *[dethol]* to select
deuawd/–au (mf) *[de-eeaood]* duet
deuddeg (num) *[de-eeddeg]* twelve

also **un deg dau** but **deuddeg** is used with time, age and money; **deuddeng** +N.M. is used with **blwydd** and **blynedd**
deuddeg dyn twelve men
deuddeg o'r gloch twelve o'clock
deuddeg oed twelve years old
deuddeng mlwydd oed twelve years old
deuddeng mlynedd twelve years

deuddegfed (ord) *[de-eeddegved]* twelfth
+ S.M. with f. nouns
y deuddegfed mis the twelfth month
y ddeuddegfed flwyddyn the twelfth year

deugain (num) *[de-eegaeen]* forty
usually **pedwar deg**
+ N.M. with blwydd and blynedd
deugain mlynedd forty years
deugain mlwydd oed forty years old

deunaw (num) *[de-eenaoo]* eighteen
usually **un deg wyth**; +N.M. with **blwydd** and **blynedd**
deunaw mlwydd oed eighteen years old
deunaw mlynedd eighteen years

deunawfed (ord) *[de-eenaooved]* eighteenth
+S.M. with f. nouns
y deunawfed tro the eighteenth time
y ddeunawfed flwyddyn the eighteenth year

deunydd/–iau (m) *[de-eenidd]* material
dewch (v) *[deooch]* come!
from **dod** to come
dewis (v) *[deoois]* to choose
dewr (adj) *[deoor]* brave
dewrder (m) *[deoorder]* bravery
di- (pref) *[dee]*
put before words and is similar to 'un-' or '-less' or 'dis-' in English
diacon/–iaid (m) *['deeakon]* deacon
diafol (m) *[deeavol]* devil
diangen (adj) *[deeangen]* unnecessary
dial[1] (v) *[dee-al]* to revenge
dial[2] (m) *[dee-al]* vengeance
diamddiffyn (adj) *[deeamddiphin]* defenceless
dianc (v) *[deeank]* to escape

diarddel (v) *[deearddel]* to disown
diarfogi (v) *[deearvogee]* to disarm
diarhebion (pl) *[deearhebyon]* proverbs see **diareb**
diawl/–iaid (m) *[deeaool]* devil
diawl erioed! hell's bells!
diawledig (adj) *[deeaooledig]* awful
di-baid (adj) *[dee'baeed]* without stop
di-ben-draw (adj) *[deeben'draoo]* endless
dibennu (v) *[dibenee]* (SW) to finish
di-blant (adj) *[dee'blant]* childless
diboblogi (v) *[deeboblogee]* depopulate
dibriod (adj) *[deebreeod]* unmarried
dibwys (adj) *[dibooees]* unimportant
dibyn (m) *[deebin]* precipice
dibynnu (v) *[dibuhnee]* to depend
mae e'n dibynnu arni hi he depends on her
dicter (m) *[dikter]* anger
di-chwaeth (adj) *[dee'chooaeeth]* in bad taste
di-dâl (adj) *[dee'dal]* without payment
didaro (adj) *[deedaro]* unconcerned
dideimlad (adj) *[deede-eemlad]* without feeling
diderfyn (adj) *[deedervin]* endless
didrafferth (adj) *[deedrapherth]* without trouble
didwyll (adj) *[didooeell]* sincere
yn ddidwyll yours sincerely
diddan (adj) *[deeddan]* amusing
diddanu (v) *[diddanee]* to amuse
diddig (adj) *[deeddig]* contented
diddiolch (adj) *[deeddeeolch]* thankless
diddordeb/–au (m) *[diddordeb]* interest
mae diddordeb 'da fi yn y ffilm I'm interested in the film
diddori (v) *[diddoree]* to interest
diddorol (adj) *[diddorol]* interesting
dieithr (adj) *[dee-e-eethr]* strange
dieithryn/dieithriaid (m) *[dee-e-eethrin]* stranger
diemwnt/–au (m) *['dee-emwnt]* diamond
dienaid (adj) *[dee-enaeed]* discompassionate
dienw (adj) *[dee-enoo]* anonymous
dieuog (adj) *[dee-e-eoog]* innocent
di-fai (adj) *[dee'vaee]* blameless
difater (adj) *[deevater]* unconcerned

difeddwl (adj) *[deeveddool]* thoughtless
diferu (v) *[diveree]* to drip
   yn wlyb diferu soaking wet
diferyn/diferion (m) *[diverin]* drop
difetha (v) *[divetha]* to destroy
diflannu (v) *[divlanee]* to disappear
diflas (adj) *[divlas]* miserable, boring
difri (adj) *[divree]* serious
   rydw i o ddifri I'm serious
difrifol (adj) *[divreevol]* serious
difrod (m) *[divrod]* damage
difrodi (v) *[divrodee]* to destory
di-fudd (adj) *[dee'veedd]* useless
difyr (adj) *[deevir]* pleasant, amusing
difyrru (v) *[deevuhree]* to amuse
difywyd (adj) *[deevuhooid]* lifeless
diffaith (adj) *[diphaeeth]* barren
diffeithwch (m) *[diphe-eethooch]* desert
diffinio (v) *[diphinyo]* to define
diffodd (v) *[diphodd]* to extinguish, to put
   out
   diffoddwch y tân put out the fire
diffrwyth (adj) *[diphrooeeth]* fruitless
diffuant (adj) *[dipheeant]* sincere
   yn ddiffuant yours sincerely
diffyg/-ion (m) *[diphig]* lack
   mae diffyg anadl arna i I'm short of
   breath
diffygio (v) *[diphuhgyo]* to become tired
diffygiol (adj) *[diphuhgyol]* defective
dig (adj) *[deeg]* angry
   mae e'n ddig iawn â fi he's very
   angry with me
digalon (adj) *[deegalon]* depressed,
   disheartened
digalonni (v) *[deegalonee]* to lose heart
digartref (adj) *[deegartrev]* homeless
   y digartref the homeless
digio (v) *[digyo]* to be angry, to offend
   mae e wedi fy nigio i he's offended
   me
   mae e wedi digio ata i he's angry
   with me
di-glem (adj) *[dee'glem]* inept
digon (m) (adj) *[deegon]* enough
   mae hi wedi cael digon she's had
   enough
   digon da good enough
   digon o fwyd enough food

digonol (adj) *[digonol]* sufficient
digri(f) (adj) *[digree(v)]* funny
digroeso (adj) *[deegroeeso]* without
   welcome
digwmwl (adj) *[deegoomool]* cloudless
di-gwsg (adj) *[dee'goosg]* sleepless
   ces i noson ddi-gwsg I had a
   sleepless night
digyffro (adj) *[deeguhphro]* tranquil
digysur (adj) *[deeguhsir]* without comfort
digywilydd (adj) *[deeguhooeelidd]*
   shameless
dihangais (v) *[deehangaees]* I escaped
   from **dianc** to escape
dihangfa/dihangfeydd (f) *[deehangva]*
   escape
   bwch dihangol scapegoat
dihangodd (v) *[deehangodd]* he/she/it
   escaped
   from **dianc** to escape
dihalog (adj) *[deehalog]* pure
dihareb/diarhebion (f) *[deehareb]* proverb
diheintydd/-ion (m) *[deehe-eentidd]*
   disinfectant
di-hid (adj) *[dee' heed]* heedless
dihiryn/dihirod (m) *[deehirin]* rascal
di-hun (adj) *[dee' heen]* awake
   ar ddi-hun awake
dihuno (v) *[deeheeno]* (mainly in SW) to
   wake up
di-hwyl (adj) *[deehooeel]* miserable
dileer (v) *[deele-er]* delete
   from **dileu**
   dileer yn ôl yr angen delete as
   necessary
dileu (v) *[del'e-ee]* to delete
di-liw (adj) *[dee-lioo]* colourless
di-lol (adj) *[dee' lol]* without nonsense
dilyn (v) *[deelin]* to follow
dilynwr/dilynwyr (m) *[deeluhnoor]*
   follower
dilys (adj) *[deelis]* genuine, valid
dilysrwydd (m) *[deeluhsrooeedd]* validity,
   genuineness
   dilysrwydd cyfartal equal validity
dilyw (m) *[deelioo]* flood
dillad (pl) *[dillad]* clothes
dilledyn/dillad (m) *[dilledin]* garment
dim (num) *[dim]* naught, zero

dim (m) *[dim]* nothing
  dim byd nothing
  pob dim everything
  does dim byd 'da fi I've got nothing
  i'r dim exact, perfect
  dydw i ddim yn mynd I'm not going
dimai/dimeiau (f) *[dimaee]* halfpenny
  does dim dimai 'da fi I haven't got
  any money
dimensiwn/dimensiynau (m)
  [deemenshoon] dimension
dinas/–oedd (f) *[deenas]* city
  prifddinas capital city
dinesig (adj) *[deenesig]* civic
  canolfan ddinesig civic centre
dinistr (m) *[dinistr]* destruction
dinistrio (v) *[dinistryo]* to destroy
diniwed (adj) *[diniooed]* harmless,
  innocent
di-nod (adj) *[dee'nod]* unimportant
diobaith (adj) *[deeobaeeth]* hopeless
diod/–ydd (f) *[deeod]* drink
  diod gadarn alcoholic drink
dioddef (v) *[deeoddev]* to suffer
dioddefaint (m) *[deeoddevaeent]* suffering
di-oed (adj) *[dee'oeed]* without delay
diofal (adj) *[deeoval]* careless
diog (adj) *[deeog]* lazy
diogel (adj) *[deeogel]* safe
diogelu (v) *[deeogelee]* to safeguard
diogelwch (m) *[deeogelooch]* safety,
  security
diogi[1] (m) *[deeogee]* laziness
diogi[2] (v) *[deeogee]* to be lazy
diogyn (m) *[deeogin]* idler
diolch[1] (m) *[deeolch]* thanks
  diolch yn fawr thank you very much
diolch[2] (v) *[deeolch]* to thank
  mae hi'n diolch i fi am y gwaith
  she thanks me for the work
diolchgar (adj) *[deeolchgar]* thankful
diolchgarwch (m) *[deeolchgarooch]*
  gratitude
  cwrdd diolchgarwch thanksgiving
  service
di-os (adj) *[dee' os]* without doubt
diosg (v) *[deeosg]* to undress
diota (v) *[deeota]* to drink
  has no other verb forms

diraddio (v) *[deeraddyo]* to degrade
direidi (m) *[deere-eedee]* mischievousness
direidus (adj) *[deere-eedis]* mischievous
dirgel (adj) *[dirgel]* secret
dirgelwch (m) *[dirgelooch]* mystery
di-rif (adj) *[dee' reev]* countless
dirmyg (m) *[dirmig]* contempt, scorn
dirmygu (v) *[dirmuhgee]* to scorn
dirprwy/–on (m) *[dirprooee]* deputy
  dirprwy brifathro deputy headmaster
dirwasgiad/–au (m) *[dirooasgyad]*
  depression
dirwest (f) *[dirooest]* temperance
dirwestwr/dirwestwyr (m) *[dirooestoor]*
  teetotaller
dirwy/–on (f) *[deerooee]* LAW fine
dirwyn (v) *[deerooeen]* to wind
  dirwyn i ben to come to an end
dirwyo (v) *[deerooeeo]* to fine
dirybudd (adj) *[deeruhbidd]* without
  warning
dirywiad/–au (m) *[deeriooyad]*
  deterioration
dirywio (v) *[deeriooyo]* to deteriorate
di-sail (adj) *[dee' saeel]* unfounded
disgen/disgiau (f) *[disgen]* disk, discus
  taflu'r ddisgen to throw the discus
disglair (adj) *[disglaeer]* bright
disgleirio (v) *[disgle-eeryo]* to shine
disgownt (m) *[disgo-oont]* discount
disgrifiad/–au (m) *[disgrivyad]* description
disgrifio (v) *[disgrivyo]* to describe
disgwyl (v) *[disgooeel]* to expect, to wait, to
  watch
  mae hi'n disgwyl she's expecting
  rydw i'n disgwyl ar y gêm I'm
  watching the game
  rydw i'n disgwyl Alun unrhyw
  funud I'm expecting Alun any minute
disgybl/–ion (m) *[disgibl]* pupil, disciple
disgyblu (v) *[disguhblee]* to discipline
disgyn (v) *[disgin]* to descend
disgyrchiant (m) *[disguhrchyant]* gravity
disodli (v) *[deesodlee]* to take the place of
distaw (adj) *[distaoo]* quiet
distawrwydd (m) *[distaoorooeedd]*
  quietness
distewi (v) *[disteooee]* to silence, to become
  silent

distrywio (v) *[distriooyo]* to destroy
diswyddo (v) *[disooeeddo]* to make
unemployed
disychedu (v) *[deesuhchedee]* to quench
thirst
ditectif/–s (m) *[deetektiv]* detective
diwedd (m) *[diooedd]* end
diweddar (adj) *[diooeddar]* recent, late
y diweddar John Jones the late
John Jones
diweddaru (v) *[diooeddaree]* to modernize
diwerth (adj) *[diooerth]* useless
diwetha(f) (adj) *[diooetha(v)]* last
y tro diwetha the last time
diwinyddiaeth (f) *[diooinuhddyaeeth]*
divinity
diwrnod/–au (m) *[dioornod]* day
diwyd (adj) *[diooid]* busy, diligent
diwydiannol (adj) *[diooidyanol]* industrial
diwydiant/diwydiannau (m) *[diooidyant]*
industry
diwygiad/–au (m) *[diooigyad]* revival
diwylliannol (adj) *[diooillyanol]* cultural
diwylliant/diwylliannau (m) *[diooillyant]*
culture
diymadferth (adj) *[diuhmadverth]* helpless
diymhongar (adj) *[deeuhmhon-gar]*
unassuming
diystyr (adj) *[deeuhstir]* meaningless
dlos (adj) *[dlohs]* pretty
see **tlws**; used with f. noun
y ferch dlos the pretty girl
do (adv) *[do]* yes, in answer to question in
the past tense, short form:
Est ti ti'r dre? Do Did you go to
town? Yes
doctor/–iaid (m) *[doktor]* doctor
dod (v) *[dohd]* to come
dod â +A.M. to bring
dod o hyd i +S.M. to find
dod i ddeall to come to understand
dodi (v) *[dodee]* to put
dodrefn (pl) *[dodrevn]* (NW) furniture
dodwy (v) *[dodooee]* to lay an egg
has no other verb forms
doedd (v) *[doydd]* was not
Doedd e ddim yno He was not there
doeth/–ion (adj) *[doeeth]* wise
y doethion the (three) wise men

doethineb (m) *[doeetheeneb]* wisdom
do(f) (v) *[dov]*
from **dod**
do(f) i I'll come
dof (adj) *[dohv]* tame
dogfen/–nau (f) *[dogven]* document
rhaglen ddogfen documentary
programme
dogn/–au (m) *[dogn]* share
doi (v) *[doee]*
from **dod** to come
doi di you come
dôi (v) *[doee]*
from **dod** to come
dôi ef/hi he/she used to come, he/she
would come
dol/–iau (f) *[dol]* doll
dôl/dolydd (f) *[dohl]* meadow
dôl (m) *[dohl]* without work
ar y dôl on the dole
dolen/–ni (f) *[dolen]* handle
dolur/–iau (m) *[dolir]* pain
doniol (adj) *[donyol]* funny
dôn(t) (v) *[don(t)]*
from **dod**
dôn nhw they come
dos[1] (m) *[dos]* dose
dos[2] (v) *[dos]*
from **mynd**
dos! go!
dos di you go
dosbarth/–iadau (m) *[dosbarth]* class
dosbarthu (v) *[dosbarthee]* to distribute
dot/–iau (m) *[dot]* dot
dowch (v) *[do-ooch]*
from **dod** to come
fe ddowch chi you come, you will
come
dowch! come!
down (v) *[do-oon]*
from **dod** to come
down ni we come, we'll come
down i I used to come, I would come
drach ei gefn (adv) *[drach e-ee gevn]*
backwards
draen(en)/drain (f) *[draeen(en)]* thorn
draig/dreigiau (f) *[draeeg]* dragon
y ddraig goch the red dragon
drain (pl) *[draeen]* thorns

see **draen(en)**

drama/dramâu (f) *[drama]* drama

drannoeth (adv) *[dranoeeth]* the next day

draw (adv) *[draoo]* (over) there

draw fan'na over there

yma a thraw here and there

dreigiau (pl) *[dre-eegyaee]* dragons

see **draig**

dresel/–i (m) *[dresel]* FURNITURE dresser

drewdod (m) *[dreoodod]* stink

drewi (v) *[dreoooee]* to stink

dringo (v) *[dringo]* to climb

ffa dringo runner beans

dringwr/dringwyr (m) *[dringoor]* climber

drom (adj) *[drom]* heavy

see **trwm**; used with f. nouns

â chalon drom with heavy heart

drôr/drorau (m) *[dror]* drawer

dros (prep) *[dros]* over, for

+S.M.

dros fynyddoedd Eryri over the mountains of Snowdonia

dros y lle everywhere

da dros ben very good

mae e drosodd it's over

mae e'n gwneud hyn dros Siân he's doing this for Siân

droso i, drosot ti, drosto fe/fo, drosti hi, droson ni, drosoch chi, drostyn nhw

druan/druain (adj) *[dreean]* pitiful, wretched

y bachgen druan the poor boy

y ferch druan the poor girl

y plant druain the poor children

druan â fe! poor fellow!

drud (adj) *[dreed]* expensive

drwg (adj) *[droog]* bad

see **gwaeth, gwaethaf**

drwgdybio (v) *[droogduhbyo]* to suspect

drwm/drymiau (m) *[droom]* drum

drws/drysau (m) *[droos]* door

carreg y drws door step

drwy (prep) *[drooee]*

also **trwy**; +S.M.

1. through

drwy ddŵr through water

2. throughout

drwy'r haf throughout the summer

3. by, by means of

fe ges i'r swydd trwy wneud cais amdani I got the job by applying for it

4. tatws trwy'u crwyn jacket potatoes

drwyddo i, drwyddot ti, drwyddo fe/fo, drwyddi hi, drwyddon ni, drwyddoch chi, drwyddyn nhw

drycin/–oedd (f) *[druhkin]* stormy weather

drych/–au (m) *[dreech]* mirror

drygioni (m) *[druhgyonee]* wickedness

dryll/–iau (m) *[drill]* gun

drymiau (pl) *[druhmyaee]* drums

see **drwm**

drysau (pl) *[druhsaee]* doors

see **drws**

drysu (v) *[druhsee]* to confuse

rydw i wedi drysu I'm confused

dryswch (m) *[druhsooch]* confusion

dryw (m) *[drioo]* wren

du (adj) *[dee]* black

dug/–iaid (m) *[deeg]* duke

dull/–iau (m) *[dill]* method

duo (v) *[deeo]* to blacken

dur (m) *[deer]* steel

gwaith dur steel works

duw/–iau (m) *[dioo]* god

duwiol (adj) *[diooyol]* godly

dwbl (adj) *[doobl]* double

dweud (v) *[dooe-eed]* to say

dweud wrth Huw to tell Huw

dwfn (adj) *[doovn]* deep

dwl (adj) *[dool]* dull

dwlu (v) *[doolee]* to dote

has no other verb forms

mae hi'n dwlu arno fe she dotes on him

dŵr/dyfroedd (m) *[door]* water

dwrn/dyrnau (m) *[doorn]* fist

dwsin/–au (m) *[dwsin]* dozen

dwy (num) *[dooee]* two

+S.M.; used with f. nouns; **dau** is used with m. nouns

dwy ferch two girls

y ddwy both

y ddwy ferch both girls

dwyfol (adj) *[dooeevol]* divine

dwyieithog (adj) *[dooeeye-eethog]* bilingual

ysgol ddwyieithog bilingual school
addysg ddwyieithog bilingual education
dwylo (pl) *[dooeelo]* hands
see **llaw**
dwyn (v) *[dooeen]* to steal, to bring
dwyn y maen i'r wal (lit.= to bring the stone to the wall) to complete the task
dwyrain (m) *[dooeeraeen]* east
gwynt o'r dwyrain wind from the east
dwyreiniol (adj) *[dooeere-eenyol]* easterly, oriental
dwys (adj) *[dooees]* intense, grave
cwrs dwys intensive course
dwywaith (adv) *[dooeeooaeeth]* twice
does dim dwywaith amdani there's no doubt about it
dy (pron) *[duh]* your, you
+S.M.; used with a person you know well
dy lyfr (**di**) your book
dy dad your father
mae'n dy garu (**di**) he/she loves you
dyblu (v) *[duhblee]* to double
dyblygu (v) *[duhbluhgee]* to duplicate
dychan (m) *[duhchan]* satire
dychmygol (adj) *[duhchmuhgol]* imaginary
dychmygu (v) *[duhchmuhgee]* to imagine
dychryn[1]/–iadau (m) *[duhchrin]* fright
dychryn[2] (v) *[duhchrin]* to frighten, to be frightened
dychrynllyd (adj) *[duhchruhnllid]* awful
dychwelyd (v) *[duhchooelid]* to return
dychymyg (m) *[duhchuhmig]* imagination
dydy (v) *[duhdy]* is not
Dydy hi ddim yma She isn't here
dydyn (v) *[duhdin]* are not
Dydyn ni ddim yn gwybod We don't know
Dydyn nhw ddim gartre They're not at home
dydd/–iau (m) *[deedd]* day
canol dydd midday
dydd Llun (on) Monday
ar ddydd Llun on Mondays
dyddiad/–au (m) *[duhddyad]* date
dyddiadur/–on (m) *[duhddyadir]* diary

dyddio (v) *[duhddyo]* to date, to dawn
dyddiol (adj) *[duhddyol]* daily
papur dyddiol daily paper
dyfais/dyfeisiadau (f) *[duhvaees]* invention, device
dyfal (adj) *[duhval]* diligent
dyfal donc a dyr y garreg constant knocking breaks the stone
dyfalbarhad (m) *[duhvalbar'had]* perseverance
dyfalu (v) *[duhvalee]* to guess
dyfarnu (v) *[duhvarnee]* to judge
dyfarnwr/dyfarnwyr (m) *[duhvarnoor]* umpire, referee
dyfeisio (v) *[duhve-eesyo]* to invent
dyfnder/–oedd (m) *[duhvnder]* depth
dyfnhau (v) *[duhvn'haee]* to deepen
dyfnion (adj) *[duhvnyon]* deep
see **dwfn**; used with pl. nouns
dyfroedd dyfnion deep waters
dyfod (v) *[duhvod]* to come
see **dod**
dyfodol (m) *[duhvodol]* future
yn y dyfodol in (the) future
dyfrhau (v) *[duhvr'haee]* to irrigate
dyfrllyd (adj) *[duhvrllid]* watery
dyfroedd (pl) *[duhvroeedd]* waters
see **dŵr**
dyfyniad/–au (m) *[duhvuhnyad]* quotation
dyfynnu (v) *[duhvuhnee]* to quote
dyffryn/–noedd (m) *[duhphrin]* vale
dyges (v) *[duhges]*
from **dwyn** to take, to steal
dyges i I took, I stole
dylanwad/–au (m) *[duhlanooad]* influence
dylanwadol (adj) *[duhlanooadol]* influential
dylanwadu (v) *[duhlanooadee]* to influence
mae hi wedi dylanwadu arna i she's influenced me
dyleb/–ion (f) *[duhleb]* invoice
dyled/–ion (f) *[duhled]* debt
mae dyled arna i iddo fe I'm in debt to him
dyledus (adj) *[duhledis]* owing, due
faint sy'n ddyledus how much is due?
dyletswydd/–au (f) *[duhletsooeedd]* duty

dylunio (v) *[duhlinyo]* to design
dyma (v) *[duhma]* here is/are
+ S.M.
    dyma fe here it is
    dyma waith! here's work!
    dyma lot o waith! what a lot of
    work!
dymuniad/–au (m) *[duhminyad]* wish
    dymuniadau gorau best wishes
    gyda phob dymuniad da with best
    wishes
dymuno (v) *[duhmeeno]* to wish
dymunol (adj) *[duhmeenol]* pleasant
dyn/–ion (m) *[deen]* man
dyna (v) *[duhna]* there is
    +S.M.
    dyna fe that's it
    dyna ddigon! that's enough!
    dyna wirion! how silly!
    dyna nonsens! what nonsense!
dynes (f) *[duhnes]* (NW) woman
dynladdiad (m) *[deenladdyad]*
    manslaughter
dynol (adj) *[duhnol]* human
dynoliaeth (f) *[duhnolyaeeth]* humanity
dynwared (v) *[duhnooared]* to imitate
dyrchafiad/–au (m) *[duhrchavyad]*
    promotion
dyrchafu (v) *[durchavee]* to promote
dyrnaid/dyrneidiau (m) *[duhrnaeed]*
    handful
dyrnau (pl) *[duhrnaee]* fists
    see **dwrn**
dyrys (adj) *[duhris]* complicated
dysg (fm) *[disg]* learning
dysgl/–au (f) *[disgl]* bowl, dish
    dysgled o de (SW) a cup of tea
dysgu (v) *[duhsgee]* to learn, to teach
dysgwr/dysgwyr (m) *[duhsgoor]* learner
    dysgwr y flwyddyn learner of the
    year
dysgwraig/dysgwragedd (f) *[duhsgooraeeg]*
    learner
dywediad/–au (m) *[duhooedyad]* saying
dyweddïo (v) *[duhooeddeeo]* to become
    engaged
    maen nhw wedi dyweddïo they're
    engaged

DD

Mutated words beginning with **DD** derive
from **D** (e.g. **ddant** from **dant**) so look up **D**.

ddim (adv) *[ddim]* not
    dydy e ddim yn dod he's not
    coming
    doedd hi ddim yma she wasn't here
ddoe (adv) *[ddoee]* yesterday
ddofn (adj) *[ddovn]* deep
    see **dwfn**; used with f. noun
    afon ddofn deep river

E

Some words beginning with **H** can derive
from **E** (e.g. **henw** from **enw**) so look up
here. Mutated words beginning with **e** could
derive from **G** (e.g. **enedigaeth** from
genedigaeth) so look up **G**.

e(f) (pron) *[eh(v)]* he, him
    also **fe**, (NW) **fo**
    mae e'n dod **he's coming**
eang (adj) *[eang]* wide
ebe (v) *[ebe]*
    ebe fe he said, he says
ebol/–ion (m) *[ebol]* colt
ebost/ebyst (m) *[ehbost]* e-mail
Ebrill (m) *[ebrill]* April
    ym mis Ebrill in April
economaidd (adj) *[ekonomaeedd]*
    economic
economeg (f) *[ekonomeg]* economics
echrydu (v) *[echruhdee]* to horrify
echrydus (adj) *[echruhdis]* awful
edau/edafedd (f) *[edaee]* thread
edifar (adj) *[edeevar]* sorry
edmygu (v) *[edmuhgee]* to admire
edmygwr/edmygwyr (m) *[edmuhgoor]*
    admirer
edrych (v) *[edrich]* to look
    edrych ar +S.M. to look at
    edrych ar y teledu to watch TV

efallai (adv) *[evallaee]* perhaps
followed by noun clause; +S.M.
efallai fod y bws yn dod perhaps the
bus is coming
efallai ei bod hi'n mynd perhaps
she's going

efengyl/–au (f) *[evengil]* gospel

efengylwr/efengylwyr (m) *[evenguhloor]*
evangelist

efelychu (v) *[eveluhchee]* to imitate

efo (prep) *[ehvo]* with
+A.M.; mainly NW

efô (pron) *[ehv' oh]* (NW) he, him

efydd (m) *[efidd]* bronze
yr Oes Efydd the Bronze Age

effaith/effeithiau (f) *[ephaeeth]* effect

effeithio (v) *[ephe-eethyo]* to affect
effeithio ar y gwaith to affect the
work

effeithiol (adj) *[ephe-eethyol]* effective

effro (adj) *[ephro]* awake

eglur (adj) *[eglir]* clear

eglurhad (m) *[eglir'had]* explanation

egluro (v) *[egleero]* to explain

eglwys/–i (f) *[eglooees]* church
eglwys gadeiriol cathedral

eglwyswr/eglwyswyr (m) *[eglooeesoor]*
churchgoer

egni/egnïon (m) *[egnee]* energy

egnïol (adj) *[egneeol]* vigorous

egwyddor/–ion (f) *[egooeeddor]* principle

enghraifft/enghreifftiau (f) *[enghraeepht]*
example
er enghraifft for example

englyn/–ion (m) *[englin]* four line stanza,
written in **cynghanedd**

ehangder (m) *[ehangder]* expanse

ehangu (v) *[ehangee]* to expand

ei[1] (pron) *[ee]*
1. his, him, it
+S.M
ei dad (e) his father
rydw i'n ei garu I love him
rydw i'n ei hoffi I like it
2. her, it
+A.M., or +**h** before vowel
ei thad (hi) her father
ei hefaill hi her twin
rydw i'n ei charu I love her

**dyma'r amlen; rydw i wedi ei
hagor** here's the envelope; I've opened
it

ei[2] (v) *[e-ee]*
from **mynd**
ei di you go, you will go

eich (pron) *[e-eech* or *uhch]* your, you
**byddaf yn galw i weld eich mam a
gobeithiaf eich gweld chi hefyd** I
shall be calling to see your mother and
I hope to see you as well

Eidalaidd (adj) *[e-eedalaeedd]* Italian

Eidaleg (f) *[e-eedaleg]* Italian (language)

Eidales (f) *[e-eedales]* Italian (woman)

Eidalwr (m) *[e-eedaloor]* Italian (man)

eidion/–nau (m) *[e-eedyon]* bullock
cig eidion beef

eiddew (m) *[e-eeddeoo]* ivy

eiddgar (adj) *[e-eeddgar]* eager

eiddigedd (m) *[e-eeddeegedd]* jealousy

eiddigeddus (adj) *[e-eeddigeddis]* jealous

eiddo (m) *[e-eeddo]* property

Eifftaidd (adj) *[e-eephtaeedd]* Egyptian

Eifftes (f) *[e-eephtes]* Egyptian (woman)

Eifftiwr/Eifftwyr (m) *[e-eephtyoor]*
Egyptian

eiliad/–au (mf) *[e-eelyad]* TIME second
aros eiliad wait a moment

eilio (v) *[e-eelyo]* to second

eilradd (adj) *[e-eelradd]* secondary

eilwaith (adv) *[e-eelooaeeth]* again, for the
second time

eillio (v) *[e-eellyo]* to shave

ein (pron) *[e-een* or *uhn]* our, us
+ **h** before vowel
ein hathro our teacher
**wnewch chi ein hateb os gwelwch
yn dda** will you answer us please

einioes (f) *[e-eenyoees]* life

eira (m) *[e-eera]* snow
bwrw eira to snow

eirin (pl) *[e-eerin]* plums
eirin gwlanog peaches

eirinen/eirin (f) *[e-eerenen]* plum

eirlaw (m) *[e-eerrlaoo]* sleet

eirlys/–iau (m) *[e-eerlis]* snowdrop

eisiau (m) *[e-eeshaee]* want
mae eisiau bwyd arna i I want food
mae e eisiau dod he wants to come

eisoes (adv) *[e-eesoys]* already
   mae hi yma eisoes she's already here
eistedd (v) *[e-eestedd]* to sit
   eisteddwch! sit down!
eisteddfod/–au (f) *[e-eesteddvod]*
   eisteddfod, cultural competition
   festival
   yr eisteddfod genedlaethol the
   national eisteddfod
   eisteddfod yr Urdd the Urdd
   eisteddfod
eisteddfodwr/eisteddfodwyr (m)
   [e-eesteddvodoor] eisteddfod goer
eitem/–au (f) *[e-eetem]* item
eitha(f)[1]/eithafoedd (m) *[e-eetha(v)]*
   extremity
   eithafoedd y ddaear the extremities
   of the earth
eitha(f)[2] (adj) *[e-eetha(v)]* quite, utmost,
   very
   used before the noun it means 'quite'
   mae eitha pen arno fe he's got quite
   a (good) head on his shoulders
   pen eitha the utmost end, the very
   end
eitha(f)[3] (adv) *[e-eetha(v)]* quite
   eitha da quite good
eithafol (adj) *[e-eethavol]* extreme
eithafwr/eithafwyr (m) *[e-eethavoor]*
   extremist
eithin (pl) *[e-eethin]* gorse
eithriad/–au (m) *[e-eethryad]* exception
   ac eithrio with the exception of
eithriadol (adj) *[e-eethreeadol]* exceptional
eithrio (v) *[e-eethryo]* to opt out
electroneg (f) *[elektroneg]* electronics
eleni (adv) *[elenee]* this year
elfen/–nau (f) *[elven]* element
elfennol (adj) *[elvenol]* elementary
   ysgol elfennol elementary school
eli/elïau (m) *[elee]* ointment
eliffant/–od (m) *[eliphant]* elephant
elusen/–nau (f) *[elisen]* charity
elw (m) *[eloo]* profit
elwa (v) *[elooa]* to profit
emosiwn/emosiynau (m) *[emoshoon]*
   emotion
emyn/–au (m) *[emin]* hymn
enaid/eneidiau (m) *[enaeed]* soul

enfawr (adj) *[envaoor]* huge
enfys/–au (f) *[envis]* rainbow
enillydd/enillwyr (m) *[enillidd]* winner
enllib/–ion (m) *[enllib]* libel
ennill (v) *[enill]* to win
ennyd (fm) *[enid]* moment
   am ennyd for a moment
enw/–au (m) *[enoo]* name
   beth yw'ch enw chi? what's your
   name?
enwad/–au (m) *[enooad]* denomination
enwebu (v) *[enooebee]* to nominate
enwi (v) *[enooee]* to name
enwog (adj) *[enoo-og]* famous
enwogion (pl) *[enoo-ogyon]* famous people
enwogrwydd (m) *[enoo-ogrooeedd]* fame
eofn (adj) *[eovn]* fearless
eog/–iaid (m) *[eog]* salmon
eos/–iaid (f) *[eos]* nightingale
epa/–od (m) *[epa]* ape
epistol/–au (m) *[epistol]* epistle
er (prep) *[er]* although, since, for the sake
   of
   er mwyn dod in order to come
   er iddo ddod although he came
   er mwyn dyn! for goodness' sake!
   er 1946 since 1946
   er gwaethaf popeth in spite of
   everything
   er hynny in spite of that
   er gwell, er gwaeth for better, for
   worse
eraill (adj) *[eraeell]* other
   see **arall**
erbyn (prep) *[erbin]* against, by
   yn erbyn Cymru against Wales
   erbyn dau o'r gloch by two o'clock
erchyll (adj) *[erchill]* awful
erfin (pl) *[ervin]* turnips
erfyn (v) *[ervin]* to beseech, (SW) to
   expect
ergyd/–ion (fm) *[ergid]* shot, blow
erioed (adv) *[er' yoeed]* ever, never, at all
   dydw i erioed wedi gweld y fenyw
   I've never seen the woman
   fuoch chi yno erioed have you ever
   been there?
erlid (v) *[erlid]* to persecute
erlyn (v) *[erlin]* to prosecute

ers (prep) *[ehrs]* since
erthygl/–au (fm) *[erthigl]* article
erthyliad/–au (m) *[erthuhlyad]* abortion
erw/–au (m) *[eroo]* acre
erydu (v) *[eruhdee]* to erode
eryr/–od (m) *[erir]* eagle
es (v) *[es]*
   from **mynd** to go
   es i I went
esboniad/–au (m) *[esbonyad]* explanation
esbonio (v) *[esbonyo]* to explain
esgeulus (adj) *[esge-eelis]* careless,
   negligent
esgeuluso (v) *[esge-eeliso]* to neglect
esgid/–iau (f) *[esgid]* shoe
   see **sgidiau**
esgob/–ion (m) *[esgob]* bishop
esgor (v) *[esgor]* to give birth
   esgor ar faban to give birth to a
   baby
esgus/–odion (m) *[esgis]* excuse
esgyn (v) *[esgin]* to ascend
esiampl/–au (f) *[e' shampl]* example
esmwyth (adj) *[esmooeeth]* comfortable
est (v) *[est]*
   from **mynd** to go
   est ti you went
estron (adj) *[estron]* foreign
estroniaid (pl) *[estronyaeed]* foreigners
estyn (v) *[estin]* to reach, to pass
   estynnwch y bara pass the bread
estyniad/–au (m) *[estuhnyad]* extension
etifedd/–ion (m) *[eteevedd]* heir
etifeddiaeth (f) *[etiveddyaeeth]* inheritance
etifeddu (v) *[etiveddee]* to inherit
eto (adv) *[eto]* again, yet
   mae hi'n dod eto she's coming again
   eto, mae'n dda yet, it's good
ethol (v) *[ethol]* to elect
etholaeth/–au (f) *[etholaeeth]* constituency
etholiad/–au (m) *[etholyad]* election
   etholiad cyffredinol general election
eu (pron) *[e-ee]* their, them
   + **h** before vowel
   eu hysgol nhw their school
   rydw i yn eu hedmygu I admire
   them
euog (adj) *[e-eeog]* guilty
euraid (adj) *[e-eeraeed]* golden

ewch (v) *[eooch]*
   from **mynd**
   ewch chi you go, you will go
   ewch! go!
ewin/–edd (fm) *[eooin]* (finger) nail
ewyllys/–iau (f) *[eoouhllis]* will
ewyn (m) *[eooin]* froth
ewythr/–edd (m) *[eooithr]* uncle

F

Mutated words beginning with **F** can be
mutated from **B** (e.g. **flwyddyn** from
blwyddyn) or **M** (e.g. **fam** from **mam**), so
look up under **B** and **M**.

faint? (interrog) *[vaeent]* how many?
   faint sy'n mynd? how many are
   going?
   faint yw'r gost? how much is the
   cost?
   faint yw e? how much is it?
fan/–iau (f) *[van]* van
fandal/–iaid (m) *[vandal]* vandal
fandaliaeth (f) *[vandalyaeeth]* vandalism
fe (pron) *[veh]* he, him
   fe sy'n chwarae it's he who's playing
fe (particle) *[veh]*
   +S.M.; word introducing positive verb
   fe ddaeth e he came
fechan (adj) *[vechan]* small
   see **bychan**; used with f. noun
fel (conj) *[vehl]* like, as
   fel menyw like a woman
   fel hyn like this
   fel arfer usually, as usual
felen (adj) *[velen]* yellow
   see **melyn**; used with f. noun
felly (adv) *[vellee]* therefore
fer (adj) *[vehr]* short
   see **byr**; used with f. noun
fersiwn/fersiynau (m) *[vershoon]* version
fest/–ys (f) *[vest]* vest
festri/festrïoedd (f) *[vestree]* vestry
fi (pron) *[vee]* I, me
   pwy sy 'na? Fi. who's there? Me.

rhowch e i fi give it to me
ficer/–iaid (m) *[vicer]* vicar
ficerdy/ficerdai (m) *[vikerdee]* vicarage
fideo/–s (m) *[videho]* video
finegr (m) *[vinegr]* vinegar
fiola (f) *[veeola]* viola
fioled/–au (f) *[veeoled]* violet
firws (m) *[veeroos]* virus
fitamin/–au (m) *['vitamin]* - vitamin
fôt/fotiau (m) *[voht]* vote
rhowch fôt i'r Blaid give a vote for
Plaid Cymru
fraith (adj) *[vraeeth]* speckled
see **brith**; used with f. noun
siaced fraith coat of many colours
front (adj) *[vront]* dirty
see **brwnt**; used with f. noun
fy (pron) *[vuh]* my
+N.M.
fy nhref my town
fyny, i (adv) *[ee vuhnee]* up

FF

ffa (pl) *[pha]* beans
ffa pob baked beans
ffactor/–au (fm) *[phaktor]* factor
ffaelu (v) *[phaeelee]* (SW) to fail
ffafr/–au (f) *[phavr]* favour
gwna ffafr â fi do me a favour
ffair/ffeiriau (f) *[phaeer]* fair
ffaith/ffeithiau (f) *[phaeeth]* fact
ffanatig/ffanaticiaid (m) *[phanatig]* fanatic
ffansïo (v) *[phanseeo]* to fancy
ffars/–iau (f) *[phars]* farce
ffarwél (f) *[phar' wel]* farewell
ffarwelio (v) *[pharooelyo]* to bid farwell
ffasgydd/ffasgwyr (m) *[phasgidd]* fascist
ffasiwn/ffasiynau (fm) *[phashoon]* fashion
ffasiynol (adj) *[phashuhnol]* fashionable
ffatri/ffatrïoedd (f) *[phatree]* factory
ffawd (f) *[phaood]* fate
ffederal (adj) *['phederal]* federal
ffefryn/–nau (m) *[phevrin]* favourite
ffeil/–iau (f) *[phe-eel]* file
ffeindio (v) *[phe-eendyo]* to find

ffeiriau (pl) *[phe-eeryaee]* fairs
see **ffair**
ffeithiau (pl) *[phe-eethyaee]* facts
see **ffaith**
ffenest(r)/ffenestri (f) *[phenest(r)]* window
fferi/fferïau (f) *[pheree]* ferry
fferm/–ydd (f) *[pherm]* farm
fferm ddefaid sheep farm
ffermdy/ffermdai (m) *[phermdee]* farmhouse
ffermio (v) *[phermyo]* to farm
ffermwr/ffermwyr (m) *[phermoor]* farmer
fferyllfa/fferyllfeydd (f) *[pheruhllva]* pharmacy
fferyllydd/fferyllwyr (m) *[pheruhllidd]* chemist
ffi/–oedd (f) *[phee]* fee
ffiaidd (adj) *[phee-aeedd]* obnoxious
ffidil/–au (f) *[phidil]* fiddle, violin
ffigur/–au (m) *[phigir]* figure
ffilm/–iau (f) *[philm]* film
ffilmio (v) *[philmyo]* to film
ffiseg (f) *[phiseg]* physics
ffit (adj) *[phit]* fit
fflach/–iau (f) *[phlach]* flash
fflachiau matches
fflachio (v) *[phlachyo]* to flash
fflachiwr/fflachwyr (m) *[phlachyoor]* flasher
fflam/–au (f) *[phlam]* flame
fflat/–iau (f) *[phlat]* flat
ffliwt/–iau (f) *[phlioot]* flute
fflwcs (pl) *[phlooks]* rubbish
ffoadur/–iaid (m) *[phoadir]* refugee
ffodus (adj) *[phodis]* fortunate
ffoi (v) *[pho-ee]* to escape
ffôl (adj) *[phol]* foolish
ffolineb/–au (m) *[pholeeneb]* foolishness
ffôn/ffonau (m) *[phon]* telephone
ffon/ffyn (f) *[phon]* stick
ffonio (v) *[phonyo]* to telephone
os ffoniwch chi if you phone
fforc/ffyrc (f) *[phork]* fork
ffordd/ffyrdd (f) *[phordd]* way, road
ffordd fawr main road
fforddio (v) *[phorddyo]* to afford
fforest/–ydd (f) *[phorest]* forest
ffortiwn/ffortiynau (f) *[phortshoon]* fortune
ffos/–ydd (f) *[phos]* ditch

ffowlyn/ffowls (m) *[pho-oolin]* chicken, fowl
ffrae/-au (f) *[phraee]* quarrel
ffraeo (v) *[phraeeo]* to quarrel
ffraeth (adj) *[phraeeth]* witty
Ffrainc (f) *[phraeenk]* France
ffrâm/fframiau (f) *[phrahm]* frame
Ffrances/-au (f) *[phrankes]* Frenchwoman
Ffrancwr/Ffrancwyr (m) *[phrankoor]* Frenchman
Ffrangeg (f) *[phrangeg]* LANGUAGE French
Ffrengig (adj) *[phrengig]* French
ffres (adj) *[phresh]* fresh
ffrind/-iau (m) *[phrind]* friend
ffrio (v) *[phreeo]* to fry
  wy wedi'i ffrio fried egg
ffroen/-au (f) *[phroeen]* nostril
ffroesen/ffroes (f) *[phroeesen]* pancake
ffrog/-iau (f) *[phrog]* frock
ffrwd/ffrydiau (f) *[phrood]* stream
ffrwgwd/ffrygydau (m) *[phroogood]* affray
ffrwydrad/-au (m) *[phrooeedrad]* explosion
ffrwydro (v) *[phrooeedro]* to explode
ffrwyn/-au (f) *[phrooeen]* bridle
ffrwyno (v) *[phrooeeno]* to restrain
ffrwyth/-au (m) *[phrooeeth]* fruit
ffrwythlon (adj) *[phrooeethlon]* fruitful
ffrwythlondeb (m) *[phrooeethlondeb]* fruitfulness
ffrwythloni (v) *[phrooeethlonee]* to fertilize
ffrydiau (pl) *[phruhdyaee]* streams
  see **ffrwd**
ffrygydau (pl) *[phruhguhdaee]* affrays
  see **ffrwgwd**
ffrynt[1] (m) *[phruhnt]* front
ffrynt[2] (adj) *[phruhnt]* front
  drws ffrynt front door
ffug (adj) *[pheeg]* false
ffugbasio (v) *[pheegbasyo]* RUGBY to dummy
ffugenw/-au (m) *[pheegenoo]* pseudonym
ffugio (v) *[phigyo]* to pretend
ffuglen (f) *[phiglen]* fiction
ffurf/-iau (f) *[phirv]* form
ffurfafen (f) *[phirvaven]* sky
ffurfiad/-au (m) *[phirvyad]* formation
ffurfio (v) *[phirvyo]* to form
ffurfiol (adj) *[phirvyol]* formal

ffurflen/-ni (f) *[phirvlen]* form
ffwdan (f) *[phoodan]* fuss
ffwdanus (adj) *[phoodanis]* fussy
ffŵl/ffyliaid (m) *[phool]* fool
ffwr (m) *[phoor]* fur
ffwrdd (adv) *[phoordd]*
  i ffwrdd away
  mynd i ffwrdd to go away
  i ffwrdd â chi off you go
ffwrn/ffyrnau (f) *[phoorn]* oven
ffws (m) *[phoos]* fuss
ffydd (f) *[pheedd]* faith
ffyddiog (adj) *[phuhddyog]* confident
ffyddlon (adj) *[phuhddlon]* faithful
ffyddlondeb (m) *[phuhddlondeb]* faithfulness
ffyliaid (pl) *[phuhlyaeed]* fools
  see **ffŵl**
ffyn (pl) *[phin]* sticks
  see **ffon**
ffynhonnau (pl) *[phuhnhonaee]* fountains
  see **ffynnon**
ffynhonnell/ffynonellau (f) *[phuhnhonell]* source
ffynnon/ffynhonnau (f) *[phuhnon]* fountain
ffyrc (pl) *[phirk]* forks
  see **fforc**
ffyrdd (pl) *[phirdd]* roads
  see **ffordd**
ffyrnig (adj) *[phuhrnig]* fierce
ffyrnigo (v) *[phuhrneego]* to become fierce
ffyrnigrwydd (m) *[phuhrnigrooeedd]* ferocity

G

Mutated words beginning with **G** derive from **C** (e.g. **gath** from **cath**) so look up **C**. Mutated words beginning with **NG** or with a vowel could be derived from **G** (e.g. **ngafr** or **afr** from **gafr**) so look these up here.

gadael (v) *[gadaeel]* to leave, to let
  gadewch iddo fe yfed let him drink
  gadael y gwaith to leave work
gaeaf/-au (m) *[gaeeav]* winter

gaeafol (adj) *[gaeeavol]* wintry

gafael (v) *[gavaeel]* to hold, to grasp
    gafael yn yr olwyn to hold the wheel

gafr/geifr (f) *[gavr]* goat
    Oes gafr eto? Is there another goat?

gair/geiriau (m) *[gaeer]* word

galar (m) *[galar]* grief

galaru (v) *[galaree]* to moan

galw (v) *[galoo]* to call
    galw ar Huw to call on Huw

galwad/–au (f) *[galooad]* demand, call

galwedigaeth/–au (f) *[galooedeegaeeth]* profession

galwyn/–i (m) *[galooeen]* gallon

gallu (v) *[gallee]* to be able to
    gallu mynd to be able to go

gallu (m) *[gallee]* ability

galluog (adj) *[galleeog]* able

gan (prep) *[gan]*
    +S.M.
    1. by
    gan wthio by pushing
    gan bwyll! careful!
    2. with
    merch a chanddi wallt hir a girl with long hair
    3. gan mwyaf for the most part
    gen i, gen(nyt) ti, ganddo fe/fo, ganddi hi, gennym ni or **gynnon ni, gennych chi** or **gynnoch chi, ganddyn nhw**

ganed (v) *[ganehd]*
    from **geni**
    ganed e he/it was born
    ganed hi she/it was born

ganwyd (v) *[ganooeed]*
    from **geni**
    ganwyd e he/it was born
    ganwyd hi she/it was born

gardd/gerddi (f) *[gardd]* garden

garddio (v) *[garddyo]* to garden

garddwr/garddwyr (m) *[garddoor]* gardener

garej/–ys (m) *[garej]* garage

gartre(f) (adv) *[gartre(v)]* at home
    aros gartre to stay home

garw/geirwon (adj) *[garoo]* rough

gât/gatiau (m) *[gat]* gate

geifr (pl) *[ge-eevr]* goats
    see **gafr**

geirfa/geirfâu (f) *[ge-eerva]* vocabulary

geiriau (pl) *[ge-eeryaee]* words
    see **gair**

geiriadur/–on (m) *[ge-eeryadir]* dictionary

geirwon (adj) *[ge-eeroo-on]* rough
    see **garw**; used with plural noun
    creigiau geirwon rough crags

gelwais (v) *[gelooaees]* I called
    from **galw** to call

gelyn/–ion (m) *[gelin]* enemy

gelyniaeth (f) *[geluhnyaeeth]* enmity

gelyniaethus (adj) *[geluhnyaeethis]* hostile

gellygen/gellyg (f) *[gelluhgen]* pear

gem/–au (f) *[gem]* gem, jewel

gêm/gemau (f) *[gem]* game

gen (prep) *[gen]* with, have
    Mae car gen i I have a car

genedigaeth/–au (f) *[genedeegaeeth]* birth

genedigol (adj) *[genedeegol]* born, native
    rydw i'n enedigol o'r Bala I'm a native of Bala

geneth/–od (f) *[geneth]* girl

geni (v) *[genee]* to give birth
    ces i fy ngeni yn 1988 I was born in 1988

ger (prep) *[ger]* near

gêr/gerau (fm) *[ger]* gear

gerddi (pl) *[gerddee]* gardens
    see **gardd**

gerllaw[1] (prep) *[ger' llaoo]* near

gerllaw[2] (adv) *[ger' llaoo]* nearby

gilydd, ei (m) *[e-ee geelidd]* each other
    gyda'i gilydd together

gitâr/gitarau (m) *[gi' tar]* guitar

glân (adj) *[glan]* clean

glanhau (v) *[glan' haee]* to clean

glanio (v) *[glanyo]* to land

glas (adj) *[glas]* blue, green
    awyr las blue sky

glaslanc/–iau (m) *[glaslank]* youth

glasu (v) *[glasee]* to turn green, to turn blue

glaswelltyn/glaswellt (m) *[glasooelltin]* grass

glaw/–ogydd (m) *[glaoo]* rain
    glaw mân drizzle
    bwrw glaw to rain

glawio (v) *[glaooyo]* to rain
glendid (m) *[glendid]* cleanliness
glew (adj) *[gleoo]* brave
glin/–iau (m) *[gleen]* knee
    pen-lin knee
glo (m) *[glo]* coal
    glo brig open cast mining
    pwll glo coal mine
glofa/glofeydd (f) *[glova]* colliery
glöyn byw/glöynnod byw (m) *[gloin bioo]* butterfly
gloyw/–on (adj) *[gloeeoo]* shiny
glud/–ion (m) *[gleed]* glue
glud(i)o (v) *[gleed(y)o]* to glue
glyn/–noedd (m) *[glin]* vale
glynu (v) *[gluhnee]* to stick
go (adv) *[go]* rather, quite
    +S.M.
    go dda quite good
    go lew not bad
    go ryfedd rather strange
    go lawn quite full
gobaith/gobeithion (m) *[gobaeeth]* hope
gobeithio (v) *[gobe-eethyo]* to hope
gobeithiol (adj) *[gobe-eethyol]* hopeful
gobennydd (m) *[gobenidd]* pillow
godidog (adj) *[godeedog]* splendid
godineb (m) *[godeeneb]* adultery
godinebu (v) *[godinebee]* to commit adultery
godinebwr/godinebwyr (m) *[godeeneboor]* adulterer
godre/–on (m) *[godre]* bottom, border
    godre'r mynydd the bottom of the mountain
godro (v) *[godro]* to milk
godde(f) (v) *[godde(v)]* to suffer
    dydw i ddim yn gallu godde'r ferch I can't bear the girl
goddefgar (adj) *[goddevgar]* tolerant
goddrych/–au (m) *[goddrich]* subject
gof/–aint (m) *[gov]* blacksmith
gofal/–on (m) *[goval]* care
gofalu (v) *[govalee]* to look after
    gofalu am y gath to look after the cat
gofalwr/gofalwyr (m) *[govaloor]* caretaker
gofid/–iau (m) *[govid]* anxiety
gofidio (v) *[govidyo]* to worry

gofidio am rywun to worry about somebody
gofod (m) *[govod]* space
gofodwr/gofodwyr (m) *[govodoor]* spaceman
gofyn (v) *[govin]* to ask
    gofyn am rywbeth to ask for something
    gofyn i rywun to ask somebody
gofynnodd (v) *[govuhnodd]* he asked
gog, y (f) *[uh gog]* cuckoo
goglais (v) *[goglaees]* to tickle
gogledd (m) *[gogledd]* north
gogleddol (adj) *[gogleddol]* northerly
gogleddwr/gogleddwyr (m) *[gogleddoor]* northerner
gogoneddus (adj) *[gogoneddis]* glorious
gogoniant (m) *[gogonyant]* glory
gohebu (v) *[gohebee]* to correspond, to write letters
gohebydd/gohebwyr (m) *[gohebidd]* reporter
gohirio (v) *[gohiryo]* to delay, to postpone
    mae'r gêm wedi cael ei gohirio the game has been postponed
gôl/goliau (f) *[gol]* goal
golau[1]/goleuadau (m) *[golaee]* light
golau[2] (adj) *[golaee]* light
golch (m) *[golch]* wash
golchi (v) *[golchee]* to wash
golchydd/–ion (m) *[golchidd]* washing machine
goleudy/goleudai (m) *[gole-eedee]* lighthouse
goleuni (m) *[gole-eenee]* light
goleuo (v) *[gole-eeo]* to lighten, to enlighten
golff (m) *[golph]* golf
golud (m) *[golid]* wealth
golwg/golygon (fm) *[goloog]* sight
    does dim golwg ohono fe it's nowhere to be seen
golwr/golwyr (m) *[goloor]* goalkeeper
golygfa/golygfeydd (f) *[goluhgva]* view
golygu (v) *[goluhgee]* to edit, to mean
    beth mae e'n ei olygu? what does it mean?
golygydd/–ion (m) *[goluhgidd]* editor
gollwng (v) *[golloong]* to drop, to let go

gonest (adj) *[gonest]* honest
gonestrwydd (m) *[gonestrooeedd]* honesty
goramser (m) *[goramser]* overtime
gorau (adj) *[goraee]* best
    o'r gorau all right
gorboblogi (v) *[gorboblogee]* to overpopulate
gorchfygu (v) *[gorchvuhgee]* to beat
gorchudd/–ion (m) *[gorchidd]* cover
gorchymyn[1]/gorchmynion (m) *[gorchuhmin]* command
gorchymyn[2] (v) *[gorchuhmin]* to command, to order
    gorchymyn Huw i ddod to order Huw to come
gorchmynnodd (v) *[gorchmuhnodd]* he/she commanded, he/she ordered from **gorchymyn**
gorfod (v) *[gorvod]* to be obliged to, to have to
    rydw i'n gorfod mynd I have to go
    wyt ti'n gorfod mynd? do you have to go?
gorfodi (v) *[gorvodee]* to compel
    gorfodi Siân i fynd to compel Siân to go
gorfoledd (m) *[gorvoledd]* joy
gorfoleddus (adj) *[gorvoleddis]* joyful, wonderful
gorffen (v) *[gorphen]* to end, to come to an end, to finish, to complete
    gorffennodd am ddeg it finished at ten
    wyt ti wedi ei orffen? have you completed it?
gorffenedig (adj) *[gorphenedig]* finished, well completed
Gorffennaf (m) *[gorphenav]* July
    ym mis Gorffennaf in July
gorffennol (adj) *[gorphenol]* past
gorffwys(o) (v) *[gorphooees]* to rest
gorlawn (adj) *[gorlaoon]* overcrowded
    mae'r lle'n orlawn the place is packed
gorlenwi (v) *[gorlenooee]* to overcrowd, to overfill
gorlifo (v) *[gorleevo]* to flood
gorliwio (v) *[gorliooyo]* to exaggerate
gorllewin (m) *[gorlleooin]* west

    yn y gorllewin in the west
    Gorllewin Cymru West Wales
gorllewinol (adj) *[gorlleooeenol]* westerly, western
gormes (m) *[gormes]* oppression
gormesu (v) *[gormesee]* to oppress
gormeswr/gormeswyr (m) *[gormesoor]* oppressor
gormod (m) *[gormod]* too much
    gormod o fwyd too much food
gormodol (adj) *[gormodol]* excessive
gornest/–au (f) *[gornest]* contest
goroesi (v) *[goroeesee]* to survive
gorsaf/–oedd (f) *[gorsav]* station
    gorsaf yr heddlu police station
gorsedd/–au (f) *[gorsedd]* bardic circle, throne
gorthrwm (m) *[gorthroom]* oppression
goruchwylio (v) *[gorichooeelyo]* to supervise
goruchwyliwr/goruchwylwyr (m) *[gorichooeelyoor]* supervisor
goruwchnaturiol (adj) *[gorioochnatiryol]* supernatural
gorwedd (v) *[gorooedd]* to lie down
gorwel/–ion (m) *[gorooel]* horizon
gorwyr/–ion (m) *[gorooeer]* great grandson
gorwyres/–au (f) *[gorooeeres]* great grand-daughter
gorymdaith/gorymdeithiau (f) *[goruhmdaeeth]* procession
gorymdeithio (v) *[goruhmde-eethyo]* to march
gosgeiddig (adj) *[gosge-eeddig]* graceful
gosod (v) *[gosod]* to put
    dannedd gosod false teeth
gosodiad/–au (m) *[gosodyad]* statement
gostwng (v) *[gostoong]* to lower
gostyngedig (adj) *[gostuhngedig]* humble
gostyngiad/–au (m) *[gostuhngyad]* reduction
gota (adj) *[gotta]* short
    see **cwta**; used with f. noun
    buwch goch gota ladybird
gradd/–au (f) *[gradd]* degree
graddedigion (pl) *[graddedigyon]* graduates
graddfa/graddfeydd (f) *[graddva]* scale
graddio (v) *[graddyo]* to graduate, to scale

graddol (adj) *[graddol]* gradual
yn raddol gradually
graenus (adj) *[graeenis]* smart, of good quality
Cymraeg graenus polished Welsh
gramadeg/–au (m) *[gramadeg]* grammar
gramoffôn/gramoffonau (m) *['gramophon]* gramophone
grant/–iau (m) *[grant]* grant
grât/gratiau (m) *[grat]* grate
grawnfwyd/–ydd (m) *[graoonvooeed]* cereal
grawnffrwyth/–au (m) *[graoonphrooeeth]* grapefruit
grawnwin (pl) *[graoonooin]* grapes
greddf/–au (f) *[greddv]* instinct
gref (adj) *[grev]* strong
see **cryf**; used with f. nouns
grefi (m) *[grevee]* gravy
gril/–iau (m) *[gril]* grill
grilio (v) *[grilyo]* to grill
gris/–iau (m) *[grees]* step
grisiau stairs
Groegaidd (adj) *[groeegaeedd]* Grecian
Groegwr/Groegwyr (m) *[groeegoor]* Greek, Grecian
grom (adj) *[grom]* curved
see **crwm**; used with f. noun
acen grom circumflex
gron (adj) *[kron]* round, circular, rotund, whole
see **crwn**; used with f. nouns
awr gron a whole hour
wythnos gron a whole week
blwyddyn gron a whole year
bord gron round table
y bêl gron football
groser/–iaid (m) *[groser]* grocer
grug (m) *[greeg]* heather
grwgnach (v) *[groognach]* to grumble
grŵp/grwpiau (m) *[groop]* group
grym/–oedd (m) *[grim]* force
grymus (adj) *[gruhmis]* powerful
gwacáu (v) *[gwak'aee]* to empty
gwacter (m) *[gwakter]* emptiness
gwadn/–au (m) *[gooadn]* sole
gwae/–au (fm) *[gwaee]* woe
gwaed (b) *[gooaeed]* blood
gwaedu (v) *[gwaeedee]* to bleed

gwaedd (f) *[gooaeedd]* shout
gwaedda (v) *[gwaeedda]* he/she shouts
from **gweiddi**
FAMILIAR **gwaedda!** shout!
gwaeddwch (v) *[gwaeeddooch]* from **gweiddi** to shout
gwaeddwch! (pl. and polite) shout!
gwael (adj) *[gooaeel]* bad
gwaelod/–ion (m) *[gooaeelod]* bottom
gwaeth (adj) *[gooaeeth]* worse
gwaeth na +A.M. worse than
gwaethaf (adj) *[gooaethav]* worst
y gwaethaf yw... the worst thing is...
gwaethygu (v) *[gooaeethuhgee]* to worsen
gwag/gweigion (adj) *[gooag]* empty
gwahân (m) *[gooa'han]*
ar wahân separate
gwahaniaeth/–au (m) *[gooahanyaeeth]* difference
gwahanol (adj) *[gooahanol]* different, various
used before noun +S.M. it means 'various'
am resymau gwahanol for different reasons
am wahanol resymau for various reasons
gwahanu (v) *[gooahanee]* do separate
gwahardd (v) *[gooahardd]* to forbid, to prohibit
gwahodd (v) *[gooahodd]* to invite
gwahoddiad/–au (m) *[gooahoddyad]* invitation
gwair/gweiriau (m) *[gooaeer]* grass
gwaith[1]/gweithiau (m) *[gooe-eethyaee]* work
gwaith dur steel works
gwaith cartref homework
gwaith tŷ house work
gwaith[2]/gweithiau (f) *[gooaeeth]* occasion
unwaith once
dwy waith twice
tair gwaith three times
gwall/–au (m) *[gooall]* mistake
gwallgof (adj) *[gooallgov]* mad
gwallgofi (v) *[gooallgovee]* to become insane
has no other verb forms
gwallt/–au (m) *[gooallt]* hair

gwallus (adj) *[gooallis]* faulty

gwan (adj) *[gooan]* weak

gwangalonni (v) *[gooangalonee]* to lose heart

gwanhau (v) *[gooanhaee]* to weaken

gwanwyn/–au (m) *[gooanooeen]* spring

gwâr (adj) *[gooar]* civilized

gwarantu (v) *[gooarantee]* to guarantee

gwarchod (v) *[gooarchod]* to defend, to guard

gwarchodfa/gwarchodfeydd (f) *[gooarchodva]* reserve

    gwarchodfa natur nature reserve

gwarchodwr/gwarchodwyr (m) *[gooarchodoor]* guardian

gwared (v) *[gooared]*

    cael gwared â to get rid of

gwaredu (v) *[gooared]* to rid, to save

gwaredwr/gwaredwyr (m) *[gooaredoor]* saviour

gwareiddiad/–au (m) *[gooare-eeddyad]* civilization

gwariant/gwariannau (m) *[gooaryant]* expenditure

gwario (v) *[gooaryo]* to spend

    gwario arian to spend money

gwartheg (pl) *[gooartheg]* cattle

gwarthus (adj) *[gooarthis]* shameful

gwas/gweision (m) *[gooas]* servant

gwasaidd (adj) *[gooasaeedd]* servile

gwasanaeth/–au (m) *[gooasanaeth]* service

gwasanaethu (v) *[gooasanaeethee]* to serve

gwasg[1]/gweisg (f) *[gooasg]* PRINTING press

gwasg[2] (mf) *[gooasg]* waist

gwasgaru (v) *[gooasgaree]* to scatter

gwasgfa/gwasgfeydd (f) *[gooasgva]* squeeze

gwasgod/–au (f) *[gooasgod]* waistcoat

gwastad (adj) *[gooastad]* flat

    wastad always

gwastadedd/–au (m) *[gooastadedd]* plain

gwastraff (m) *[gooastraph]* waste

gwastraffu (v) *[gooastraphee]* to waste

gwastraffus (adj) *[gooastraphis]* wasteful

gwau (v) *[gwaee]* to knit

gwaun/gweunydd (f) *[gwaeen]* meadow, moor

gwawdio (v) *[gooaoodyo]* to scorn

gwawdlyd (adj) *[gooaoodlid]* scornful

gwawr (f) *[gooaoor]* dawn

    y wawr the dawn

gwawrio (v) *[gooaooryo]* to dawn

gwaywffon/gwaywffyn (f) *['gooaeeooffon]* spear, javelin

gwdihŵ/–s (m) *[goodee'hoo]* (SW) owl

gwddf/gyddfau (m) *[gooddv]* neck

gwe/–oedd (f) *[gooe]* web

gweddi/gweddïau (f) *[gooeddee]* prayer

gweddill/–ion (m) *[gooeddill]* remainder

    gweddillion remains

gweddïo (v) *[gweddeeo]* to pray

gweddol (adj) *[gooeddol]* fair, all right

    yn weddol, diolch all right, thank you

gweddus (adj) *[gooeddis]* proper, decent

gweddw/–on (f) *[gooeddoo]* widow

gwefr (m) *[gooevr]* thrill

gwefreiddiol (adj) *[gooevre-eeddyol]* thrilling

gwefus/–au (f) *[gooevis]* lip

gweigion (adj) *[gooe-eegyon]* empty

    see **gwag**; used with plural nouns

    llestri gweigion empty dishes

gweiddi (v) *[gooe-eeddee]* to shout

gweini (v) *[gooe-eenee]* to serve

gweinidog/–ion (m) *[gooe-eeneedog]* minister

gweinydd/–ion (m) *[gooe-eenidd]* waiter

gweinyddes/–au (f) *[gooe-eenuhddes]* waitress, nurse

gweinyddiaeth/–au (f) *[gooe-eenuhddyaeeth]* administration

gweinyddol (adj) *[gooe-eenuhddol]* administrative

gweinyddu (v) *[gooe-eenuhddee]* to administer

gweinyddwr/gweinyddwyr (m) *[gooe-eenuhddoor]* administrator

gweiriau (pl) *[gwe-eeryaee]* grasses

    see **gwair**

gweisg (pl) *[gwe-eesk]* PRINTING presses

    see **gwasg**

gweision (pl) *[gwe-eesyon]* servants

    see **gwas**

gweithdy/gweithdai (m) *[gooe-eethdee]* workshop

gweithgar (adj) *[gooe-eethgar]* hard working

gweithgaredd/–au (m) *[gooe-eethgaredd]* activity

gweithiau (pl) *[gooe-eethyaee]* works
see **gwaith**

gweithio (v) *[gwe-eethyo]* to work

gweithiwr/gweithwyr (m) *[gooe-eethyoor]* worker

gweithlu (pl) *[gooe-eethlee]* labour force

gweithred/–oedd (f) *[gooe-eethred]* act, deed

gweithredol (adj) *[gooe-eethredol]* active

gweithredu (v) *[gooe-eethredee]* to act, to operate

gweld (v) *[gooeld]* to see

gweledig (adj) *[gooeledig]* visible

gweledigaeth/–au (f) *[gooeledeegaeth]* vision

gweledol (adj) *[gooeledol]* visual

gwelw (adj) *[gooeloo]* pale

gwelwi (v) *[gooelooee]* to pale

gwely/–au (m) *[gooelee]* bed
　　ystafell wely bedroom
　　mynd i'r gwely to go to bed

gwell (adj) *[gooell]* better
　　gwell na better than

gwellhad (m) *[gooell' had]* improvement
　　gwellhad buan get well soon

gwelliant/gwelliannau (m) *[gooellyant]* improvement

gwelltyn/gwellt (m) *[gooellt]* grass

gwên/gwenau (f) *[gooen]* smile

gwendid/–au (m) *[gooendid]* weakness

Gwener (f) *[gooener]* Venus
　　dydd Gwener Friday
　　nos Wener Friday night

gwenith (pl) *[gooenith]* wheat

gwennol/gwenoliaid (v) *[gooenol]* swallow

gwenu (v) *[gooenee]* to smile
　　gwenu ar +S.M. to smile at

gwenwyn (m) *[gooenooin]* poison

gwenyn (pl) *[gooenin]* bees

gwenynen/gwenyn (f) *[gooenuhnen]* bee

gwerin (pl) *[gooerin]* folk
　　y werin the people
　　amgueddfa werin folk museum
　　dawns werin folk dance
　　cân werin folk song

gweriniaeth/–au (f) *[gooerinyaeeth]* republic

gwerinwr/gwerinwyr (m) *[gooereenoor]* one of the **gwerin**

gwers/–i (f) *[gooers]* lesson
　　gwers Gymraeg a Welsh lesson

gwersyll/–oedd (m) *[gooersill]* camp

gwersylla (v) *[gooersuhlla]* to camp

gwerth/–oedd (m) *[gooerth]* value
　　ar werth for sale
　　gwerth dim valueless

gwerthfawr (adj) *[gooerthvaoor]* valuable

gwerthiant/gwerthiannau (m) *[gooerthyant]* sale

gwerthu (v) *[gooerthee]* to sell

gwerthuso (v) *[gooerthiso]* to evaluate

gwerthwr/gwerthwyr (m) *[gooerthoor]* seller

gwestai[1]/gwesteion (m) *[gooestaee]* guest

gwestai[2] (pl) *[gooestaee]* hotels

gwesty/gwestai (m) *[gooestee]* hotel

gweunydd (pl) *[gooe-eenidd]* heaths
see **gwaun**

gwg (m) *[goog]* frown

gwgu (v) *[googee]* to frown

gwialen/gwiail (f) *[gooeealen]* rod
　　gwialen bysgota fishing rod

gwibdaith/gwibdeithiau (f) *[gooibdaeeth]* trip

gwib/–iau (f) *[gooeeb]* sprint, flash
　　ar wib at full speed

gwibio (v) *[gooibyo]* to dart

gwichian (v) *[gooichyan]* to squeal

gwifren/gwifrau (f) *[gooivren]* wire

gwingo (v) *[gooingo]* to be in pain

gwin/–oedd (m) *[gooeen]* wine

gwinllan/–nau/–noedd (f) *[gooinllan]* vineyard

gwir[1] (adj) *[gooeer]* true, real
　　used before a noun +S.M. it means **real**
　　ateb gwir true answer
　　y gwir reswm the real reason
　　yn wir really

gwir[2] (m) *[gooeer]* truth
　　y gwir i gyd the whole truth

gwireddu (v) *[gooireddee]* to become true, to realize

gwirfoddol (adj) *[gooirvoddol]* voluntary
　　mae e'n gwneud hyn o'i wirfodd he's doing this voluntarily

gwirfoddolwr/gwirfoddolwyr (m)
[*gooirvoddoloor*] volunteer

gwirion (adj) [*gooiryon*] foolish

gwirionedd/–au (m) [*gooiryonedd*] truth

gwirioneddol (adj) [*gooiryoneddol*] actual,
real

gwisg/–oedd (f) [*gooisg*] dress

gwisgo (v) [*gooisgo*] to wear, to dress

gwiw (adj) [*gooioo*] fit, fine

gwiwer/–od (f) [*gooiooer*] squirrel

gwlad/gwledydd (f) [*goo'lad*] country
cefn gwlad countryside

gwladfa/gwladfeydd (f) [*gooladva*] colony
Y Wladfa the Welsh colony in
Patagonia

gwladgarol (adj) [*gooladgarol*] patriotic

gwladgarwch (m) [*gooladgarooch*]
patriotism

gwladgarwr/gwladgarwyr (m)
[*gooladgaroor*] patriot

gwladol (adj) [*gooladol*] of the country/
state, national
ysgrifennydd gwladol secretary of
state

gwladoli (v) [*gooladolee*] to nationalize

gwladwriaeth/–au (f) [*gooladooryaeeth*]
state

gwladychu (v) [*gooladuhchee*] to colonize

gwlân (m) [*goo'lan*] wool

gwlanog (adj) [*goolanog*] woolly

gwlatgar (adj) [*goolatgar*] patriotic

gwledig (adj) [*gooledig*] rural

gwledydd (pl) [*gooledidd*] countries
see **gwlad**

gwledd/–oedd (f) [*goo'ledd*] feast

gwleidydd/–ion (m) [*goole-eedidd*]
politician

gwleidyddiaeth (f) [*goole-eeduhddyaeeth*]
politics

gwleidyddol (adj) [*goole-eeduhddol*]
political
plaid wleidyddol political party

gwlith/–oedd (m) [*goo'leeth*] dew

gwlyb/–ion (adj) [*goo'leeb*] wet

gwlychu (v) [*gooluhchee*] to wet, to get wet
gwlychwch eich gwallt wet your
hair
paid â gwlychu don't get wet

gwn[1]/gynnau (m) [*goon*] gun

gwn[2] (v) [*goon*]
from **gwybod**
mi wn i I know
wn i ddim I don't know

gŵn/gynau (m) [*goohn*] gown
gŵn nos night-gown

gwna(f) (v) [*goo'na(v)*]
from **gwneud**
mi wna i I'll do, I'll make

gwna (v) [*goo'na*]
see **gwnaiff**; from **gwneud**
gwna ef he/it does, he/it makes
gwna hi she/it does, she/it makes
gwna fe! do it!

gwnaed (v) [*goo'naeed*] (it was) made, (it
was) done
from **gwneud**

gwnaeth (v) [*goo'naeeth*]
from **gwneud**
gwnaeth e he/it did, he/it makes
gwnaeth hi she/it did, she/it makes

gwnaethpwyd (v) [*goonaeethpooeed*] (it
was) made
from **gwneud**

gwnaiff (v) [*goo'naeeph*]
see **gwna**; from **gwneud**
gwnaiff e he/it makes, he/it does
gwnaiff hi she/it makes, she/it does

gwnân(t) (v) [*goo'nan(t)*]
from **gwneud** to do, to make
gwnân nhw they do, they make
gwnânt hwy theydo, they make

gwnawn (v) [*goo'naoon*]
from **gwneud** to do, to make
gwnawn ni we do, we make
gwnawn i I would do, I would make

gwnei (v) [*goo'ne-ee*]
from **gwneud**
gwnei di you make, you do

gwnes (v) [*goo'nes*]
from **gwneud** to do, to make
gwnes i I did, I made
mi wnes i I did, I made

gwneud (v) [*goo'ne-eed*] to make, to do
gwneud cawl to make a mess
gwneud dim to do nothing

gwneuthurwr/gwneuthurwyr (m)
[*goone-eetheeroor*] manufacturer

gwnewch (v) [*goo'neooch*]

from **gwneud** to do, to make
gwnewch chi you do, you make
gwnewch e! do it!
gwniadur/–on (m) *[goonyadir]* thimble
gwnïo (v) *[gooneeo]* to sew
gwobr/–au (f) *[goo-'obr]* prize
gwobrwyo (v) *[goo-obrooeeo]* to award
gŵr/gwŷr (m) *[goor]* man, husband
gwrach/–od (f) *[goo'rach]* witch
gwragedd (pl) *[gooragedd]* women, wives
see **gwraig**
gwraidd/gwreiddiau (m) *[goo'raeedd]* root
gwraig/gwragedd (f) *[goo' raeeg]* wife,
woman
gwrandawr/gwrandawyr (m)
[gooran'daoor] listener
gwrando (v) *[goorando]* to listen
gwrando ar y radio to listen to the
radio
gwrcath/–od (m) *[goorkath]* tom-cat
gwregys/–au (m) *[gooregis]* belt
gwregys diogelwch seat belt
gwreichionen/gwreichion (f)
[goore-eechyonen] spark
gwreiddiau (pl) *[gwre-eeddyaee]* roots
see **gwraidd** and **gwreiddyn**
gwreiddio (v) *[goore-eeddyo]* to root
gwreiddiol (adj) *[goore-eeddyol]* original
gwreiddyn/gwreiddiau (m) *[goore-eeddin]*
root
gwres (m) *[goo'res]* warmth
gwresog (adj) *[gooresog]* warm
gwresogi (v) *[gooresogee]* to warm
gwresogydd/–ion (m) *[gooresogidd]* heater
gwrido (v) *[gooreedo]* to blush
gwrol (adj) *[goorol]* brave
gwrtaith/gwrteithiau (m) *[goortaeeth]*
manure
gwrteithio (v) *[goorte-eethyo]* to manure
gwrth- (pref) *[goorth]* anti-
+S.M.
gwrthblaid/gwrthbleidiau (f)
[goorthblaeed] opposition party
gwrthbrofi (v) *[goorthbrovee]* to disprove
gwrthdaro (v) *[goorthdaro]* to clash
gwrthdystio (v) *[goorthduhstyo]* to protest
gwrth-ddweud (v) *[goorth'ddooe-eed]* to
contradict
gwrthgenhedlu (v) *[goorthgenhedlee]*

offer gwrthgenhedlu contraception
aids
gwrthgyferbyniad/–au (m)
[goorthguhverbuhnyad] contrast
gwrthgyferbynnu (v) *[goorthguhverbuhnee]*
to contrast
gwrthod (v) *[goorthod]* to refuse
gwrthod mynd to refuse to go
gwrthrych/–au (m) *[goorthrich]* object
gwrthrychol (adj) *[goorthruhchol]* objective
gwrthryfel/–oedd (m) *[goorthruhvel]*
rebellion
gwrthryfelgar (adj) *[goorthruhvelgar]*
rebellious
gwrthryfelwr/gwrthryfelwyr (m)
[goorthruhveloor] rebel
gwrthsafiad/–au (m) *[goorthsavyad]*
resistance
gwrthsefyll (v) *[goorthsevill]* to resist
gwrthweithio (v) *[goorthooe-eethyo]* to
counteract
gwrthwyneb (m) *[goorthooeeneb]* opposite
gwrthwynebiad/–au (m) *[goorthooinebyad]*
opposition
gwrthwynebu (v) *[goorthooinebee]* to
oppose
gwrthwynebwr/gwrthwynebwyr (m)
[gwrthooineboor] objector
gwrthwynebwr cydwybodol
conscientious objector
gwrych/–oedd (m) *[goo'reech]* hedge
gwryw (adj) *[goorioo]* male
gwrywaidd (adj) *[gooriooaeedd]* masculine
gwrywgydiaeth (f) *[gooriooguhdyaeeth]*
homosexuality
gwrywgydiol (adj) *[gooriooguhdyol]*
homosexual
gwrywgydiwr/gwrywgydwyr (m)
[gooriooguhdyoor] homosexual
gwrywol (adj) *[gooruhoo-ol]* male
gwthio (v) *[goothyo]* to push
gwybedyn/gwybed (m) *[gooibedin]* gnat
gwybod (v) *[gooeebod]* to know
gwybodaeth (f) *[gooibodaeeth]* knowledge
gwych (adj) *[gooeech]* excellent
gwychder (m) *[gooichder]* splendour
gwydn (adj) *[gooidn]* tough
gwydr/–au (m) *[gooidr]* glass
gwydryn/gwydrau (m) *[gooidrin]* DRINK

glass
gwyddai (v) *[gooeeddaee]*
   from **gwybod**
   gwyddai e he knew
   gwyddai hi she knew
gwyddan(t) (v) *[gooeeddan(t)]* they know
   from **gwybod**
   fe wyddan nhw they know
gwyddbwyll (f) *[gooiddbooeell]* chess
Gwyddel/–od (m) *[gooeeddel]* Irishman
Gwyddeleg (f) *[gooeeddeleg]* Irish language
Gwyddelig (adj) *[gooeeddelig]* Irish
gwyddech (v) *[gooeeddech]* you knew
   from **gwybod**
   fe wyddech chi you knew
gwydden(t) (v) *[gooeeddech]* they knew
   from **gwybod**
   fe wydden nhw they knew
gwyddet (v) *[gooeeddet]* you knew
   from **gwybod**
   fe wyddet ti you knew
gwyddfid (m) *[gooiddvid]* honeysuckle
gwyddoch (v) *[gooeeddoch]* you know
   from **gwybod** to know
gwyddon (v) *[gooeeddon]*
   from **gwybod** to know
   gwyddon ni we know
gwyddoniaeth (f) *[gooiddonyaeeth]* science
gwyddonol (adj) *[gooiddonol]* scientific
gwyddonydd/gwyddonwyr (m)
   [gooiddonidd] scientist
gwyddor/–au (f) *[gooeeddor]* science
   gwyddor gwlad nature studies
   yr wyddor the alphabet
gwyddost (v) *[gooeeddost]*
   from **gwybod** to know
   gwyddost ti you know
gwyddwn (v) *[gooeeddoon]* I knew
   from **gwybod** to know
   mi wyddwn i I knew
gwyfyn/–od (m) *[goouhvin]* moth
gŵyl/gwyliau (f) *[gooeel]* holiday, festival
   gŵyl y banc bank holiday
   yn y gwyliau in the holidays
gwylan/–od (f) *[gooeelan]* seagull
gwyliadwrus (adj) *[gooeelyadooris]*
   watchful
gwylio (v) *[gooeelyo]* to watch

gwyll (m) *[gooill]* darkness
gwyllt/–ion (adj) *[gooillt]* wild
gwylltineb (m) *[gooillteeneb]* wildness
gwylltio (v) *[gooilltyo]* to madden
gwymon (m) *[gooeemon]* seaweed
gwyn/–ion (adj) *[gooin]* white
   gwyn fyd y tlodion blessed are the
   poor
gwynder (m) *[gooinder]* whiteness
gwynegon (m) *[gooinegon]* rheumatism
gwynegu (v) *[gooinegee]* to ache
gwynfyd/–au (m) *[gooinvid]* bliss, paradise
   y gwynfydau the beatitudes
gwyngalch (m) *[gooingalch]* whitewash
gwynnu (v) *[goouhnee]* to whiten
gwynt/–oedd (m) *[gooint]* wind, smell
   gwynt y gogledd north wind
gwynto (v) *[goointo]* (SW) to smell
gwyntog (adj) *[goointog]* windy
gwyntyll/–au (f) *[goointill]* fan
gŵyr (v) *[gooeer]*
   from **gwybod**
   gŵyr e/hi he/she/it knows
gwŷr (pl) *[gooeer]* men, husbands
   see **gŵr**
gwyrdd/–ion (adj) *[gooirdd]* green
gwyrddni (m) *[gooirddnee]* greenness
gwyrth/–iau (f) *[gooirth]* miracle
gwyrthiol (adj) *[gooirthyol]* miraculous
gwyryf/–on (f) *[gooiriv]* virgin
gwyryfol (adj) *[gooiruhvol]* virgin
gwŷs/gwysion (m) *[gooees]* summons
gwyw (adj) *[gooioo]* withered
gwywo (v) *[gooioo-o]* to wither
gyda (prep) *[guhda]* with
   +A.M.; often shortened to **'da** in SW
   mae llyfr gyda fi I have a book
   gyda theimlad with feeling
   gyda ti with you
gydag (prep) *[guhdag]* with (used before a
   vowel)
   Mae car gydag e He has a car
gyddfau (pl) *[guhddvaee]* necks, throats
   see **gwddf**
gyferbyn (prep) *[guhverbin]* opposite
   gyferbyn â'r drws opposite the door
gymnasteg (f) *[gimnasteg]* gymnastics
gynau (pl) *[guhnaee]* gowns
   see **gŵn**

gynnau[1] (pl) *[guhnnaee]* guns
see **gwn**
gynnau[2] (adv) *[guhnnaee]* just now
gynt (adv) *[gint]* formerly
gyr (v) *[gir]*
from **gyrru** to drive
gyr e he drives
gyr hi she drives
pan yrr e when he drives
gyrfa/–oedd (f) *[guhrva]* career
gyrru (v) *[guhree]* to drive
gyrrwr/gyrwyr (m) *[guhroor]* driver

NG

Mutated words beginning with **NG** derive
from **G** (e.g. **ngardd** from **gardd**) so look up
G.

H

Mutated words beginning with **H** can start
with one of these vowels: **A, E, I, O, U, W, Y**.
If so, look up words beginning with the second
letter of the word.

had (pl) *[had]* seeds
see **hedyn**
hadau (pl) *[hadaee]* seeds
see **hedyn**
hadu (v) *[hadee]* to seed
haearn (m) *[haee-arn]* iron
haeddiant (m) *[haeeddyant]* merit
haeddu (v) *[haeeddee]* to deserve
hael (adj) *[haeel]* generous
haen/–au (f) *[haeen]* layer
haerllug (adj) *[haeerllig]* impudent
haf/–au (m) *[hav]* summer
yn ystod yr haf during the summer
haf bach mihangel Indian summer
tŷ haf summer house
hafal (adj) *[haval]* equal
yn hafal i +S.M. equal to

hafaliad/–au (m) *[havalyad]* equation
hafan (f) *[havan]* haven, port, harbour
hafod/–ydd/–au (f) *[havod]* summer dwelling
hagr (adj) *[hagr]* ugly, unworthy
haid/heidiau (f) *[haeed]* swarm
haid o wenyn a swarm of bees
haint/heintiau (f) *[haeent]* disease
ces i haint! (SW) I had a fit!
hala (v) *[hala]* to send
halen (m) *[halen]* salt
yn werth ei halen worth his salt
hallt (adj) *[hallt]* salty, severe
talu'n hallt to pay dearly
hambwrdd/hambyrddau (m)
[hamboordd] tray
hamdden (f) *[hamdden]* leisure
canolfan hamdden leisure centre
amser hamdden spare time
hamddenol (adj) *[hamddenol]* leisurely
hances/–i (f) *[hankes]* handkerchief
haneru (v) *[haneree]* to halve
hanes/–ion (m) *[hanes]* history
dyna hanes diddorol ! there's an
interesting story !
hanesydd/haneswyr (m) *[hanesidd]*
historian
hanesyddol (adj) *[hanesuhddol]* historical
hanfodol (adj) *[hanvodol]* essential,
integral
mae'n hanfodol bwysig it's vitally
important
hanner/haneri (m) *[haner]* half
mae hi'n hanner awr wedi pump
it's half past five
hanner dydd midday
hanner nos midnight
does dim hanner digon yma there
isn't half enough here
hanner call half mad
hap (f) *[hap]* chance
hapchwarae game of chance
ar hap a damwain by accident
hapus (adj) *[hapis]* happy
hapusrwydd (m) *[hapisrooeedd]* happiness
harbwr (m) *[harboor]* harbour
hardd (adj) *[hardd]* beautiful
harddwch (m) *[harddooch]* beauty,
handsomeness
hau (v) *[haee]* to sow

haul/heuliau (m) *[haeel]* sun
   i bob man dan haul to everywhere under the sun
hawdd (adj) *[haoodd]* easy
hawl/–iau (f) *[haool]* right, claim
   mae gen i'r hawl I have the right
hawlfraint/hawlfreintiau (f) *[haoolvraeent]* copyright
hawlio (v) *[haoolyo]* to claim
   rwy'n hawlio hanner I claim half
haws (adj) *[haoos]* easier
   haws dweud na gwneud easier said than done
hawsa(f) (adj) *[haoosa(v)]* easiest
   see **hawdd**
heb (prep) *[heb]* without +S.M.
   heb ddim without anything
   heb ddarllen without reading
   hebddo i, hebddot ti, hebddo fe/fo, hebddi hi, hebddon ni, hebddoch chi, hebddyn nhw without me etc.
heblaw (prep) *[heblaoo]* besides
   mae dau yma heblaw amdana i there are two here besides me
hebog/–au (m) *[hebog]* hawk
hedyn/hadau (m) *[hedin]* seed
heddiw (adv) *[heddioo]* today
heddlu/–oedd (m) *[heddlee]* police force
heddwas/heddweision (m) *[heddooas]* policeman
heddwch (m) *[heddooch]* peace
heddychlon (adj) *[hedduhchlon]* peaceful
heddychwr/heddychwyr (m) *[hedduhchoor]* peacemaker, pacifist
hefo (prep) *[hevo]* (NW) with +A.M.
hefyd (adv) *[hefid]* also, either
   rwy'n dod hefyd I'm coming also
heibio (adv) *[he-eebyo]* past, beyond
   mae amser yn mynd heibio time goes by
   mynd heibio i'r car to go past the car
heidiau (pl) *[he-eedyaee]* swarms
   see **haid**
heidio (v) *[he-eedyo]* to swarm
heini (adj) *[he-eenee]* active, agile, nimble
   cadw'n heini to keep fit
heintiad (m) *[he-eentyad]* infection
heintiau (pl) *[he-eentyaee]* diseases
   see **haint**

heintio (v) *[he-eentyo]* to infect
heintus (adj) *[he-eentis]* infectious, contagious
hel (v) *[hel]* to gather
   hel meddyliau to brood
hela (v) *[hela]* to hunt
   cŵn hela foxhounds
   hela clecs (SW) tell tales (NW=**hel straeon**)
helaeth (adj) *[helaeeth]* extensive
helaethu (v) *[helaeethee]* to enlarge
helbul/–on (m) *[helbil]* trouble
helbulus (adj) *[helbeelis]* troubled, distressed
helfa/helfeydd (f) *[helva]* a catch, a hunt
heliwr/helwyr (m) *[helyoor]* huntsman
helm/–au (f) *[helm]* helmet, SHIP helm
help (m) *[help]* help, assistance
helpu (v) *[helpee]* to help
helygen/helyg (f) *[heluhgen]* willow
helynt/–ion (f) *[helint]* course, state, trouble, fuss
hem/–iau (f) *[hem]* hem
hemio (v) *[hemyo]* to hem
hen (adj) *[hen]* old, ancient +S.M.
   hen fenyw an old woman
   wedi hen fynd gone long ago
   yr hen oesoedd remote ages
   mae hi'n hen bryd i fi fynd it's high time for me to go
henaidd (adj) *[henaeedd]* old-fashioned
henaint (m) *[henaeent]* old age
heneiddio (v) *[hene-eeddyo]* to grow old
henffasiwn (adj) *[henphashoon]* old-fashioned
henffych! (int) *[henphich]* hail !
heno (adv) *[heno]* tonight
henoed (m) *[henoeed]* old age
henwr/henwyr (m) *[henoor]* old man
heol/–ydd (f) *[heol]* road
hepgor (v) *[hepgor]* to spare, to omit
her (f) *[her]* challenge
herc (f) *[herk]* hop
   herc, cam a naid hop, skip and jump
hercian (v) *[herkyan]* to hop, to limp, to stutter
heresi (f) *[heresee]* heresy
herio (v) *[heryo]* to challenge

herwhela (v) *[heroohela]* to poach
has no other verb forms
hesg (pl) *[hesg]* sedge
het/–iau (f) *[het]* hat
heuliau (pl) *[he-eelyaee]* suns
see **haul**
heulog (adj) *[he-eelog]* sunny
mae'n heulog heddiw it's sunny today
heuwr/heuwyr (m) *[he-eeoor]* sower
hewl/–ydd (f) *[heool]* (SW) road, way
hi (pron) *[hee]* she, her, WEATHER, TIME it
ydy hi'n dod? is she coming ?
mae hi'n bwrw glaw it's raining
mae hi'n amser cychwyn it's time to start
mae hi'n bump o'r gloch it's five o'clock
y gwir amdani hi the truth about it
hidlo (v) *[hidlo]* to filter
hil (f) *[heel]* race
hindda (f) *[hindda]* fair weather
hinsawdd/hinsoddau (f) *[hinsaoodd]* climate
hir/–ion (adj) *[heer]* long
mae'n amser hir it's a long time
hiraeth (m) *[heeraeeth]* longing, nostalgia,
hiraethu (v) *[heeraeethee]* to yearn
hiraethus (adj) *[heeraeethis]* longing, home-sick
hirbell (adj) *[hirbell]* distant
o hirbell from afar
hirgrwn (adj) *[hirgroon]* oval
hirhau (v) *[heer' haee]* to lengthen
has no other verb forms
hirwyntog (adj) *[heeroointog]* longwinded
hisian (v) *[hisyan]* to hiss
hithau (pron) *[hithaee]* she, her
used for emphasis
hiwmor (m) *[hioomor]* humour
hobi/hobïau (m) *[hobee]* hobby
hoe (f) *[hoee]* spell
roedd angen hoe arno he needed a spell
hoelen/hoelion (f) *[hoeelen]* nail
taro'r hoelen ar ei phen to hit the nail on the head
hoelion wyth 'big guns'-preachers
hoelio (v) *[hoeelyo]* to nail
hofran (adj) *[hovran]* to hover

cwch hofran hovercraft
hofren(n)ydd/hofrenyddion (m) *[hovrenidd]* helicopter
hoff (adj) *[hoph]* fond, dear, favourite
mae e'n hoff ohoni he's fond of her
fy ffrind hoff my dear friend
fy hoff bethau my favourite things
hoffi (v) *[hophee]* to like
hoffus (adj) *[hophis]* likeable, loveable
dyna ferch hoffus there's a lovely girl
hogi (v) *[hogee]* to sharpen
hogyn/hogiau (m) *[hogin]* (NW) lad
hongian (v) *[hongyan]* to hang
holi (v) *[holee]* to ask, to inquire
holiadur/–on (m) *[holyadir]* questionnaire
holwr/holwyr (m) *[holoor]* asker
holl (adj) *[holl]* all, whole +S.M.
yr holl bapurau all the papers
hollalluog (adj) *[hollalleeog]* almighty
holliach (adj) *[hollyach]* perfectly well
hollol (adj) (adv) *[hollol]* wholly, entirely, completely +S.M.
hollol wir completely true
yn hollol! entirely, exactly !
hollt/–au (mf) *[hollt]* slit, split
hon[1] (adj) *[hon]*
used with f. nouns; **hwn** is used with m. nouns
y ferch hon this girl
hon[2] (pron) *[hon]* this
used for f. nouns; **hwn** is used for m. nouns
mae hon yn dod hefyd this one is also coming
honiad/–au (m) *[honyad]* assertion, claim
honna (pron) (f) *[hona]* that one (f)
hwnna is used for m. nouns
ydy honna'n ddrud ? is that one expensive ?
honni (v) *[honee]* to assert, to pretend, to declare
honno[1] (adj) *[hono]* that
used with f. nouns; with m. nouns use **hwnnw**
y ferch honno that girl
honno[2] (pron) (f) *[hono]* that one
used for f. nouns; **hwnnw** is used for m. nouns
dyw honno ddim yn dwp that one

isn't dull

hormon/–au (m) *[hormon]* hormone

hosan/–au/sanau (f) *[hosan]* sock, stocking
yn nhraed ei sanau in his stockings

hoyw/–on (adj) *[hoyoo]* homosexual, lively, gay, active

hoywon (pl) *[hoyoo-on]* homosexuals, gays
see **hoyw**

huawdl (adj) *[heeaoodl]* eloquent

hud (m) *[heed]* magic

hudo (v) *[heedo]* to charm

hudol (adj) *[heedol]* enchanting

huddygl (m) *[hiddigl]* soot

hufen (m) *[heeven]* cream

hun(an) (pron) *[heen(an)]* self
(fi) fy hunan myself
(ti) dy hunan yourself
(fe) ei hunan himself, herself
ei het ei hun his own hat
ar ei ben ei hun on his own
hunan-barch self respect

hunain (pron) *[heenaeen]* selves
(ni) ein hunain ourselves
(chi) eich hunain yourselves
(nhw) eu hunain themselves

hunanladdiad/–au (m) *[heenanladdyad]* suicide

hunaniaeth (f) *[hinanyaeeth]* identity
cerdyn hunaniaeth identity card, passport

hunanoldeb (m) *[heenanoldeb]* selfishness

hunllef/–au (f) *[hinllev]* nightmare

huno (v) *[heeno]* to sleep

hurt (adj) *[hirt]* stupid, dull, stunned

hwb, hwp (m) *[hoob]* push
rho hwp i'r drws give the door a push

hwch/hychod (f) *[hooch]* sow

hwiangerdd/–i (f) *[hooeean-gerdd]* lullaby

hwn[1] (adj) *[hoon]*
used with m. nouns; **hon** is used with f. nouns
y bachgen hwn this boy

hwn[2] (pron) *[hoon]* this
used for m. nouns; **hon** is used for f. nouns
mae hwn yn dod hefyd this one's also coming

hwnna (pron) *[hoona]* that one

used for m. nouns; **honna** is used for f. nouns
mae hwnna'n ddiddorol that one's interesting

hwnnw[1] (adj) *[hoonoo]* that
used with m. nouns; **honno** is used with f. nouns
y bachgen hwnnw that boy

hwnnw[2] (pron) *[hoonoo]* that one
used for m. nouns; **honno** is used for f. nouns
dyw hwnnw ddim yn dwp that one isn't dull

hwnt (adv) *[hoont]* yonder
y tu hwnt beyond

hwntw (m) *[hoontoo]* South Walian

hwren (f) *[hooren]* whore

hwter/–i (f) *[hooter]* hooter

hwy (v) *[hooee]* they, them
see **nhw**
maent hwy'n dod they are coming

hwy (adj) *[hooee]* longer

hwyaden/hwyaid (f) *[hooeeaden]* duck

hwyl/–iau (f) *[hooeel]* fun, sail
mae nofio'n hwyl swimming is fun
hwyl (fawr) goodbye
pob hwyl best of luck
mewn hwyliau da in a good mood
does dim hwyl arna i heddi I'm not feeling well today
mae'r gwynt yn chwythu i mewn i'r hwyl the wind is blowing into the sail

hwylio (v) *[hooeelyo]* to sail

hwylus (adj) *[hooeelis]* healthy, convenient, easy
roedd y daith yn hwylus the journey was trouble free
dydw i ddim yn teimlo'n hwylus iawn I'm not feeling very well

hwylustod (m) *[hooeelistod]* convenience

hwyr (m) *[hooeer]* evening, late
gyda'r hwyr in the evening
mae e'n hwyr yn dod adref ! he's late coming home !
fe ddaw yn hwyr neu'n hwyrach he'll come sooner or later

hwyrach[1] (adv) *[hooeerach]* perhaps
hwyrach bod angen arian arno perhaps he needs money

hwyrach[2] (adj) *[hooeerach]* later
   fe ddaw yn hwyrach he'll come later
hy (adj) *[hee]* impudent
hychod (pl) *[huhchod]* sows
   see **hwch**
hyblyg (adj) *[huhblig]* flexible, pliable
   mae'r oriau gwaith yn hyblyg the
   working hours are flexible
hybu (v) *[huhbee]* to promote
hyd[1]/–au (m) *[heed]* length
   ar hyd along
   ar hyd glan y môr along the sea
   shore
   o hyd always
hyd[2] (prep) *[heed]* until, up to, along
   + S.M.
hyder (m) *[huhder]* confidence
hyderus (adj) *[huhderis]* confident
hydref (m) *[huhdrev]* autumn
Hydref (m) *[huhdrev]* October
hyddysg (adj) *[huhddisg]* learned
hyfryd (adj) *[huhvrid]* pleasant
hyfrydwch (m) *[huhvruhdooch]* delight
hyfforddi (v) *[huhphorddee]* to instruct
hyfforddwr/hyfforddwyr (m)
   [huhphorddoor] instructor, guide
hylif/–au (m) *[huhliv]* liquid
hyll (adj) *[hill]* ugly
hyn[1] (adj) *[hin]* these
   see **hwn, hon**; used with pl. noun
   y bechgyn hyn these boys
   y merched hyn these girls
hyn[2] (pron) *[hin]* this
   dyw hyn ddim yn iawn this isn't
   right
   ar hyn o bryd at the moment
hŷn (adj) *[heen]* older
   see **hen**
hynaf (adj) *[huhnav]* oldest
   see **hen**
hynafol (adj) *[huhnavol]* ancient
hynaws (adj) *[huhnaoos]* genial
hynny[1] (adj) *[huhnee]* those
   see **hwnnw, honno**; used with pl.
   noun
hynny[2] (pron) *[huhnee]* that
   o ran hynny for that matter
hyrddio (v) *[huhrddyo]* to hurl
hyrwyddo (v) *[huhrooeeddo]* to promote

hysbys (adj) *[huhsbis]* known
hysbyseb/–ion (f) *[huhsbuhseb]*
   advertisement
hysbysebu (v) *[huhsbuhsebee]* to advertize
hysbysfwrdd/hysbysfyrddau (m)
   [huhsbuhsvoordd] notice-board
hysbysiad/–au (m) *[huhsbuhsyad]*
   announcement
hysbysrwydd (m) *[huhsbuhsrooeedd]*
   information
hysbysu (v) *[huhsbuhsee]* to inform
hytrach (adv) *[huhtrach]* rather
   yn hytrach na +A.M. rather than

I

Some words beginning with **H** could derive
from **I** (e.g. **hieuenctid** from **ieuenctid**) so
look up here. Mutated words beginning with
I could derive from **G** so look up **G**.

i (prep) *[ee]*
   +S.M.
   1. to
   pum munud i un five to one
   mynd i'r dre to go to town
   2. in order to
   mynd i'r ysbyty i wella to go to the
   hospital to get better
   3. for
   chwarae i Gymru playing for Wales
   i fi or **imi, i ti** or **iti, iddo fe/fo, iddi**
   hi, i ni or **inni, i chi** or **ichi, iddyn**
   nhw
i (pron) *[ee]* me
   es i adre I went home
iâ (m) *[ee-'a]* ice
   mynydd iâ iceberg
   hufen iâ ice cream
iach (adj) *[yach]* healthy
iacháu (v) *[yach' aee]* to heal
iachus (adj) *[yachis]* healthy
iaith/ieithoedd (f) *[yaeeth]* language
   yr iaith Gymraeg the Welsh
iâr/ieir (f) *[yar]* hen
iard/–au (f) *[yard]* yard

iarll/ieirll (m) *[yarll]* earl

ias/–au (f) *[yas]* thrill

iasoer (adj) *[yasoeer]* chilly

iasol (adj) *[yasol]* thrilling

iau (adj) *[yaee]* younger
see **ifanc**

iau (m) *[yaee]* liver

Iau (m) *[yaee]* Jupiter
dydd Iau Thursday

iawn (adj) *[yaoon]* right
mae e'n iawn he's right

iawn (adv) *[yaoon]* very
da iawn very good

iawndal/–iadau (m) *[yaoondal]*
compensation

Iddew/–on (m) *[eeddeoo]* Jew

Iddewig (adj) *[eeddeooig]* Jewish

ie (adv) *[ye]* yes

iechyd (m) *[yechid]* health
iechyd da good health

ieir (pl) *[ye-eer]* hens
see **iâr**

ieirll (pl) *[ye-eerll]* earls
see **iarll**

ieithoedd (pl) *[ye-eethoeedd]* languages
see **iaith**

ieithydd/–ion (m) *[ye-eethidd]* linguist

ienga(f) (adj) *[yenga(v)]* youngest
see **ifanc**

ieuanc (adj) *[ye-eeank]* young

ieuenctid (m) *[ye-ee-enktid]* youth
mudiad ieuenctid youth movement

ifanc (adj) *[eevank]* young
yr ifanc the young

igam-ogam (adj) *[eegamogam]* zigzag

ing/–oedd (m) *[ing]* anguish

ildio (v) *[ildyo]* to yield

ill (pron) *[eell]*
ill dau both

imperialaeth (f) *[imperyalaeeth]*
imperialism

imwneiddio (v) *[imoone-eeddyo]* to
immunize

inc/–iau (m) *[ink]* ink

incwm/incymau (m) *[inkoom]* income

ionc (m) *[yonk]* idiot

Iôr (m) *[yor]* Lord

iorwg (m) *[yoroog]* ivy

ir (m) *[eer]* fresh, green

iro (v) *[eero]* to grease

is (pref) *[ees]*
+S.M.
is-bwyllgor sub-committee

is (adj) *[ees]* lower
see **isel**

isa(f) (adj) *[eesa(v)]* lowest
see **isel**

isel (adj) *[eesel]* low

iselder (m) *[eeselder]* depression

is-etholiad/–au (m) *[eesetholyad]* by-election

is-gadeirydd/–ion (m) *[eesgade-eeridd]*
vice-chairman

is-gapten/–iaid (m) *[eesgapten]* vice-
captain

islaw (adv) *[eeslaoo]* below, beneath

is-lywydd/–ion (m) *[eesluhooidd]* vice-
president

isod (adv) *[eesod]* below

israddol (adj) *[eesraddol]* inferior

J

jac (m) *[jak]* jack
jac codi baw JCB

jac-y-do (m) *[jacuh' do]* jackdaw

jam/–iau (m) *[jam]* jam

jar/–iau (f) *[jar]* jar

jêl (f) *[jel]* jail

jeli/jelïau (m) *[jelee]* jelly

jet/–iau (m) *[jet]* jet

jîns (pl) *[jeens]* jeans

jôc/–s (f) *[jok]* joke

jocan (v) *[jokan]* - to joke

jwg/jygiau (fm) *[joog]* jug

jyngl (m) *[juhn-gl]* jungle

K

kilogram/–au (m) *['kilogram]* kilogram

kilometr/–au (m) *['kilometr]* kilometre

L

Mutated words beginning with **L** can be derived from **LL** (e.g. **law** from **llaw**) so look up **LL**.

label/–i (f) *[label]* label
labelu (v) *[labelee]* to label
labordy/labordai (m) *[labordee]* laboratory
labrwr/labrwyr (m) *[labroor]* labourer
lafant (m) *[lavant]* lavender
lamp/–au (f) *[lamp]* lamp
lan (adv) *[lan]* (SW) up
  mynd lan y mynydd to go up the mountain
  edrych lan to look up
  lan a lawr up and down
  lan llofft upstairs
lansio (v) *[lansho]* to launch
larwm/larymau (m) *[laroom]* alarm
lawnt/–iau (fm) *[laoont]* lawn
lawr (adv) *[laoor]* down
  i lawr down
  lawr staer downstairs
  mynd lawr to go down
lefel/–au (f) *[level]* level
lefn (adj) *[levn]* smooth
  see **llyfn**; used with f. noun
le(i)cio (v) *[le-eekyo]* (NW) to like
leinin (m) *[le-eenin]* lining
lem (adj) *[lem]* sharp
  see **llym**; used with f. noun
lemon/–au (m) *[lemon]* lemon
lemwn/–au (m) *[lemoon]* lemon
lens/–ys (m) *[lens]* lens
les/–i (f) *[les]* lease
letysen/letys (f) *[letuhsen]* lettuce
lico (v) *[liko]* (SW) to like
lifft/–iau (m) *[lipht]* lift
lili/liliau (f) *[lilee]* lily
litr/–au (m) *[leetr]* litre
lodes/–i (f) *[lodes]* (NW) lass
loes (f) *[loys]* pain
loetran (v) *[loeetran]* to loiter
  used ony as verb-noun
lol (m) *[lol]* nonsense
lolfa/lolfeydd (f) *[lolva]* lounge

lolian (v) *[lolyan]* to lounge, to talk nonsense
lom (adj) *[lom]* bleak
  see **llwm**; used with f. noun
lôn/lonydd (f) *[lon]* lane
lorri/lorïau (f) *[loree]* lorry
losin (pl) *[loshin]* (SW) sweets
lot (f) *[lot]* lot
  lot fawr very many, very much
lwc (f) *[look]* luck
  pob lwc good luck
lwcus (adj) *[lookis]* lucky
lwmp/lympiau (m) *[loomp]* lump
lympiau (pl) *[luhmpyaee]* lumps
  see **lwmp**

LL

Mutated words beginning with **L** could be mutated from **LL**, e.g. **law** from **llaw**, so look up here.

llac (adj) *[llak]* slack
llaca (m) *[llaka]* mud
llacio (v) *[llakyo]* to slacken
llacrwydd (m) *[llakrooeedd]* slackness
llach (f) *[llach]* slash
  mae e dan y lach he's being criticized
llachar (adj) *[llachar]* bright, brilliant
Lladin (f) *[lladin]* Latin
lladmerydd/–ion (m) *[lladmeridd]* interpreter
lladrad/–au (m) *[lladrad]* theft
lladrata (v) *[lladrata]* to steal
lladron (pl) *[lladron]* thieves
  see **lleidr**
lladd (v) *[lladd]* to kill
  lladd ar rywun to criticize someone
  lladd gwair to cut grass
lladd-dy/lladd-dai (m) *[lladd-dee]* slaughter-house
lladdfa/lladdfeydd (f) *[lladdva]* killing
  roedd e'n lladdfa it was murder (i.e. hard work)
llaes (adj) *[llaees]* loose, long

treiglad llaes aspirate (or spirant) mutation

llaesu (v) *[llaeesee]* to loosen
  llaesu dwylo to stop working

llaeth (m) *[llaeeth]* milk.
  see **llefrith**

llaethdy/llaethdai (m) *[llaeethdee]* dairy

llaethygen/llaethyg (f) *[llaeethuhgen]* lettuce

llafar (adj) *[llavar]* oral
  llafar gwlad everyday language

llafariad/llafariaid (f) *[llavaryad]* vowel

llafn/–au (m) *[llavn]* blade

llafur (m) *[llavir]* labour, corn
  llafur caled hard labour
  Y Blaid Lafur The Labour Party

llafurio (v) *[llaviryo]* to labour

llafurlu (m) *[llavirlee]* work force

llafurus (adj) *[llaveeris]* laborious

llafurwr/llafurwyr (m) *[llaveeroor]* labourer

llai¹ (adj) *[llaee]* smaller, less, fewer +A.M.
  llai na +A.M. smaller than, less than, fewer than
  llai na phum mil less than five thousand
  llai na chant fewer than a hundred
  mae e'n llai na fi he's smaller than me

llai² (adv) *[llaee]* less
  llai glân less clean

llaid (m) *[llaeed]* mud

llain/lleiniau (f) *[llaeen]* strip of land
  llain griced cricket strip

llais/lleisiau (f) *[llaees]* voice

llaith (adj) *[llaeeth]* damp

llall (pron) *[llall]* other
  y llall the other
  y naill a'r llall both the one and the other

llam/–au (m) *[llam]* leap

llamu (v) *[llamee]* to jump

llan/–nau (f) *[llan]* church
  used in many place names

llanc/–iau (m) *[llank]* youth

llances/–i (f) *[llankes]* young woman

llanw (m) *[llanoo]* tide, full tide
  llanw a thrai full tide and ebb
  penllanw high tide

llanw (v) *[llanoo]* to fill

llath/–au (f) *[llath]* yard

llathen/–ni (f) *[llathen]* yard

llau (pl) *[llaee]* lice
  see **lleuen**

llaw/dwylo (f) *[llaoo]* hand
  hen law an old hand
  ail law second hand
  llaw dde right hand
  llaw chwith left hand
  ar y naill law… ar y llaw arall on the one hand… on the other hand

llawen (adj) *[llaooen]* happy

llawenhau (v) *[llaooen' haee]* to rejoice

llawenydd (m) *[llaooenidd]* joy

llawer¹ (m) *[llaooer]* many
  llawer o bobl many people

llawer² (adj) *[llaooer]*
  ers llawer dydd a long time ago

llawer³ (adv) *[llaooer]*
  llawer iawn very many

llawes/llewys (f) *[llaooes]* sleeve

llawfeddyg/–on (m) *[llaooveddig]* surgeon

llawfeddygaeth (f) *[llaoovedduhgaeeth]* surgery

llawfeddygol (adj) *[llaoovedduhgol]* surgical

llaw-fer (f) *[llaoo' ver]* shorthand

llawlyfr/–au (m) *[llaooluhvr]* handbook

llawn¹ (adj) *[llaoon]* full
  tŷ llawn a full house
  llawn o bobl full of people
  llawn cerrig full of stones
  llawn hwyl full of fun
  dyw e ddim llawn llathen he's not all there

llawn² (adv) *[llaoon]* quite
  llawn digon quite enough

llawr/lloriau (m) *[llaoor]* floor
  llawr cyntaf first floor
  llawr gwaelod ground floor
  ail lawr second floor

llawysgrif/–au (f) *[llaoouhsgriv]* manuscript

llawysgrifen (f) *[llaoouhsgreeven]* handwriting

lle/–oedd/–fydd (m) *[lle]* place
  yn lle rhywun instead of someone
  yn y fan a'r lle in the very place

lle da i fod a good place to be
lle tân fire place
llechen/llechi (f) *[llechen]* slate
llechi (pl) *[llechee]* slates
see **llechen**
chwarel lechi slate quarry
llechu (v) *[llechee]* to hide, to lurk
llechwedd/–au (m) *[llechooedd]* slope
llechwraidd (adj) *[llechooraeedd]* stealthy
lled[1] (m) *[lled]* width
dweud ar led GOSSIP to spread
ar hyd ac ar led everywhere
ledled y byd in all parts of the world
lled[2] (adv) *[lled]* quite, rather
lled dda quite good
lledaenu (v) *[lledaeenee]* to spread
lleden (f) *[lleden]* plaice
llediaith (f) *[lledyaeeth]* foreign accent
lledr (m) *[lledr]* leather
lledrith (m) *[lledrith]* magic
byd hud a lledrith world of magic
and mystery
lledu (v) *[lledee]* to spread
lleddf (adj) *[lleddv]* sad
y cywair lleddf MUSIC the minor key
lleddfu (v) *[lleddvee]* to soothe
lleddfu poen to soothe pain
llef/–au (f) *[llev]* cry
llefain (v) *[llevaeen]* to cry
llefaru (v) *[llevaree]* to speak
llefrith (m) *[llevrith]* (NW) milk
see **llaeth**
lleng/–oedd (f) *[lleng]* legion
Y Lleng Brydeinig The British
Legion
lleia(f) (adj) *[lle-eea(v)]* lesser, least,
smaller, smallest
lleiaf oll least of all
y peth lleiaf the smallest thing
o'r ddau, fe yw'r lleiaf of the two,
he is the smaller
o leiaf at least
lleiafrif/–oedd (m) *[lle-eeavriv]* minority
lleiafrifoedd ieithyddol linguistic
minorities
lleian/–od (f) *[lle-eean]* nun
lleiandy/lleiandai (m) *[lle-eeandee]*
nunnery
lleidiog (adj) *[lle-eedyog]* muddy

lleidr/lladron (m) *[lle-eedr]* thief
lleied (adj) *[lle-ee-ed]*
see **bach**
cyn lleied so/as little, so/as few
lleihau (v) *[lle-ee'haee]* to decrease
lleill (pron) *[lle-eell]* others
see **llall**
y lleill the others
lleiniau (pl) *[lle-eenyaee]* strips of land
see **llain**
lleisiau (pl) *[lle-eesyaee]* voices
see **llais**
lleisio (v) *[lle-eesyo]* to voice
lleisio barn to voice an opinion
lleithder (m) *[lle-eethder]* damp
llen/–ni (f) *[llen]* curtain
agorwch y llenni close the curtains
caewch y llenni draw the curtains
llên (f) *[llen]* literature
llencyndod (m) *[llenkuhndod]* adolescence
llên-ladrad (m) *[llenladrad]* plagiarism
llenor/–ion (m) *[llenor]* literary figure
llenwi (v) *[llenooee]* to fill
llenydda (v) *[llenuhdda]* to write literature
llenyddiaeth/–au (f) *[llenuhddyaeeth]*
literature
llenyddol (adj) *[llenuhddol]* literary
lleol (adj) *[lleol]* local
lleoli (v) *[lleolee]* to locate
lleoliad/–au (m) *[lleolyad]* location
lles (m) *[llehs]* benefit
y wladwriaeth les the welfare state
neuadd les welfare hall
gwneud lles i rywun to benefit
someone
ddaw dim lles ohono fe no good
will come of him/it
llesg (adj) *[llesg]* sluggish
llesgedd (m) *[llesgedd]* languor
llesmair (m) *[llesmaeer]* faint, swoon
llesol (adj) *[llesol]* beneficial
llesteirio (v) *[lleste-eeryo]* to hinder
llestr/–i (m) *[llestr]* dish
golchi'r llestri to wash the dishes
lleta(f) (adj) *[lleta(v)]* widest
see **llydan**
lletach (adj) *[lletach]* wider
see **llydan**
llety/–au (m) *[lletee]* lodging

lletya (v) *[lletee-a]* to lodge
lletygarwch (m) *[lleteegarooch]* hospitality
llethol (adj) *[llethol]* overwhelming, oppressive
  gwres llethol overwhelming heat
llethr/–au (fm) *[llethr]* slope
llethu (v) *[llethee]* to oppress, to crush
lleuad/–au (f) *[lle-eead]* moon
  lleuad lawn full moon
llew/–od (m) *[lleoo]* lion
  dant y llew dandelion
llewes/–au (f) *[lleooes]* lioness
llewyg (m) *[lleooig]* faint
llewygu (v) *[lleoouhgee]* to faint
llewyrch (m) *[lleooirch]* brightness, prosperity
llewyrchus (adj) *[lleoouhrchis]* prosperous
llewys (pl) *[lleoois]* sleeves
  see **llawes**
lleygwr/lleygwyr (m) *[lle-eegoor]* layman
lliain/llieiniau (m) *[lleeaeen]* linen, cloth
  lliain sychu cloth for wiping
llid (m) *[lleed]* wrath, inflammation
  llid yr ymennydd meningitis
  llid yr ysgyfaint pneumonia
llidiart/llidiardau (fm) *[llidyart]* gate
llidus (adj) *[lleedis]* inflamed
llieiniau (adj) *[llee-e-eenyaee]* cloths, linens
  see **lliain**
llif[1]/–iau (f) *[lleev]* saw
llif[2] (m) *[lleev]* flow
llifogydd (pl) *[lleevogidd]* flood
llifddor/–au (f) *[lleevddor]* floodgate
llifeiriant/llifeiriaint (m) *[lleeve-eeryant]* flood
llifeirio (v) *[lleeve-eeryo]* to stream
llifio (v) *[llivyo]* to saw
llifo (v) *[lleevo]* to flow, to dye
llifolau/llifoleuadau (m) *[lleevolaee]* floodlight
llinach/–au (f) *[lleenach]* lineage
llinell/–au (f) *[lleenell]* line
llinellwr/llinellwyr (m) *[lleenelloor]* linesman
lliniaru (v) *[llinyaree]* to soothe
llinos/–od (f) *[lleenos]* linnet
llinyn/–nau (m) *[lleenin]* cord
llinynnol (adj) *[llinuhnol]* stringed
  offerynnau llinynnol stringed

instruments
llipa (adj) *[llipa]* limp
llipryn/–nod (m) *[lliprin]* weakling
llithren/–nau (f) *[llithren]* slide
llithrig (adj) *[llithrig]* slippery, fluent
  Cymraeg llithrig fluent Welsh
llithro (v) *[llithro]* to slip
lliw/–iau (m) *[llioo]* colour
  daeth lliw dydd he came by day
  daeth lliw nos he came by night
lliwddall (adj) *[lliooddall]* colour-blind
lliwgar (adj) *[llioogar]* colourful
lliwio (v) *[lliooyo]* to colour
llo/–i (m) *[llo]* calf
lloches/–au (f) *[lloches]* refuge
llochesu (v) *[llochesee]* to harbour
llodrau (pl) *[llodraee]* (NW) trousers
lloeren/–nau (f) *[lloeeren]* satellite
  teledu lloeren satellite television
lloergan (m) *[lloeergan]* moonlight
lloerig (adj) *[lloeerig]* lunatic
llofnod/–ion/–au (m) *[llovnod]* signature
llofnodi (v) *[llovnodee]* to sign
llofrudd/–ion (m) *[llovridd]* murderer
llofruddio (v) *[llovriddyo]* to murder
llofruddiaeth/–au (f) *[llovriddyaeethaee]* murder
lloffion (pl) *[llophyon]* gleanings
  llyfr lloffion scrap book
llofft/–ydd (f) *[llopht]* bedroom, upstairs
  lan llofft upstairs
llog/–au (m) *[llog]* FINANCE interest
  cyfradd llog rate of interest
llogell/–au (f) *[llogell]* (NW) pocket
llogi (v) *[llogee]* to hire
llong/–au (f) *[llong]* ship
llongddrylliad/–au (m) *[llongddruhllyad]* shipwreck
llongwr/llongwyr (m) *[llongwr]* sailor
llon (adj) *[llon]* merry
llond (m) *[llond]* -ful
  llond llaw handful
llongyfarch (v) *[llonguhvarch]* to congratulate
llongyfarchiad/–au (m) *[llonguhvarchyad]* congratulation
  llongyfarchiadau congratulations
llonni (v) *[llonee]* to cheer
llonnod/llonodau (m) *[llonod]* MUSIC sharp

llonydd (adj) *[llonidd]* still, calm
llonyddu (v) *[llonuhddee]* to calm
llonyddwch (m) *[llonuhddooch]* calm, stillness
lloriau (pl) *[lloryaee]* floors
see **llawr**
llorio (v) *[lloryo]* to floor
cafodd e ei lorio he was floored
llorweddol (adj) *[llorooeddol]* horizontal
llosg (adj) *[llosg]* burnt
llosgach (m) *[llosgach]* incest
llosgfynydd/–oedd (m) *[llosgvuhnidd]* volcano
llosgi (v) *[llosgee]* to burn
llu/–oedd (m) *[llee]* host
llu o bobl a crowd of people
llucheden/lluched (f) *[llicheden]* (SW) lightening
lluchio (v) *[llichyo]* to throw
lludw (m) *[llidoo]* ashes
lluddedig (adj) *[lliddedig]* tired
llugoer (adj) *[lligoeer]* lukewarm
llumanwr/llumanwyr (m) *[llimanoor]* linesman
llun/–iau (m) *[lleen]* picture
tynnu llun to draw a picture
Llun (m) *[lleen]* Monday
dydd Llun (on) Monday
nos Lun Monday night
ar ddydd Llun on Mondays
lluniad/–au (m) *[llinyad]* drawing
lluniaidd (adj) *[llinyaeedd]* graceful
llunio (v) *[llinyo]* to draw, to form
llunnir (v) *[llinir]* is formed from **llunio**
lluosi (v) *[lleeosee]* to multiply
lluosog (adj) *[lleeosog]* plural, numerous
lluosogi (v) *[lleeosogee]* to multiply
llus (pl) *[llees]* winberries
llusern/–au (f) *[lleesern]* lamp
llusgo (v) *[llisgo]* to drag
llw/–on (m) *[lloo]* oath
ar fy llw on my oath
llwch (m) *[llooch]* dust
llwfr (adj) *[lloovr]* cowardly
llwgr (adj) *[lloogr]* corrupt
llwgrwobrwyo (v) *[lloogroo-obrooeeo]* to bribe
llwgu (v) *[lloogee]* to starve
llwm (adj) *[lloom]* poor

lom is used with f. nouns
llwnc (m) *[llwnk]* throat, swallow
mae llwnc tost arna i I've got a sore throat
llwncdestun/–au (m) *[lloonkdestin]* DRINK toast
llwy/–au (f) *[llooee]* spoon
llwy de tea spoon
llwy gawl soup spoon
llwyaid (f) *[llooeeaeed]* spoonful
llwybr/–au (m) *[llooeebr]* path
llwybr cyhoeddus public footpath
llwyd (adj) *[llooeed]* grey
llwydni (m) *[llooeednee]* mildew
llwydo (v) *[llooeedo]* to turn grey, to become mouldy
llwydrew (m) *[llooeedreoo]* frost
llwyddiant/llwyddiannau (m) *[llooeeddyant]* success
llwyddiannus (adj) *[llooeeddyanis]* successful
llwyddo (v) *[llooeeddo]* to succeed
llwyfan/–nau (f) *[llooeevan]* stage
llwyfannu (v) *[llooeevanee]* to stage
llwyfen/llwyf (f) *[llooeeven]* elm
llwyn/–i (m) *[llooeen]* bush
llwynog/–od (m) *[llooeenog]* fox
llwyr, yn (adv) *[uhn llooeer]* completely, entirely
cytuno'n llwyr to agree entirely
wedi gwella'n llwyr completely cured
llwyrymatal (v) *[llooeeruhmatal]* to abstain completely
llwyth/–au (m) *[llooeth]* tribe
llwyth/–i (m) *[llooeth]* load
llwytho (v) *[llooeetho]* to load
llwythog (adj) *[llooeethog]* burdened
llychlyd (adj) *[lluhchlid]* dusty
llydan/llydain (adj) *[lluhdan]* wide
llydanu (v) *[lluhdanee]* to broaden
llyfn/–ion (adj) *[llivn]* smooth
lefn used with f. nouns
llyfnhau (v) *[lluhvn'haee]* to smooth, to level
llyfr/–au (m) *[lluhvr]* book
llyfrgell/–oedd (f) *[lluhvrgell]* library
llyfrgell y dre town library
llyfrgell gyhoeddus public library

llyfrgellydd/llyfrgellwyr (m) *[lluhvrgellidd]* librarian
llyfryn/–nau (m) *[lluhvrin]* booklet
llyfu (v) *[lluhvee]* to lick
llyffant/–od (m) *[lluhphant]* toad
llygad/llygaid (m) *[lluhgad]* eye
   llygad dyst eye witness
   llygad du black eye
llygadu (v) *[lluhgadee]* to eye
llygoden/llygod (f) *[lluhgoden]* mouse
   llygoden Ffrengig rat
   llygoden fawr rat
llygredig (adj) *[lluhgredig]* corrupt
llygredd (m) *[lluhgredd]* corruption
llygru (v) *[lluhgree]* to corrupt
llynges/–au (f) *[lluhnges]* navy
llyngyren/llyngyr (f) *[lluhnguhren]* tape-worm
llym/–ion (adj) *[llim]* sharp, severe
   lem used with f. nouns
llymeitian (v) *[lluhme-eetyan]* to sip (an alcoholic drink)
llymion (adj) *[lluhmyon]* poor, sharp, severe
   see **llwm** and **llym**; used with pl. noun
llyn/–noedd (m) *[llin]* lake
llynciad/–au (m) *[lluhnkyad]* gulp
llyncu (v) *[lluhnkee]* to swallow
llynedd (f) *[lluhnedd]* last year
   y llynedd last year
llyo (v) *[lleeo]* (SW) to lick
llys/–oedd (m) *[llees]* court
   llys barn law court
   llys y goron crown court
   llys ynadon magistrates court
llysenw/–au (m) *[lleesenoo]* nickname
llysfam/–au (f) *[lleesvam]* step-mother
llysfwytâwr/llysfwytawyr (m) *[lleesvooeetaoor]* vegetarian
llysgenhadaeth/llysgenadaethau (f) *[lleesgenhadaeeth]* embassy
llysgennad/llysgenhadon (m) *[lleesgenad]* ambassador
llysiau (pl) *[lluhsyaee]* vegetables
llystad/–au (m) *[lleestad]* step-father
llythrennog (adj) *[lluhthrenog]* literate
llythyr/–au/–on (m) *[lluhthir]* letter
llythyrdy/llythyrdai (m) *[lluhthuhrdee]* post office

llythyren/llythrennau (f) *[lluhthuhren]* letter
llyw/–iau (m) *[llioo]* steering wheel, helm
llywaeth (adj) *[lluhooaeeth]* tame
llywio (v) *[lliooyo]* to steer
llywodraeth/–au (f) *[lluhoo-odraeeth]* government
llywodraethol (adj) *[lluhoo-odraeethol]* governing
llywodraethu (v) *[lluhoo-odraeethee]* to govern
   corff llywodraethu governing body
llywodraethwr/llywodraethwyr (m) *[lluhoo-odraeethoor]* governor
llywydd/–ion (m) *[lluhooidd]* president
   llywydd y blaid president of the party
llywyddu (v) *[lluhoouhddee]* to preside

M

Mutated words beginning with **M** could be derived from **B** (e.g. **maban** from **baban**) and **P** (e.g. **mhen** from **pen**) so look up **B** and **P**. Mutated words beginning with **F** could be derived from **M** (e.g. **fab** from **mab**) so look up here.

mab/meibion (m) *[mab]* son, boy
mabinogi (m) *[mabinogee]* early Welsh tales
mabolgampau (pl) *[mabolgampaee]* sports
mabsant (m) *[mabsant]* patron saint
   gŵyl mabsant festival of patron saint
mabwysiadu (v) *[mabooeesyadee]* to adopt
macsu (v) *[maksee]* to brew
macyn/–nau (m) *[makin]* handkerchief
machlud[1] (m) *[machlid]* sunset
machlud[2] (v) *[machlid]* SUN to set
madam (f) *[madam]* madam
   annwyl fadam dear madam
madarchen/madarch (f) *[madarchen]* mushroom
maddau (v) *[maddaee]* to forgive
maddeuant (m) *[madde-eeant]* forgiveness
mae (v) *[maee]* is
   from **bod** to be

mae hi'n dod she is coming
maen/meini (m) *[maeen]* stone
maer/meiri (m) *[maeer]* mayor
maeres/-au (f) *[maeeres]* mayoress
maes/meysydd (m) *[maees]* field
  maes llafur syllabus
  maes o law shortly
  mas out
maestref/-i (f) *[maeestrev]* suburb
maesu (v) *[maeesee]* to field
maeth (m) *[maeeth]* nutrition
maethlon (adj) *[maeethlon]* nourishing
mafon (pl) *[mavon]* raspberries
magnet/-au (m) *[magnet]* magnet
magu (v) *[magee]* to rear, to breed
  magu plant to bring up children
mai (conj) *[maee]* that
  mae e'n gwybod mai fe sy'n iawn
  he knows that he is right
Mai (m) *[maee]* May
  mis Mai month of May
  calan Mai May 1st
main (adj) *[maeen]* thin
mainc/meinciau (f) *[maeenk]* bench
maint/meintiau (m) *[maeent]* size
maip (pl) *[maeep]* turnips
  see **meipen**
maith/meithion (adj) *[maeeth]* long
  amser maith a long time
malais (m) *[malaees]* malice
maldod (m) *[maldod]* the act of pampering
maldodi (v) *[maldodee]* to pamper
maleisus (adj) *[male-eesis]* malicious
malio (v) *[malyo]* (NW) to heed
  pwy sy'n malio? who cares?
malu (v) *[malee]* to grind
  malu awyr to talk nonsense
malwoden/malwod (f) *[maloo-oden]* snail
mam/-au (f) *[mam]* mother
mam-gu/mamau cu (f) *[mam' gee]* (SW)
  grandmother
mamiaith/mamieithoedd (f) *[mamyaeeth]*
  mother tongue
man/-nau (fm) *[man]* place, spot
  ymhobman everywhere
  man a man i ni fynd we might as
  well go
  yn y fan a'r lle in the very place
  man gwyn man draw the grass is

greener on the other side
  yn y man shortly
  fan hyn here
mân (adj) *[man]* small, minute
  glaw mân drizzle
  glo mân small coal
  mân siarad small talk
maneg/menig (f) *[maneg]* glove
manion (pl) *[manyon]* small items
mans (m) *[mans]* manse
mantais/manteision (f) *[mantaees]*
  advantage
manteisiol (adj) *[mante-eesyol]*
  advantageous
mantell/mentyll (f) *[mantell]* mantle
mantol/-ion (f) *[mantol]* balance
  yn y fantol in the balance
mantolen/-ni (f) *[mantolen]* balance sheet
manwl (adj) *[manool]* detailed, exact
  yn fanwl in detail
manylyn/manylion (m) *[manuhlin]* detail
map/-iau (m) *[map]* map
marc/-iau (m) *[mark]* mark
Marcsydd/Marcswyr (m) *[marksidd]*
  Marxist
march/meirch (f) *[march]* stallion
marchnad/-oedd (f) *[marchnad]* market
marchnata (v) *[marchnata]* to trade
marchog/-ion (m) *[marchog]* horse rider
margarîn (m) *[marga' reen]* margarine
marmalêd (m) *[marma' led]* marmalade
marmor (m) *[marmor]* marble
mart (m) *[mart]* mart
marw[1]/meirw/meirwon (m) *[maroo]* dead
marw[2]/meirw (adj) *[maroo]* dead
marw[3] (v) *[maroo]* to die
  has no other verb forms
  mae hi wedi marw she is dead
  bu(odd) hi farw she died
marwnad/-au (f) *[' maroonad]* elegy
marwol (adj) *[maroo-ol]* deadly
marwolaeth/-au (f) *[maroo-olaeeth]* death
mas (adv) *[mas]* (SW) out
  mynd mas to go out
masgl/-au (m) *[masgl]* shell
masnach/-au (f) *[masnach]* trade
  y fasnach lyfrau the book trade
masnachol (adj) *[masnachol]* commercial
masnachu (v) *[masnachee]* to trade

masnachwr/masnachwyr (m) *[masnachoor]* trader

mast/–iau (m) *[mast]* mast

maswr/maswyr (m) *[masoor]* outside-half

mat/–iau (m) *[mat]* mat

mater/–ion (m) *[mater]* matter

materol (adj) *[materol]* materialistic

matras/matresi (m) *[matras]* mattress

math/–au (m) *[math]* kind
   pa fath? +S.M. what kind of?
   pa fath beth? what kind of thing?
   pa fath o? what kind of?
   yr un fath the same

mathemateg (m) *[mathemateg]* mathematics

mawl (m) *[maool]* praise

mawn (m) *[maoon]* peat

mawr/–ion (adj) *[maoor]* big

mawredd (m) *[maooredd]* greatness

mawrhydi (m) *[maoorhuhdee]* majesty
   her highness ei mawrhydi
   his highness ei fawrhydi

Mawrth (m) *[maoorth]* Mars, March, Tuesday
   dydd Mawrth (on) Tuesday
   mis Mawrth month of March
   nos Fawrth Tuesday night
   prynhawn Mawrth Tuesday afternoon
   ar ddydd Mawrth on Tuesdays

mecaneg (f) *[mekaneg]* mechanics

mecanyddol (adj) *[mekanuhddol]* mechanical

medal/–au (fm) *[medal]* medal

medi (v) *[medee]* to reap

Medi (m) *[medee]* September
   mis Medi month of September

medr/–au (m) *[medr]* skill

medru (v) *[medree]* to be able to
   medru'r Gymraeg to be able to speak Welsh

medd[1] (m) *[medd]* mead

medd[2] (v) *[medd]* he/she says, he/she said

meddai (v) *[meddaee]* he/she was saying

meddal (adj) *[meddal]* soft

meddalu (v) *[meddalee]* to soften

medden (v) *[medden]*
   medden ni we said
   medden nhw they said

meddiannol (adj) *[meddyanol]* possessive

meddiannu (v) *[meddyanee]* to possess

meddiant/meddiannau (m) *[meddyant]* possession
   yn ei feddiant in his possession

meddu (v) *[meddee]* to possess
   meddu ar rywbeth to possess something

meddw[1]/–on (adj) *[meddoo]* drunk

meddw[2]/–on (m) *[meddoo]* drunkards

meddwdod (m) *['meddoodod]* drunkenness

meddwi (v) *[meddooee]* to get drunk

meddwl/meddyliau (m) *[meddool]* mind

meddwl (v) *[meddool]* to think
   beth mae e'n 'feddwl? what does it mean?

meddwn (v) *[meddoon]*
   meddwn ni we say
   meddwn i i said

meddwol (adj) *[meddoo-ol]* intoxicating
   diod feddwol intoxicating drink

meddwyn/meddwon (m) *[meddooin]* drunkard

meddyg/–on (m) *[meddig]* doctor

meddygaeth (f) *[medduhgaeeth]* medicine

meddygfa/meddygfeydd (f) *[medduhgva]* surgery

meddyginiaeth/–au (f) *[medduhginyaeeth]* medicine, remedy

meddygol (adj) *[medduhgol]* medical

meddylgar (adj) *[medduhlgar]* thoughtful

meddyliwr/meddylwyr (m) *[medduhlyoor]* thinker

mefusen/mefus (f) *[mevisen]* strawberry

megis (conj) *[megis]* as
   megis maen nhw'n gwneud yn Ffrainc as they do in France

megis (prep) *[megis]* as, like
   megis ddoe like yesterday

Mehefin (m) *[mehevin]* June
   mis Mehefin the month of June

meibion (pl) *[me-eebyon]* boys, sons see **mab**

meic/–iau (m) *[me-eek]* microphone

meiddio (v) *[me-eeddyo]* to dare

meim/–iau (fm) *[me-eem]* mime

meimio (v) *[me-eemyo]* to mime

meinciau (pl) *[me-eenkyaee]* benches

see **mainc**
meindio (v) *[me-eendyo]* to mind
  dw i ddim yn meindio I don't mind
  meindia dy fusnes mind your own
  business
meini (pl) *[me-eenee]* stones
  see **maen**
meintiau (pl) *[me-eentyaee]* sizes
  see **maint**
meipen/maip (f) *[me-eepen]* turnip
meirch (pl) *[me-eerch]* stallions
  see **march**
meiri (pl) *[me-eeree]* mayors
  see **maer**
meirioli (v) *[me-eeryolee]* to thaw
meirw[1] (pl) *[me-eeroo]* dead
  see **marw**[1]
meirw[2] (adj) *[me-eeroo]* dead
  see **marw**[2]; used with pl. noun
  cyrff meirw dead bodies
meirwon (pl) *[me-eeroo-on]* dead
  see **marw**[1]
meistr/–i (m) *[me-eestr]* master
meistres/–au (f) *[me-eestres]* mistress
meistrolaeth (f) *[me-eestrolaeeth]* mastery
meistrolgar (adj) *[me-eestrolgar]* masterly
meistroli (v) *[me-eestrolee]* to master
  cwrs meistroli master class
meitin, ers (m) *[ers me-eetin]* a while ago
meithion (adj) *[me-eethyon]* long
  see **maith**; used with pl. noun
  oriau meithion long hours
meithrin (v) *[me-eethrin]* nursery
  ysgol feithrin nursery school
  Mudiad Ysgolion Meithrin Welsh
  playgroup movement
meithrinfa/meithrinfeydd (f)
  [me-eethrinva] nursery, crèche
mêl (m) *[mel]* honey
melan (f) *[melan]* melancholia
melfed (adj) *[melved]* velvet
melin/–au (f) *[melin]* mill
melinydd/melinwyr (m) *[meleenidd]* miller
melodi/melodïau (f) *['melodee]* melody
melodrama (f) *['melodrama]* melodrama
melon/–au (m) *[melon]* melon
melyn/–ion (adj) *[melin]* yellow
  clefyd melyn jaundice
melynu (v) *[meluhnee]* to become yellow

melynwy (m) *[meluhnooee]* yolk of egg
melys (adj) *[melis]* sweet
melysion (pl) *[meluhsyon]* NW sweets
melyster (m) *[meluhster]* sweetness
melysu (v) *[meluhsee]* to sweeten
mellten/mellt (f) *[mellten]* lightening
melltigedig (adj) *[melltigedig]* cursed
melltithio (v) *[melltithyo]* to curse
mên (adj) *[men]* mean
mendio (v) *[mendyo]* to mend
menig (pl) *[menig]* gloves
  see **maneg**
menter/mentrau (f) *[menter]* venture
mentro (v) *[mentro]* to venture
mentyll (pl) *[mentill]* mantles
  see **mantell**
menyn (m) *[menin]* butter
menyw/–od (f) *[menioo]* woman
merch/–ed (f) *[merch]* girl, daughter
Mercher (m) *[mercher]* Mercury,
  Wednesday
  dydd Mercher Wednesday
  nos Fercher Wednesday night
  prynhawn Mercher Wednesday
  afternoon
mercheta (v) *[mercheta]* to womanize
merchetaidd (adj) *[merchetaeedd]*
  effeminate
merlota (v) *[merlota]* to go pony-trekking
merlyn/merlod (m) *[merlin]* pony
merthyr/–on (m) *[merthir]* martyr
mesen/mes (f) *[mesen]* acorn
mesur[1]/–iadau (m) *[mesir]* measure
mesur[2]/–au (m) *[mesir]* PARLIAMENT bill
mesur[3] (v) *[mesir]* to measure
metel/–au (m) *[metel]* metal
metr/–au (m) *[metr]* metre
  can metr hundred metres
methu (v) *[methee]* to fail
mewn (prep) *[meoon]* in
  used with indefinite words; **yn** is used
  with definite words e.g. **yn y car** in
  the car
  mewn car in a car
  i mewn i into
mewnforio (v) *[meoonvoryo]* to import
mewnfudwr/mewnfudwyr (m)
  [meoonveedoor] immigrant
mewnol (adj) *[meoonol]* internal

mewnwr/mewnwyr (m) *[meoonoor]*
scrum-half, inside-forward

meysydd (pl) *[me-eesidd]* fields
see **maes**

mi[1] (pron) *[mee]* me
i mi to me

mi[2] (particle) *[mee]*
+S.M.; affirms verb
mi welais i I saw

migwrn/migyrnau (m) *[meegoorn]* ankle

mil/–oedd (num) *[meel]* thousand
dwy fil two thousand
un fil naw cant naw deg naw 1999

milfed (ord) *[milved]* thousandth

milfeddyg/–on (m) *[meelveddig]* veterinary
surgeon

milgi/milgwn (m) *[milgee]* greyhound

milimetr/–au (m) *[milimetr]* millimetre

miliwn/miliynau (num) (f) *[milyoon]*
million
dwy filiwn two million(s)

miliwnydd, miliynydd/miliynyddion (m)
[milyuhnidd] millionaire

miliynfed (ord) *[milyuhnvehd]* millionth

milwr/milwyr (m) *[meeloor]* soldier

milwrol (adj) *[miloorol]* military

milltir/–oedd (f) *[milltir]* mile

min (m) *[meen]* edge, point

miniog (adj) *[minyog]* sharp

minlliw (m) *[minllioo]* lipstick

minnau (pron) *[minaee]* I also

miri (m) *[miree]* merriment, fun

mis/–oedd (m) *[mees]* month
mis bach February

misol (adj) *[meesol]* monthly

miwsig (m) *[mioosig]* music

mo (prep) *[mo]* not, nothing of
from **dim o**; +S.M. with nouns
welais i mo fe, welais i mono fe I
did not see him
chafodd hi mo lyfr Delyth she did
not have Delyth's book
**mono i, monot ti, mono fe/fo, moni
hi, monon ni, monoch chi, monyn
nhw**

mochyn/moch (m) *[mochin]* pig

model/–au (m) *[model]* model

modern (adj) *[modern]* modern

modfedd/–i (f) *[modvedd]* inch

modrwy/–au (f) *[modrooee]* ring

modryb/–edd (f) *[modrib]* aunt

modur/–on (m) *[modir]* motor, car

modurdy/modurdai (m) *[modirdee]* garage

modurwr/modurwyr (m) *[modeeroor]*
motorist

modd/–ion (m) *[modd]* manner, means

moddion (pl) *[moddyon]* medicine

moel (adj) *[moeel]* bare, bald

moel (f) *[moeel]* hill

moelni (m) *[moeelnee]* bareness

moesol (adj) *[moeesol]* moral

moeth/–au (m) *[moeeth]* luxury

moethus (adj) *[moeethis]* luxurious

moethusrwydd (m) *[moeethisrooeedd]*
luxury

mogi (v) *[mogee]* to suffocate

moli (v) *[molee]* to praise

moment/–au (f) *[moment]* moment
ar y foment at the moment

môr/moroedd (m) *[mor]* sea

mor (adv) *[mor]* so
+S.M. except for **ll** and **rh**
mor goch â +A.M. as red as
mor llawen as/so happy
mor rhad as/so cheap

morfa/morfeydd (m) *[morva]* fen

morfil/–od (m) *[morvil]* whale

morgais/morgeisiau (m) *[morgaees]*
mortgage

morgrugyn/morgrug (m) *[morgreegin]* ant

morio (v) *[moryo]* to travel by sea

môr-leidr/môr-ladron (m) *[mor' le-eedr]*
pirate

morlo/–i (m) *[morlo]* seal

morthwyl/–ion (m) *[morthooeel]* hammer

morthwylio (v) *[morthooeelyo]* to hammer

morwr/morwyr (m) *[moroor]* sailor

morwyn/morynion (f) *[morooeen]* maid,
maiden, virgin

mud/–ion (adj) *[meed]* dumb
mud a byddar deaf and dumb

mudiad/–au (m) *[midyad]* SOCIETY
movement

mul/–od (m) *[meel]* donkey

munud/–au (f) (SW), (m) (NW) *[minid]*
TIME minute

mur/–iau (m) *[meer]* wall

mwd (m) *[mood]* mud

mwg (m) *[moog]* smoke
mŵg/mygiau (m) *[moog]* mug
mwgwd/mygydau (m) *[moogood]* mask
mwll (adj) *[mooll]* WEATHER sultry, close
mwmian (v) *[moomyan]* to hum, to mumble
mwnci/mwncïod (m) *[moonkee]* monkey
mwsogl (m) *[moosogl]* moss
mwstard (m) *[moostard]* mustard
mwstro (v) *[moostro]* to get a move on
mwy (adj) *[mooee]* more
   mae e'n fwy na digon it's more than enough
mwy (adv) *[mooee]* more
   mwy prydferth more beautiful
mwyach (adv) *[mooeeach]* any more
   dyw e ddim yn dod yma mwyach he doesn't come here any more
mwyafrif/–au/–oedd (m) *[mooeeavriv]* majority
   yn y mwyafrif in the majority
mwyalchen/mwyalch (f) *[mooeealchen]* blackbird
mwyaren/mwyar (f) *[mooeearen]* blackberry
mwydyn/mwydod (m) *[mooeedin]* worm
mwyn[1]/–au (m) *[mooeen]* ore
   mwyn haearn iron ore
mwyn[2] (m) *[mooeen]* sake
   er mwyn popeth for goodness' sake
   er mwyn dyn for goodness' sake
   er mwyn Cymru for (the sake of) Wales
mwyn[3] (adj) *[mooeen]* gentle, mild
mwyngloddio (v) *[mooeengloddyo]* to mine
mwynhad (m) *[mooeen'had]* enjoyment
mwynhau (v) *[mooeen'haee]* to enjoy
mwytho (v) *[mooeetho]* to pamper
myfi (pron) *[muh'vee]* I myself
myfyrio (v) *[muhvuhryo]* to study, to meditate
myfyriwr/myfyrwyr (m) *[muhvuhryoor]* student
mympwy/–on (m) *[muhmpooee]* whim
mymryn/–nau (m) *[muhmrin]* a little bit
   mymryn bach yn well a little bit better
mynach/–od (m) *[muhnach]* monk
mynachdy/mynachdai (m) *[muhnachdee]* monastery

mynachlog/–ydd (f) *[muhnachlog]* monastery
mynd (v) *[mind]* to go
   mynd â to take
   mynd i ennill going to win
mynedfa/mynedfeydd (f) *[muhnedva]* entrance
mynediad/–au (m) *[muhnedyad]* access
   cwrs mynediad access course
mynegai/mynegeion (m) *[muhnegaee]* index
mynegi (v) *[muhnegee]* OPINION to express
mynnu (v) *[muhnee]* to insist
mynwent/–ydd (f) *[muhnooent]* cemetery
mynwes/–au (f) *[muhnooes]* bosom
mynych (adj) *[muhnich]* often
mynychu (v) *[muhnuhchee]* to frequent
mynydd/–oedd (m) *[muhnidd]* mountain
mynydda (v) *[muhnuhdda]* mountaineering, to climb mountains
mynyddig (adj) *[muhnuhddig]* mountainous
myrdd (m) *[mirdd]* host
myth/–au (m) *[mith]* myth
mytholeg (f) *[mitholeg]* mythology

N

Mutated words beginning with **N** could derive from **D** (e.g. **nant** from **dant**) or **T** (e.g. **nhant** from **tant**) so look up **D** or **T**.

na[1] (conj) *[na]*
   1. nor, neither…nor
   +A.M.; **nac** is used before vowels
   aur nac arian gold nor silver
   na phen na chynffon neither head nor tail
   2. that…no, that…not
   + A.M., otherwise +S.M.; **nad** is used before vowels
   mae Mam yn dweud na chaf ddod Mother says (that) I can't come
   mae e'n dweud na fydd yn mynd he says (that) he will not be going
   3. than

+ A.M.; **nag** is used before vowels
**gwell cymryd tacsi na cholli'r
awyren** better take a taxi than miss
the plane
mwy na dim more than anything
gwell na chi better than you
mwy na thri more than three

na[2] (particle) *[na]* no, not
+A.M., otherwise + S.M.; **nac** is used
used before vowels
Na, paid! No, don't!
na ladd thou shalt not kill
na cheisiwch don't try
na fydd no (he/she/it won't be)

na[3] (rel pron) *[na]* who...not,
whom...not, which...not, that...not
+A.M., otherwise +S.M.; **nad** is used
before vowels
y dyn na chafodd ginio the man
who did not have dinner
y fenyw na welais i mohoni the
woman whom I did not see

nabod (v) *[nabod]* to know (a person or
place), to recognize
rwy'n nabod Ann I know Ann
wnes i mo'ch nabod chi I didn't
recognize you

nabyddais (v) *[nabuhddaees]* I recognized
from **nabod**

nac[1] (conj) *[nag]* nor, neither...nor
see **na**[1]; used instead of **na** before
vowels
nac yma nac acw neither here nor
there

nac[2] (particle) *[nak]* no, not
see **na**[2]; used instead of **na** with vowels
nac ofnwch don't be afraid
nac oes no (there isn't)
nac ydw no (I'm not)
nac ydy no (he/she isn't)

nad[1] (conj) *[nad]* that...no, that...not
see **na**[1]; used instead of **na** before
vowels
**rydw i'n gwybod nad wyt ti'n
mynd** I know you're not going
mae e'n gwybod nad oes lle he
knows (that) there's no room

nad[2] (rel pron) *[nad]* who... not,
whom...not, which...not, that...not

see **na**[3]; used instead of **na** before
vowels
y dyn nad yfodd the man who did
not drink
y trên nad yw byth ar amser the
train which is never on time

Nadolig (m) *[nadolig]* Christmas
gwyliau'r Nadolig Christmas
holidays

nadredd (pl) *[nadredd]* snakes
see **neidr**

naddion (pl) *[naddyon]* shreds

naddo (adv) *[naddo]* no
negative answer to a question in the
past
welaist ti fe? naddo did you see
him? no

nag (conj) *[nag]* than
see **na**[1]; used before vowels; **na** is used
before consonants
mwy nag awr more than an hour

nage (adv) *[nage]* no, not so
in a negative answer when the question
does not begin with a verb
ai dyma'r ffordd? nage is this the
way ? no, it isn't
hi sy yma? nage is it she who's here?
no

nai/neiaint (m) *[naee]* nephew

naid (f) *[naeed]* a leap, jump

naill (pron) (adj) *[naeell]* the one, the other
+S.M.
y naill beth a'r llall one thing and
another
y naill... y llall the one... the other
naill ai... neu either... or
**mae e naill ai yn y tŷ neu yn yr
ardd** he's either in the house or in the
garden

nain/neiniau (f) *[naeen]* (NW)
grandmother

nam/–au (m) *[nam]* defect
mae nam arno fe it's defective

nant/nentydd (f) *[nant]* brook

natur (f) *[natir]* nature
byd natur the world of nature/natural
history

naturiaethwr/naturiaethwyr (m)
[natiryaeethoor] naturalist

naturiol (adj) *[natiryol]* natural
naturioldeb (m) *[natiryoldeb]* naturalness
naw (num) *[naoo]* nine
+N.M. with **blwydd** and **blynedd**
  naw mlwydd oed nine years old
  naw mlynedd nine years
  lwcus ar y naw very lucky
nawdd (m) *[naoodd]* refuge, support
nawddsant/nawddsaint (m) *[naooddsant]* patron saint
nawfed (ord) *[naooved]* ninth
+ S.M.with f. nouns
  y nawfed fenyw the ninth woman
nawr (adv) *[naoor]* (SW) now
also **yn awr**
naws/–au (f) *[naoos]* feeling, nature, atmosphere
neb (m) *[neb]* anyone, no one
  does neb yma there is no one here
nef/–oedd (f) *[nev]* heaven
neges/–euon (f) *[neges]* message
negyddol (adj) *[neguhddol]* negative
neiaint (pl) *[ne-eeaeent]* nephews
see **nai**
neidio (v) *[ne-eedyo]* to jump
neidr/nadredd (f) *[ne-eedr]* snake
neilltuol (adj) *[ne-eellteeol]* special, particular
  roedd y sioe yn neilltuol o dda the show was extremely good
neiniau (pl) *[ne-eenyaee]* (NW) grandmothers
see **nain**
neis (adj) *[ne-ees]* nice
nen (f) *[nen]* heaven
nenfwd/nenfydau (m) *[nenvood]* ceiling
nentydd (pl) *[nentidd]* brooks
see **nant**
nerf/–au (m) *[nerv]* nerve
nerfus (adj) *[nervis]* nervous
nerth/–oedd (m) *[nerth]* strength, power
  nerth fy mhen as loud as I can
nerthol (adj) *[nerthol]* strong, powerful, mighty
nes[1] (adj) *[nes]* nearer, until
  yn nes ymlaen further on
  mae Nadolig yn dod yn nes Christmas is coming nearer
nes[2] (prep) *[nes]* until

  rhaid i ni aros nes saith we have to wait until seven
nesaf (adj) *[nesav]* nearest, next
  drws nesaf next door
  y nesaf peth i ddim next to nothing
neu (conj) *[ne-ee]* or +S.M.
  dyn neu fenyw a man or a woman
neuadd/–au (f) *[ne-eeadd]* hall
  neuadd y dref town hall
  neuadd y pentref village hall
'neud (v) *[nayd]* to do, to make
see **gwneud**
newid (v) *[neooid]* to change
newidiol (adj) *[neooidyol]* changeable
newydd[1]/–ion (adj) *[neooidd]* new
  newydd sbon brand new
newydd[2] (adv) *[neooidd]* just
  rydw i newydd werthu car I have just sold a car
newyddion (pl) *[neoouhddyon]* news
  does dim newyddion there is no news
  dyma'r newyddion here is the news
newyddiaduraeth (f) *[neooiddyadeeraeeth]* journalism
newyddiadurwr/newyddiadurwyr (m) *[neooiddyadeeroor]* journalist
newyn (m) *[neooin]* hunger, famine
newynu (v) *[neoouhnee]* to starve
nhw (pron) *[nhoo]* they, them
  maen nhw'n dod they are coming
ni[1] (pron) *[nee]* we, us
  rydyn ni'n mynd we are going
ni[2] (particle) *[nee]* not
negates verb; used before consonants; +A.M. otherwise + S.M.; used before S.M. of verb beginning with **g**; **nid** used before vowels
  ni...erioed never
  ni ddaeth e he did not come
  ni chlywodd erioed he never heard
nid (particle) *[nid]* not
used before vowels to negate verb; otherwise used before vowels and consonants
  nid...erioed never
  nid oes llyfr yma there isn't a book here
  nid aeth e he did not go
  nid felly not so

nid gwraig Dafydd ydy hi she is not Dafydd's wife

nid ddoe y ganed fi I wasn't born yesterday

nifer/–oedd (mf) *[neever]* number

mae'r nifer o bobl wedi cynyddu the number of people has increased

roedd nifer yn bresennol there were several there

nifer fawr a large number

niferus (adj) *[niveris]* numerous

ninnau (pron) *[ninaee]* we (also)

rydyn ninnau yn mynd we are also going

nith/–oedd (f) *[neeth]* niece

niwclear (adj) *[nioocleear]* nuclear

niwcliws (m) *[nioocleeos]* nucleus

niwed/–iau (m) *[niooed]* harm

gwneud niwed i rywun to harm someone

niweidio (v) *[niooe-eedyo]* to harm

niweidiol (adj) *[nioe-eedyol]* harmful

niwl/–oedd (m) *[niool]* fog, mist

niwlog (adj) *[nioolog]* foggy, misty

niwmonia (m) *[nioomonya]* pneumonia

nod/–au (fm) *[nod]* aim

nodedig (adj) *[nodedig]* remarkable, noted, worthy, specified

nodi (v) *[nodee]* to mark, to note

nodwedd/–ion (f) *[nodooedd]* characteristic, feature

nodweddiadol (adj) *[nodooeddyadol]* characteristic

mae hyn yn nodweddiadol ohonot ti! this is typical of you!

nodweddu (v) *[nodooeddee]* to characterise

nodwydd/–au (f) *[nodooeedd]* needle

nodyn/nodiadau (m) *[nodin]* note

noddfa/noddfeydd (f) *[noddva]* refuge, shelter

noddi (v) *[noddee]* to protect, to patronize, to sponsor

taith gerdded noddedig sponsored walk

noddwr/noddwyr (m) *[noddoor]* protector, patron, sponsor

noeth/–ion (adj) *[noeeth]* naked, bare

noethlymun (adj) *[noeethluhmin]* stark naked

nofel/–au (f) *[novel]* novel

nofelydd/nofelwyr (m) *[novelidd]* novelist

nofiad (m) *[novyad]* a swim

mynd am nofiad going for a swim

nofio (v) *[novyo]* to swim, to float

nofiwr/nofwyr (m) *[novyoor]* swimmer

nôl (v) *[nol]* to fetch

has no other verb forms

'nôl (adv) *[nol]* back

dod 'nôl to come back

nos/–au (f) *[nos]* night

yng nghanol y nos in the middle of the night

ganol nos at midnight

nosi (v) *[nosee]* to become night

mae'n nosi it is getting dark

noson (f) *[noson]* evening

noson lawen variety evening

noswaith/nosweithiau (f) *[nosooaeeth]* evening

noswaith dda! good evening!

noswyl/–iau (f) *[nosooeel]* vigil, eve of festival

noswyl Nadolig Christmas eve

noswylio (v) *[nosooeelyo]* to go to bed

nwy/–on (m) *[nooee]* gas

nwyd/–au (m) *[nooeed]* passion, emotion

nwydus (adj) *[nooeedis]* passionate

nwyfus (adj) *[nooeevis]* lively, sprightly, vivacious

nyddu (v) *[nuhddee]* to spin, to twist

nyddwr/nyddwyr (m) *[nuhddoor]* spinner

nyni (pron) *[nuh' nee]* we, us

nyrs/–ys (f) *[nuhrs]* nurse

nyrsio (v) *[nuhrsyo]* to nurse

nyth/–od (fm) *[neeth]* nest

nythaid (f) *[nuhthaeed]* a nest of

nythu (v) *[nuhthee]* to nest, to nestle

O

Some words beginning with **H** can derive from **O** (e.g. **hochr** from **ochr**) so look up here. Mutated words beginning with **O** could derive from **G** (e.g. **ormod** from **gormod**) so look up **G**.

o (prep) *[o]* of, from
+S.M.
1. of
pwys o fenyn a pound of butter
2. from
o Gymru from Wales
3. o'r gorau all right
ohono i, ohonot ti, ohono fe, ohoni hi, ohonon ni, ohonoch chi, ohonyn nhw

ocsigen (m) *['oksigen]* oxygen
ocsiwn/ocsiynau (f) *[okshoon]* auction
ochneidio (v) *[ochne-eedyo]* to sigh
ochr/–au (f) *[ochr]* side
ochri (v) *[ochree]* to side
ochri â rhywun to side with someone
od (adj) *[od]* odd
odl/–au (f) *[odl]* rhyme
odli (v) *[odlee]* to rhyme
odrif/–au (m) *[odriv]* odd number
oddi (prep) *[oddee]* from
used with other prepositions
oddi wrth Huw from Huw
oddi ar y goeden from the tree
oed (m) *[oeed]* age, appointment
dwy flwydd oed two years old
trefnu oed to arrange an appointment
oedfa/–on (f) *[oeedva]* CHAPEL service
oedi (v) *[oeedee]* to delay
oedolyn/oedolion (m) *[oeedolin]* adult
oedran/–nau (m) *[oeedran]* age
beth yw oedran y plant? how old are the children?
oedrannus (adj) *[oeedranis]* elderly
oedd (v) *[oeedd]* was, were, was there, were there, yes
oedd hi yma? oedd was she here? yes
beth oedd e? what was it?
hi oedd yma it was she who was here

oen/ŵyn (m) *[oeen]* lamb
cig oen lamb's meat
oer (adj) *[oeer]* cold
oerfel (m) *[oeervel]* WEATHER cold
oergell/–oedd (f) *[oeergell]* refrigerator
oerllyd (adj) *[oeerllid]* chilly, cool
oes/–au/–oedd (f) *[oees]* age, lifetime
yn fy oes i during my life
yr oesoedd canol the middle ages
yr oes aur the golden age
oes (v) *[oees]* is, are, is there, are there, yes
oes is 'yes' in answer to questions
oes rhywun yma? oes is there someone here? yes
ofer (adj) *[over]* vain, wasteful
ofergoel/–ion (f) *[overgoeel]* superstition
ofergoelus (adj) *[overgoeelis]* superstitious
ofn/–au (m) *[ovn]* fear, terror
ofnadwy (adj) *[ovnadooee]* awful
drud ofnadwy terribly expensive
ofni (v) *[ovnee]* to fear
ofni mynd to be afraid of going
ofnus (adj) *[ovnis]* afraid
offeiriad/offeiriaid (m) *[ophe-eeryad]* priest
offer (pl) *[opher]* tools
offeren/–nau (f) *[opheren]* mass
offeryn[1]/offer (m) *[opherin]* tool, instrument
offeryn[2]/–nau (m) *[opherin]* MUSICAL instrument
offeryn cerdd musical instrument
ogystal, yn (adv) *[uhn oguhstal]* as well, in additon
yn ogystal â as well as
ogof/–eydd/ogofâu (f) *[ogov]* cave
ongl/–au (f) *[ongl]* angle
onglydd/–ion (m) *[onglidd]* protractor
oherwydd (conj) *[oherooidd]* because
oherwydd bod rhywun yn dod because someone is coming
oherwydd (prep) *[oherooidd]* because
oherwydd y dyn because of the man
ôl/olion (m) *[ol]* trace, remain
ôl traed footprint
yn ôl according to, ago
yn ôl y papur according to the paper
wythnos yn ôl a week ago
does dim ôl ohono fe there's no trace of it

olaf (adj) *[olav]* last
olew/–on (m) *[oleoo]* oil
   maes olew oil field
ôl-nodyn/ôl-nodiadau (m) *[ohlnodin]* post
   script
   O.N. P.S.
olrhain (v) *[olrhaeen]* to trace
olwr/olwyr (m) *[oloor]* RUGBY back
olwyn/–ion (f) *[olooeen]* wheel
olynu (v) *[oluhnee]* to succeed
olynydd/olynwyr (m) *[oluhnidd]* successor
oll (adv) *[oll]* all
   dim oll none at all
   y wlad oll the whole country
   yr holl wlad the whole country
omlet (m) *[omlet]* omelette
ond (conj) *[ond]* but
   pawb ond un everyone except one
onest (adj) *[onest]* honest
oni[1] (particle) *[onee]*
   used to ask a question in the negative;
   +A.M., otherwise +S.M.; forms of **bod**
   do not mutate; **onid** is used before vowels
   oni chlywch chi? don't you hear?
   oni weli di e? don't you see it?
   oni byddi di'n dod? won't you be coming?
oni[2] (conj) *[onee]* unless
   +A.M., otherwise +S.M.; forms of
   bod do not mutate; **onid** is used before
   vowels
   oni ddaw e unless he comes
   **ni fyddaf yn mynd oni bydd e'n
   gofyn imi** I won't be going unless he
   asks me
onid[1] (particle) *[onid]* is it not?
   see oni[1]; used to ask a question in the
   negative
   onid hi sy yma? isn't it she who is
   here?
   **mae gynnoch chi waith cartre,
   onid oes?** you've got homework
   haven't you?
   ti sydd yna, onid e? it is you, isn't it?
   fe aeth hi gyda ti, onid do? she
   went with you, didn't she?
   onid Rhys ydi e? isn't it Rhys?
   onid ydi hi'n braf! isn't it fine
   weather!
onid[2] (conj) *[onid]* unless

see oni[2]
   onid ydych chi'n gweithio unless
   you work
opera/operâu (f) *['opera]* opera
optegydd/optegwyr (m) *[optegidd]*
   optician
optimistig (adj) *[optimistig]* optimistic
oratorio/–s (f) *[oratoryo]* oratorio
ordeinio (v) *[orde-eenyo]* to ordain
oren[1]/–au (f) *[oren]* orange
oren[2] (ans) *[oren]* orange (in colour)
organ/–au (fm) *[organ]* organ
organydd/–ion (m) *[organidd]* organist
organyddes/–au (f) *[organuhddes]* organist
oriawr/oriorau (f) *[oryaoor]* watch
oriel/–au (f) *[oryel]* gallery
os (conj) *[os]* if
   os yw e'n dod if he comes
   os oedd e if he was
osgoi (v) *[os'goee]* to avoid
ots (m) *[ots]* odds
   does dim ots it doesn't matter
owns/–ys (f) *[o-oons]* ounce
   dwy owns o fenyn two ounces of
   butter

P

Mutated words beginning with **B** or **MH** or
PH can derive from **P** (e.g **ben**, **mhen** and
phen from **pen**) so look up here.

pa? (interrog) *[pa]* which?
   +S.M.
   pa ddyn? which man?
   pa fath beth? what kind of thing
pab/–au (m) *[pab]* pope
pabell/pebyll (f) *[pabell]* tent
pabi/pabïau (m) *[pabee]* poppy
pabydd/–ion (m) *[pabidd]* papist
paced/–i (m) *[pakehd]* packet
pacio (v) *[pakyo]* to pack
padell/–au/–i (f) *[padell]* bowl
pader/–au (m) *[pader]* prayer
paent (m) *[paeent]* paint
pafiliwn (m) *[pavilyoon]* pavilion
pafin/–au (m) *[pavin]* pavement

paffio (v) *[paphyo]* to box
paffiwr/paffwyr (m) *[paphyoor]* boxer
pagan/–iaid (m) *[pagan]* pagan
paham? (interrog) *[pa' ham]* why?
  see **pam?**
  paham mae dicter, O Myfanwy?
  why is there anger, Oh Myfanwy?
  paham mae hi'n dod? why is she
  coming?
paill (m) *[paeell]* pollen
pais/peisiau (f) *[paees]* petticoat
  codi pais ar ôl piso crying over spilt
  milk
paith/peithiau (m) *[paeeth]* prairie
palas/–au (m) *[palas]* palace
palmant/palmentydd (m) *[palmant]*
  pavement
palmwydden/palmwydd (f)
  [palmooeedden] palm tree
palu (v) *[palee]* to dig
  palu celwyddau to tell a load of lies
pall (m) *[pall]* stop
  does dim pall arno fe there's no
  stopping him
pallu (v) *[pallee]* to refuse
  pallu mynd to refuse to go
pam? (interrog) *[pam]* why?
  pam wyt ti'n mynd? why are you
  going?
  pam mae hi yma? why is she here?
pamffled/–i (m) *[pamphled]* pamphlet
pan (conj) *[pan]* when +S.M.
  pan ddaw hi when she comes
  pan ddaeth e when he came
  pan fydd hi'n bwrw glaw when it
  rains
panasen/pannas (f) *[panasen]* parsnip
pancosen/pancos (f) *[pankosen]* pancake
panel/–i (m) *[panel]* panel
pannas (pl) *[panas]* parsnips
pant/–iau (m) *[pant]* hollow, valley
pantomeim/–au (m) *['pantome-eem]*
  pantomime
pantri (m) *[pantree]* pantry
papur/–au (m) *[papir]* paper
  papur newyddion newspaper
  papur tŷ bach toilet paper
  papur wal wallpaper
papuro (v) *[papiro]* to paper

pâr/parau (m) *[par]* pair, couple
  pâr o esgidiau a pair of shoes
para (v) *[para]* to continue; to last
  mae hi'n para'n sych it's continuing
  to be dry
  am faint bydd e'n para? how long
  will it last?
parablu (v) *[parablee]* to speak
paradwys (f) *[paradooees]* paradise
paraffin (m) *[para'pheen]* paraffin
paragraff/–au (m) *['paragraph]* paragraph
parai (v) *[paraee]*
  from **peri** to cause
  parai e he/it used to cause
  parai hi she/it used to cause
paratoi (v) *[para' toee]* to prepare
parc/–iau (m) *[park]* park
parcio (v) *[parkyo]* to park
  maes parcio car park
parch (m) *[parch]* respect
  y Parch. the Rev.
parchu (v) *[parchee]* to respect
parchus (adj) *[parchis]* respectable
pardduo (v) *[parddeeo]* to vilify
parhad (m) *[par' had]* continuation
parhâi (v) *[par' haee]* he/she/it used to
  continue/last
  from **parhau**
parhau (v) *[par' haee]* to continue
  parhau â'r gwaith to continue with
  the work
  parhau i fwrw glaw to continue to
  rain
parhaus (adj) *[par' haees]* continual
parlwr/parlyrau (m) *[parloor]* parlour
parlysu (v) *[parluhsee]* to paralyse
parod (adj) *[parod]* ready
  wyt ti'n barod? are you ready?
  bwyd parod ready-made or instant
  food
parodi/parodïau (m) *['parodee]* parody
parodrwydd (m) *[parodrooeedd]* readiness
parodd (v) *[parodd]*
  from **peri** to cause, and **para** to last
  parodd e/hi he/she/it caused,
  he/she/it lasted
parsel/–i (m) *[parsel]* parcel
parti/partïon (m) *[partee]* party
partner/–iaid (m) *[partner]* partner

partneriaeth (f) *[partneryaeeth]* partnership

pâs (m) *[pas]* whooping-cough

Pasg (m) *[pasg]* Easter
Y Pasg Easter
gwyliau'r Pasg Easter holidays

pasiant/pasiannau (m) *[pashant]* pageant

pasio (v) *[pasho]* to pass

pastai/pasteion (m) *[pastaee]* pasty, tart
pastai 'fale (SW) apple tart

patrwm/patrymau (m) *[patroom]* pattern

pau/peuoedd (f) *[paee]* POETRY country, SOCIOLINGUISTICS domain

paun/peunod (m) *[paeen]* peacock

pawb (pron) *[paoob]* everyone

pawen/–nau (f) *[paooen]* paw

pe (conj) *[pe]* if
used with conditional tense of verbs
pe bai e'n mynd if he went
petai e'n mynd if he went
pe bawn i if I were
pe bawn i if I were
pe taswn i if I were

pebyll (pl) *[pebill]* tents
see **pabell**

pecyn/–nau (m) *[pekin]* package

pechadur/–iaid (m) *[pechadir]* sinner

pechod/–au (m) *[pechod]* sin

pechu (v) *[pechee]* to sin

pedair (num) *[pedaeer]* four
used with f. nouns; **pedwar** is used with m.nouns
y pedair merch the four girls

pedal/–au (m) *[pedal]* pedal

pedol/–au (f) *[pedol]* horse-shoe

pedoli (v) *[pedolee]* to shoe a horse

pedwar (num) *[pedooar]* four
used with m. nouns; **pedair** is used with f. nouns
pedwar bachgen four boys

pedwarawd/–au (m) *[pedooaraood]* quartet

pedwaredd (ord) *[pedooaredd]* fourth
+S.M.; used with f. nouns
y bedwaredd wraig the fourth wife

pedwerydd (ord) *[pedooeridd]* fourth
used with m. nouns
y pedwerydd tîm the fourth team

pefrio (v) *[pevryo]* to sparkle

peg/–iau (m) *[peg]* peg

pegwn/pegynau (m) *[pegoon]* pole
pegwn y de south pole
pegwn y gogledd north pole

peidio (v) *[pe-eedyo]* to stop, not to (do)
mae'r glaw wedi peidio the rain has stopped
peidio â mynd not to go
FAMILIAR **paid!** don't! (to someone you know well)
POLITE **peidiwch!** don't!

peilon/–au (m) *[pe-eelon]* pylon

peilot/–iaid (m) *[pe-eelot]* pilot

peint/–iau (m) *[pe-eent]* pint
peint o laeth a pint of milk
hanner peint half a pint
peint o gwrw a pint of beer

peintiad/–au (m) *[pe-eentyad]* painting

peintio (v) *[pe-eentyo]* to paint

peintiwr/peintwyr (m) *[pe-eentyoor]* painter

peirianneg (f) *[pe-eeryaneg]* engineering

peiriant/peiriannau (m) *[pe-eeryant]* machine, engine
peiriant golchi washing machine
peiriant gwnïo sewing machine

peisiau (pl) *[pe-eesyaee]* petticoats
see **pais**

peithiau (pl) *[pe-eethyaee]* prairies
see **paith**

pêl/peli (f) *[pel]* ball

pelawd/–au (f) *[pelaood]* CRICKET over

pêl-bluen (f) *[pelblee-en]* badminton

pêl-droed (f) *[pel'droid]* football

pelen/–ni (f) *[pelen]* ball, pill

pêl-fasged (f) *[pelvasged]* basket ball

pêl-rwyd (f) *[pel'rooid]* netball

pelydr/–au (m) *[peluhdr]* ray

pell (adj) *[pell]* far

pellhau (v) *[pell'haee]* to move further

pellter/–au/–oedd (m) *[pellter]* distance
pellter mawr o rywle a great distance from somewhere

pen/–nau (m) *[pen]* head, end
dod i ben come to an end
ar ben finished
mae hi ar ben arnon ni we are done for
ar fy mhen fy hun on my own

ar dy ben dy hun on your own
ar ei ben ei hun on his own
ar ei phen ei hun on her own
penagored (adj) *[penagored]* wide open
penbleth (f) *[penbleth]* confusion
rydw i mewn penbleth I can't make
my mind up, I'm confused
pen blwydd/pennau blwydd (m)
[pen' blooeedd] birthday
dathlu pen blwydd to celebrate a
birthday
pen blwydd hapus happy birthday
penboeth (adj) *[penboeeth]* fanatic
penbwl/penbyliaid (m) *[penbool]* tadpole
pencadlys/–oedd (m) *[penkadlis]*
headquarters
pencampwr/pencampwyr (m)
[penkampoor] champion
pencampwr y byd world champion
pendant (adj) *[pendant]* definite
pendefig/–ion (m) *[pendevig]* nobleman
penderfyniad/–au (m) *[pendervuhnyad]*
decision
penderfynol (adj) *[pendervuhnol]*
determined
penderfynu (v) *[pendervuhnee]* to decide
pendro (f) *[pendro]* giddiness
pendroni (v) *[pendronee]* to ponder
penelin/–oedd (fm) *[penelin]* elbow
penfras (m) *[penvras]* cod
pen-glin/pengliniau (m) *[pen' gleen]* knee
penglog/–au (f) *[penglog]* skull
peniad/–au (m) *[penyad]* FOOTBALL header
penio (v) *[penyo]* to head
peniog (adj) *[penyog]* clever
penisel (adj) *[peneesel]* miserable
pen-lin/penliniau (m) *[pen' leen]* knee
penlinio (v) *[penlinyo]* to kneel
pennaeth/penaethiaid (m) *[penaeeth]*
chief, headmaster, headmistress
pennaf (adj) *[penav]* chief,
yn bennaf mainly
pennawd/penawdau (m) *[penaood]*
heading
pennill/penillion (m) *[penill]* verse
canu penillion singing to the harp
pennod/penodau (f) *[penod]* chapter
penodi (v) *[penodee]* to appoint
penodiad/–au (m) *[penodyad]*
appointment
penrhyn/–nau (m) *[penrhin]* cape
pensaer/penseiri (m) *[pensaeer]* architect
pensaernïaeth (f) *[pensaeerneeaeeth]*
architecture
pensil/–iau (m) *[pensil]* pencil
pensiwn/pensiynau (m) *[penshoon]*
pension
ar bensiwn on pension
pensiynwr/pensiynwyr (m) *[penshuhnoor]*
pensioner
pentref/–i (m) *[pentrev]* village
pentwr/pentyrrau (m) *[pentoor]* heap
pentyrru (v) *[pentuhree]* to heap
penwisg/–oedd (f) *[penooisg]* JUDGE wig
pêr[1] (adj) *[per]* MUSIC sweet
pêr[2] (pl) *[per]* pears
see **peren**
perarogl/–au (m) *[perarogl]* perfume
perchennog/perchenogion (m) *[perchenog]*
owner
rydw i'n berchen ar rywbeth I own
something
perchenogi (v) *[perchenogee]* to own
peren/pêr (f) *[peren]* pear
pererin/–ion (m) *[pererin]* pilgrim
pererindod/–au (m) *[pererindod]*
pilgrimage
mynd ar bererindod to go on
pilgrimage
perffaith (adj) *[perphaeeth]* perfect
perffeithio (v) *[perphe-eethyo]* to perfect
perfformiad/–au (m) *[perphormyad]*
performance
perfformio (v) *[perphormyo]* to perform
perfformiwr/perfformwyr (m)
[perphormyoor] performer
peri (v) *[peree]* to cause
peri i rywun wneud to cause
someone to do
parodd e iddi hi fynd he caused her
to go
perl/–au (m) *[perl]* pearl
perlysiau (pl) *[perluhsyaee]* herbs, spices
perllan/–nau/–noedd (f) *[perllan]* orchard
perllys (m) *[perllis]* parsley
persain (adj) *[persaeen]* melodious
persawr/–au (m) *[persaoor]* perfume
persli (m) *[perslee]* parsley

person/–au (m) *[person]* person
personol (adj) *[personol]* personal
personoliaeth/–au (f) *[personolyaeeth]*
personality
perswadio (v) *[persooadyo]* to persuade
pert (adj) *[pert]* pretty
perth/–i (f) *[perth]* hedge
perthnasol (adj) *[perthnasol]* relevant
perthyn (v) *[perthin]* to belong
perthynas/perthnasau (f) *[perthuhnas]*
relation, relative
perygl/–on (m) *[perigl]* danger
peryglu (v) *[perughlee]* to endanger
peryglus (adj) *[peruhglis]* dangerous
pesimistaidd (adj) *[pesimistaeedd]*
pessimist
peswch (m) *[pesooch]* cough
    mae peswch arna i I have a cough
pesychu (v) *[pesuhchee]* to cough
petai (v) *[pe'taee]* if it were
    from **bod** to be; see **pe**
    petai e'n dod if he came
petal/–au (m) *[petal]* petal
petrol (m) *[petrol]* petrol
petruso (v) *[petriso]* to hesitate
petryal[1] (m) *[petreeal]* rectangle
petryal[2] (adj) *[petreeal]* rectangular
peth/–au (m) *[peth]* thing, some
    beth sy'n bod? what's the matter?
    rhwng un peth a'r llall between one
    thing and another
    peth o'r bwyd some of the food
peunod (pl) *[pe–eenod]* peacocks
    see **paun**
peuoedd (pl) *[pe–eeoeedd]* countries,
    domains
    see **pau**
pia(u) (v) *[peea(ee)]*
    often seen as **bia(u)**
    pwy (sy) bia fe who owns it?
    fi (sy) bia fe I own it
    pwy oedd bia fe? who owned it?
piano/–s (m) *[pyano]* piano
pianydd/–ion (m) *[peeanidd]* pianist
pib/–au (f) *[peeb]* pipe
    smygu pib to smoke a pipe
picedu (v) *[pikedee]* to picket
picell/–au (f) *[pikell]* spear, dart
    chwarae picellau to play darts

picil (m) *[pikil]* pickle, trouble
    mewn picil in a pickle
pier/–i (m) *[pee-er]* pier
pigiad/–au (m) *[pigyad]* sting, injection
pigion (pl) *[pigyon]* highlights
pigo (v) *[peego]* to sting, to pick
pigog (adj) *[peegog]* prickly
piler/–i (m) *[piler]* pillar
pili-pala (m) *[pileepala]* butterfly
pìn/pinnau (m) *[pin]* pin
pin (m) *[peen]* pine
    coed pin pine trees
pinafal/–au (m) *[peenaval]* pineapple
pinc (adj) *[pink]* pink
pinsio (v) *[pinsho]* to pinch
pinwydden/pinwydd (f) *[pinooeedden]*
pine tree
pioden/pïod (f) *[peeoden]* magpie
piso (v) *[pisho]* to pee
pistyll/–oedd (m) *[pistill]* waterfall
pistyllu (v) *[pistuhllee]* to gush
pisyn/–nau (m) *[peeshin]* piece
    pisyn deg ten pence piece
    mae hi'n bisyn she's fab
piti (m) *[pitee]* pity
    piti garw (NW) a great pity
pitw (adj) *[pitoo]* petty
Piwritan/–iaid (m) *[piooritan]* Puritan
piwritanaidd (adj) *[piooritanaeedd]* puritanical
Piwritaniaeth (f) *[piooritanyaeeth]*
Puritanism
pla/plâu (m) *[pla]* plague, disease
plaen[1] (adj) *[plaeen]* plain
plaen[2]/–iau (m) *[plaeen]* plane
plaid/pleidiau (f) *[plaeed]* political party
    Plaid Cymru Party of Wales
    y Blaid Lafur the Labour Party
    y Blaid Geidwadol the Conservative
    Party
    Plaid y Democratiaid Rhyddfrydol
    the Liberal Democrat Party
    y Blaid Gomiwnyddol the
    Communist Party
    y Blaid Werdd the Green Party
    o blaid in favour (of)
planed/–au (f) *[planed]* planet
planhigyn/planhigion (m) *[planheegin]*
plant
plannu (v) *[planee]* to plant

plant (pl) *[plant]* children
see **plentyn**

plantos (pl) *[plantos]* little children

plas/–au (m) *[plas]* mansion

plastig/–au (m) *[plastig]* plastic

plasty/plastai (m) *[plastee]* mansion

plât/platiau (m) *[plat]* plate

pleidiau (pl) *[ple-eedyaee]* political parties
see **plaid**

pleidiwr/pleidwyr (m) *[ple-eedyoor]*
supporter of **Plaid Cymru**

pleidlais/pleidleisiau (f) *[ple-eedlaees]* vote
rhoi pleidlais i +S.M. to vote for

pleidleisio (v) *[ple-eedle-eesyo]* to vote
pleidleisio dros to vote for

plentyn/plant (m) *[plentin]* child

plentyndod (m) *[plentuhndod]* childhood

plentynnaidd (adj) *[plentuhnaeedd]*
childish

pleser/–au (m) *[pleser]* pleasure

pleserus (adj) *[pleseris]* pleasurable,
pleasant

plet/–iau (m) *[plet]* pleat

pletio (v) *[pletyo]* to pleat

pleth (f) *[pleth]* plait

plethu (v) *[plethee]* to plait

plîs *[pleez]* please

plisgyn/plisg (m) *[plisgin]* shell

plismon/plismyn (m) *[plismon]* policeman

plith (m) *[pleeth]* midst
yn ein plith in our midst
ymhlith among

pluen/plu (f) *[plee-en]* feather

plwg/plygiau (m) *[ploog]* plug

plwm (m) *[ploom]* lead
gwaith plwm lead mine

plws (m) *[ploos]* plus

plwtoniwm (m) *[plootonyoom]* plutonium

plwyf/–i (m) *[plooeev]* parish

plwyfol (adj) *[plooeevol]* parochial

plygain (m) *[pluhgaeen]* dawn, CHURCH
matins

plygiau (pl) *[pluhgyaee]* plugs
see **plwg**

plygu (v) *[pluhgee]* to bend, to fold

plymio (v) *[pluhmyo]* to dive

plymwr/plymwyr (m) *[pluhmoor]* plumber

po (particle) *[po]* the
+S.M.; always used with superlative of

adjective
gorau po gyntaf the sooner the better
gorau oll po fwyaf o ddynion the
more men the better
**po galetaf y gweithiwch, gorau
fydd eich canlyniadau** the harder
you work the better will be your results

pob (adj) *[pob]* every
pob un everyone
pob lwc best of luck
pob hwyl goodbye
pob menyw every woman

pobi (v) *[pobee]* to bake

pobl/–oedd (f) *[pobol]* people

poblogaeth/–au (f) *[poblogaeeth]*
population

poblogaidd (adj) *[poblogaeedd]* popular

pobydd/–ion (m) *[pobidd]* baker

poced/–i (f) *[poked]* pocket

pocer/–i (m) *[poker]* poker

poen/–au (f) *[poeen]* pain

poendod/–au (m) *[poeendod]* nuisance

poeni (v) *[poeenee]* to worry, to tease, to
cause pain

poenus (adj) *[poeenis]* painful

poer (m) *[poeer]* saliva, spit

poeri (v) *[poeeree]* to spit

poeth (adj) *[poeeth]* hot

poethi (v) *[poeethee]* to get hot

polisi/polisïau (m) *['polisee]* policy

politechnig/–au (m) *[politechnig]*
polytechnic

politicaidd (adj) *[politikaeedd]* political

pont/–ydd (f) *[pont]* bridge

Pont movement for assimilating
newcomers to Wales

pontio (v) *[pontyo]* to bridge

pop (m) *[pop]* pop

popeth (m) *[popeth]* everything

popty/poptai (m) *[poptee]* oven, bakehouse

porc (m) *[pork]* pork

porfa/porfeydd (f) *[porva]* grass

porffor (adj) *[porphor]* purple

pori (v) *[poree]* to graze

pornograffiaeth (f) *[pornographyaeeth]*
pornography

portread/–au (m) *[portread]* portrait

porth/pyrth (m) *[porth]* gate, door

porthladd/–oedd (m) *[porthladd]* harbour

pôs/posau (m) *[pohs]* puzzle
posibilrwydd/posibiliadau (m) *[posibilrooeedd]* possibility
posibl (adj) *['posibl]* possible
post (m) *[post]* mail
poster/-i (m) *[poster]* poster
postio (v) *[postyo]* to post
postmon/postmyn (m) *[postmon]* postman
postyn/pyst (m) *[postin]* post
potel/-i (f) *[potel]* bottle
praidd/preiddiau (m) *[praeedd]* flock
pram/-iau (m) *[pram]* pram
prancio (v) *[prankyo]* to prance
prawf/profion (m) *[praoov]* test, proof
  ar brawf on trial
pregeth/-au (f) *[pregeth]* sermon
pregethu (v) *[pregethee]* to preach
pregethwr/pregethwyr (m) *[pregethoor]* preacher
preifat (adj) *[pre-eevat]* private
preiddiau (pl) *[pre-eeddyaee]* flocks, herds
  see **praidd**
pren/-nau (m) *[pren]* wood, tree
  pren meddal softwood
  pren caled hardwood
prentis/-iaid (m) *[prentis]* apprentice
pres (m) *[prehs]* (NW) money, brass, bronze
presennol (adj) *[presenol]* present
presgripsiwn/presgripsiynau (m) *[presgripshoon]* prescription
preswyl (ans) *[presooeel]*
  neuadd breswyl hostel
preswylio (v) *[presooeelyo]* to reside
pridd/-oedd (m) *[preedd]* soil, earth
prif (adj) *[preev]* main, chief
  prif ferch head girl
  prif fachgen head boy
prifardd/prifeirdd (m) *[privardd]* bard who wins crown or chair in the national **eisteddfod**
prifathro/prifathrawon (m) *[preevathro]* headmaster
prifathrawes/-au (f) *[preevathraooes]* headmistress
prifddinas/-oedd (f) *[preevddeenas]* capital city
prifysgol/-ion (f) *[preevuhsgol]* university
  Prifysgol Cymru the University of Wales
priffordd/priffyrdd (f) *[priphordd]* main road
prin (adj) *[prin]* rare, scarce
prinder (m) *[prinder]* scarcity, lack
  prinder arian a lack of money
prinhau (v) *[prin'haee]* to grow scarce
print (m) *[print]* print
  mewn print in print
  allan o brint out of print
printio (v) *[printyo]* to print
priod (adj) *[preeod]* married, proper
  gwraig briod a married woman
  enw priod a proper noun
priodas/-au (f) *[preeodas]* marriage
priod-ddull/-iau (m) *[preeod-ddill]* idiom
priodfab/priodfeibion (m) *[preeodvab]* bridegroom
priodferch/-ed (f) *[preeodverch]* bride
priodi (v) *[preeodee]* to get married
priodol (adj) *[preeodol]* appropriate
pris/-iau (m) *[prees]* price
prisio (v) *[prisho]* to value, to price
problem/-au (f) *[problem]* problem
  dim problem no problem
profi (v) *[provee]* to prove, to taste
profiad/-au (m) *[provyad]* experience
profiadol (adj) *[provyadol]* experienced
profion (pl) *[provyon]* tests, proofs
  see **prawf**
proffesiynol (adj) *[propheshuhnol]* professional
proffwyd/-i (m) *[prophooeed]* prophet
proffwydo (v) *[prophooeedo]* to prophesy
project/-au (m) *[project]* project
propaganda (m) *[propaganda]* propaganda
proses/-au (fm) *[proses]* process
prosesu (v) *[prosesee]* to process
protest/-iadau (f) *[protest]* protest
Protestannaidd (adj) *[protestanaeedd]* Protestant
Protestaniaeth (f) *[protestanyaeeth]* Protestantism
Protestant/Protestaniaid (m) *[protestant]* Protestant
protestio (v) *[protestyo]* to protest
prudd (adj) *[preedd]* sad
pryd[1]/-iau (m) *[preed]* time
  ar brydiau at times

pryd²/–au (m) *[preed]* meal
    pryd o fwyd meal
    pryd o dafod telling off
pryd³ (adv) *[preed]* when
    pryd bydd e yma when he'll be here
pryd⁴? (interrog) *[preed]* when?
    pryd bydd e yma? when will he be here?
Prydain (f) *[pruhdaeen]* Britain
Prydeindod (m) *[pruhde-eendod]* Britishness
Prydeinig (adj) *[pruhde-eenig]* British
Prydeiniwr/Prydeinwyr (m) *[pruhde-eenyoor]* Briton
pryder/–on (m) *[pruhder]* worry
pryderu (v) *[pruhderee]* to worry
pryderus (adj) *[pruhderis]* anxious
prydferth (adj) *[pruhdverth]* beautiful
prydferthwch (m) *[pruhdverthooch]* beauty
prydles/–i (f) *[pruhdles]* lease
prydlon (adj) *[pruhdlon]* punctual
prydlondeb (m) *[pruhdlondeb]* punctuality
prydydd/–ion (m) *[prudidd]* bard
pryddest/–au (f) *[pruhddest]* long poem
pryf/–ed (m) *[preev]* insect, gnat
prynhawn/–iau (m) *[pruhn'haoon]* afternoon
prynu (v) *[pruhnee]* to buy
prynwr/prynwyr (m) *[pruhnoor]* buyer
prysur (adj) *[pruhsir]* busy
prysurdeb (m) *[pruhsirdeb]* diligence, haste
prysuro (v) *[pruhseero]* to hurry
pulpud/–au (m) *[pilpid]* pulpit
pum (num) *[pim]* five
    used before consonants; **pump** is used otherwise
    +N.M. with **blwydd, blynedd**
    pum bachgen five boys
    pum mlwydd oed five years old
    pum mlynedd five years
pumed (ord) *[pimehd]* fifth
    +S.M. with f. nouns
    y bumed ferch the fifth girl
pump (num) *[pimp]* five
    pump o fechgyn five boys
    mae e'n bump oed he's five years old

punt/punnoedd (f) *[pint]* pound (£)
    dwy bunt two pounds
pupur (m) *[pipir]* pepper
pur¹ (adj) *[peer]* pure
pur² (adv) *[peer]* quite
    + S.M.
    pur dda quite good, quite well
purfa/purfeydd (f) *[pirva]* refinery
    oil refinery purfa olew
puro (v) *[peero]* to refine, to purify
putain/puteiniaid (f) *[pitaeen]* prostitute
puteindra (m) *[pite-eendra]* prostitution
pwdin/–au (m) *[poodin]* pudding
pwdr (adj) *[poodr]* rotten
pwdu (v) *[poodee]* to sulk, to pout
pŵer/pwerau (m) *[pooehr]* power
pwerdy/pwerdai (m) *[pooerdee]* power station
pwerus (adj) *[pooeris]* powerful
pwl/pyliau (m) *[pool]* fit
pwll/pyllau (m) *[pooll]* pit, pool
    pwll glo coal mine
    pwll nofio swimming pool
pwmp/pympiau (m) *[poomp]* pump
pwmpio (v) *[poompyo]* to pump
pwnc/pynciau (m) *[poonk]* subject, topic
    pwnc llosg burning issue
pwped/–i/–au (m) *[pooped]* puppet
pwrcasu (v) *[poorkasee]* to purchase
pwrpas/–au (m) *[poorpas]* purpose
pwrs/pyrsau (m) *[poors]* purse
pwt/pytiau (m) *[poot]* small piece
pwy (interrog) (pron) *[pooee]* who, whom
    +S.M.
    pwy sy'n dod? who's coming?
    pwy welaist ti? whom did you see?
    mae e'n gwybod pwy sy'n mynd he knows who's going
pwyll (m) *[pooell]* sense, restraint
    gan bwyll take it easy
    cymryd pwyll to take time/care
pwyllgor/–au (m) *[pooeellgor]* committee
    pwyllgor gwaith executive committee
pwynt/–iau (m) *[pooeent]* point
pwyntio (v) *[pooeentyo]* to point
pwys/–au (m) *[pooees]* pound (lb), weight
pwysig (adj) *[pooeesig]* important
pwysigrwydd (m) *[pooeesigrooeedd]* importance

pwyslais/pwysleisiau (m) *[pooeeslaees]*
stress, emphasis
pwysleisio (v) *[pooeesle-eesyo]* to emphasize
pwyth/–au (m) *[pooeeth]* stitch
 talu'r pwyth yn ôl to avenge
pydredd (m) *[puhdredd]* rot
pydru (v) *[puhdree]* to rot
pyjamas (m) *[puhjamas]* pyjamas
pyliau (pl) *[puhlyaee]* fits
 see **pwl**
pyllau (pl) *[puhllaee]* pits, pools
 see **pwll**
pympiau (pl) *[puhmpyaee]* pump
 see **pwmp**
pymtheg (num) *[puhmtheg]* fifteen
 pymtheng is used before **blwydd** and
 blynedd
 pymtheg ceiniog fifteen pence
pymthegfed (ord) *[puhmthegved]* fifteenth
 +S.M. with f. nouns
 y bymthegfed fuwch the fifteenth
 cow
pymtheng (num) *[puhmtheng]* fifteen
 +N.M. with **blwydd** and **blynedd**
 pymtheng mlwydd oed fifteen years
 old
pynciau (pl) *[puhnkyaee]* subjects, topics
 see **pwnc**
pyramid/–iau (m) *[piramid]* pyramid
pyrsau (pl) *[puhrsaee]* purses
 see **pwrs**
pyrth (pl) *[pirth]* gates, doors
 see **porth**
pysen/pys (f) *[peesen]* pea
pysgodyn/pysgod (m) *[puhsgodin]* fish
pysgota (v) *[puhsgota]* to fish
pysgotwr/pysgotwyr (m) *[puhsgotoor]*
 fisherman
pyst (pl) *[pist]* posts
 see **postyn**
pytiau (pl) *[puhtyaee]* small pieces
 see **pwt**
pythefnos/–au (fm) *[puhthevnos]* fortnight

PH

Mutated words beginning with **PH** usually
derive from **P** (e.g. **phen** from **pen**) so look
up **P**.

Pharisead/Phariseaid (m) *[pharisead]*
 Pharisee

R

Mutated words beginning with **R** could derive
from **RH** (e.g. **ryfedd** from **rhyfedd**) so look
up **RH**.

radar (m) *[radar]* radar
radical[1]/–iaid (m) *['radical]* radical
radical[2] (ans) *['radical]* radical
radio/setiau radio (m) *[radyo]* radio
radiws/radiysau (m) *[radyoos]* radius
rafft/–iau (f) *[rapht]* raft
ras/–ys (f) *[ras]* race
 ras gyfnewid relay race
real (adj) *[real]* real
record/–iau (f) *[rekord]* record
recordio (v) *[rekordyo]* to record
recordydd/–ion (m) *[rekordidd]* recorder
 recordydd tâp tape recorder
recriwtio (v) *[rekriootyo]* to recruit
refferendwm/refferenda (m)
 [repherendoom] referendum
reis (m) *[re-ees]* rice
 pwdin reis rice pudding
reit (adv) *[re-eet]* right, quite
 reit dda (NW) quite good
 reit 'te O.K. then
riwbob (m) *[rioobob]* rhubarb
roc (m) *[rok]* rock
 canu roc rock singing
 cerddoriaeth roc rock music
roced/–i (f) *[roked]* rocket
roedd (v) *[roeedd]* was, were
 roedd e/hi he/she was
 roedd dynion men were
roeddech(v) *[roeeddech]*

roeddech chi you were
roedden (v) *[roeedden]*
  roedden ni we were
  roedden nhw they were
roeddet (v) *[roeeddet]*
  roeddet ti you were
roeddwn (v) *[roeeddoon]*
  roeddwn i I was
rownd[1] (f) *[ro-oond]* round
  y rownd gyntaf the first round
rownd[2] (adv) *[ro-oond]* round, around
  mynd rownd to go round
ruban/–au (m) *[riban]* ribbon
rŵan (adv) *[rooan]* (NW) now
rwber/–i (m) *[roober]* rubber
rwy(f) (v) *[rooee(v)]* I am
  also **wi, dw i, rydw i** and **wy(f)**; from
  bod
  rwyf i yma I am here
  rwy'n mynd I am going
rwyt (v) *[rooeet]* you are
  from **bod**
  rwyt ti'n dod you are coming
rydw (v) *[ruhdoo]* I am
  also **wi, dw i, rwy(f)** and **wy(f)**; from
  bod
  rydw i'n mynd I am going
rydych (v) *[ruhdich]* you are
  from **bod**
  rydych chi'n cysgu you are sleeping
rydyn (v) *[ruhdin]* we are
  also **rydym**; from **bod**
  rydyn ni'n chwarae - we are playing
rygbi (m) *[ruhgby]* rugby
  gêm o rygbi a game of rugby
rysáit/ryseitiau (f) *[ruh'saeet]* recipe

RH

Mutated words beginning with **R** can derive
from **RH** (e.g. **raglen** from **rhaglen**) so look
up here.

rhaca (f) *[rhaka]* rake
rhaced/–i (f) *[rhaked]* racket
rhacs (pl) *[rhaks]* rags

rhacs (adj) *[rhaks]* in rags
rhad (adj) *[rhad]* cheap
rhaeadr/–au (f) *[rhaeeadr]* waterfall
rhaff/–au (f) *[rhaph]* rope
rhag[1] (prep) *[rhag]*
  1. from
  rhwystro rhywun rhag mynd to
  prevent someone from going
  2. lest, in case
  rhag iddo fe fynd in case he goes, lest
  he goes
  3. rhag ofn in case
  rhagddo i, rhagddot ti, rhagddo fe/
  fo, rhagddi hi, rhagddon ni,
  rhagddoch chi, rhagddyn nhw
rhag-[2] (pref) *[rhag]* pre-
rhagair/rhageiriau (m) *[rhagaeer]* preface
rhagbrawf/rhagbrofion (m) *[rhagbraoov]*
  preliminary competition/test
rhagenw/–au (m) *[rhagenoo]* pronoun
rhagfarn/–au (f) *[rhagvarn]* prejudice
rhagfarnllyd (adj) *[rhagvarnllid]*
  prejudiced
rhagflas (m) *[rhagvlas]* foretaste
Rhagfyr (m) *[rhagvir]* December
  mis Rhagfyr month of December
rhaglen/–ni (f) *[rhaglen]* programme
rhagluniaeth/–au (f) *[rhaglinyaeeth]*
  providence
rhagolwg/rhagolygon (m) *[rhagoloog]*
  prospects, outlook
  rhagolygon y tywydd weather
  forecast
rhagor (m) *[rhagor]* more
  rhagor o fwyd more food
rhagorol (adj) *[rhagorol]* excellent
rhagrith (m) *[rhagrith]* hypocrisy
rhagrithiol (adj) *[rhagrithyol]* hypocritical
rhagymadrodd/–ion (m) *[rhaguhmadrodd]*
  introduction
rhai (pron) *[rhaee]* ones, some
  y rhai hyn these
  y rhai hynny those
  rhai plant some children
  mae rhai yma some are here
rhaid (m) *[rhaeed]* need
  mae rhaid i fi fynd I must go
rhain (pron) *[rhaeen]* these
  y rhain these

rhamant/–au (f) *[rhamant]* romance
rhamantus (adj) *[rhamantis]* romantic
rhan/–nau (f) *[rhan]* part
    rhan o Gymru a part of Wales
    chwarae rhan to play the part (of), to take part
rhanbarth/–au (m) *[rhanbarth]* district
rhanbarthol (adj) *[rhanbarthol]* regional
rhannu (v) *[rhanee]* to divide
rhaw/rhofiau (f) *[rhaoo]* spade
rhech/–od (f) *[rhech]* fart
rhechain (v) *[rhechaeen]* to fart
rhedeg (v) *[rhedeg]* to run
rhediad/–au (m) *[rhedyad]* CRICKET run
rhedwr/rhedwyr (m) *[rhedoor]* runner
rhedyn (pl) *[rhedin]* fern
rheg/–feydd (f) *[rheg]* swear
rhegi (v) *[rhegee]* to swear
rheiddiadur/–on (m) *[rhe-eeddyadir]* radiator
rheilen/rheiliau (f) *[rhe-eelen]* rail
rheilffordd/rheilffyrdd (f) *[rhe-eelphordd]* railway
rheini (pron) *[rhe-eenee]* those
    y rheini those
rheithfarn/–au (f) *[rhe-eethvarn]* verdict
rheithgor/–au (m) *[rhe-eethgor]* jury
rhemp (f) *[rhemp]* excess
    mynd yn rhemp ro go to excess
rhent/–i (m) *[rhent]* rent
rhentu (v) *[rhentee]* to rent
rheol/–au (f) *[rheol]* rule
rheolaeth/–au (f) *[rheolaeeth]* management
rheolaidd (adj) *[rheolaeedd]* regular, constant
rheoli (v) *[rheolee]* to manage, to control
rheolwr/rheolwyr (m) *[rheoloor]* manager
rhes/–i (f) *[rhes]* row
rhestr/–i (f) *[rhestr]* list
rhestru (v) *[rhestree]* to list
rheswm/rhesymau (m) *[rhesoom]* reason
    rheswm dros a reason for
rhesymegol (adj) *[rhesuhmegol]* logical
rhesymol (adj) *[rhesuhmol]* reasonable
rhesymu (v) *[rhesuhmee]* to reason
rhew (m) *[rheoo]* frost, ice
rhewgell/–oedd (f) *[rheoogell]* freezer
rhewi (v) *[rheooee]* to freeze

rhiant/rhieni (m) *[rheeant]* parent
rhieni (pl) *[rhee-enee]* parents
    see **rhiant**
rhif/–au (m) *[rheev]* number
rhifo (v) *[rheevo]* to count
rhifyddeg (fm) *[rheevuhddeg]* arithmetic
rhifyn/–nau (m) *[rheevin]* MAGAZINE issue, number
rhigwm/rhigymau (m) *[rheegoom]* rhyme, nursery rhyme
rhingyll/–iaid (m) *[rhingill]* sergeant
rhiniog/–au (m) *[rhinyog]* threshold
rhinwedd/–au (fm) *[rhinooedd]* virtue
rhisgl (pl) *[rhisgl]* TREE bark
rhiw/–iau (f) *[rhioo]* hill
rhiwbob (m) *[rhioobob]* rhubarb
rhochain (v) *[rhochaeen]* to grunt
rhod/–au (f) *[rhod]* wheel, orbit
rhodfa/rhodfeydd (f) *[rhodva]* avenue, walk
rhodio (v) *[rhodyo]* to walk
rhodd/–ion (f) *[rhodd]* gift
rhoddi (v) *[rhoddee]* to give
rhoddwr/rhoddwyr (m) *[rhoddoor]* giver
rhofion (pl) *[rhovyon]* spades
    see **rhaw**
rhoi (v) *[rhoee]* to give
    rhoi'r gorau i rywbeth to give something up
    rhoi rhywbeth i rywun to give someone something
rholyn/rholiau (m) *[rholin]* roll
rholer/–i (m) *[rholer]* roller
rholio (v) *[rholyo]* to roll
rhos[1]/–ydd (f) *[rhohs]* moor, heath
rhos[2] (pl) *[rhos]* roses
rhost (adj) *[rhost]* roast
    cig rhost roast meat
rhostio (v) *[rhostyo]* to roast
rhuban/–au (m) *[rhiban]* ribbon
Rhufain (f) *[rheevaeen]* Rome
Rhufeinig (adj) *[rhive-eenig]* Roman
Rhufeiniwr/Rhufeinwyr (m) *[rhive-eenyoor]* Roman
rhugl (adj) *[rhigl]* fluent
rhuo (v) *[rheeo]* to roar
rhuthr (m) *[rhithr]* rush
rhuthro (v) *[rhithro]* to rush
rhwbio (v) *[rhoobyo]* to rub

rhwd (m) *[rhood]* rust
rhwng (prep) *[rhoong]* between
    rhwng y tŷ a'r wal between the house and the wall
    rhyngddo i, rhyngddot ti, rhygddo fe/fo, rhyngddi hi, rhyngddon ni, rhyngddoch chi, rhyngddyn nhw
rhwyd/–au/–i (f) *[rhooeed]* net
rhwydo (v) *[rhooeedo]* to net
rhwydd (adj) *[rhooeedd]* easy
rhwyf/–au (f) *[rhooeev]* oar
rhwyfwr/rhwyfwyr (m) *[rhooeevoor]* oarsman
rhwygo (v) *[rhooeego]* to tear
rhwym (adj) *[rhooeem]* constipated, bound
    rydw i'n rhwym I'm constipated
rhwymo (v) *[rhooeemo]* to bind, to tie
    rhwymo wrth +S.M. to tie to
rhwystr/–au (m) *[rhooeestr]* hindrance, obstacle
rhwystro (v) *[rhooeestro]* to obstruct, to hinder
    rhwystro rhag to prevent from
rhy (adv) *[rhee]* too +S.M.
    rhy dda too good
rhybudd/–ion (m) *[rhuhbidd]* warning
rhybuddio (v) *[rhuhbiddyo]* to warn
rhych/–au (fm) *[rheech]* furrow, groove
rhyd/–au (f) *[rheed]* ford
rhydu (v) *[rhuhdee]* to rust
rhydd (adj) *[rheedd]* free
    Cymru rydd free Wales
rhyddfrydol (adj) *[rheeddvruhdol]* liberal
Rhyddfrydwr/Rhyddfrydwyr (m) *[rheeddvruhdoor]* Liberal
rhyddhau (v) *[rhidd'haee]* to free, to liberate
rhyddiaith (f) *[rhuhddyaeeth]* prose
rhyddid (m) *[rhuhddid]* freedom
rhyfedd (adj) *[rhuhvedd]* strange
rhyfeddod/–au (m) *[rhuhveddod]* wonder, marvel
rhyfeddu (v) *[rhuhveddee]* to wonder
    rhyfeddu at +S.M. to wonder at
rhyfel/–oedd (m) *[rhuhvel]* war
    Y Rhyfel Mawr the Great War
    y rhyfel byd cyntaf the first world war
    yr ail ryfel byd the second world war

rhyfela (v) *[rhuhvela]* to wage war
rhyfelwr/rhyfelwyr (m) *[rhuhveloor]* warrior
rhyng-golegol (adj) *[rhuhng-golegol]* inter college
rhyngwladol (adj) *[rhungooladol]* international
rhythm/–au (m) *[rhithm]* rhythm
rhyw[1] (f) *[rhioo]* sex, gender
rhyw[2] (adj) *[rhioo]* some, a certain + S.M.
    rhyw fachgen a certain boy
    rhyw ddydd one day
rhywbeth (m) *[rhioobeth]* something
rhywfaint (m) *[rhioovaeent]* some amount
rhywfodd (adv) *[rhioovodd]* somehow
rhywiol (adj) *[rhiooyol]* sexy
rhywle (adv) *[rhiooleh]* somewhere
rhywsut (adv) *[rhioosit]* somehow
rhywun/rhywrai (m) *[rhiooin]* someone

S

Sabath/–au (m) *[sabath]* Sabbath
sach/–au (f) *[sach]* sack
Sadwrn[1] (m) *[sadoorn]* Saturn
Sadwrn[2]/Sadyrnau (m) *[sadoorn]* Saturday
    dydd Sadwrn Saturday
saer/seiri (m) *[saeer]* carpenter
Saesneg (f) *[Saeesneg]* English language
Saesnes/–au (f) *[Saeesnes]* Englishwoman
Saeson (pl) *[saeeson]* Englishmen
    see **Sais**
saeth/–au (f) *[saeeth]* arrow
saethu (v) *[saeethee]* to shoot
saethwr/saethwyr (m) *[saeethoor]* shooter
safbwynt/–iau (m) *[savbooeent]* standpoint
safiad/–au (m) *[savyad]* stance
safio (v) *[savyo]* to save
safle/–oedd (m) *[savle]* position
safon/–au (f) *[savon]* standard
sangu (v) *[sangee]* to tread
    dan sang crowded
saib/seibiau (m) *[saeeb]* pause
sail/seiliau (f) *[saeel]* base, foundation
saim (m) *[saeem]* grease, fat
saint (pl) *[saeent]* saints
    see **sant**

Sais/Saeson (m) *[saees]* Englishman
saith (num) *[saeeth]* seven
sâl (adj) *[sal]* ill
salad/–au (m) *[salad]* salad
salm/–au (f) *[salm]* psalm
salw (adj) *[saloo]* ugly
salwch (m) *[salooch]* illness
sampl/–au (m) *[sampl]* sample
sanctaidd (adj) *[sanktaeedd]* holy
sandal/–au (m) *[sandal]* sandal
sant/saint/seintiau (m) *[sant]* saint
    Dewi Sant Saint David
santes/–au (f) *[santes]* female saint
    Santes Fair Saint Mary
sardîn/sardinau (m) *[sar' deen]* sardine
sarff/seirff (f) *[sarph]* serpent
sarhad/–au (m) *[sar' had]* insult
sarhau (v) *[sar' haee]* to insult
sarhaus (adj) *[sar' haees]* insulting
sarnu (v) *[sarnee]* to spill
sarrug (adj) *[sarig]* gruff
siarsiant/–au (m) *[sarshant]* sergeant
sathru (v) *[sathree]* to trample
sawdl/sodlau (fm) *[saoodl]* heel
sawl? (interrog) *[saool]* how many?
    sawl merch? how many girls?
sawl (ans) *[saool]* many
    sawl un many
    sawl merch many girls
saws/–iau (m) *[saoos]* sauce
sbageti (m) *[sbagetee]* spaghetti
sbaner/–i (m) *[sbaner]* spanner
sbâr (adj) *[sbar]* spare
sbario (v) *[sbaryo]* to spare
sbectol/–au (f) *[sbektol]* spectacles
sbeis (pl) *[sbe-ees]* spice
sbeitlyd (adj) *[sbe-eetlid]* spiteful
sbïo (v) *[sbeeo]* (NW) to look
sbon (adv) *[sbon]*
    newydd sbon brand new
sboncen (f) *[sbonken]* squash
sbort (m) *[sbort]* fun
sbri (m) *[sbree]* fun
sbring/–iau (m) *[sbring]* spring
sbwylio (v) *[sbooeelyo]* to spoil
sebon/–au (m) *[sebon]* soap
seboni (v) *[sebonee]* to flatter, to soap
sebonwr/sebonwyr (m) *[sebonoor]*
    flatterer

secondiad/–au (m) *[sekondyad]*
    secondment
sect/–au (f) *[sekt]* sect
sector/–au (m) *[sektor]* sector
secwlar (adj) *[sekoolar]* secular
sedd/–au (f) *[sedd]* seat
sef (conj) *[sev]* namely
sefydliad/–au (m) *[sevuhdlyad]*
    establishment
sefydlog (adj) *[sevuhdlog]* stable
sefydlu (v) *[sevuhdlee]* to establish
sefyll (v) *[sevill]* to stand
sefyllfa/–oedd (f) *[sevuhllva]* situation,
    position
segur (adj) *[segir]* idle
segura (v) *[segeera]* to idle
segurdod (m) *[segirdod]* idleness
sengi (v) *[sengee]* to tread
sengl (adj) *[sengl]* single
    dyn sengl a single man
seibiant/seibiannau (m) *[se-eebyant]* pause
seibiau (pl) *[se-eebyaee]* pauses
    see **saib**
seiciatrydd/–ion (m) *[se-eekeeatridd]*
    psychiatrist
seicoleg (fm) *[se-eekoleg]* psychology
seicolegol (adj) *[se-eekolegol]* psychological
seiliau (pl) *[se-eelyaee]* bases, foundations
    see **sail**
seilio (v) *[se-eelyo]* to base
seindorf (f) *[se-eendorv]* band
seinio (v) *[se-eenyo]* to sound
seintiau (pl) *[se-eentyaee]* saints
    see **sant**
seirff (pl) *[se-eerph]* serpents
    see **sarff**
seiri (pl) *[se-eeree]* carpenters
    see **saer**
Seisnig (adj) *[se-eesnig]* English (in nature)
Seisnigaidd (adj) *[se-eesnigaeedd]*
    anglicized, English
Seisnigeiddio (v) *[se-eesnige-eeddyo]* to
    anglicize
seithfed (ord) *[se-eethved]* seventh
    +S.M. with f. nouns
    y seithfed bachgen the seventh boy
    y seithfed ferch the seventh girl
sêl[1] (f) *[sel]* zeal
sêl[2]/seliau (f) *[sel]* seal

seld/–au (f) *[seld]* FURNITURE (kitchen) dresser
seler/–au/–ydd (f) *[seler]* cellar
selio (v) *[selyo]* to seal
selog (adj) *[selog]* zealous
selsigen/selsig (f) *[selseegen]* sausage
sêm/semau (f) *[sem]* seam
seml (adj) *[seml]* simple, plain
    see **syml**; used with f. nouns
    brawddeg seml simple sentence
senedd/–au (f) *[senedd]* parliament
    senedd i Gymru a parliament for Wales
seneddol (adj) *[seneddol]* parliamentary
sensoriaeth (f) *[sensoryaeeth]* censorship
serch/–iadau (m) *[serch]* love
serchog (adj) *[serchog]* affectionate
serchus (adj) *[serchis]* affectionate
seremoni/seremonïau (f) *['seremonee]* ceremony
seren/sêr (f) *[seren]* star
    seren y gogledd north star
serfio (v) *[servyo]* to serve
serth (adj) *[serth]* steep
sesiwn/sesiynau (m) *[seshoon]* session
set/–iau (f) *[set]* set
sêt/seti (f) *[seht]* seat
setlo (v) *[setlo]* to settle
sgarff/–iau (f) *[sgarph]* scarf
sgarmes/–au/–oedd (f) *[sgarmes]* RUGBY skirmish, maul
sgerbwd/sgerbydau (m) *[sgerbood]* skeleton
sgert/–iau (f) *[sgert]* skirt
sgi/–s (fm) *[sgee]* ski
sgidiau (pl) *[sgidyaee]* shoes
    see **esgid**
sgil, yn (prep) *[uhn sgeel]* as a consequence of, following
sgil/sgiliau (m) *[skil]* skill, craft
sgio (v) *[sgeeo]* to ski
sgipio (v) *[sgipyo]* to skip
sgïwr/sgïwyr (m) *[sgeeoor]* skier
sglefrio (v) *[sglevryo]* to skate
sglein (m) *[sgle-een]* polish, shine
sgleinio (v) *[sgle-eenyo]* to polish
sglodion (pl) *[sglodyon]* chips
    pysgod a sglodion fish and chips
sglodyn/sglodion (m) *[sglodin]* chip

sgôr/sgoriau (f) *[sgor]* score
sgorio (v) *[sgoryo]* to score
sgorwr/sgorwyr (m) *[sgoroor]* scorer
sgrech/–iadau (f) *[sgrech]* yell
sgrechain, sgrechian (v) *[sgrechaeen, sgrechyan]* to yell
sgrin/–iau (f) *[sgreen]* screen
sgript/–iau (f) *[sgript]* script
sgriw/–iau (f) *[sgrioo]* screw
sgriwio (v) *[sgriooyo]* to screw
sgrym/–iau (f) *[skruhm]* scrum
sgwâr/sgwariau (fm) *[sgoo'ar]* square
sgwrs/sgyrsiau (f) *[sgoors]* conversation, chat
sgwrsio (v) *[sgoorsyo]* to chat
sgyrsiau (pl) *[sguhrsyaee]* conversations, chats
    see **sgwrs**
shifft/–iau (f) *[shipht]* shift
shwd? (interrog) *[shood]* how?
    see **sut?**
    shwd ych chi? (SW) how are you?
shw (interrog) *[shoo]* how see **sut**
    shw mae? how are you?
si/sïon (m) *[see]* rumour
siaced/–i (f) *[shaked]* jacket
sialc/–iau (m) *[shalk]* chalk
siambr/–au (f) *[shambr]* chamber
    siambr fasnach chamber of commerce
sianel/–i (f) *[shanel]* channel
    Sianel 4 Channel 4
    S4C - Sianel 4 Cymru Channel 4 Wales
siâp/siapiau (m) *[shap]* shape
siarad (v) *[sharad]* to talk
    ydych chi'n siarad Cymraeg? do you speak Welsh?
siaradus (adj) *[sharadis]* talkative
siaradwr/siaradwyr (m) *[sharadoor]* talker
siart/–iau (m) *[shart]* chart
sibrwd (v) *[sibrood]* to whisper
sibwns (pl) *[shiboons]* spring onions
sicr (adj) *[sikr]* sure
sicrhau (v) *[sikr'haee]* to ensure
sicrwydd (m) *[sikrooedd]* certainty
sidan/–au (m) *[seedan]* silk
siec/–iau (f) *[shek]* cheque
sièd/siediau (f) *[shed]* shed

sieri (m) *[sheree]* sherry
sigâr/sigarau (f) *[sig'ar]* cigar
sigarét/–s (f) *[sigar'et]* cigarette
sigledig (adj) *[sigledig]* shaky
siglen/–ni (f) *[siglen]* swing
siglo (v) *[siglo]* to swing
signal/–au (m) *[signal]* signal
silff/–oedd (f) *[silph]* shelf
   silff ben tân mantelpiece
sillaf/–au (f) *[sillav]* syllable
sillafu (v) *[sillavee]* to spell
simnai/simneiau (f) *[shimne]* chimney
simne/–iau (f) *[shimne]* chimney
simsan (adj) *[simsan]* unsteady
sinc/–iau (m) *[sink]* sink, zinc
sinema/sinemâu (f) *['sinema]* cinema
sioc/–iau (m) *[shok]* shock
sioe/–au (f) *[shoee]* show
siôl/siolau (f) *[shol]* shawl
siom (m) *[shom]* disappointment
siomedig (adj) *[shomedig]* disappointment
siomi (v) *[shomee]* to disappoint
sionc (adj) *[shonk]* nimble
siop/–au (f) *[shop]* shop
   siop fara baker's
   siop bapur newsagent's
   siop groser grocer's
siopa (v) *[shopa]* to shop
siopwr/siopwyr (m) *[shopoor]* shopkeeper
siorts (pl) *[shorts]* shorts
sir/–oedd (f) *[seer]* county
   sir Forgannwg Glamorgan
siriol (adj) *[siryol]* cheerful
sisial (v) *[sishal]* to whisper
siswrn/sisyrnau (m) *[seeshoorn]* scissors
siten/–ni (f) *[sheeten]* sheet
siwgr (m) *[shoogoor]* sugar
siwmper/–i (f) *[shoomper]* jumper, pullover
siŵr (adj) *[shoor]* sure
   siŵr o fod probably
siwrnai[1]/siwrneiau (f) *[shoorne]* journey
siwrnai[2] (adv) *[shoorne]* (SW) once, as soon as
siwt/–iau (f) *[sioot]* suit
slafaidd (adj) *[slavaeedd]* slavish
sleifio (v) *[sle-eevyo]* to slink
slic[1]/–iau (m) *[slik]* slick
slic[2] (adj) *[slik]* slick

slogan/–au (fm) *[slogan]* slogan
slym/–iau (m) *[sluhm]* slum
smalio (v) *[smalyo]* to joke
sment/–iau (m) *[sment]* cement
smôc/smociau (f) *[smok]* smoke
smocio (v) *[smokyo]* to smoke
smwddio (v) *[smooddyo]* to iron
smotyn/smotiau (m) *[smotin]* spot
smyglo (v) *[smuhglo]* to smuggle
snobyddiaeth (f) *[snobuhddyaeeth]* snobbery
sobr (adj) *[sobor]* sober
soced/–i (m) *[soked]* socket
soffa (f) *[sopha]* sofa
soffistigedig (adj) *[sophistigedig]* sophisticated
solet (adj) *[solet]* solid
sôn (v) *[son]* to mention
   sôn am rywun to mention someone, rumour about someone
soned/–au (f) *[soned]* sonnet
sosban/sosbenni (f) *[sosban]* saucepan
soser/–i (f) *[soser]* saucer
sosej/–ys (f) *[sosej]* sausage
sosialaeth (f) *[soshalaeeth]* socialism
sosialaidd (adj) *[soshalaeedd]* socialist
sosialydd/sosialwyr (m) *[soshalidd]* socialist
sownd (adj) *[so-oond]* stuck
stabl/–au (f) *[stabl]* stable
stad/–au (f) *[stad]* estate
   see **ystad**
stadiwm (m) *[stadyoom]* stadium
staen/–iau (m) *[staeen]* stain
staer/–au (f) *[star]* stairs, staircase
   mynd lan sta'r (SW) to go upstairs
stafell/–oedd (f) *[stavell]* room
   see **ystafell**
stamp/–iau (m) *[stamp]* stamp
stampio (v) *[stampyo]* to stamp
statws (m) *[statoos]* status
   statws swyddogol i'r iaith official status for the language
stêc (f) *[stek]* steak
stecen (f) *[steken]* steak
stiwdio/–s (f) *[stioodyo]* studio
stoc/–iau (fm) *[stok]* stock
   mewn stoc in stock
stof/–au (f) *[stov]* stove, oven

stôl/stolau (f) *[stol]* stool
stôn/stonau (f) *[ston]* WEIGHT stone
stondin/–au (m) *[stondin]* stall
stop/–iau (m) *[stop]* stop
stopio (v) *[stopyo]* to stop
stordy/stordai (m) *[stordee]* warehouse
stori/storïau (f) *[storee]* story, tale
storio (v) *[storyo]* to store
storïwr/storïwyr (m) *[storeeoor]* story-teller
storm/–ydd (f) *[storm]* storm
straen (m) *[straeen]* strain
straeon (pl) *[straeeon]* stories, tales
   hel straeon (NW) to carry tales
   (SW=**hela clecs**)
streic/–iau (f) *[stre-eek]* strike
streicio (v) *[stre-eekyo]* to strike
strôc/strociau (f) *[strok]* stoke
stryd/–oedd (f) *[streed]* street
stumog/–au (f) *[stimog]* stomach
stwff (m) *[stooph]* stuff
stwffin/–au (m) *[stoophin]* stuffing
stwffio (v) *[stoophyo]* to stuff
stŵr (m) *[stoor]* noise, fuss
   cadw stŵr to make a noise
   rhoi stŵr i rywun to tell someone off
sudd (m) *[seedd]* juice
   sudd oren orange juice
sugno (v) *[signo]* to suck
Sul/–iau (m) *[seel]* Sunday
   dydd Sul (on) Sunday
   nos Sul Sunday night
   ar ddydd Sul on Sundays
Sulgwyn (m) *[silgooin]* Whitsun
sur (adj) *[seer]* sour
suro (v) *[seero]* to turn sour
sut? (interrog) *[sit]* how?, what kind of?
   +S.M. with nouns
   sut gar yw e? what kind of car is it?
   sut ydych chi? how are you?
   sut byddwch chi'n mynd? how will
   you go?
sw (m) *[soo]* zoo
swil (adj) *[sooil]* shy
swildod (m) *[sooildod]* shyness
swits/–ys (m) *[switsh]* switch
swllt/sylltau (m) *[soollt]* shilling
swm/symiau (m) *[soom]* sum
swmpus (adj) *[soompis]* bulky
sŵn (m) *[soon]* noise

swnllyd (adj) *[soonllid]* noisy
swper/–au (fm) *[sooper]* supper
   i swper for supper
swrth (adj) *[soorth]* grumpy
sws/–ys (m) *[soos]* kiss
swta (adj) *[soota]* curt
swydd/–i (f) *[sooeedd]* post
swyddfa/swyddfeydd (f) *[sooeeddva]* office
swyddog/–ion (m) *[sooeeddog]* officer
swyddogaeth/–au (f) *[sooeeddogaeeth]*
   function
swyddogol (adj) *[sooeeddogol]* official
swyn/–ion (m) *[sooen]* charm
swyno (v) *[sooeeno]* to charm
swynol (adj) *[sooeenol]* charming
sy(dd) (v) *[see(dd)]* is, are
   pwy sy? who is?
   beth sy'n bod? what's the matter?
sy, sydd (rel pron) *[see(dd)]* who/that/
   which is/are
   hi sy'n dod it's she who's coming
   y llyfr sy ar y bwrdd the book that is
   on the table
sych/–ion (adj) *[seech]* dry
   esgyrn sychion dry bones
sychder (m) *[suhchder]* dryness
syched (m) *[suhched]* thirst
   mae syched arna i I'm thirsty
sychedig (adj) *[suchedig]* thirsty
sychu (v) *[suchee]* to dry
sydyn (adj) *[suhdin]* sudden
syfrdanol (adj) *[suhvrdanol]* amazing
syfrdanu (v) *[suhvrdanee]* to amaze
sylfaen/sylfeini (f) *[suhlvaeen]* foundation
sylfaenol (adj) *[suhlvaeenol]* basic
sylfaenu (v) *[suhlvaeenee]* to found
sylfaenydd/sylfaenwyr (m) *[suhlvaeenidd]*
   founder
sylw/–adau (m) *[suhloo]* observation
sylwadaeth (f) *[suhlooadaeeth]*
   observation
sylwebaeth (f) *[suhlooebaeeth]*
   commentary
sylweddol (adj) *[suhlooeddol]* substantial
sylweddoli (v) *[suhlooeddolee]* to realize
sylwgar (adj) *['suhloogar]* observant
sylwi (v) *[suhlooee]* to observe, to notice
   sylwi ar rywbeth to notice
   something

sylltau (pl) *[suhlltaee]* shillings
see **swllt**
syllu (v) *[suhllee]* to stare
sym/–iau (m) *[suhm]* sum
symbol/–au (m) *[simbol]* symbol
symboli (adj) *[simbolig]* symbolic
symffoni/symffonïau (m) *['symphonee]* symphony
symiau (pl) *[suhmyaee]* sums
see **swm** and **sym**
syml (adj) *[suhml]* simple
symud (v) *[suhmid]* to move
symudiad/–au (m) *[suhmidyad]* movement
syn (adj) *[sin]* surprised
roedd e'n syn he was surprised
synagog/–au (m) *['sinagog]* synagogue
syndod/–au (m) *[suhndod]* surprise
ces i syndod I had a surprise
synfyrfyrio (v) *[sinvuhvuhryo]* to muse, to meditate
synhwyro (v) *[suhnhooeero]* to sense
synhwyrol (adj) *[suhnhooeerol]* sensible
synhwyrus (adj) *[suhnhooeeris]* sensuous
syniad/–au (m) *[suhnyad]* idea
synnu (v) *[suhnee]* to surprise, to marvel
synnu at +S.M. to be surprised at
synnwyr/synhwyrau (m) *[suhnooeer]* sense
synnwyr cyffredin common sense
syr (m) *[suhr]* sir
annwyl syr dear sir
syrcas/–au (f) *[suhrkas]* circus
syrthio (v) *[suhrthyo]* to fall
system/–au (m) *[sistem]* system
syth (adj) *[seeth]* straight
sythlyd (adj) *[suhthlid]* cold, freezing
sythu (v) *[suhthee]* to freeze, to straighten

T

Mutated words beginning with **D**, **TH** or **NH** can derive from **T** (e.g. **thad, dad, nhad** from **tad**) so look up here.

tabl/–au (m) *[tabl]* MATHS table
tabled/–i (m) *[tabled]* pill

taclau (pl) *[taklaee]* tools
see **teclyn**
taclo (v) *[taklo]* to tackle
taclu (v) *[taklee]* (SW) to dress
taclus (adj) *[taklis]* tidy
Tachwedd (m) *[tachooedd]* November
ym mis Tachwedd in November
tad/–au (m) *[tad]* father
tad-cu/tadau cu (m) *[tad'kee]* (SW) grandfather
tadol (adj) *[tadol]* fatherly
taenu (v) *[taeenee]* to spread
taer (adj) *[taeer]* fervent
tafarn/–au (fm) *[tavarn]* pub
tafarnwr/tafarnwyr (m) *[tavarnoor]* pub landlord
tafell/–au (f) *[tavell]* slice
taflen/–ni (f) *[tavlen]* leaflet
taflu (v) *[tavlee]* to throw
tafod/–au (m) *[tavod]* tongue
tafodiaith/tafodieithoedd (f) *[tavodyaeeth]* dialect
tafol (f) *[tavol]* scales
tagu (v) *[tagee]* to strangle
tangnefedd (mf) *[tangnevedd]* BIBLE peace
tai (pl) *[taee]* houses
see **tŷ**
taid/teidiau (m) *[taeed]* (NW) grandfather
tail (m) *[taeel]* manure
tair (ord) *[taeer]* three
used with f. nouns; **tri** is used with m. nouns
y tair merch the three girls
taith/teithiau (f) *[taeeth]* journey
tal (adj) *[tal]* tall
tâl/taliadau (m) *[tal]* pay
talaith/taleithiau (f) *[talaeeth]* province
talcen/–nau (m) *[talken]* forehead
talcen glo coal-face
taldra (m) *[taldra]* height
talent/–au (f) *[talent]* talent
talentog (adj) *[talentog]* gifted
talfyriad/–au (m) *[talvuhryad]* abbreviation
talu (v) *[talee]* to pay
talu rhywun am wneud rhywbeth to pay someone for doing something
tamaid/tameidiau (m) *[tamaeed]* piece

tan[1] (prep) *[tan]* till, until
+S.M.
    tan dri o'r gloch till three o'clock
    tan i ni gyrraedd till we arrive
tan[2] (prep) *[tan]*
+S.M.; also **dan**
    1. under
    o dan under
    o dan fwrdd y gegin under the kitchen table
    o dan y bwrdd under the table
    2. while
    dan ganu while singing
    tanaf i, tanat ti, tano fe/fo, tani hi, tanom ni, tanoch chi, tanyn nhw
tân/tanau (m) *[tan]* fire
tanbaid (adj) *[tanbaeed]* fiery
tanchwa (f) *[tanchooa]* explosion
tanddaearol (adj) *[tanddaeearol]* underground
tanfor (adj) *[tanvor]* submarine
    llong danfor submarine
tanio (v) *[tanyo]* to ignite
tant/tannau (m) *[tant]* string of instrument
tanwydd (m) *[tanooeedd]* fuel
tanysgrifio (v) *[tanuhsgrivyo]* to subscribe
tap/–iau (m) *[tap]* tap
tâp/tapiau (m) *[tap]* tape
taran/–au (f) *[taran]* thunder
tarddiad/–au (m) *[tarddyad]* source
tarfu (v) *[tarvee]* to scare
    tarfu ar rywun to disturb someone
tarian/–au (f) *[taryan]* shield
taro (v) *[taro]* to hit, to strike
    band taro percussion band
tarten/–nau/–ni (f) *[tarten]* (SW) tart, pie
tas/teisi (f) *[tas]* rick
    tas wair hay-rick
tarw/teirw (m) *[taroo]* bull
tasg/–au (f) *[tasg]* task
tasgu (v) *[tasgee]* to splash
taten/tato/tatws (f) *[taten]* potato
taw[1] (conj) *[taoo]* that
    mae hi'n credu taw hi sy'n iawn she believes that it's she who is right
taw[2] (m) *[taoo]* silence
taw![3] (int) *[taoo]* be quiet!, you don't say!
    from **tewi** to become quiet
tawel (adj) *[taooel]* quiet

tawelu (v) *[taooelee]* to calm
tawelwch (m) *[taooelooch]* silence
te (m) *[te]* tea
tebot/–au (m) *[tebot]* teapot
tebyg (adj) *[tebig]* like
teclyn/taclau (m) *[teklin]* tool
technegol (adj) *[technegol]* technical
    coleg technegol technical college
technoleg (f) *[technoleg]* technology
teg (adj) *[teg]* fair, beautiful, fine
    chwarae teg fair play
    merch deg a beautiful girl
    tywydd teg fine weather
    araf deg slowly
tegan/–au (m) *[tegan]* toy
tegell/–au (m) *[tegell]* kettle
tegwch (m) *[tegooch]* beauty, fair play
    er tegwch i bawb so that all have fair play
tei/–s (m) *[te-ee]* tie
teidiau (pl) *[te-eedyaee]* (NW) grandfathers
    see **taid**
teigr/–od (m) *[te-eegr]* tiger
teilsen/teils (f) *[te-eelsen]* tiles
teilwng (adj) *[te-eeloong]* worthy
teimlad/–au (m) *[te-eemlad]* feeling
teimladol (adj) *[te-eemladol]* full o feeling, emotional
teimlo (v) *[te-eemlo]* to feel
teipiadur/–on (m) *[te-eepyadir]* typewriter
teipydd/–ion (m) *[te-eepidd]* typist
teirw (pl) *[te-eeroo]* bulls
    see **tarw**
teisen/–nau (f) *[te-eesen]* cake
teisi (pl) *[te-eesee]* ricks
    see **tas**
teitl/–au (m) *[te-eetl]* title
teitheb/–au (f) *[te-eetheb]* passport
teithiau (pl) *[te-eethyaee]* journeys
    see **taith**
teithio (v) *[te-eethyo]* to travel
teithiwr/teithwyr (m) *[te-eethyoor]* traveller
teledu (m) *[teledee]* television
teliffon/–au (m) *['teliphon]* telephone
telyn/–au (f) *[telin]* harp
telyneg/–ion (f) *[teluhneg]* lyric poem
teml/–au (f) *[teml]* temple
temtasiwn/temtasiynau (m) *[temtashoon]* temptation

tenau (adj) *[tenaee]* thin

tennis (m) *[tenis]* tennis

tennyn (m) *[tenin]* tether
   ar ben fy nhennyn at the end of my
   tether

terfyn/–au (m) *[tervin]* end, boundary
   ar derfyn dydd at the end of day

terfynol (adj) *[tervuhnol]* final, terminal
   rownd derfynol final round
   salwch terfynol terminal illness

terfysg/–oedd (m) *[tervisg]* riot

tes (m) *[tes]* warm weather

testun/–au (m) *[testin]* text, subject
   yn ôl y testun according to the text
   fy hoff destun my favourite subject

teth/–au (f) *[teth]* teat

teulu/–oedd (m) *[te-eelee]* family

teuluol (adj) *[te-eeleeol]* to do with the
   family

tew (adj) *[teoo]* fat

tewhau (v) *[teoo' haee]* to fatten

tewi (v) *[teooee]* to become quiet

teyrnas/–oedd (f) *[te-eernas]* kingdom

teyrngar (adj) *[te-eerngar]* loyal

teyrnged/–au (f) *[te-eernged]* tribute

ti (pron) *[tee]* you
   used with a person you know well
   sut wyt ti? how are you?

tila (adj) *[tila]* feeble

tîm/timau (m) *[teem]* team

tin/–au (f) *[teen]* bum
   twll dy din di! up yours!

tinc/–iau (m) *[tink]* tinkle

tipyn (m) *[tipin]* little
   tipyn bach a little

tir/–oedd (m) *[teer]* land, ground
   yn y tir in the ground
   ar y tir on the land

tirfeddiannwr/tirfeddianwyr (m)
   [teerveddyanoor] landowner

tiriogaeth/–au (f) *[tiryogaeeth]* territory

tiriogaethol (adj) *[tiryogaeethol]* territorial

tirion (adj) *[tiryon]* kind, gentle,
   Iesu tirion gentle Jesus

tirlun/–iau (m) *[tirlin]* landscape

tisian (v) *[tishan]* to sneeze

tithau (pron) *[tithaee]* FAMILIAR you also

tiwb/–iau (m) *[tioob]* tube

tlawd (adj) *[tlaood]* needy, poor

tlodi (m) *[tlodee]* poverty

tlodion (pl) *[tlodyon]* poor people

tloty/tlotai (m) *[tlotee]* poor-house

tlws[1]/tlysau (m) *[tloos]* jewel, medal

tlws[2] (adj) *[tloos]* beautiful
   used with m. nouns; **dlos** used with
   f.nouns

to[1]/–eau/–eon (m) *[to]* roof
   to y tŷ the roof of the house

to[2] (fm) *[to]* generation
   y to ifanc the younger generation

tocyn/–nau (m) *[tokin]* ticket

toddi (v) *[toddee]* to melt

toes (m) *[toees]* dough

tolc/–(i)au (m) *[tolk]* dent

toll/–au (f) *[toll]* toll

tomen/–nydd (f) *[tomen]* heap

tôn/tonau (f) *[ton]* tune

ton/–nau (f) *[ton]* wave

tonfedd/–i (f) *[tonvedd]* wavelength

tonsil (m) *[tonsil]* tonsil

top (m) *[top]* top

torcalonnus (adj) *[torkalonis]* heart-
   breaking

torch/–au (m) *[torch]* wreath
   torch o flodau a wreath of flowers

torchi (v) *[torchee]* to roll
   torchi llewys to work hard

toreth (f) *[toreth]* abundance

torf/–eydd (f) *[torv]* crowd

torheulo (v) *[torhe-eelo]* to sunbathe

toriad/–au (m) *[toryad]* a break, cutting

torri (v) *[toree]* to break, to cut
   torri braich break an arm
   torri papur to cut paper
   torri enw to sign
   torri cytundeb to break an agreement

torrwr (m) *[toroor]* cutter, mower
   torrwr gwair grass mower

torsythu (v) *[torsuhthee]* to swagger

torth/–au (f) *[torth]* loaf (of bread)

tost[1] (adj) *[tost]* ill
   pen tost headache
   mae pen tost arna i, mae pen tost
   'da fi I have a headache

tost[2] (m) *[tost]* toast

tostrwydd (m) *[tostrooeedd]* illness

tosturio (v) *[tostiryo]* to pity, to have
   mercy

tosturio wrth rywun to have pity on someone

tra[1] (adv) *[tra]* very +A.M.
tra charedig very kind

tra[2] (conj) *[tra]* while
tra oedd e yno while he was there
tra cysgai whilst he was asleep

trachwant/-au (m) *[trachooant]* greed

tradwy (adv) *[tradooee]* in three days' time

traddodiad/-au (m) *[traddodyad]* tradition

traean (m) *[traeean]* one third

traed (pl) *[traeed]* feet *see* **troed**

traeth/-au (m) *[traeeth]* beach

traethawd/traethodau (m) *[traeethaood]* essay

traethu (v) *[traeethee]* to speak, to deliver (a speech)

trafnidiaeth (f) *[travnidyaeeth]* traffic

trafod (v) *[travod]* to discuss

trafodaeth/-au (f) *[travodaeeth]* discussion

trafferth (m) *[trapherth]* trouble

traffordd/traffyrdd (f) *[traphordd]* motorway

tragwyddol (adj) *[tragooeeddol]* eternal

trahaus (adj) *[tra' haees]* haughty, arrogant

trai (m) *[traee]* ebb, decrease
ar drai decreasing, ebbing
trai a llanw ebb and flow

trais (m) *[traees]* rape, violence
trais ar y strydoedd violence on the streets

trallod/-ion (m) *[trallod]* tribulation

tramor (adj) *[tramor]* overseas, foreign
aeth e i wlad dramor he went overseas
gwyliau tramor foreign holiday

tramgwydd/-iadau (m) *[tramgooeedd]* offence
maen tramgwydd stumbling block

trannoeth (adv) *[tranoeeth]* next day

tras/-au (f) *[tras]* lineage

trasiedi/trasiedïau (m) *['trashedee]* tragedy

traul/treuliau (f) *[traeel]* expense, wear, consumption
treuliau teithio travelling expenses
diffyg traul indigestion

trawaf (v) *[traooav]* I hit, I shall hit from **taro** to hit

trawiad/-au (m) *[traooyad]* stroke

trawiad calon heart attack

trawiadol (adj) *[traooyadol]* striking

traws (prep) *[traoos]* across
ar draws y bwrdd across the table

trawsblannu (v) *[traoosblanee]* to transplant

trawst/-iau (m) *[traoost]* rafter, beam

treblu (v) *[treblee]* to treble

trech[1] (m) *[trech]* dominant

trech[2] (adj) *[trech]* stronger, superior

trechu (v) *[trechee]* to defeat

tre(f)/trefi (f) *[trev]* town, home
yn y dre in the town
tua thre towards home

trefedigaeth/-au (f) *[trevedeegaeeth]* colony

trefn/-iadau (f) *[trevn]* order, arrangement
yn nhrefn yr wyddor in alphabetical order
yn ôl y drefn according to the arrangement
mewn trefn in order

trefnu (v) *[trevnee]* to arrange, to organize

trefnydd/-ion (m) *[trevnidd]* organizer

trefol (adj) *[trevol]* urban

treftadaeth (f) *[trevtadaeeth]* inheritance

treiddgar (adj) *[tre-eeddgar]* penetrating

treiddio (v) *[tre-eeddyo]* to penetrate

treiglad/-au (m) *[tre-eeglad]* mutation
treiglad meddal soft mutation
treiglad llaes aspirate mutation
treiglad trwynol nasal mutation

treisio (v) *[tre-eesyo]* to rape
cafodd hi ei threisio she was raped

trem/-au (f) *[trem]* look

trên/trenau (m) *[tren]* train

trennydd (adv) *[trenidd]* two days later

tresbasu (v) *[tresbasee]* to trespass

tresmasu (v) *[tresbasee]* to trespass

treth/-i (f) *[treth]* tax
talu trethi to pay taxes
treth incwm income tax
treth ar werth (TAW) value added tax (VAT)

trethdalwr/trethdalwyr (m) *[trethdaloor]* ratepayer

treuliau (pl) *[tre-eelyaee]* expenses see **traul**

treulio (v) *[tre-eelyo]* to spend, to wear out,

to digest
treulio amser to spend time
treulio dillad to wear out clothes
treulio bwyd to digest food
tri (num) *[tree]* three
+A.M.; used with m. nouns; **tair** is
used with f. nouns
tri chi three dogs
triawd/–au (m) *[treeaood]* trio
triban/–nau (m) *[triban]* METRE triplet
tridiau (pl) *[tridyaee]* three days
trigain (num) *[trigaeen]* sixty
+N.M. with **blwydd** and **blynedd**
trigain mlwydd oed sixty years old
trigain mlynedd sixty years
trigeinfed (ord) *[trige-eenved]* sixtieth
trigfan/–nau (f) *[trigvan]* abode
trigo (v) *[treego]* to dwell, to die
mae'r anifail wedi trigo the animal
has died
yn trigo yn y coed living in the
wood
trigolion (pl) *[trigolyon]* inhabitants
trin (v) *[treen]* to treat
trindod (f) *[trindod]* trinity
y Drindod the (holy) trinity
trio (v) *[treeo]* to try
triongl/–au (fm) *[treeongl]* triangle
trip/–iau (m) *[trip]* trip
trist (adj) *[trist]* sad
tro/–eon (m) *[tro]* turn, walk
dy dro di your turn
yn eich tro in your turn
un ar y tro one at a time
un tro once
mynd am dro going for a walk
ers tro for a while
troad/–au (m) *[troad]* bend
trobwynt/–iau (m) *[trobooeent]* turning
point
trochi (v) *[trochee]* to immerse, to soil
paid â throchi dy ddillad! don't get
your clothes dirty!
rhaid ei drochi mewn dŵr it must
be immersed in water
troed/traed (f) *[troeed]* foot, base
wrth droed yr Wyddfa at the foot of
Snowdon
troedfedd/–i (f) *[troeedvedd]* MEASURE foot

troednoeth (adj) *[troeednoeeth]* bare-
footed
troelli (v) *[troeellee]* to spin
trofannau (pl) *[trovanaee]* tropics
troi (v) *[troee]* to turn
troi o amgylch to turn around
trôns (pl) *[trons]* drawers, pants
tros (prep) *[tros]* +S.M.; also **dros**
1. over
tros y wal over the wall
2. for
dros Gymru for Wales
3. instead of
mi wna i e drosot ti I'll do it instead
of you
**troso i, trosot ti, trosto fe/fo, trosti
hi, troson ni, trosoch chi, trostyn
nhw**
trosedd/–au (f) *[trosedd]* crime
troseddu (v) *[troseddee]* to transgress, to
commit a crime
trosglwyddo (v) *[trosglooeeddo]* to hand
over
trosi (v) *[trosee]* to convert, to translate
troi a throsi to toss and turn
trosi erthygl to translate an article
trosi cais to convert a try
trosodd (adv) *[trosodd]* over, beyond
mae'r gêm drosodd the game is over
trosodd i'r ochr arall over to the
other side
trotian (v) *[trotyan]* to trot
trothwy (m) *[trothooee]* threshold
trowsus/–au (m) *[tro-oosis]* trousers
truan/truain/trueiniaid (mf) *[treean]*
wretch
trueni (m) *[tree-enee]* pity
trugaredd (f) *[treegaredd]* mercy
trugareddau (pl) *[treegareddaee]* bits and
pieces
trwbwl (m) *[troobool]* trouble
trwchus (adj) *[troochis]* thick
siwmper drwchus a thick jumper
trwm/trymion (adj) *[troom]* heavy, sad
with f. noun used **drom**
llyfr trwm a heavy book
diwydiannau trymion heavy
industries
trwmgwsg (m) *[troomgoosg]* heavy sleep

trwsiadus (adj) *[trooshadis]* smart
trwsio (v) *[troosho]* (SW) to mend
trwy (prep) *[trooee]* through, by +S.M.
   trwy'r dydd all day
   trwy ddamwain by accident
   trwy fynd allan by going out
trwyadl (adj) *[trooeeadl]* thorough
trwydded/–au (f) *[trooeedded]* licence
   trwydded yrru driving licence
trwyn/–au (m) *[trooeen]* nose
trwynol (adj) *[trooeenol]* nasal
trwytho (v) *[trooeetho]* to saturate
trybini (m) *[trubeenee]* trouble
trychfilyn/trychfilod (m) *[truhchveelin]*
   insect
trychineb/–au (mf) *[truhcheeneb]* disaster
trydan (m) *[truhdan]* electricity
trydanwr/trydanwyr (m) *[truhdanoor]*
   electrician
trydar (v) *[truhdar]* to chirp
   has no other verb forms
trydedd (ord) *[truhdedd]* third
   used with f. nouns; + S.M; **trydydd** is
   used with m.nouns
   y drydedd goeden the third tree
trydydd (ord) *[truhdidd]* third
   used with m. nouns; **trydedd** is used
   with f. nouns
   y trydydd tro the third time
tryloyw (adj) *[truhloeeoo]* transparent
trylwyr (adj) *[truhlooeer]* thorough
trymaidd (adj) *[truhmaeedd]* close, sultry
trysor/–au (m) *[truhsor]* treasure
trysorydd/–ion (m) *[truhsoridd]* treasurer
trywanu (v) *[truhooanee]* to stab
trywydd (m) *[truhooidd]* trail
   ar drywydd lleidr on a thief's trail
tu (mf) *[tee]* side
   (y) tu hwnt i beyond
   (y) tu allan i outside
   tu fas i (SW) outside
   o du ei fam on his mother's side
   ar bob tu on all sides
tua (prep) *[teea]* towards, about
   +A.M.
   tua phump about five
   tua thre homewards
   tua mis about a month
tudalen/–nau (fm) *[tidalen]* page

tuedd/–au (f) *[tee-edd]* tendency
tueddiad/–au (m) *[tee-eddyad]* tendency
tueddol (adj) *[tee-eddol]* inclined
   mae e'n dueddol o ddal annwyd
   he is prone to colds
tueddu (v) *[tee-eddee]* to tend to
   tueddu i wneud to tend to do
tunnell/tunelli (f) *[tinell]* ton
turio (v) *[tiryo]* to burrow
tusw/–au (m) *[tishoo]* posy
twba (m) *[tooba]* tub
twlc/tylcau (m) *[toolk]* sty
twll/tyllau (m) *[tooll]* hole
   twll y clo keyhole
twmpath/–au (m) *[toompath]* mound, pile
   twmpath dawns folk dance event
twndis (m) *[toondish]* funnel
twnnel/twnelau (m) *[toonel]* tunnel
twp (adj) *[toop]* stupid
twpdra (m) *[toopdra]* stupidity
twpsyn/twpsod (m) *[toopsin]* stupid
   person
tŵr/tyrau (m) *[toor]* tower
twr/tyrrau (m) *[toor]* heap, crowd
twrci/twrcïod (m) *[toorkee]* turkey
twrch/tyrchod (m) *[toorch]* boar
twrist/–iaid (m) *[toorist]* tourist
twrnai/twrneiod (m) *[toornaee]* lawyer
twrnamaint (m) *[toornament]* tournament
twt (adj) *[toot]* tidy
   tŷ bach twt Wendy house
   twt lol! nonsense!
   twt twt! tut tut!
twten/tatws (f) *[taten]* potato
twtio (v) *[tootyo]* (NW) to tidy
twyll (m) *[tooeell]* to deceive, to cheat
twyllodrus (adj) *[tooeellodris]* deceitful
twyllwr/twyllwyr (m) *[tooeelloor]* cheat
twym (adj) *[tooeem]* warm
twymo (v) *[tooeemo]* to warm
twymyn/–au (f) *[tooeemin]* fever
   y dwymyn doben mumps
tŷ/tai (m) *[tee]* house
   tŷ bach toilet
tyb (fm) *[teeb]* opinion
   yn fy nhyb i in my opinion
tybaco (m) *[tuhbako]* tobacco
tybed (adv) *[tuhbed]* I wonder
tybiedig (adj) *[tuhbyedig]* supposed

tycio (v) *[tuhkyo]* (NW) to avail
   does dim yn tycio nothing is of use
tydi (pron) *[tuh'dee]* you yourself
tyddyn/–nod (m) *[tuhddin]* small-holding
tyfiant (m) *[tuhvyant]* growth, increase
tyfu (v) *[tuhvy]* to grow, to increase
tynged/tynghedau (f) *[tuhnged]* destiny
tyngedfennol (adj) *[tuhngedvenol]* fateful,
   crucial
tyngu (v) *[tuhngee]* to swear
   tyngu llw to swear an oath
tylcau (pl) *[tuhlkaee]* sties
   see **twlc**
tyle/–au (m) *[tuhle]* (SW) hill
tylwyth/–au (m) *[tuhlooeeth]* family
   tylwyth teg fairies
tyllau (pl) *[tuhllaee]* holes
   see **twll**
tyllog (adj) *[tuhllog]* full of holes
tyllu (v) *[tuhllee]* to bore a hole
tylluan/–od (f) *[tuhlleean]* owl
tymer/tymherau (f) *[tuhmer]* temper
   mewn tymer dda in good humour
tymestl/tymhestloedd (f) *[tuhmestl]*
   tempest
tymheredd (m) *[tuhmheredd]* temperature
tymor/tymhorau (m) *[tuhmor]* season
   tymor y gwanwyn spring term,
   spring season
   tymor yr haf summer term, summer
   season
tyn (adj) *[tin]* tight
   yn dynn tightly
tyndra (adj) *[tuhndra]* tension
tyner (adj) *[tuhner]* tender
tynerwch (m) *[tuhnerooch]* tenderness
tynfa/tynfeydd (m) *[tuhnva]* attraction
tynhau (v) *[tuhn'haee]* to tighten
tyniant (m) *[tuhnyant]* tension
tynnu (v) *[tuhnee]* to pull
   tynnu llun to photograph, to take a
   picture, to draw
tyrau (pl) *[tuhraee]* towers
   see **tŵr**
tyrchod (pl) *[tuhrchod]* boars
   see **twrch**
tyrchu (v) *[tuhrchee]* to burrow
tyrfa/–oedd (f) *[tuhrva]* crowd
tyrfau (pl) *[tuhrveh]* (SW) thunder

tyrrau (pl) *[tuhraee]* heaps, crowds
   see **twr**
tyrru (v) *[tuhree]* to crowd together, to
   heap
tyst/–ion (m) *[tist]* witness
tysteb/–au (f) *[tuhsteb]* testimonial
tystio (v) *[tuhstyo]* to testify
tystiolaeth/–au (f) *[tuhstyolaeeth]* evidence
tystysgrif/–au (f) *[tistuhsgriv]* certificate
tywallt (v) *[tuhooallt]* to pour
   tywallt y glaw to pour with rain
tywel/–ion (m) *[tuhooel]* towel
tywod (pl) *[tuhoo-od]* sand
tywodfaen/– (m) *[tuhoo-odvaeen]* sandstone
tywodlyd (adj) *[tuhoo-odlid]* sandy
tywydd (m) *[tuhooidd]* weather
   rhagolygon y tywydd weather
   forecast
   tywydd da good weather
tywyll (adj) *[tuhooill]* dark
tywyllu (v) *[tuhoouhllee]* to darken
tywyllwch (m) *[tuhoouhllooch]* darkness
tywynnu (v) *[tuhoouhnee]* to shine
tywys (v) *[tuhoois]* to guide
tywysog/–ion (m) *[tuhoouhsog]* prince
   tywysog Cymru the prince of Wales
   tywysog Llywelyn Prince Llywelyn
tywysogaeth/–au (f) *[tuhoouhsogaeeth]*
   principality
tywysydd/–ion (m) *[tuhoouhsidd]* guide

TH

Mutated words beginning with **TH** could be
mutated from **T** (e.g. **thad** from **tad**) so look
up **T**.

thema/themâu (f) *[thema]* theme
therapiwtig (adj) *[therapiootig]* therapeutic
thermomedr/–au (f) *['thermomedr]*
   thermometer
thermostat/–au (m) *['thermostat]*
   thermostat
thesis (m) *[thesis]* thesis
thrombosis (m) *[thrombosis]* thrombosis
thus (m) *[this]* frankincense

Some words beginning with **H** could derive from **U** so look up here (e.g. **hunig** from **unig**). Mutated words beginning with **U** could derive from **G** so look up **G**.

uchaf (adj) *[eechav]* highest
uchafbwynt/–iau (m) *[ichavbooeent]* climax
uchafswm (m) *[ichavsoom]* maximum
uchder (m) *[ichder]* height
uched (adj) *[iched]*
  see **uchel**
  cyn uched â +A.M. as high as, as loud as
uchel (adj) *[eechel]* high, loud
  adeilad uchel a high building
  siarad yn uchel speaking loudly
  mor uchel â +A.M. as high as
uchelder/–au (m) *[ichelder]* height, highness
ucheldir/–oedd (m) *[icheldir]* highland
uchelgais (fm) *[ichelgaees]* ambition
uchelgeisiol (adj) *[ichelge-eesyol]* ambitious
uchelwr/uchelwyr (m) *[icheloor]* nobleman
uchelwydd (m) *[ichelooeedd]* mistletoe
uchod (adv) *[eechod]* above
udo (v) *[eedo]* to moan, to wail
ufudd (adj) *[eevidd]* obedient
ufudd-dod (m) *[ividd-dod]* obedience, submission
ufuddhau (v) *[eevidd' haee]* to obey
uffern (f) *[iffern]* hell
  uffern dân! bloody hell!
uffernol (adj) *[iffernol]* hellish, awful
ugain/ugeiniau (num) *[eegaeen]* twenty
  ugain o blant twenty children
ugeinfed (ord) *[eege-eenved]* twentieth
ulw[1] (pl) *[eeloo]* ashes
ulw[2] (adv) *[eeloo]* utterly
  wedi torri'n ulw broken to pieces
un[1] (num) *[een]* one
  +S.M. with f. nouns except **ll** and **rh**; +N.M. with **blwydd** and **blynedd** in numerals
  un darn one piece
  un ferch one girl

un llaw one hand
un rhaw one spade
un ar ddeg eleven
un llyfr ar ddeg eleven books
un mlynedd ar hugain twenty-one years
un[2] (adj) *[een]* same
  +S.M. with f. nouns except **ll** and **rh**
  yr un mis the same month
  yr un flwyddyn the same year
  yr un un the same one
  yr un fath the same kind
  yr un math o beth the same kind of thing
  yr un llaw the same hand
  yr un rhan the same part
un[3] (mf) *[een]* one
  +S.M. when used to replace f. nouns
  mae'r llyfr yn un da the book is a good one
  mae'r ffilm yn un dda the film is a good one
  dydy hi ddim wedi gweld yr un ohonyn nhw she hasn't seen any of them
un ar ddeg (num) *[een ar ddeg]* eleven
  un llyfr ar ddeg eleven books
unawd/–au (m) *[eenaood]* solo
unawdwr/unawdwyr (m) *[inaoodoor]* soloist
unawdydd/unawdwyr (m) *[inaoodidd]* soloist
unben/–iaid (m) *[inben]* dictator
unbennaeth (m) *[inbenaeeth]* dictatorship
undeb/–au (m) *[indeb]* union
  undeb llafur trade union
  Undeb Amaethwyr Cymru Farmers' Union of Wales
  Undeb Cenedlaethol Athrawon Cymru National Association of Teachers of Wales
undebol (adj) *[indebol]* united
undebwr/undebwyr (m) *[indeboor]* unionist
undod/–au (m) *[indod]* unity
Undodiaeth (f) *[indodyaeeth]* Unitarianism
Undodwr/Undodiaid (m) *[indodoor]* Unitarian

|

undonedd (m) *[indonedd]* monotony

undonog (adj) *[indonog]* monotonous

undydd (adj) *[indidd]* one-day

uned/–au (f) *[eened]* unit

unedig (adj) *[inedig]* united

unfan (m) *[invan]* same place
    aros yn yr unfan to stay in the same place

unfarn (adj) *[invarn]* unanimous

unfed (ord) *[invehd]* + S.M. with f. nouns
    unfed ar ddeg eleventh
    yr unfed ddynes ar ddeg the eleventh woman

unfryd (adj) *[invrid]* unanimous

unfrydol (adj) *[invruhdol]* unanimous

unffurf (adj) *[inphirv]* uniform

unffurfiaeth (f) *[inphirvyaeeth]* uniformity

uniad/–au (m) *[inyad]* joint, a joining

uniaith (adj) *[inyaeeth]* monoglot

unieithog (adj) *[inye-eethog]* monoglot

unig (adj) *[eenig]* (when used before nouns) only; (when used after nouns) lonely
    unig blentyn only child
    plentyn unig lonely child
    rwy'n unig I'm lonely

unigedd (m) *[ineegedd]* solitude

unigol (adj) *[ineegol]* singular, individual

unigolyn/unigolion (m) *[eenigolin]* individual

unigrwydd (m) *[inigrooeedd]* loneliness

unigryw (adj) *[inigrioo]* unique

union (adj) *[inyon]* straight, direct
    cer ar dy union go at once
    yn union precisely
    llinell union straight line

uniongred (adj) *[inyongred]* orthodox

uniongyrchol (adj) *[inyonguhrchol]* direct

unioni (v) *[inyonee]* to straighten, to rectify
    unioni'r ffordd to straighten the road
    unioni cam to rectify a wrong

unionsyth (adj) *[inyonseeth]* straight

unlliw (adj) *[inllioo]* of the same colour
    adar o'r unlliw birds of a feather

unllygeidiog (adj) *[eenlluhge-eedyog]* one-eyed

unman (m) *[inman]* nowhere, anywhere
    dyw e ddim yn unman he isn't anywhere

uno (v) *[eeno]* to unite or join
    y ddeddf uno act of union

unol (adj) *[eenol]* united, uniting
    yn unol â +A.M. in accordance with

unplyg (adj) *[inplig]* single-minded

unplygrwydd (m) *[inpluhgrooeedd]* sincerity, single-mindedness

unrhyw (adj) *[inrhioo]* some, any +S.M.
    unrhyw un any one
    unrhyw le any place
    unrhyw beth any thing
    unrhyw dri pheth any three things

unsain (adj) *[insaen]* unison

unsill (adj) *[insill]* monosyllabic

unsillafog (adj) *[eensillavog]* monosyllabic

unswydd (adj) *[insooeedd]* of one purpose
    yn unswydd on the express purpose

unwaith (adv) *[inooaeeth]* once
    ar unwaith at once

urdd/–au (f) *[irdd]* MONKS order
    Urdd Gobaith Cymru Welsh League of Youth

urddas (m) *[irddas]* dignity

urddasol (adj) *[irddasol]* dignified

urddedig (adj) *[irddedig]* ordained, honoured

urddo (v) *[irddo]* to ordain

us (pl) *[ees]* chaff

ust (v) *[ist]* hush

ustus/–iaid (m) *[istis]* magistrate
    ustus heddwch justice of the peace

utgorn/utgyrn (m) *[itgorn]* trumpet

uwch (adj) *[iooch]* higher, louder
    addysg uwch higher education
    uwch na +A.M. higher than

uwchben (adv) *[iooch' ben]* above

uwch-fioled (m) *[iwchveeoled]* ultra-violet

uwchlaw (adv) *[iooch' laoo]* above
    uwchlaw pob dim above all else

uwchradd (adj) *[ioochradd]* secondary, higher
    ysgol uwchradd secondary school

uwchraddol (adj) *[ioochradd]* superior

uwd (m) *[iood]* porridge

W

Some words beginning with **H** could derive from **W** (e.g. **hwyneb** from **wyneb**) so look up here. Mutated words beginning with **W** could derive from **G** (e.g. **wên** from **gwên**) so look up under **G**.

wad (f) *[ooad]* slap
    rhoddodd wad iddi he slapped her
wado (v) *[ooado]* to beat, to slap, to thrash
wagen/–i (f) *[wagen]* truck, wagon
wal/–iau (f) *[ooal]* wall
warws/warysau (m) *[waroos]* warehouse
wats/–ys (m) *[watsh]* (wrist etc.) watch
wedi (prep) *[ooedee]* after, past, has
    hanner awr wedi un half past one
    wedi iddo fe ddod after he had come
    mae e wedi mynd he has gone
    mae e wedi blino he is tired
    mae e wedi marw he is dead
wedyn (adv) *[ooedin]* afterwards
weiren (f) *[ooe-eeren]* wire
weithiau (adv) *[ooe-eethyaee]* sometimes
wel! (int) *[ooel]* well!
wele (v) *[ooele]* behold! + S.M.
    wele fachgen! behold a boy!
wen (adj) *[ooen]* white
    see **gwyn**; used with f. noun
    gwisg wen white dress
werdd (adj) *[ooerdd]* green
    see **gwyrdd**; used with f. noun
    ystafell werdd green room
wfft! (int) *[oopht]* forget it!
    wfft iddi hi ! forget her !
wfftio (v) *[oophtyo]* to dismiss
whilber (fm) *[hooilber]* wheelbarrow
whit-what (adj) *[hooit-hooat]* fickle
    gwnaeth e'r gwaith yn whit-what he did the work without any shape
    mae e'n whit-what iawn there's no shape on him
wi (v) *[ooee]* I am
    also **dw i, rydw i, rwy(f)** and **wy(f)**;
    from **bod**
winc (f) *[ooink]* wink
wincian, wincio (v) *[ooinkyan]* to wink

winwns (pl) *[ooinoons]* (SW) onions
wleb (adj) *[ooleb]* wet
    see **gwlyb**; used with f. noun
    hosan wleb wet sock
wlser/–au (m) *[oolser]* ulcer
wnionyn/wynwyn/winwns (m) *[oonyonin]* onion
wrth (prep) *[oorth]* by, to, from +S.M.
    1. by
    wrth y siop by the shop
    wrth ddrws y siop by the shop door
    2. to
    bod yn garedig wrth to be kind to
    dweud wrth rywun to say to someone, to tell someone
    sibrwd wrth to whisper to
    3. whilst
    wrth fynd whilst going
    4. oddi wrth from
    rydw i wrth fy modd I am in my element
    gweithiodd wrth ei bwysau he worked without haste
    wrth gwrs of course
    wrtho i, wrthot ti, wrtho fe/fo, wrthi hi, wrthon ni, wrthoch chi, wrthyn nhw
wy/–au (m) *[ooee]* egg
    wy wedi'i ferwi boiled egg
    wy wedi'i ffrio fried egg
    wy wedi'i sgramblo scrambled egg
wy(f) (v) *[ooee(v)]* I am
    also **wi, dw i. rwy(f)** and **rydw i**;
    from **bod**
wybren/–nau (f) *[ooeebren]* sky
wylo (v) *[ooeelo]* to weep
wylofain (m) (v) *[ooeelovaeen]* a wailing, to wail
ŵyn (pl) *[ooeen]* lambs
    see **oen**
wyna (v) *[ooeena]* to lamb
wyneb/–au (m) *[ooeeneb]* face, surface
    ar yr wyneb on the surface
    dangos wyneb to show one's face
    roedd ganddo'r wyneb i ddweud he had the cheek/nerve to tell
    wyneb yn wyneb face to face
    yn wyneb yr amgylchiadau considering the circumstances

wynebu (v) *[ooeenebee]* to face, to confront

winwns (pl) *[ooinoons]* (SW) onions

wynwyn (pl) *[ooinooin]* onions

ŵyr/wyrion (m) *[ooeer]* grandson

wyres/–au (f) *[ooeeres]* grand-daughter

wyt (v) *[ooeet]*
> **wyt ti** you are

wyth (num) *[ooeeth]* eight
> + N.M. with **blwydd, blynedd**
> **wyth bachgen** eight boys
> **wyth mlynedd** eight years
> **wyth mlwydd oed** eight years old
> **wyth o fechgyn** eight boys
> **hoelion wyth** 'big guns'

wythawd/–au (m) *[ooeethaood]* octave, octet

wythfed (ord) *[ooeethved]* eighth
> +S.M. with f. nouns
> **yr wythfed dyn** the eighth man
> **yr wythfed wraig** the eighth woman

wythnos/–au (f) *[ooeethnos]* week
> **wythnos diwethaf** last week

wythnosol (adj) *[ooeethnosol]* weekly

Some words beginning with **H** could derive from **Y** (e.g. **hysgwyd** from **ysgwyd**) so look up here under **Y**. Mutated words beginning with **Y** could derive from **G** (e.g. **ynnau** from **gynnau**) so look up under **G**.

y[1] (definite article) *[uh]* the
> see **yr**[1]; + S.M. with f. nouns except **ll** and **rh**; **yr** is used before vowels and **h**; **'r** used after vowels
> **mae'r ferch yn dod** the girl is coming
> **ugain ceiniog y pwys** twenty pence a pound
> **y ferch** the girl
> **y llaw** the hand

y[2] (rel pron) *[uh]* who, whom, which, whose, that
> see **yr**[2]; can sometimes be omitted; **yr** is used before vowels and **h**
> **dyma'r dyn (y) mae Dylan yn ei**

adnabod this is the man (whom) Dylan knows
> **dyma'r ferch y cefais i fenthyg ei char** this is the girl whose car I borrowed

y[3] (particle) *[uh]* that
> see **yr**[3]; **yr** used before vowels and **h**
> **roeddwn i'n gobeithio y byddai popeth yn iawn** I was hoping (that) everything would be all right

ych! (int) *[uhch]* ugh!
> **ych a fi!** ugh!

ych/–en (m) *[eech]* ox

ychwaith (adv) *[uhchooaeeth]* either, neither
> see **chwaith**
> **dydw i ddim yn ei hoffi ychwaith** I don't like it either
> **na fi ychwaith** neither do I

ychwanegiad/–au (m) *[uhchooanegyad]* addition, supplement

ychwanegol (adj) *[uhchooanegol]* additional, supplementary
> **pump afal yn ychwanegol** five extra apples
> **yn ychwanegol at** + S.M. in addition to
> **yn ychwanegol at fwyd** in addition to food
> **yn ychwanegol at hyn** in addition to this

ychwanegu (v) *[uhchooanegee]* to add
> **ychwanegu at** +S.M. to add to, to supplement, to augment
> **ychwanegu at gyflog y gŵr** to supplement the husband's salary

ychydig[1] (m) *[uhchuhdig]* few
> **ychydig o blant** a few children

ychydig[2] (adj) *[uhchuhdig]* little, few
> + S.M. with nouns
> **ychydig bach** a very little, a very few
> **ychydig blant** a few children
> **ychydig fenyn** a little butter
> **ychydig mwy** a little more, a few more

ŷd/ydau (m) *[eed]* corn
> **creision ŷd** corn flakes

ydi (v) *[uhdee]*
> see **ydy, ydyw, yw**; from **bod**

Tad Dafydd ydi e? **le** Is he Dafydd's
father? Yes
ydi e/hi he/she/it is
ydi yes
Ydi e'n iawn? ydi Is he all right? Yes
ydy (v) *[uhdee]*
see **ydi, ydyw, yw**; from **bod** to be
ydy e/hi he/she/it is
car Dafydd ydy e it is Dafydd's car
ydy yes
ydy e'n dod? ydy is he coming? yes
ydy hi'n braf? nac ydy/nag ydy is it
fine? no
ydyw (v) *[uhdioo]*
see **ydi, ydy,yw**; from **bod** to be
ydyw ef/hi he/she/it is; yes
more literary than **ydy**; **yw** is used
more often but not for 'yes'
A ydyw hi'n braf? Ydyw is it fine?
yes
A ydyw'r ferch yma? Nac ydyw is
the girl present? No
pwy ydyw'r dyn? who is the man?
yf (v) *[eev]*
from **yfed**
yf e! drink it!
yfed (v) *[uhved]* to drink
yfory, fory (adv) *[uhvoree]* tomorrow
yfflon (pl) *[uhphlon]* fragments
yn yfflon in smithereens, wrecked
yng (prep) *[uhng]* in
see **yn**; used before N.M. of letters **c**
and **g** which change to **ngh** and **ng**
respectively
yng Nghaerdydd in Cardiff
yng Ngwent in Gwent
yngan (v) *[uhngan]* to utter, to speak, to
mention
paid ag yngan gair o hyn don't
mention a word of this
ynganu (v) *[uhnganee]* to pronounce
sut wyt ti'n ynganu hwnna ? how
do you pronounce that?
ynghanol (prep) *[uhnghanol]* in the
midst of
ynghyd (adv) *[uhng'heed]* together
casglu ynghyd to collect together
ynghyd â + A.M. (together) with
ynghylch (prep) *[uhnghilch]* about,

concerning
ynglŷn (prep) *[uhng'leen]*
ynglŷn â + A.M. about, in
connection with, regarding
ym (prep) *[uhm]* in
see **yn**; used before the letter **m** and
also N.M. of the letters **p** and **b** which
change to **mh** and **m** respectively:
ym Mangor in Bangor
ym Mhenarth in Penarth
ym mynwent y dref in the town
cemetery
yma[1] (adv) *[uhma]* here
rydw i yma I'm here
yma ac acw here and there
yma a thraw here and there
yma[2] (adj) *[uhma]* this, these
mae'r llyfr yma'n gyffrous this book
is exciting
ymadael (v) *[uhmadaeel]* to depart, to
leave
ymadael â +A.M. to depart from
(somewhere/someone), to leave
(somewhere/someone)
ymadael â chartref a chyfeillion
to leave home and friends
ymadawodd (v) *[uhmadaoo-odd]*
from **ymadael**
ymadawodd e he/it left
ymadawodd hi she/it left
ymadawiad/–au (m) *[uhmadaooyad]*
departure
ymadrodd/–ion (m) *[uhmadrodd]*
expression, phrase, saying
ymaelodi (v) *[uhmaeelodee]* to become a
member
ymaelodi â +A.M. to join
ymaelodi â chymdeithas to join a
society
ymaelodi â mudiad to join a
movement
ymaith (adv) *[uhmaeeth]* away
cerddodd ymaith he walked away
ymarfer[1]/–ion (f) *[uhmarver]* practice,
rehearsal, exercise
ymarfer côr choir rehearsal
ymarfer corff physical exercise
ymarfer[2] (v) *[uhmarver]* to practise, to
train

mae'r tîm rygbi yn ymarfer ar nos Fawrth the rugby team trains on Tuesdays

ymarferiad/-au (m) *[uhmarveryad]* practice, exercise
ymarferiadau gramadeg grammar excercises

ymarferol (adj) *[uhmarverol]* practical, realistic

ymatal (v) *[uhmatal]* to refrain, to restrain oneself
ymatal rhag taro rhywbeth to refrain from hitting something

ymateb[1]/-ion (m) *[uhmateb]* reaction, response
dyw'r ymateb ddim yn dda the response is not good

ymateb[2] (v) *[uhmateb]* to respond
ymateb i + S.M. to respond to

ymbalfalu (v) *[uhmbalvalee]* to grope

ymbaratoi (v) *[uhmbara'toee]* to prepare oneself

ymbarél/ymbarelau (m) *[uhmbar'el]* umbrella

ymbelydredd (m) *[uhmbeluhdredd]* radioactivity

ymbelydrol (adj) *[uhmbeluhdrol]* radioactive

ymbellhau (v) *[uhmbell'haee]* to go further away

ymbil[1] (m) *[uhmbil]* entreaty

ymbil[2] (v) *[uhmbil]* to implore
ymbil ar +S.M. **rywun** to implore someone

ymbincio (v) *[uhmbinkyo]* to put on make-up

ymborth (m) *[uhmborth]* food

ymchwil (f) *[uhmchooil]* research

ymchwiliad/-au (m) *[uhmchooilyad]* inquiry, investigation

ymchwiliwr/ymchwilwyr (m) *[uhmchooilyoor]* investigator, explorer

ymchwyddo (v) *[uhmchooeeddo]* to surge, to swell

ymdebygu (v) *[uhmdebuhgee]* to resemble
ymdebygu i rywun to be like someone, to become like someone

ymdeimlad (m) *[uhmde-eemlad]* consciousness, feeling

ymdopi (v) *[uhmdopee]* to manage, to cope
wyt ti'n gallu ymdopi? can you manage?

ymdrech/-ion (f) *[uhmdrech]* effort, endeavour, attempt

ymdrechu (v) *[uhmdrechee]* to strive, to endeavour

ymdrin (v) *[uhm'dreen]*
ymdrin â + A.M. to deal with, to treat, discuss
ymdrin â phroblemau to deal with problems

ymdriniaeth/-au (f) *[uhmdriniaeeth]* discussion, treatment

ymdrochi (v) *[uhmdrochee]* to bathe

ymdrochwr/ymdrochwyr (m) *[uhmdrochoor]* bather

ymddangos (v) *[uhmddan-gos]* to appear, to seem

ymddangosiad/-au (m) *[uhmddan-gosyad]* appearance

ymddengys (v) *[uhmdden-gis]* it seems, it appears
from **ymddangos**
ymddengys fod it seems that

ymddeol (v) *[uhmddeol]* to retire

ymddeoliad/-au (m) *[uhmddeolyad]* retirement

ymddiddan[1]/-ion (m) *[uhmddeeddan]* conversation

ymddiddan[2] (v) *[uhmddeeddan]* to talk, to converse
has no other verb forms

ymddiddanwr/ymddiddanwyr (m) *[uhmddiddanoor]* conversationalist

ymddiheuriad/-au (m) *[uhmddeehe-eeryad]* apology

ymddiheuro (v) *[uhmddeehe-eero]* to apologize

ymddiried(v) *[uhmddiryed]* to trust
ymddiried yn rhywun to trust someone

ymddiriedaeth (f) *[uhmddiryedaeeth]* trust, faith

ymddiriedolaeth (f) *[uhmddiryedolaeeth]* ESTABLISHMENT trust
Ymddiriedolaeth Genedlaethol National Trust

ymddiriedolwr/ymddiriedolwyr (m)

[uhmddiryedoloor] trustee

ymddiswyddo (v) *[uhmddeesooeeddo]* to resign

ymddwyn (v) *[uhmddooeen]* to behave
has no other verb forms

ymddygiad (m) *[uhmdduhgyad]* behaviour, conduct

ymennydd (m) *[uhmehnidd]* brain

ymerawdwr/ymerawdwyr (m) *[uhmeraoodoor]* emperor

ymerodraeth/–au (f) *[uhmerodraeeth]* empire

ymestyn (v) *[uhmehstin]* to stretch, to extend
ymestyn am + S.M. to reach for

ymfalchïo (v) *[uhmvalcheeo]* to pride oneself

ymfudo (v) *[uhmveedo]* to emigrate

ymfudwr/ymfudwyr (m) *[uhmveedoor]* emigrant

ymffrost (m) *[uhmphrost]* boast

ymffrostio (v) *[uhmphrostyo]* to boast, to brag

ymgais (f) *[uhmgaees]* attempt, endeavour, effort
ymgais dda! good try!

ymgecru (v) *[uhmgekree]* to quarrel

ymgeisio (v) *[uhmge-eesyo]* to try
ymgeisio am swydd to apply for a job

ymgeisydd/ymgeiswyr (m) *[uhmge-eesidd]* candidate, applicant, competitor
ymgeisydd seneddol parliamentary candidate

ymgom (fm) *[uhmgom]* conversation

ymgomio (v) *[uhmgomyo]* to converse, to chat, to talk

ymgrymu (v) *[uhmgruhmee]* to bow

ymgynghori (v) *[uhmguhnghoree]* to consult, to confer
ymgynghori â + A.M. **rhywun** to consult someone, to confer with someone

ymgynghorol (adj) *[uhmguhnghorol]* advisory, consultative

ymgymerodd (v) *[uhmguhmerodd]* he/she/it undertook
from **ymgymryd** to undertake

ymgymryd (v) *[uhmguhmrid]*

ymgymryd â + A.M. to undertake

ymgynnull (v) *[uhmguhnill]* to assemble

ymgyrch/–oedd (fm) *[uhmgirch]* campaign, expedition

ymgyrchu (v) *[uhmguhrchee]* to campaign
ymgyrchu dros + S.M. to campaign for

ymgysegru (v) *[uhmguhsegree]* to devote oneself

ymhél (v) *[uhm' hel]*
has no other verb forms
ymhél â +A.M. to meddle with, to be concerned with

ymhelaethu (v) *[uhmhelaeethee]*
ymhelaethu ar + S.M. to enlarge upon

ymhell (adv) *[uhm' hell]* far, afar
ymhell i ffwrdd far away

ymhellach (adv) *[uhmhellach]* farther, further, furthermore

ymholiad/–au (m) *[uhmholyad]* inquiry, enquiry

ymhongar (adj) *[uhmhon-gar]* assertive, self-opinionated

ymhyfrydu (v) *[uhmhuhvruhdee]*
ymhyfrydu yn rhywbeth to delight in something, to revel in something

ymlacio (v) *[uhmlakyo]* to relax

ymladd (v) *[uhmladd]* to fight
ymladd â + A.M. **rhywun** to fight someone

ymlâdd (v) *[uhml' add]* to wear oneself out
has no other verb forms
rydw i wedi ymlâdd I've worn myself out completely

ymladdfa/ymladdfeydd (f) *[uhmladdva]* fight, battle

ymladdgar (adj) *[uhmladdgar]* fond of fighting

ymladdwr/ymladdwyr (m) *[uhmladdoor]* fighter

ymlaen (adv) *[uhml'aeen]* on, onward, ahead
o hyn ymlaen henceforth
ymlaen llaw beforehand

ymledu (v) *[uhmledee]* to spread, to expand

ymlwybro (v) *[uhmlooeebro]* to make one's way

ymlyniad (m) *[uhmluhnyad]* attachment,

loyalty, dedication
ymlyniad at achos dedication to a cause

ymneilltuaeth (f) *[uhmne-eellteeaeeth]* nonconformity

ymneilltuo (v) *[uhmne-eellteeo]* to retire

ymneilltuol (adj) *[uhmne-eellteeol]* nonconformist

ymneilltuwr/ymneilltuwyr (m) *[uhmne-eellteeoor]* nonconformist

ymochel (v) *[uhmochel]* to shelter, to avoid, to beware
ymochel rhag y glaw to shelter from the rain

ymolchi (v) *[uhmolchee]* to wash oneself
ystafell ymolchi bathroom

ymollwng (v) *[uhmolloong]* to let oneself go, to collapse

ymosod (v) *[uhmosod]* to attack
ymosod ar rywbeth to attack something

ymosodiad/–au (m) *[uhmosodyad]* attack

ymosodol (adj) *[uhmosodol]* aggressive, attacking

ympryd/–iau (m) *[uhmprid]* fasting

ymprydio (v) *[uhmpruhdyo]* to fast

ymprydiwr/ymprydwyr (m) *[uhmpruhdyoor]* one who fasts

ymreolaeth (f) *[uhmreolaeeth]* self-government

ymroddiad (m) (adj) *[uhmroddyad]* devotion
gydag ymroddiad devotedly

ymroi (v) *[uhm'roy]* to devote oneself
ymroi i +S.M. to devote oneself to

ymrwymiad/–au (m) *[uhmrooeemyad]* commitment, undertaking

ymrwymo (v) *[uhmrooeemo]* to commit oneself
ymrwymo i +S.M. to undertake to

ymryson[1]/–au (m) *[uhmruhson]* contention, competition, contest
ymryson y beirdd bardic contest

ymryson[2] (v) *[uhmruhson]* to contend, to contest, to compete
has no other verb forms

ymsefydlu (v) *[uhmsevuhdlee]* to settle

ymserchu (v) *[uhmserchee]* to cherish, to dote

ymserchu yn rhywun to fall in love with someone

ymson[1]/–au (m) *[uhmson]* soliloquy, monologue

ymson[2] (v) *[uhmson]* to soliloquize

ymuno (v) *[uhmeeno]* to join
ymuno â + A.M. to join
ymuno â mudiad to join a movement
ymuno yn yr hwyl to join in the fun

ymweld (v) *[uhmoo'eld]* to visit
ymweld â (+ A.M.)
ymweld â chyfaill to visit a friend, to call on a friend
ymweld â chartref cyfaill to visit a friend's home

ymweliad/–au (m) *[uhmooelyad]* visit, call

ymwelydd, ymwelwr/ymwelwyr (m) *[uhmooelidd, uhmweloor]* visitor, caller

ymwneud (v) *[uhmoo'ne-eed]* has no other verb forms
ymwneud â +A.M. to do with, to concern
mae'n ymwneud â'ch swydd newydd it concerns your new job
ymwneud â rhywbeth to deal with something, to be about something, to do with something, to pertain to something

ymwrthod (v) *[uhmoorthod]* to abstain
ymwrthod â +A.M. to abstain from

ymwthio (v) *[uhmoothyo]* to push oneself, to squeeze, to assert oneself

ymwybodol (adj) *[uhmooibodol]* conscious, aware

ymwybyddiaeth (adj) *[uhmooibuhddyaeeth]* consciousness, awareness

ymyl/–on (fm) *[uhmil]* edge, border, side, margin
ar ymylon y ddinas on the outskirts of the city
does dim ymyl iddo it hasn't got an edge
ymyl y ffordd roadside
ymyl yr afon riverside
yn ymyl close by
yn/wrth ymyl ei fam next to his mother, beside his mother

yr ymylon the fringes
ysgrifennwch y rhif ar ymyl y ddalen write the number in the margin
ymylu (v) *[uhmuhlee]*
  ymylu ar +S.M. to border on, to be close to
ymyriad/–au (m) *[uhmuhryad]* intrusion, intervention, interference
ymyrraeth (f) *[uhmuhraeeth]* interference, meddling, intervention
ymyrryd (v) *[uhmuhrid]* to intervene, to interfere, to intrude, to meddle
ymysg (prep) *[uhm'isg]* among, amongst
ymysgwyd (v) *[uhmuhsgooeed]* to bestir oneself
yn[1] (prep) *[uhn]* in, at
  see **yng, ym**; used with something definite e.g. 'the car' but never with 'a car'; does not shorten to **'n** after vowels; + N.M. when it changes to **yng** or **ym**
  mae e yn y car he's in the car
  mae e yn yr ysgol he's at school
  yn Abertawe in Swansea
  yn Nefyn in Nefyn
  ynof fi, ynot ti, ynddo fe, ynddi hi, ynom ni, ynoch chi, ynddyn nhw
yn[2] (particle) *[uhn]*
  1. is used before a verb-noun; shortens to **'n** after vowels
  mi welais i e'n cyrraedd I saw him coming
  mae Alun yn mynd Alun is going
  rydw i'n dod I am coming
  2. is used before nouns and adjectives where the main verb is **bod**; +S.M. except for **ll** and **rh**
  mae e'n drydanwr he is an electrician
  mae hi'n gryf she is strong
  roedd e'n rhad it was cheap
  roedd hi'n llyfrgellydd she was a librarian
  3. introduces adverb; +S.M. except for **ll** and **rh**
  yn dda well
  yn gyflym quickly
  yn llawen cheerfully

  yn rhwydd easily
yna[1] (adj) *[uhna]* that, those
  y llyfr yna that book
  y llyfrau yna those books
yna[2] (adv) *[uhna]* there, then
  mae yna lawer there are many
  yna rhedodd i ffwrdd then he ran away
ynad/–on (m) *[uhnad]* magistrate
  llys yr ynadon magistrates court
  Ynad Heddwch Justice of the Peace
ynni (m) *[uhnee]* energy, vigour
  ynni niwclear nuclear energy
yno (adv) *[uhno]* there
  mae e'n sefyll yno he stands there
yntau (pron) *[uhntaee]* he, he too
Ynyd (m) *[uhnid]*
  dydd Mawrth Ynyd Shrove Tuesday
ynys/–oedd (f) *[uhnis]* island, isle
ynysiad (m) *[uhnuhsyad]* insulation
ynysig (f) *[uhnuhsig]* isle, islet
ynysu (v) *[uhnuhsee]* to insulate, to isolate
ynysydd/–ion (m) *[uhnuhsidd]* insulator
yr[1] (definite article) *[uhr]* the
  see **y**[1]; used before vowels and **h**; after vowels **'r** is used; + S.M. with f. nouns and adjectives
  can milltir yr awr a hundred miles an hour
  hi yw'r orau she's the best
  yr ardd the garden
  yr haf the summer
  yr Wyddfa Snowdon
yr[2] (rel pron) *[uhr]* who, whom, which, whose, that
  see **y**[2]; used before vowels and **h**; **y** is used before consonants
  dyma'r llyfr yr ydw i wedi clywed amdano this is the book (which/that) I've heard about
  dyma'r llyfr yr hoffwn i ei ddarllen this is the book (which/that) I should like to read
  dyma'r awdur yr ydw i wedi darllen ei lyfr this is the author whose book I've read
  pwy yw'r ferch (yr) oedd yn rhaid iddi fynd adref ar frys? who is the girl who had to hurry home?

yr³ (particle) *[uhr]*
see **y**³; **y** is used before consonants
rydw i'n credu yr af i I think (that)
I shall go

ysbaid/ysbeidiau (mf) *[uhsbaeed]* short
space of time, respite, spell
arhosodd am ysbaid he stopped for
a minute
ysbeidiau heulog sunny periods

ysbail/ysbeiliau (f) *[uhsbaeel]* spoil, booty,
loot

ysbeilio (v) *[uhsbe-eelyo]* to plunder, to loot

ysblennydd (adj) *[uhsblenidd]* splendid,
resplendent

ysbryd¹/-ion (m) *[uhsbrid]* ghost, spirit

ysbryd²/-oedd (m) *[uhsbrid]* morale,
spirits

ysbrydol (adj) *[uhsbruhdol]* spiritual

ysbrydoledig (adj) *[uhsbruhdoledig]*
inspired

ysbrydoli (v) *[uhsbruhdolee]* to inspire

ysbrydoliaeth (f) *[uhsbruhdolyaeeth]*
inspiration

ysbyty/ysbytai (m) *[uhsbuhtee]* hospital

ysfa/ysfeydd (f) *[uhsva]* craving, itch,
scrapie

ysgafn (adj) *[uhsgavn]* light (in weight),
slight, gentle

ysgafnder (m) *[uhsgavnder]* lightness, levity

ysgafnhau (v) *[uhsgavn'haee]* to lighten

ysgariad/-au (m) *[uhsgaryad]* divorce

ysgarmes/-au (f) *[uhsgarmes]* skirmish,
RUGBY ruck

ysgaru (v) *[uhsgaree]* to divorce

ysgawen/ysgaw (f) *[uhsgaooen]* TREE
elder

ysgewyll (pl) *[uhsgeooill]*
ysgewyll Brwsel Brussel sprouts

ysglyfaeth/-au (f) *[uhsgluhvaeeth]* prey,
victim

ysgol/-ion (f) *[uhsgol]* school
ysgol ddwyieithog bilingual school
ysgol feithrin nursery school
ysgol fonedd public school
ysgol gyfun comprehensive school
ysgol Gymraeg Welsh medium
school
ysgol gynradd primary school
ysgol Sul Sunday school

ysgol uwchradd secondary school

ysgolhaig/ysgolheigion (m) *[usgol'haeeg]*
scholar, intellectual

ysgrif/-au (f) *[uhsgriv]* essay

ysgrifbin/-nau (m) *[uhsgrivbin]* pen

ysgrifen (f) *[uhsgreeven]* writing,
handwriting

ysgrifenedig (adj) *[uhsgrivenedig]* written

ysgrifennu (v) *[uhsgrivenee]* to write

ysgrifennwr/ysgrifenwyr (m) *[uhsgrivenoor]*
writer

ysgrifennydd/ysgrifenyddion (m)
[uhsgrivenidd] secretary

ysgrifenyddes/-au (f) *[uhsgrivenuhddes]*
secretary

ysgrythur/-au (f) *[uhsgruhthir]* scripture

ysgub/-au (f) *[uhsgib]* sheaf, broom

ysgubol (adj) *[uhsgeebol]* sweeping,
marvellous

ysgubor/-iau (f) *[uhsgeebor]* barn

ysgutor/-ion (m) *[uhsgitor]* WILL executor

ysgwyd (v) *[uhsgooeed]* to shake, to vibrate,
to sway
mae'r ci'n ysgwyd ei gynffon the
dog wags its tail
ysgwyd llaw to shake hands

ysgwydd/-au (f) *[uhsgooeedd]* shoulder

ysgwyddo (v) *[uhsgooeeddo]* to shoulder

ysgydwodd (v) *[uhsguhdoo-odd]* he/she/it
shook
from **ysgwyd** to shake

ysgyfaint (pl) *[uhsguhvaeent]* lungs

ysgyfarnog/-od (f) *[uhsguhvarnog]* hare

ysgyrnygu (v) *[uhsguhrnuhgee]* to snarl

ysgytio (v) *[uhsguhtyo]* to shake

ysgytiad (m) *[uhsguhtyad]* shock, jolt

ysgytlaeth (m) *[uhsguhtlaeeth]* milkshake

ysgytwad (m) *[uhsguhtooad]* shake, jolt,
shock

ysmygu (v) *[uhsmuhgee]* to smoke

ysmygwr/ysmygwyr (m) *[uhsmuhgoor]*
smoker

ysol (adj) *[uhsol]* consuming

ystad/-au (f) *[uhs' tad]* estate
see **stad**

ystadegau (pl) *[uhstadegaee]* statistics

ystafell/-oedd (f) *[uhstavell]* room
see **stafell**
ystafell aros waiting room

ystafell fwyta dining room
ystafell fyw living room
ystafell wely bedroom
ystafell ymolchi bathroom
ystlum/–od (m) *[uhstlim]* bat
ystlys/–au (f) *[uhstlis]* side, flank, touch-line
ystlyswr/ystlyswyr (m) *[uhstluhsoor]* linesman, usher
ystod/–au (f) *[uhstod]* swath, range
    yn ystod during, in the course of
ystordy/ystordai (m) *[uhstordee]* warehouse
    see **stordy**
ystrydeb/–au (f) *[uhstruhdeb]* cliché
ystryw/–iau (f) *[uhstrioo]* trick, ruse
ystum/–iau (fm) *[uhstim]* gesture, pose, posture, stance
    gwneud ystumiau to make faces, to make signs, to gesture
ystwyth (adj) *[uhstooeeth]* flexible, supple, agile
ystwythder (m) *[uhstooeethder]* flexibility, suppleness, agility
ystyfnig (adj) *[uhstuhvnig]* stubborn,
obstinate
ystyr/–on (fm) *[uhstir]* meaning, sense
ystyried (v) *[uhstuhryed]* to consider, to ponder
ystyriol (adj) *[uhstuhryol]* considerate, thoughtful
ystyrlon (adj) *[uhstuhrlon]* meaningful
ysu (v) *[uhsee]* to consume, to crave, to yearn, to itch
yswiriant/yswiriannau (m) *[uhsooiryant]* insurance
    Yswiriant Gwladol National Insurance
yswirio (v) *[uhsooiryo]* to insure
yw (v) *[ioo]*
    see **ydyw, ydy, ydi**; from the verb **bod**;
    yw cannot be used as 'yes', or to begin questions
    yw e/hi he/she/it is
    athro yw e he's a teacher
    athrawes yw hi she's a teacher
    beth yw'r amser? what's the time?
    beth yw e what is it?
    llyfr yw e it's a book

English – CYMRAEG

A

a *no equivalent in Welsh*
    a cup cwpan
    a little ychydig
    a lot llawer
    50p a pound pum deg ceiniog y pwys
abbey abaty/abatai (m), mynachlog/–ydd (f)
ability gallu/–oedd (m)
able abl, galluog (adj); gallu (v)
    to be able gallu (v)
    I'm able to come rydw i'n gallu dod, rwy'n gallu dod
    I'm not able to come rydw i'n methu dod, dydw i ddim yn gallu dod
abolish gwahardd (v)
about
    1. am (prep) +S.M.
    he's talking about the game mae e'n siarad am y gêm
    she's talking about me mae hi'n siarad amdana i
    how about a game? beth am gêm?
    how about a drink? beth am ddiod
    2. tua (prep) +A.M.
    it's about five o'clock mae hi tua phump o'r gloch
    3. AROUND o gwmpas (prep)
    a walk about the town tro o gwmpas y dre
    there's nobody about does neb o gwmpas
    4. REGARDING ynglŷn â (prep) +A.M.
    a talk about your career sgwrs ynglŷn â'ch gyrfa
    5. ar (prep) +S.M.
    to be mad about dotio ar, ffoli ar
    WITH FUTURE INTENT **I'm about to go** rydw i ar fynd
    6. it's about time mae hi'n hen bryd
above uwchben (prep)
    above the door uwchben y drws
    above all yn fwy na dim, yn anad dim
    from above oddi uchod
    heavens above! y nefoedd fawr!
    see above gweler uchod
abroad tramor (adj)

    a foreign country gwlad dramor
    to go abroad mynd dros y môr
absence absenoldeb/–au (m)
absent absennol (adj)
    absent-minded anghofus
absurd ffôl, abswrd (adj)
academy academi/academïau (f)
    The Welsh Academy Yr Academi Gymreig
accelerate cyflymu (v)
accelerator sbardun (m)
accent acen/–ion (f)
    South Wales accent acen y de
    North Wales accent acen y gogledd
accept RECEIVE derbyn (v)
    I've accepted the job rydw i wedi derbyn y swydd
    I accept your opinion rydw i'n derbyn eich barn chi
acceptable derbyniol (ajd)
accident damwain/damweiniau (f)
    accidentally, by accident ar ddamwain
accommodation llety/lletyau (m)
accompany PERSON hebrwng, PIANO cyfeilio (v)
    I'm accompanying her home rydw i'n ei hebrwng hi adre
    she's accompanying me on the piano mae hi'n cyfeilio imi ar y piano
accomplish FINISH cyflawni, cwblhau (v)
    accomplished performance perfformiad caboledig
accordance
    in accordance with yn unol â +A.M.
according to yn ôl (prep)
    according to the paper yn ôl y papur
account FINANCE cyfrif/–on (m), STORY adroddiad/–au (m)
    bank account cyfrif banc
    current account cyfrif cyfredol
    deposit account cyfrif cadw
    by all accounts yn ôl y sôn
    to keep the accounts cadw'r llyfrau
    take something into account ystyried rhywbeth
    to account for EXPLAIN esbonio
accurate cywir, DETAILED manwl (adj)
accusation cyhuddiad/–au (m)

accuse cyhuddo (v)
accustomed cyfarwydd (adj)
   to be accustomed to bod yn
   gyfarwydd â +A.M.
   I'm accustomed to this rydw i'n
   gyfarwydd â hyn
   to grow accustomed to cynefino â
   +A.M.
ace CARDS as/–au (m), CHAMPION
   pencampwr/pencampwyr (m)
ache poen/–au (f); brifo (v)
achieve cyflawni (v)
achievement FEAT camp/–au (f),
   cyflawniad/–au (m)
   it's a great achievement mae'n gamp
   o bwys
acknowledge cydnabod (v)
acknowledgement cydnabyddiaeth/–au
   (f)
acquaintance FRIEND cyfaill/cyfeillion (m),
   PERSON KNOWN cydnabod (m)
   my acquaintances fy nghydnabod
acquire HAVE, RECEIVE cael, GAIN ennill,
   FOSTER meithrin, LEARN dysgu (v)
across ar draws (prep)
   across the table ar draws y bwrdd
   to go across the street croesi'r stryd
   10 metres across 10 metr o led
act DRAMA act/–au (f), DEED gweithred/–
   oedd (f), LAW deddf/–au (f); actio (v)
   the first act yr act gyntaf
   the second act yr ail act
   the last act yr act olaf
action (DEED) gweithred/–oedd (f), (FUN)
   hwyl (f)
   where's the action? ble mae'r hwyl?
   action replay ailddangos
active LIVELY bywiog, FULL OF WORK
   gweithgar, LIVING byw (adj)
   to lead an active life byw bywyd
   llawn
   active interest diddordeb byw
activity gweithgaredd/–au (m)
actor actor/–ion (m)
actress actores/–au (f)
actual REAL gwirioneddol, EXACT union
   (adj)
   both +S.M.
   the actual day yr union ddydd

actually IN TRUTH mewn gwirionedd, TO
   SAY THE TRUTH a dweud y gwir (adv)
acute BAD, NASTY drwg, SERIOUS difrifol
   (adj)
   acute illness salwch drwg, salwch
   difrifol
   acute angle ongl lem
   acute danger perygl difrifol
add adio (v)
   to add up adio, cyfri
   it doesn't add up dyw e ddim yn
   gwneud synnwyr
addition ychwanegiad/–au (m)
   in addition to this yn ogystal â hyn
address POSTAL cyfeiriad/–au (m), SPEECH
   anerchiad/–au (m); TO REFER, TO WRITE
   AN ADDRESS cyfeirio, TO GIVE A SPEECH
   annerch (v)
adequate digonol (adj)
adhesive tape tâp glynu/tapiau glynu (m)
adjective ansoddair/ansoddeiriau (m)
adjust cymhwyso (v)
admiration edmygedd (m)
   great admiration edmygedd mawr
admire edmygu (v)
admission WAY IN mynediad/–au (m),
   CONFESSION cyfaddefiad/–au (m)
   admission charge tâl mynediad
   to make an admission cyfaddef
   free admission mynediad am ddim
admit TO MAKE AN ADMISSION cyfaddef, TO
   LET IN caniatáu mynediad, rhoi lle (v)
   to admit to someone cyfaddef wrth
   rywun
   he's been admitted to hospital mae
   e yn yr ysbyty
admittance mynediad (m)
   free admittance mynediad am ddim
adopt mabwysiadu (v)
adult oedolyn/oedolion (m)
   adult education addysg oedolion
advance TO GO FORWARD mynd ymlaen, TO
   PROPOSE cynnig (v); LOAN benthyciad/–
   au (m)
   he made advances to her fe driodd e
   'i siawns 'da hi
advantage mantais/manteision (f)
   to take advantage of manteisio ar
   +S.M.

adventure antur/–iaethau (m)
    adventure story stori antur
adverb adferf/–au (f)
advertize hysbysebu (v)
advertisement hysbyseb/–ion (f)
advice cyngor/cynghorion (m)
    to give advice to someone cynghori rhywun
    citizens' advice centre canolfan cynghori dinasyddion
advise cynghori (v)
aeroplane awyren/–nau (f)
affair MATTER mater/–ion (m), LOVE AFFAIR carwriaeth/–au (f)
    foreign affairs materion tramor
affect effeithio (v)
    to affect something effeithio ar rywbeth
affectionate hoffus (adj)
afford fforddio (v)
afraid ofnus (adj)
    I'm afraid mae ofn arna i
    I'm afraid of it rydw i'n ei ofni fe
Africa Affrica (f)
    South Africa De Affrica
African Affricanaidd (adj); Affricanwr/ Affricanwyr (m), Affricanes/–au (f)
after ar ôl, wedi (prep)
    after the game ar ôl y gêm
    after I came ar ôl i mi ddod
    after all wedi'r cyfan, wedi'r cwbwl
    it's after six o'clock mae hi wedi chwech o'r gloch
    one after the other y naill ar ôl y llall
    they are after him maen nhw ar ei ôl e
    she asked after you holodd hi amdanoch chi
afternoon prynhawn/–iau (m)
    good afternoon prynhawn da
    Saturday afternoon prynhawn Sadwrn
    this afternoon prynhawn 'ma
    tomorrow afternoon prynhawn yfory
afterwards wedyn (adv)
    I went afterwards fe es i wedyn
again eto (adv)
    once again unwaith eto
    again and again byth a hefyd, TIME

AFTER TIME dro ar ôl tro
    now and again yn awr ac yn y man
    never again byth eto
against yn erbyn (prep)
    to fight against ymladd â +A.M.
age oed (m), OF PERSON oedran/–nau (m), PERIOD oes/–au/–oedd (f)
    five years of age pum mlwydd oed
    old age henaint
    under age dan oedran
    the old aged yr hen bobl
    ages ago oesoedd yn ôl
    The Stone Age Yr Oes Garreg
    The Iron Age Yr Oes Haearn
    The Middle Ages Yr Oesoedd Canol
agency asiantaeth/–au (f)
    Welsh Development Agency Awdurdod Datblygu Cymru
agile ystwyth (adj)
agility ystwythder (m)
agree cytuno (v)
    to agree with cytuno â +A.M.
agreement cytundeb/–au (m)
agriculture amaethyddiaeth (f)
ahead ymlaen (adv)
    I'm ahead rydw i ar y blaen
    I'm ahead of you rydw i ar y blaen i chi
    to go ahead with something mynd ymlaen â rhywbeth
    to look ahead edrych i'r dyfodol
aid cymorth/cymhorthion (m); cynorthwyo (v)
    Christian Aid Cymorth Cristnogol
    in aid of something TO HELP SOMETHING i gynorthwyo rhywbeth, i roi help i rywbeth, FOR THE GOOD OF er lles rhywbeth
AIDS SDIC
aim TARGET nod/–au (m), PURPOSE amcan/–ion (m), INTENTION bwriad/–au(m); anelu, INTEND bwriadu (v)
    aims and objectives nodau ac amcanion
    to aim at anelu at +S.M.
air awyr (f); awyru, CLOTHES caledu (v)
    fresh air awyr iach
    air bed gwely awyr
    Air Force Llu Awyr

it's still in the air mae hi'n dal yn ansicr

alarm EQUIPMENT larwm (m), FEAR dychryn (m)
    alarm clock cloc larwm
    to cause alarm peri dychryn
    I'm alarmed rydw i wedi dychryn

alcohol alcohol (m)

alcoholic alcoholig (adj); alcoholig (m)
    alcoholic drink diod gadarn

A level Lefel/–au A, Safon A, Safon Uwch (f)

alike tebyg (adj)

alive byw (adj)
    he's alive mae e'n fyw

all EVERYONE pawb (m), EVERYTHING y cwbl, y cyfan (m); holl, i gyd (adj)
    holl *precedes noun* +S.M.
    all the things yr holl bethau
    all of his time ei holl amser
    all of us ni i gyd
    all right iawn
    all the girls y merched i gyd, yr holl ferched
    all the time trwy'r amser
    all year yr holl flwyddyn, trwy gydol y flwyddyn
    most of all mwyaf oll
    not at all dim o gwbl
    of all kinds o bob math
    once and for all unwaith ac am byth
    that's all dyna i gyd
    two all SCORE dau yr un

allow caniatáu, LEAVE, LET gadael (v)
    to allow someone to come caniatáu i rywun ddod

almost bron (adv)
    it's almost ten o'clock mae hi bron yn ddeg o'r gloch
    almost everyone bron pawb

alone ON HIS OWN ar ei ben ei hun (adv)
    on her own ar ei phen ei hun
    on my own ar fy mhen fy hun
    on your own ar dy ben dy hun, ar eich pen eich hun

along ar hyd (prep)
    along motorways ar hyd traffyrdd

aloud yn uchel (adv)

already yn barod (adv)

she's here already mae hi yma'n barod

also hefyd (adv)

alter newid (v)

although er (prep)
    although the bus is late er bod y bws yn hwyr

always bob amser (adv)

am (v)
    I am rydw i, rwy(f) i, wy(f), dw i, wi
    I'm coming rydw i'n dod, rwy'n dod etc.
    I am here rydw i yma
    I am not dydw i ddim, dw i ddim

A.M. A.C.

ambitious uchelgeisiol (adj)

ambulance ambiwlans/–ys (m)

America America (f)
    North America Gogledd America
    South America De America

American Americanaidd (adj); Americanwr/Americanwyr (m), Americanes/–au (f)

among ymhlith, ymysg (prep)

amount swm/symiau (m)

an *see* a

analyse dadansoddi (v)

ancestor hynafiad/hynafiaid (m)

ancient hen, hynafol (adj)
    hen *precedes noun* +S.M.
    ancient fortress hen gaer
    ancient monuments henebion

and a +A.M., ac (conj)
    ac *is used before vowels and* mae
    mother and father mam a thad
    old and young hen ac ifanc
    and he's won ac mae e wedi ennill
    and so on ac yn y blaen

angel angel/angylion (m)

anger dicter (m)

angle ongl/–au (f)
    acute angle ongl lem
    obtuse angle ongl aflem
    right angle ongl sgwâr

Anglo Eingl (adj)
    Anglo-Welsh Eingl-Gymreig

anglicize Seisnigo (v)

angry crac (adj)

animal anifail/anifeiliaid (m)

ankle migwrn/migyrnau (m)
announce cyhoeddi (v)
annoy poeni (v)
another arall (adj)
    another one un arall
    another person person arall
answer ateb/–ion (m); ateb (v)
ant morgrugyn/morgrug (m)
anxious pryderus (adj)
any unrhyw +S.M. (adj)
    any woman unrhyw fenyw
    have you any money? oes arian 'da chi?
    I don't have any time does dim amser 'da fi
    have you any? oes peth 'da chi?
    in any case beth bynnag
anybody SOMEONE rhywun (m), NO-ONE neb (m)
anyone unrhyw un (m)
anything SOMETHING rhywbeth (m), unrhyw beth (m)
    I haven't got anything does dim byd 'da fi
anyway beth bynnag (conj)
anywhere SOMEWHERE rhywle, unrhyw le (adv)
apart ar wahân (adv)
    apart from Huw ar wahân i Huw
apologize ymddiheuro (v)
    to apologize to someone for something ymddiheuro i rywun am rywbeth
appeal apelio (v)
    it appeals to me mae e'n apelio ata i
appear ymddangos (v)
appetite NEED FOR FOOD chwant bwyd (m), archwaeth (mf)
    I have an appetite mae chwant bwyd arna i
apple afal/–au (mf)
    apple tree coeden afalau, afallen
apply ceisio, gwneud cais (v)
    to apply for a post gwneud cais am swydd
appreciate gwerthfawrogi (v)
appropriate SUITABLE priodol, addas (adj)
approve cymeradwyo (v)
approximately tua +A.M. (adv)

    approximately a hundred tua chant
April Ebrill (m)
    in April ym mis Ebrill
    April the first Ebrill y cynta
apron ffedog/–au (f)
Arab Arab/–iaid (m)
arch bwa/bwâu (m)
archbishop archesgob/–ion (m)
    The Archbishop of Wales Archesgob Cymru
architect pensaer/penseiri (m)
are (v)
    you are FAMILIAR rwyt ti, POLITE rydych chi
    we are rydyn ni
    they are maen nhw
    we are coming rydyn ni'n dod
    you are kind rydych chi'n garedig
    they're here maen nhw yma
    are we ready? ydyn ni'n barod?
    are you going ydych chi'n mynd?
    are they on the train? ydyn nhw ar y trên?
    yes, you are FAMILIAR wyt, POLITE ydych
    no, you aren't FAMILIAR nag wyt, POLITE nag ydych
    no, you're not FAMILIAR nag wyt, POLITE nag ydych
    yes, we are ydyn
    no, we aren't nag ydyn
    yes, they are ydyn
    no, they aren't nag ydyn
area OF LAND arwynebedd/–au (m), TOPIC maes/meysydd (m)
    area of study maes astudiaeth
Argentina Ariannin (f)
argue dadlau (v)
    to argue with dadlau â +A.M.
    to argue against dadlau yn erbyn
argument dadl/dadleuon (f)
arithmetic rhifyddeg (f)
arm braich/breichiau (f)
    arm in arm braich ym mraich
armpit cesail/ceseiliau (f)
arms MILITARY arf/–au (f)
army byddin/–oedd (f)
    Salvation Army Byddin yr Iachawdwriaeth

around
> **1.** IN A CIRCLE, APPROXIMATELY o gwmpas (prep) (adv)
> **around the house** o gwmpas y tŷ
> **is he around?** ydy e o gwmpas?
> **2.** APPROXIMATELY tua (prep) +A.M.
> **around six o'clock** tua chwech o'r gloch
> **3.** ABOUT am (prep) +S.M.
> **around her neck** am ei gwddf
> **around her waist** am ei chanol

arrange trefnu (v)

arrangement trefniant/trefniadau (m), MUSICAL trefniant/trefniannau (m)
> **arrangements for the party** trefniadau i'r parti

arrest arestio (v)
> **he has been arrested** mae e wedi cael ei arestio

arrive cyrraedd (v)
> **to arrive at the hotel** cyrraedd y gwesty

art PAINTING ETC.celf (f), THE ARTS celfyddyd/–au (f)
> **art gallery** oriel gelf

article ESSAY erthygl/–au (f), OBJECT gwrthrych/–au (m), THING peth/–au (m), EQUIPMENT offeryn/offer (m)

artificial artiffisial (adj)

artist artist/–iaid (m)

as
> **1.** AS...AS mor...â (adv)
> mor +S.M. *except for* ll *and* rh; â +A.M.
> **as full as** mor llawn â
> **as black as coal** mor ddu â glo
> **2.** AS...AS cyn...â (adv)
> cyn *followed by comparative form of adj*; +S.M. *except for* ll *and* rh; â +A.M.
> **as soon as possible** cyn gynted â phosib
> **as cheap as possible** cyn rhated â phosib
> **3.** LIKE fel (conj) (adv)
> **as a rule** fel rheol
> **as you know** fel y gwyddoch
> **4. as well** ALSO hefyd (conj) (adv)
> **as well as this** IN ADDITION TO THIS yn ogystal â hyn

> **5. as it happens** fel y mae'n digwydd
> **as good as me** cystal â fi
> **as bad as London** cynddrwg â Llundain
> **as big as he** cymaint ag e(f)
> **as much as that** cymaint â hynny

ash llwch (m)
> **ash tray** blwch llwch

Asia Asia (f)

Asian Asiad/Asiaid (mf)

ask gofyn (v)
> **to ask someone for something** gofyn i rywun am rywbeth

asleep ynghwsg (adj); SLEEPING yn cysgu (v)

assembly cynulliad/–au (m)
> **Welsh Assembly** Cynulliad Cenedlaethol Cymru
> **Assembly Member** Aelod/–au Cynulliad (m)

assist helpu, cynorthwyo, rhoi cymorth (v)
> **to help someone** rhoi cymorth i rywun

assistant cynorthwywr/cynorthwywyr (m), cynorthwywraig/cynorthwywragedd (f)
> **shop assistant** cynorthwywr siop, gwerthwr, gwerthwraig

association SOCIETY cymdeithas/–au (f), CONNECTION cysylltiad/–au (m)
> **housing association** cymdeithas tai
> **in association with** mewn cysylltiad â +A.M.

assume tybio (v)

assure sicrhau (v)

astonish syfrdanu, SURPRISE synnu (v)

astonishing syfrdanol (adj)

at
> **1.** am (prep) +S.M.
> **at two o'clock** am ddau o'r gloch
> **to laugh at someone** chwerthin am ben rhywun
> **2.** TOWARDS at (prep) +S.M.
> **to throw the ball at Huw** taflu'r bêl at Huw
> **3.** TO i (prep) +S.M.
> **to throw the ball to Huw** taflu'r bêl i Huw
> **4.** wrth (prep) +S.M.

at the table wrth y bwrdd
at hand wrth law
to be angry at someone bod yn ddig wrth rywun
5. IN yn (prep) +N.M.
at college yn y coleg
at Bangor ym Mangor
at the hotel yn y gwesty
at work yn y gwaith
6. ar (prep) +S.M.
at the break of day ar doriad dydd
at the moment ar y funud
to look at her edrych arni hi
at fault ar fai
to shout at gweiddi ar
at worst ar y gwaetha
at the moment ar hyn o bryd
to look at edrych ar
7. mewn
good at sports da mewn chwaraeon
8. at home gartre
at all o gwbl
at last o'r diwedd
at any time unrhyw bryd
at any rate beth bynnag
athlete athletwr/athletwyr (m), athletwraig/athletwragedd (f)
athletics athletau (pl)
Atlantic Iwerydd (m)
Atlantic Ocean Cefnfor Iwerydd
atomic atomig (adj)
atomic bomb bom atomig
attack ymosod (v)
to attack someone ymosod ar rywun
attempt ceisio (v); ymgais/ymgeisiadau (f)
attend mynychu (v)
attention sylw (m)
to pay attention to something rhoi sylw i rywbeth
attitude agwedd/–au (f)
attract denu (v)
attractive deniadol (adj)
auction arwerthiant/arwerthiannau (m), ocsiwn/ocsiynau (m)
audience cynulleidfa/–oedd (f)
August Awst (m)
in August ym mis Awst
aunt modryb/–edd (f)
Australia Awstralia (f)

Australian Awstraliad/Awstraliaid (mf)
Austria Awstria (f)
Austrian Awstriad/Awstriaid (mf)
author awdur/–on (m)
authority awdurdod/–au (m)
Local Education Authority Awdurdod Addysg Lleol
automatic awtomatig (m)
autumn hydref (m)
in autumn yn yr hydref
available ar gael (adj) (adv)
is it available? ydy e ar gael?
avenue rhodfa/rhodfeydd (f)
average cyfartalog, ORDINARY cyffredin (adj)
on average ar gyfartaledd
avoid osgoi (v)
await aros (v)
to await the news aros am y newyddion
awake effro, di-hun (adj)
I'm awake rydw i ar ddi-hun
award gwobrwyo (v)
aware ymwybodol (adj)
I'm aware of this rydw i'n ymwybodol o hyn
away i ffwrdd, (SW) bant (adv)
go away! ewch i ffwrdd!
right away ar unwaith
to die away lleihau, TO STOP peidio â +A.M.
to give away a secret datgelu cyfrinach
awful ofnadwy (adj)
awkward trwsgl, DIFFICULT anodd (adj)
axe bwyell/bwyeill (f); CUT torri (v)
axle echel/–au (f)

B

baby baban/–od (m)
baby sit gwarchod (v)
baby-sitter gwarchodwraig/ gwarchodwragedd (f)
back cefn/–au (m); cefn, ôl (adj); yn ôl (adv); TO SUPPORT cefnogi, TO REVERSE bacio (v)
back to front tu chwith

I have a bad back mae cefn tost 'da i
back numbers OF MAGAZINE ôl-rifynnau
back door drws cefn, drws y bac (SW)
back seat sedd gefn
he's back mae e'n ôl
back you go! yn ôl â chi!
background cefndir/–oedd (m)
backward SLOW araf (adj)
backwards tuag yn ôl (adv)
bacon cig moch, bacwn (m)
bad NAUGHTY, EVIL drwg, ILL, POOR gwael (adj)
    a bad boy bachgen drwg
    from bad to worse o ddrwg i waeth
    to do badly gwneud yn wael
    to go bad mynd yn ddrwg
    as bad as cynddrwg â +A.M.
badminton pêl-bluen (f)
bag bag/–iau (m)
bake pobi (v)
    baked beans ffa pob
    baked potatoes tatws pob
baker pobydd/–ion (m)
bakery popty/poptai (m)
    baker's shop siop fara
balance cydbwysedd (m), SCALES mantol/–ion (f)
    balance sheet mantolen
    in the balance yn y fantol
bald moel (adj)
ball pêl/peli (f), DANCE dawns/–iau/–feydd (f)
    see **football, netball, basketball, rugby football**
ball-point
    ball-point pen beiro/–s (m)
banana banana/–s (m)
band band/–iau (m)
    brass band band pres
bandage rhwymyn/–nau/rhwymau (m)
bang bang/–iau (m), clec/–iadau (f); curo (v)
    to bang the door curo'r drws yn galed
    to bang the door shut cau'r drws â chlec
bank FINANCIAL banc/–iau (m), OF RIVER glan/–nau (f); bancio (v)
    river bank glan yr afon

bank account cyfrif banc
bank note arian papur
bar bar/–rau (m); PROHIBIT gwahardd (v)
bare BALD moel, NAKED noeth (adj)
barely prin (adv)
bargain bargen/bargeinion (f)
barmaid barmed, barforwyn (f)
barman barman/barmyn (m), gweithiwr bar/gweithwyr bar (m)
barn ysgubor/–iau (f)
barrel casgen/–ni (f)
barrister bargyfreithiwr/bargyfreithwyr (m)
base sylfaen/sylfeini (f); seilio (v); LOW isel, BAD gwael (adj)
basic sylfaenol (adj)
basin basn/–au (m)
    wash basin basn ymolchi
basket basged/–i (f)
basketball pêl-fasged (f)
bath bath (m), baddon/–au (m)
    to have a bath cael bath
bathe ymdrochi, SWIM nofio (v)
bathing suit siwt nofio/siwtiau nofio (f)
bathroom ystafell ymolchi/ystafelloedd ymolchi (f)
battery batri/batrïau/batris (m)
battle brwydr/–au (f); brwydro (v)
    into battle! i'r gad!
bay bae/–au (m)
be bod, TO HAVE SOMETHING DONE TO YOU cael (v)
    to be free bod yn rhydd
    to be afraid bod yn ofnus
    he is being paid mae e'n cael ei dalu
beach traeth/–au (m)
beads gleiniau (pl)
beans ffa (pl)
    runner beans ffa dringo
    kidney beans ffa dringo, cidnabêns
    French beans ffa Ffrengig
bear arth/eirth (f); SUFFER goddef, HOLD dal (v)
    to bear in mind cadw mewn cof
    to bear a grudge against dal dig yn erbyn
    to bear a resemblance to bod yn debyg i
    I can't bear him alla i ddim 'i oddef e

beard barf/–au (f)

beat DEFEAT, HIT, curo (v)
    Wales have beaten England mae Cymru wedi curo Lloegr

beautiful prydferth (adj)

because achos, oherwydd, am (conj)
    all followed by noun clause construction
    because he is here achos ei fod e yma
    because she's sleeping oherwydd ei bod hi'n cysgu

become dod yn, mynd yn +S.M.(v)
    to become a teacher mynd yn athro
    to become ill mynd yn sâl
    to become better dod yn well

bed gwely/–au (m)
    single bed gwely sengl
    double bed gwely dwbwl
    to go to bed mynd i'r gwely

bedroom ystafell wely/ystafelloedd gwely (f)

bee gwenynen/gwenyn (f)

beef cig eidion (m)

been wedi bod (v)
    I have been rydw i wedi bod
    I had been roeddwn i wedi bod
    he will have been bydd e wedi bod
    he would have been byddai fe wedi bod

beetroot betysen/betys (f)

before cyn (prep) (conj); o'r blaen (adv); IN FRONT OF o flaen (prep)
    before going cyn mynd
    before I go cyn i fi fynd
    before long cyn bo hir
    before Christ cyn Crist
    B.C. C.C.
    I've seen him before rydw i wedi ei weld e o'r blaen
    he came before her daeth e o'i blaen hi

beg TRAMPS cardota, BESEECH erfyn (v)
    I beg you to come rydw i'n erfyn arnat ti i ddod

beggar cardotyn/cardotwyr (m)

begin dechrau (v)

beginner dechreuwr/dechreuwyr (m)

beginning dechreuad/–au (m)
    from the beginning o'r dechrau

from the beginning of June o ddechrau mis Mehefin

behave ymddwyn (v)

behaviour ymddygiad (m)

behind tu ôl i (prep) +S.M.; ar ôl (adv); OF BODY pen-ôl (m)
    behind the door tu ôl i'r drws
    I've left the car behind rydw i wedi gadael y car ar ôl

behold! wele (v) +S.M.
    behold a boy! wele fachgen!

Belgian Belgiad/Belgiaid (mf)

Belgium Gwlad Belg (f)

belief cred (f)

believe credu (v)
    believe in God credu yn Nuw

bell cloch/clychau (f)
    to ring a bell canu cloch

belong perthyn, piau (v)
    it belongs to me mae e'n perthyn i fi, fi biau fe

belongings eiddo (m)

below dan (prep) +S.M.; isod (adv)
    below zero dan sero
    see below gweler isod

belt gwregys/–au (m); gwregysu (v)
    belt up cau dy geg

bench mainc/meinciau (f)

bend plygu (v); SHAPE tro/–adau (m)
    to bend down plygu
    a bend in the road tro yn yr heol

beneath dan (prep) +S.M.; isod (adv)

benefit budd (m), lles (m)
    unemployment benefit budd-dal diweithdra
    for your benefit er dy les di

beside ger (prep)

besides heblaw (adv)

best gorau (adj)
    the best team y tîm gorau
    best man WEDDING gwas priodas
    I like her best rydw i'n ei hoffi hi orau
    to do your best gwneud eich gorau glas
    to the best of my knowledge hyd y gwn i

better gwell (adj); gwella (ar +S.M.) (v)
    a better man gwell dyn
    better than ever gwell nag erioed

better late than never gwell hwyr na hwyrach

we had better leave mae'n well i ni adael

that's better! mae hynny'n well!

to get the better of someone ennill y blaen ar rywun

he is better off mae e ar ei ennill

to get better gwella

betray bradychu (v)

between rhwng (prep)

between you and me rhyngon ni'n dau

in between yn y canol

beware TAKE CARE cymryd gofal (v)

beware of the dog perygl! ci

beyond tu hwnt (adv); tu hwnt i +S.M., tu draw i +S.M. (prep)

beyond the town tu hwnt i'r dre

it's beyond belief mae'n anghredadwy

beyond doubt y tu hwnt i amheuaeth, yn ddi-os

it's beyond me I CAN'T UNDERTAND IT alla i ddim deall y peth

Bible Beibl/–au (m)

bicycle beic/–iau (m)

motor bicycle beic modur

big mawr (adj)

a big girl merch fawr

as big as mor fawr â +A.M.

bigger mwy (adj)

bigger than mwy na +A.M.

the bigger of the two y mwya(f) o'r ddau

biggest mwya(f) (adj)

bike beic/–iau (m)

go on your bike cer ar dy feic

bill MONEY bil/–iau (m), PARLIAMENTARY mesur/–au (m)

to pay the bill talu'r bil

bilingual dwyieithog (adj)

a bilingual person person dwyieithog

billion biliwn/biliynau (m)

bin bin/–iau (m), basged/–i (f)

bind rhwymo (v)

to bind something to something rhwymo rhywbeth wrth rywbeth

biology bioleg (f)

birch bedwen/bedw (f)

silver birch bedwen arian

bird aderyn/adar (m)

birds of feather fly together adar o'r unlliw hedant i'r unlle

biro beiro/–s (m)

birth genedigaeth/–au (f)

to give birth to esgor ar +S.M.

birthday pen blwydd/pennau blwydd (m)

happy birthday pen blwydd hapus

biscuit bisgeden/bisgedi (f), bisgïen/bisgedi (f)

bishop esgob/–ion (m)

bit PIECE darn/–au (m), LITTLE BIT tamaid/tameidiau (m)

bite cnoi (v)

bitter chwerw (adj)

a pint of bitter beer peint o gwrw chwerw

black du (adj)

in black and white ar ddu a gwyn

black coffee coffi du

the Black Mountain y Mynydd Du

a black day diwrnod trist

blackberry mwyar duon (pl)

blackboard bwrdd du (m)

black-currant cyrens duon (pl)

blacken duo (v)

blacksmith gof/–aint (m)

blade llafn/–au (f)

blame bai/beiau (m); beio (v)

I'm to blame fi sydd ar fai

blank gwag (adj)

blanket blanced/–i (f)

blazer siaced/–i (f)

bleed gwaedu (v)

bless bendithio (v)

blessing bendith/–ion (f)

blind dall/deillion (adj)

the blind y deillion

blind drunk meddw gaib

blister pothell/–i (f)

block bloc/–iau (m), blocyn/blociau (m); IMPEDE rhwystro (v)

a block of wood blocyn o bren

a block of flats bloc o fflatiau

block capitals prif lythrennau

road block rhwystr ar y ffordd

blonde golau (adj)

blonde hair gwallt golau, gwallt melyn

blood gwaed (m)
    blood pressure pwysedd gwaed
blouse blows/–ys (f)
blow chwythu (v); ergyd/–ion (f)
blue glas (adj)
    blue film ffilm goch
blunt di-fin (adj)
blush gwrido (v)
board bwrdd/byrddau (m), LODGINGS llety/
    –au (m); TRANSPORT mynd ar +S.M. (v)
    Welsh Language Board Bwrdd yr
    Iaith
    black board bwrdd du
    half board llety brecwast a swper
    full board llety a phrydau
    across the board yn gyffredinol
    on board the ship ar fwrdd y llong
boast ymffrostio (v)
boat cwch/cychod (m)
    fishing boat cwch pysgota
body corff/cyrff (m)
bog cors/–ydd (f)
boil berwi (v)
    boiled egg wy wedi'i ferwi
    boiling water dŵr berw
bold BRAVE dewr, CHEEKY hyf (adj)
bomb bom/–iau (m); bomio (v)
    to cost a bomb costio bom
boob MISTAKE camsyniad/–au (m), BREAST
    bron/–nau (f)
book llyfr/–au (m); ORDER cadw (lle),
    TRANSPORT bwcio (v)
    book token tocyn llyfrau
    text book gwerslyfr
    book shop siop lyfrau
    booklet llyfryn
    to book a room cadw ystafell
    have you booked? ydych chi wedi
    cadw lle?
boot SHOE esgid/–iau (f), CAR cist/–iau (f);
    cicio (v)
    car boot sale sêl cist car
border OF COUNTRY ffin/–iau (f), OF PAGE
    ymyl/–on (f), OF GARDEN border/–i (m)
bored diflas (adj)
boring diflas, LONG-WINDED hirwyntog
    (adj)
born, to be geni (v)
    I was born ces i fy ngeni

    he was born cafodd e ei eni
borough bwrdeistref/–i (f)
    Borough of Neath Bwrdeistref
    Castell-nedd
borrow benthyca (v)
boss bòs/bosys (m), pennaeth/penaethiaid
    (m)
botany botaneg (f)
both y ddau (m); ill dau (adj)
    both of you chi'ch dau
    both of them nhw ill dau
    both are coming mae'r ddau yn dod
bother trafferthu (v); trafferth/–ion (f)
    don't bother about me peidiwch â
    phoeni amdana i
    it's no bother popeth yn iawn
bottle potel/–i (f)
    to hit the bottle taro'r botel
    a bottle of wine potel o win
    bottle opener agorwr poteli
bottom gwaelod/–ion (m); gwaelod,
    LOWEST isaf (adj)
    bottom gear gêr isaf
    at the bottom of the class ar waelod
    y dosbarth
    bottoms up! iechyd da!
    who is at the bottom of this? pwy sy
    y tu ôl i hyn?
boundary ffin/–iau (f)
bowl bowlen/–ni (f); bowlio (v)
bowler CRICKET bowliwr/bowlwyr (m), HAT
    het galed/hetiau caled (f)
box blwch/blychau (m), bocs/–ys (m);
    paffio (v)
    box office swyddfa docynnau
    Boxing Day Dydd San Steffan (m)
    boxing match gornest baffio (f)
boy bachgen/bechgyn (m)
boyfriend cariad/–on (m)
bra bronglwm/bronglymau (m)
bracelet breichled/–au (f)
brain ymennydd (m)
brainy peniog (adj)
brake brêc/breciau (m); brecio (v)
branch cangen/canghennau (f)
    branch of a bank cangen banc
brave dewr (adj)
Brazil Brasil (f)
bread bara (m)

sliced bread bara tafell
wholemeal bread bara gwenith cyflawn
white bread bara gwyn
brown bread bara brown
our daily bread ein bara beunyddiol
breadth lle (m)
length and breadth hyd a lled
break torri (v); toriad/–au (m), SCHOOL egwyl/–iau (f)
to break in torri i mewn
to break down torri (i lawr)
after the break TELEVISION ar ôl y toriad
breakfast brecwast/–au (m)
for breakfast i frecwast
breast bron/–nau (f), CHEST, BREAST OF CHICKEN brest (f)
breath anadl (mf)
breathe anadlu (v)
breeze awel/–on (f)
Breton LANGUAGE Llydaweg (f), PERSON Llydawr/Llydawyr (m), Llydawes/–au (f)
brewery bragdy/bragdai (m)
brick bric/–iau (m); bricio (v)
bride priodferch/–ed (f)
the bride and groom y briodferch a'r priodfab
bridge pont/–ydd (f); pontio (v)
suspension bridge pont grog
bridging class dosbarth pontio
brief SHORT byr, CONCISE cryno (adj); LEGAL brîff/briffiau (f)
briefly yn gryno
briefcase briffces/–ys (m)
briefs trôns (m), pans (m)
bright gloyw, disglair (adj)
brighten goleuo (v)
brilliant disglair (adj)
bring dod â +A.M. (v) dod ag *before vowels*
to bring the children dod â'r plant
bring the food dewch â'r bwyd
to bring something forward tynnu rhywbeth ymlaen
to bring something back dod yn ôl â rhywbeth
Britain Prydain (f)

Great Britain Prydain Fawr
British Prydeinig (adj); LANGUAGE Brythoneg (f)
Britisher Prydeiniwr/Prydeinwyr (mf)
Brittany Llydaw (f)
broad eang, WIDE llydan (adj)
broadcast darlledu (v); darllediad/–au (m)
brochure LEAFLET taflen/–ni (f), HANDBOOK llawlyfr/–au (m), BOOKLET llyfryn/–nau (m)
bronchitis llid yr ysgyfaint (m), broncitis (m)
bronze pres (m), efydd (m)
the bronze age yr oes efydd
brooch tlws/tlysau (m)
brook nant/nentydd (f)
brother brawd/brodyr (m)
brother-in-law brawd-yng-nghyfraith/ brodyr-yng-nghyfraith
brown brown (adj)
bruise clais/cleisiau (m); cleisio (v)
brush brws/–ys (m); brwsio (v)
bucket bwced/–i (m)
budget cyllideb/–au (m)
build adeiladu (v)
building adeilad/–au (m)
bulb bylb/–iau (m)
bull tarw/teirw (m)
bullet bwled/–i (f)
bump SWELLING chwydd/–i (m); TO HIT taro yn erbyn (v)
bun bynsen/byns (f)
burglar lleidr/lladron (m)
burial FUNERAL angladd/–au (mf)
burial ground mynwent
burn llosgi (v); llosgiad/–au (m)
burst EXPLODE ffrwydro, CUT torri (v)
bury claddu (v)
bus bws/bysys/bysiau (m)
bush llwyn/–i (m)
business busnes/–au (m)
business hours oriau busnes
businessman dyn busnes/dynion busnes (m)
busy prysur (adj)
to be busy bod yn brysur
but ond (conj)
I saw nothing but…welais i ddim ond…
had we but known pe baen ni ond

wedi gwybod
butcher cigydd/–ion (m)
butter menyn (m)
   Welsh butter menyn Cymru
button botwm/botymau (m); botymu (v)
buy prynu (v)
by
   1. NEAR wrth (prep) +S.M.
   by the table wrth y bwrdd
   2. NEAR yn ymyl (prep)
   near the riverbank yn ymyl y lan
   3. THROUGH trwy (prep) +S.M.
   by working hard trwy weithio'n galed
   4. DENOTES DOER gan (prep) +S.M.
   the work was done by the girl roedd
   y gwaith wedi ei wneud gan y ferch
   5. ON ar (prep) +S.M.
   by heart ar gof
   by myself ar fy mhen fy hun
   by train ar y trên
   6. by night liw nos
   by day liw dydd
   by the way gyda llaw

C

C.D. C.D. (m), cryno-ddisg/–iau (m)
cabbage bresychen/bresych (f)
cabin caban/–au (m)
cable cebl/ceblau (m)
   cable car cerbyd cebl
café caffe/–s (m)
cake teisen/–nau (f), cacen/–nau (f)
   chocolate cake teisen siocled
   Christmas cake teisen Nadolig
   birthday cake teisen pen blwydd
calculate cyfrif (v)
calculator cyfrifiannell/cyfrifiannellau (f)
calendar calendr/–au (m)
calf llo/–i (m)
call galw (v); galwad/–au (f)
   to call on someone galw ar rywun
   what's he called? beth yw ei enw?
   who's calling? pwy sy'n galw?
   I'll call in today fe alwa i heddiw
   to call the doctor out galw'r
   meddyg

   to pay a call on someone ymweld â
   rhywun
   that isn't called for does dim angen
   hynny
calm llonydd (adj); tawelu (v)
   to calm down tawelu, llonyddu
camera camera/camerâu (m)
camp gwersyll/–oedd (m); gwersylla (v)
   Welsh League of Youth camp
   Gwersyll yr Urdd
campaign ymgyrch/–oedd (f); ymgyrchu
   (v)
   to campaign for the language
   ymgyrchu dros yr iaith
can TIN tun/–iau (m), can/–iau (m); TO BE
   ABLE TO gallu (v)
   I can rydw i'n gallu, gallaf i
   you can FAMILIAR rwyt ti'n gallu, gelli
   di, POLITE rydych chi'n gallu, gallwch
   chi
   he/she can mae e/hi'n gallu, gall e/hi
   we can rydyn ni'n gallu, gallwn ni
   they can maen nhw'n gallu, gallan
   nhw
   she can swim mae hi'n gallu nofio
   I can't for the life of me remember
   rydw i'n methu'n lân â chofio
Canada Canada (f)
Canadian Canadiad/Canadiaid (mf)
canal camlas/camlesi (f)
cancel dileu (v)
cancer canser (m)
candidate ymgeisydd/ymgeiswyr (m)
   parliamentary candidate ymgeisydd
   seneddol
candle cannwyll/canhwyllau (f)
canoe canŵ/–s (m); canwio (v)
cap cap/–iau (m)
capable abl, galluog (adj)
   he is capable of doing the work mae
   e'n gallu gwneud y gwaith
capital prif (adj)
   capital city prifddinas/–oedd (f)
capitalist cyfalafwr/cyfalafwyr (m)
captain capten/capteiniaid (m)
car car/ceir (m)
   car park maes parcio
   car driver gyrrwr car
caravan carafán/carafanau (f)

card carden/cardiau (f), cerdyn/cardiau (m)
   playing cards cardiau chwarae
   post card cerdyn post
cardigan cardigan/–au (m)
care gofal/–on (m); gofalu (v)
   to care for someone gofalu am rywun
   to take care gofalu, cymryd gofal
   take care! cymerwch ofal!
   would you care for a coffee? hoffech chi gael coffi?
   I don't care does dim ots 'da fi
career gyrfa/–oedd (f)
careful gofalus (adj)
careless diofal (adj)
carnival carnifál/carnifalau (m)
carpenter saer/seiri (m)
carpet carped/–i (m)
carriage cerbyd/–au (m)
carrot moronen/moron (f)
carry cario (v)
   to carry a bag cario bag
   to carry on with the work mynd ymlaen â'r gwaith, CONTINUE parhau â'r gwaith
   to carry out the work gwneud y gwaith
cart cart/–iau (m), cert/–i (m)
carve cerfio (v)
case BAG cês/cesys (m), COURT achos/–ion (m), GRAMMAR cyflwr/cyflyrau (m)
cash arian parod (m)
cassette casét/casetiau (m)
castle castell/cestyll (m)
cat cath/–od (f)
Catalan LANGUAGE Catalaneg (f)
catalogue catalog/–au (m); catalogio (v)
Catalonia Catalwnia (f)
catch dal (v)
   to catch a cold dal annwyd
   to catch fire mynd ar dân
   to catch on dod yn boblogaidd
   to catch up dal i fyny
cathedral eglwys gadeiriol/eglwysi cadeiriol (f)
catholic catholig (adj); Catholigwr/Catholigwyr (m), Pabydd/–ion (mf)
cattle gwartheg (pl)
cauliflower blodfresychen/blodfresych (f)

cause achosi, peri (v); achos/–ion (m)
   for the cause dros yr achos
   to cause someone to cry achosi i rywun lefain
   a good cause achos da
caution CARE gofal/–on (m)
   caution! DANGER perygl!, gofal!
cave ogof/–âu (f)
cease FINISH gorffen, COME TO AN END dod i ben (v)
ceiling nenfwd/nenfydau (m)
celebrate dathlu (v)
celery seleri (m), helogan (f)
cell cell/–oedd (f)
   blood cells celloedd gwaed
cellar seler/–i (f)
   wine cellar seler win
Celt Celt/–iaid (m)
Celtic Celtaidd (adj)
cement sment (m)
cemetery mynwent/–ydd (f)
centigrade canradd (m)
centimetre centimetr/–au (m)
central canolog (adj)
   central heating gwres canolog
centre MIDDLE canol/–au (m), PLACE canolfan/–nau (f)
   town centre canol y dre
   shopping centre canolfan siopa
   leisure centre canolfan hamdden
century 100 YEARS canrif/–oedd (f), CRICKET cant/cannoedd (100)
cereal grawnfwyd (m)
ceremony seremoni/seremonïau (f)
certain sicr, siŵr, rhyw +S.M. (adj)
   I'm certain rydw i'n siŵr
   a certain boy rhyw fachgen
certainly yn sicr, yn bendant (adv)
certificate tystysgrif/–au (f)
   GCSE Tystysgrif Gyffredinol Addysg Uwchradd, TGAU
chain cadwyn/cadwynau/cadwyni (f)
chair cadair/cadeiriau (f); cadeirio (v)
   arm chair cadair freichiau
chairman cadeirydd/–ion (m)
chance siawns (m), OPPORTUNITY cyfle/–oedd (m)
change newid/–iadau (m); newid (v)
   loose change newid mân

channel sianel/sianeli/sianelau (f)
   S4C Sianel Pedwar Cymru, S4C
   pronounced Es Pedooar Ek
chapel capel/–i (m)
character cymeriad/–au (m)
charge RUSH rhuthro, RAISE MONEY codi tâl,
   ACCUSE cyhuddo (v), ACCUSATION
   cyhuddiad/–au (m)
charity elusen/–nau (f)
charm swyn/–ion (m); swyno (v)
chart siart/–iau (m)
chase erlid, RUN AFTER rhedeg ar ôl (v)
chat cloncian, CHATTER clebran, sgyrsio (v);
   sgwrs/sgyrsiau (f)
cheap rhad (adj)
cheat twyllo (v); twyll (m)
check INSPECT archwilio, siecio (v)
   check-up archwiliad/–au (m)
cheek boch/–au (f), IMPUDENCE
   haerllugrwydd (m)
cheers! BEFORE DRINKING iechyd da!,
   THANKS diolch!
cheese caws/–iau (m)
   Caerphilly cheese Caws Caerffili
chef cogydd/–ion (m)
chemist fferyllydd/fferyllwyr (m)
chemistry cemeg (f)
cheque siec/–iau (f)
   cheque book llyfr sieciau
cherry ceiriosen/ceirios (f)
chew cnoi (v)
chicken cyw/–ion (m), COWARD llwfrgi/
   llwfrgwn (m)
chicken-pox brech yr ieir (f)
chief pennaeth/penaethiaid (m); prif (adj)
   prif *precedes noun* +S.M.
child plentyn/plant (m)
chill A COLD annwyd/anwydau (m), LOW
   TEMPERATURE oerfel (m)
chilly oer (adj)
chimney simnai/simneiau (f)
chin gên/genau (f)
Chinese Tsieinead/Tsieineaid (m),
   LANGUAGE Tsieinëeg (f)
china tsieina (m) (adj), tsieni (m) (adj)
chip sglodyn/sglodion (m)
   fish and chips pysgod a sglodion
chocolate siocled/–i (m)
choice dewis/–iadau (m)

choir côr/corau (m)
   male voice choir côr meibion
   female choir côr merched
   mixed choir côr cymysg
choose dewis (v)
Christ Crist (m)
Christian Cristion/Crist(io)nogion (m);
   cristnogol (adj)
   Christian name enw bedydd
Christianity Cristnogaeth (f)
Christmas Nadolig (m)
   Happy Christmas Nadolig Llawen
   for Christmas i Nadolig
   Christmas eve noswyl Nadolig
   Christmas card carden Nadolig
church eglwys/–i (f)
cigar sigâr/sigarau (f)
cigarette sigarét/–s (f)
   would you like a cigarette?
   gymerwch chi sigarét?
   a packet of cigarettes pecyn o
   sigaréts
cinema sinema/sinemâu (f)
circle cylch/–oedd (m); cylchu (v)
circumstance amgylchiad/–au (m)
   under the circumstances yn yr
   amgylchiadau
circus syrcas (f)
citizen dinesydd/dinasyddion (m)
city dinas/–oedd (f)
   capital city prifddinas/–oedd (f)
civil servant gwas sifil/gweision sifil (m)
civilization gwareiddiad/–au (m)
claim hawlio (v); cais/ceisiadau (m)
   to put in a claim for gwneud cais am
   +S.M.
clap clapio (v)
clarify egluro (v)
class SCHOOL dosbarth/–iadau (m),
   STANDARD safon/–au (f)
   the working class y dosbarth
   gweithiol
   the upper class y dosbarth uwch
   second class DEGREE, TICKET ETC ail
   ddosbarth, SECOND RATE eilradd
classical clasurol (adj)
classroom dosbarth/–iadau (m), ystafell
   ddosbarth/ystafelloedd dosbarth (f)
clay clai/cleiau (m)

clean glanhau (v); glân (adj)

clear clir (adj); clirio (v)

clergyman offeiriad/–on (m)

clerk clerc/–od (m)

clever clyfar, ABLE galluog (adj)

client cleient/–au (m), CUSTOMER cwsmer/–iaid (m)

cliff clogwyn/–i (m)

climate hinsawdd/hinsoddau (f)

climb dringo (v)

climber dringwr/dringwyr (m)

clinic clinig/–au (m)

cloak clogyn/–au (m)

clock cloc/–iau (m)

close cau (v); agos (prep), WEATHER trymaidd (adj)

    close to the house agos i'r tŷ

    closing time amser cau

closed ar gau, ynghau (adj)

cloth lliain/llieiniau (m)

    table cloth lliain bwrdd

    dishcloth lliain sychu llestri

clothes dillad (pl), dilledyn (m)

cloud cwmwl/cymylau (m); cymylu (v)

cloudy cymylog (adj)

    it's cloudy mae hi'n gymylog

club clwb/clybiau (m)

clumsy lletchwith (adj)

clutch cydiwr/cydwyr (m), clyts/–ys (m)

coach bws/bysys/bysiau (m)

coal glo (m)

    coal mine pwll glo

    anthracite coal glo carreg

    opencast coal glo brig

coarse garw (adj)

coast arfordir/–oedd (m)

    coast guard gwyliwr y glannau

coat cot/–iau (f) (SW), côt/cotiau (f) (NW)

    raincoat cot law

    overcoat cot fawr

cockles cocos (pl)

cockerel ceiliog/–od (m)

cocoa coco (m)

    a cup of cocoa cwpaned o goco

coconut cneuen goco/cnau coco (f)

cod penfras (m)

coffee coffi (m)

    a cup of coffee cwpaned o goffi

coin darn arian/darnau arian (m), MONEY arian (m)

coke côc (m)

    a bottle of coke poteled o gôc

cold oer (adj); annwyd/anwydau (m)

    to get cold oeri

    I have a cold mae annwyd arna i, mae annwyd 'da fi

collapse FALL cwympo, SHATTER chwalu (v)

collar coler/–i (mf)

colleague cydweithiwr/cydweithwyr (m)

collect casglu (v)

collection casgliad/–au (m)

college coleg/–au (m)

    college of education coleg addysg

    sixth form college coleg chweched dosbarth

    tertiary college coleg trydyddol

    university college coleg prifysgol

    college of art coleg celf

collier glöwr/glowyr (m)

colliery pwll glo/pyllau glo (m), glofa/glofeydd (f)

collision gwrthdrawdiad/–au (m)

colour lliw/–iau (m); lliwio (v)

    what colour is it? pa liw yw e?

    colour television teledu lliw

    colour film ffilm liw

colourful lliwgar (adj)

column colofn/–au (f)

comb crib/–au (mf)

come dod (v)

    to come about digwydd

    to come back dod 'nôl

    to come home dod adre

    to come off PEEL dod yn rhydd, SUCCEED llwyddo

    to come over VISIT dod draw

    come in! dewch i mewn!

    come along! dewch!, brysiwch!

    come on! dewch ymlaen!

comedy comedi/comedïau (f)

comfort cysur/–on (m)

comfortable cysurus (adj)

comma coma/–s (m)

command gorchymyn/gorchmynion (m); gorchymyn (v)

commence dechrau, cychwyn (v)

comment sylw/–adau (m); TO

COMMENTATE sylwebu, TO COMMENT ON gwneud sylw ar +S.M., MENTION sôn (v)

commerce masnach/–au (f)

commercial masnachol (adj)

committee pwyllgor/–au (m)

common cyffredin (adj)

   common sense synnwyr cyffredin

   House of Commons Tŷ'r Cyffredin

communism comiwnyddiaeth (f)

communist comiwnydd/–ion (m)

community SOCIETY, ASSOCIATION cymdeithas/–au (f), cymuned/–au (f)

   community council cyngor cymuned

compact cryno (adj)

   compact disk cryno-ddisg/ crynoddisgiau (m)

company cwmni/cwmnïau (m)

compare cymharu (v)

   to compare with cymharu â +A.M.

comparison cymhariaeth

   a comparison with cymhariaeth â +A.M.

compel gorfodi (v)

compete cystadlu (v)

   to compete against cystadlu yn erbyn

competition cystadleuaeth/cystadlaethau (f)

competitor cystadleuydd/cystadleuwyr (m)

complain cwyno, achwyn (v)

complaint cwyn/–ion (mf)

   to listen to my complaint gwrando ar fy nghwyn

   to listen to his complaint gwrando ar ei gŵyn

   to listen to her complaint gwrando ar ei chŵyn

complete cwblhau, cwpla (SW), gorffen (v)

completely cwb(w)l, hollol (adv) +S.M.

   completely innocent cwbwl ddiniwed

   completely stupid hollol wirion

complex cymhleth (adj); BUILDINGS adeiladau (pl), SITE safle (m)

compliment canmol (v); canmoliaeth (f)

composer cyfansoddwr/cyfansoddwyr (m)

comprehensive cyfun (adj)

   comprehensive school ysgol gyfun

compulsory gorfodol (adj)

computer cyfrifiadur/–on (m)

   computer programme rhaglen gyfrifiadur

   computer programmer rhaglennydd cyfrifiadur

   computer memory cof cyfrifiadur

   computer screen sgrin cyfrifiadur

concentrate canolbwyntio

concern WORRY pryder/–on (m), CARE gofal/–on (m), achos/–ion (m), BUSINESS busnes/–au (m); WORRY pryderu, poeni (v)

   to be concerned about poeni am +S.M., WORRY ABOUT pryderu am +S.M.

   it concerns me IT'S RELEVANT TO ME mae'n ymwneud â fi

concert cyngerdd/cyngherddau (mf)

condition STATE cyflwr/cyflyrau (m), TERMS amod/–au (m)

   conditions of work amodau gwaith

conditions amgylchiadau (pl)

conduct arwain (v); BEHAVIOUR ymddygiad (m)

conductor OF CHOIR ETC arweinydd/–ion (m), TICKET CONDUCTOR tocynnwr/ tocynwyr (m)

confess cyfaddef (v)

confession cyfaddefiad/–au (m), RELIGIOUS cyffes (f)

confidence hyder (m)

confident hyderus (adj)

confidential cyfrinachol (adj)

confirm cadarnhau (v)

confused MIXED UP cymysglyd (adj)

   I'm confused rydw i mewn penbleth

confusion MIX-UP dryswch (m)

congratulate llongyfarch

congratulations llongyfarchiadau (pl)

congregation cynulleidfa/–oedd (f)

congress cyngres/–au (f)

connect cysylltu (v)

   to connect to cysylltu wrth +S.M.

   to connect with cysylltu â +A.M.

   connected with cysylltiedig â +A.M., yn ymwneud â +A.M.

connection cysylltiad/–au (m)

   in connection with ynglŷn â +A.M.

conquest concwest/–au (f)
conscience cydwybod (f)
   guilty conscience cydwybod euog
conscious ymwybodol (adj)
consent PERMISSION caniatâd (m),
   AGREEMENT cytundeb (m); AGREE
   cytuno, ALLOW caniatáu (v)
consequence canlyniad/–au (m)
   as a consequence o ganlyniad i
   +S.M.
consequently o ganlyniad (adv)
conservative ceidwadol (adj); ceidwadwr/
   ceidwadwyr (m)
   the Conservative party y Blaid
   Geidwadol
consider ystyried (v)
   considering the circumstances o
   ystyried yr amgylchiadau
considerate ystyriol, KIND caredig (adj)
consist cynnwys (v)
   to consist of cynnwys
constable cwnstabl/–au (m)
constant cyson (adj)
constipated rhwym (adj)
constitution cyfansoddiad/–au (m)
construct adeiladu (v)
consult ymgynghori (v)
   to consult someone ymgynghori â
   rhywun
consume ysu (v)
consumer USER defnyddiwr/defnyddwyr
   (m), CUSTOMER cwsmer/–iaid (m)
   Consumers' Association Cymdeithas
   Defnyddwyr
contact cysylltu (v); cyswllt/cysylltiadau
   (m)
   to contact someone cysylltu â
   rhywun
contain cynnwys (v)
container cynhwysydd/cynwysyddion
   (m)
contemplate myfyrio (v)
contemporary cyfoes (adj)
content(ed) bodlon (adj)
   to be content bod yn fodlon
content cynnwys/cynhwysion (m)
contents OF BOOK cynnwys (m)
contest gornest/–au (f); FIGHT ymladd (v)
context cyd-destun/–au (m)

continent cyfandir/–oedd (m)
   the continent of Europe cyfandir
   Ewrop
continental cyfandirol (adj)
continue parhau (v)
   continue to do something parhau i
   wneud rhywbeth
continuous parhaus (adj)
contract cytundeb/–au (m); culhau (v)
contradict gwrth-ddweud (v)
contrary gwrthwyneb (m)
   to the contrary i'r gwrthwyneb
contrast gwrthgyferbynnu (v);
   gwrthgyferbyniad/–au (m)
   to contrast with gwrthgyferbynnu â
   +A.M.
   in contrast to mewn
   gwrthgyferbyniad â +A.M.
contribute cyfrannu (v)
   to contribute to cyfrannu at +S.M.
contribution cyfraniad/–au (m)
control rheoli (v); rheolaeth (f)
   out of control allan o reolaeth
   lose control of colli rheolaeth ar
   +S.M.
controversial dadleuol (adj)
convenience cyfleuster/–au (m)
   public conveniences cyfleusterau
   cyhoeddus, toiledau, tai bach
   convenience food bwyd cyfleus,
   bwyd parod
convenient hwylus, cyfleus (adj)
conversation sgwrs/sgyrsiau (f)
converse sgyrsio (v); gwrthwyneb (m)
   to converse with sgyrsio â +A.M.
convince argyhoeddi (v)
cook coginio (v); cogydd/–ion (m),
   cogyddes/–au (f)
   cooked wedi'i goginio
cooker ffwrn/ffyrnau (f)
cookery book llyfr coginio (m)
cool oer (adj)
co-operation cydweithrediad (m)
   in co-operation with mewn
   cydweithrediad â +A.M.
cope ymdopi (v)
   to cope with ymdopi â +A.M.
copper copr (m), copor (m)
   copper works gwaith copor

copy copïo (v); copi/copïau (m)
    a copy of the book copi o'r llyfr
cord cordyn/–nau (m), cortyn/–nau (m)
cork corcyn/cyrc (m)
corn ŷd/ydau (m)
corner cornel/–i (mf), congl/–au (f);
    cornelu (v)
cornflakes fflacod (pl)
Cornish LANGUAGE Cernyweg (f);
    Cernywaidd (f)
Cornwall Cernyw (f)
correct cywir, RIGHT iawn (adj); cywiro (v)
    it's correct mae e'n gywir
correspond BY LETTER ETC gohebu, BE
    SIMILAR cyfateb (v)
    to correspond to something cyfateb i
    rywbeth
correspondence gohebiaeth/–au (f)
correspondent gohebydd/–ion (m)
corridor coridor/–au (m)
    corridors of power coridorau grym
cosmetics colur/–on (m)
cost costio (v); cost/–au (f)
costume gwisg/–oedd (f)
cosy clyd (adj)
cottage bwthyn/bythynnod (m)
    cottage cheese caws colfran
cotton cotwm/cotymau (m)
    cotton wool gwlân cotwm
couch soffa/–s (f)
cough peswch (m); pesychu (v)
    I have a cough mae peswch arna i,
    mae peswch 'da fi
    a nasty cough peswch cas
could TO BE ABLE *form of* gallu (v)
    I could gallwn i
    you could FAMILIAR gallet ti, POLITE
    gallech chi
    he/she could gallai fe/he
    we could gallen ni
    they could gallen nhw
    could you come? allech chi ddod?
    yes, I could gallwn
    no, I couldn't na, allwn i ddim
council cyngor/cynghorau (m)
councillor cynghorwr/cynghorwyr (m)
    county councillor cynghorwr sir
counsel ADVICE cyngor/cynghorion (m),
    BARRISTER bargyfreithiwr/

bargyfreithwyr (m)
count cyfrif, rhifo (v); cyfrif/–on (m)
    that doesn't count dyw hynny ddim
    yn cyfrif
counter cownter/–i (m)
counterfoil bonyn/bonion (m)
country gwlad/gwledydd (f)
    in the country yn y wlad
    country and western canu gwlad
countryside gwlad (f), cefn gwlad (m)
county sir/–oedd (f)
    the county of… sir…
couple PAIR pâr/parau (m), cwpwl/
    cyplau (m)
    married couple pâr priod
    a couple of books cwpwl o lyfrau,
    ambell lyfr
courage dewrder (m)
courageous dewr (adj)
course cwrs/cyrsiau (m)
    golf course cwrs golff
    course book llyfr cwrs, gwerslyfr
    of course wrth gwrs
    to be on course bod ar y ffordd
court LAW llys/–oedd (m), TENNIS ETC
    cwrt/cyrtiau (m)
    magistrates court llys ynadon
    crown court llys y goron
    tennis court cwrt tennis
courteous cwrtais (adj)
cousin cefnder/–oedd/cefndyr/cefndryd
    (m), cyfnither/–od (f)
cover OF BOOK clawr/cloriau (m), OF BED
    gorchudd/–ion (m); gorchuddio (v)
cow buwch/buchod (f)
coward cachgi/cachgwn (m), llwfrgi/
    llwfrgwn (m)
crab cranc/–od (m)
crack crac/–iau (m); cracio (v)
cradle crud (m)
craft crefft/–au (f)
    Welsh craft crefftau Cymreig
craftsman crefftwr/crefftwyr (m),
    crefftwraig/crefftwragedd (f)
crash gwrthdrawiad/–au (m); gwrthdaro
    (v)
crave ysu (v)
crawl cropian, SWIMMING ymlusgo (v)
crazy gwallgo, hanner call (adj)

cream hufen (m); hufennu (v)
   ice cream hufen iâ
create creu (v)
creature creadur/–iaid (m)
credit credyd/–au (m)
   credit card cerdyn credyd
creep cropian (v)
crew criw/–iau (m)
cricket criced (m)
   a cricket game gêm griced
cricketer cricedwr/cricedwyr (m)
crime trosedd/–au (f)
   to commit a crime cyflawni trosedd
crisps creision (pl)
critic beirniad/beirniaid (m)
critical beirniadol (adj)
criticize beirniadu (v)
crop cnwd/cnydau (m)
cross croesi (v); croes/–au (f); crac, dig (adj)
cross roads JUNCTION cyffordd/cyffyrdd
   (f), croesffordd/croesffyrdd (f)
crossword croesair/croeseiriau (m)
crow brân/brain (f)
crowd tyrfa/–oedd (f), torf/–eydd (f)
crowded gorlawn
crown coron/–au (f); coroni (v)
cruise mordeithio, hwylio (v); mordaith/
   mordeithiau (f)
crumb briwsionyn/briwsion (m)
crust crofen/–nau (f), crwstyn/crystiau
   (m), crystyn/crystiau (m)
cry crio, llefain, WEEP wylo (v)
cucumber cwcwmeren/cwcwmerau (f)
cuckoo cog/–au (f), cwcw (f)
culture diwylliant/diwylliannau (m)
cultured diwylliedig (adj)
cup cwpan/–au (mf)
   cup of tea cwpaned o de, disgled o de
   (SW)
cupboard cwpwrdd/cypyrddau (m)
cupful cwpanaid/cwpaneidiau (m),
   cwpaned/cwpaneidiau (m)
cure gwella, iacháu (v); gwellhad (m),
   iachâd (m)
curious STRANGE rhyfedd, INQUISITIVE
   chwilfrydig ((adj)
curly cyrliog (adj)
currant cwrens (pl)
   black currants cwrens duon

red currants cwrens cochion
current cyfredol (adj); OF WATER llif (m),
   ELECTRICITY cerrynt (m)
   current affairs materion cyfoes
   current of air awel
   current money arian treigl
   current issue rhifyn cyfredol
   current account cyfrif cyfredol
curry cyri (m)
curse melltithio, rhegi (v); rheg/–feydd (f)
curtain llen/–ni (f)
curve MATHS cromlin/–iau (f), OF ROADS
   tro/–eon (m)
cushion clustog/–au (f)
custody dalfa/dalfeydd (f)
   in custody yn y ddalfa
custom FOLK ETC arfer/–ion (m), TAX
   toll/–au (f)
   folk customs arferion gwerin
   customs officer swyddog tollau
customary arferol (adj)
customer cwsmer/–iaid (m)
cut torri (v); toriad/–au (m), ON FINGER
   cwt/cytiau (m)
   to cut off torri i ffwrdd
cycle beic/–iau (m), CIRCUIT cylchrediad/–
   au (m); beicio, seiclo (v)
cyclist beiciwr/beicwyr (m)

D

dad dad (m)
daffodil daffodil/–iau (m), cenhinen Bedr/
   cennin Pedr (f)
daily dyddiol (adj)
   daily paper papur dyddiol
dairy llaethdy/llaethdai (m)
daisy llygad y dydd/llygaid y dydd (m)
dale dyffryn/–noedd (m)
dam argae/–au (f)
damage niwed/niweidiau (m)
damp llaith (adj)
dance dawns/dawnsiau/dawnsfeydd (f);
   dawnsio (v)
dancer dawnsiwr/dawnswyr (m),
   dawnswraig/dawnswragedd (f)
Dane Daniad/Daniaid (m), Danes/–au (f)

danger perygl/–on (m)
  in danger mewn perygl
dangerous peryglus (adj)
Danish Daneg (f)
dare VENTURE mentro, meiddio (v)
dark tywyll (adj)
darken tywyllu (v)
darling anwylyd (mf)
dart dart/–iau (m)
date dyddiad/–au (m); dyddio (v)
  date of birth dyddiad geni
  what's the date today? beth yw'r
  dyddiad heddiw?
daughter merch/–ed (f)
daughter-in-law merch-yng-nghyfraith/
  merched-yng-nghyfraith (f)
dawn gwawr (f); gwawrio (v)
day dydd/–iau (m), diwrnod/–au (m)
  good day! dydd da!, MORNING bore
  da!, AFTERNOON prynhawn da!
  day before yesterday echdoe
  day after day ddydd ar ôl dydd
  from day to day o ddydd i ddydd
daybreak gwawr (f), toriad y dydd (m)
deacon diacon/–iaid (m)
dead marw (adj)
  he's dead mae e wedi marw
deaf byddar (adj)
deal delio, TREAT trin, ymdrin (v)
  to deal with delio â +A.M., ymdrin â
  +A.M.
dear LOVING, BEGINNING OF LETTER annwyl,
  EXPENSIVE drud (adj)
  dear Huw annwyl Huw
debt dyled/–ion (f)
  I'm in debt mae dyled arna i
deceit twyll (m)
deceive twyllo (v)
December Rhagfyr (m)
  in December ym mis Rhagfyr
decent gweddus (adj)
decide penderfynu (v)
  to decide to do something
  penderfynu gwneud rhywbeth
  to decide in favour of something
  penderfynu o blaid rhywbeth
  to decide against penderfynu yn
  erbyn
decision penderfyniad/–au (m)

decorate addurno (v)
decoration addurn/–iadau (m)
  Christmas decorations addurniadau
  Nadolig
decrease lleihau (v)
deed gweithred/–oedd (f)
  a good deed tro da
deep dwfn (adj)
  use ddofn *with f. nouns*
deer carw/ceirw (m)
defeat BEAT curo, trechu, gorchfygu (v);
  gorchfygiad/–au (m)
defect FAULT nam/–au (m)
defence amddiffyniad/–au (m)
defend amddiffyn (v)
define diffinio (v)
definite pendant (adj)
definition diffiniad/–au (m)
degree gradd/–au (f)
  honours degree gradd anrhydedd
  ten degrees Celsius deg gradd
  Celsius
  to obtain a degree graddio
  to some degree i raddau
delay oedi, POSTPONE gohirio (v); oediad (m)
deliberate bwriadol (adj)
delicate WEAK eiddil, FINE cain (adj)
delicious blasus (adj)
delight PLEASURE pleser/–au (m)
  I'm delighted rydw i wrth fy modd
delightful hyfryd (adj)
deliver dosbarthu (v)
demand hawlio, INSIST mynnu (v); hawl/–
  iau (f)
democracy democratiaeth (f)
Denmark Denmarc (f)
denomination enwad/–au (m)
dense trwchus (adj)
dent tolc/–iau (m); tolcio (v)
dentist deintydd/–ion (m)
deny gwadu (v)
depart ymadael (v)
  to depart from ymadael â +A.M.
department adran/–nau (f)
  the Welsh Department Adran y
  Gymraeg
  department store siop amladran
departure ymadawiad/–au (m)
depend dibynnu

it depends on me mae'n dibynnu arna i

depressed digalon (adj)

depression ECONOMIC dirwasgiad/–au (m), FEELING, LOWNESS iselder (m)
she suffers from depression mae hi'n dioddef o iselder

depth dyfnder (m)

deputy dirprwy/–on (m)
deputy head dirprwy bennaeth

descend disgyn (v)

describe disgrifio (v)

description disgrifiad/–au (m)

desert anialwch (m)

deserve haeddu (v)

design cynllun/–iau (m); PLAN cynllunio, DRAW dylunio (v)
art and design celf a dylunio

desirable PLEASANT dymunol (adj)

desire dymuniad/–au (m); dymuno (v)

desk desg/–iau (f)

despise casáu (v)

despite er gwaethaf (prep)
despite the weather er gwaethaf y tywydd

dessert pwdin/–au (m)

destroy dinistrio, distrywio (v)

destruction dinistr (m)

detail manylyn/manylion (m); manylu (v)
in detail yn fanwl

detailed manwl (adj)

detect darganfod (v)

detective ditectif/–s (m)

determine DECIDE penderfynu, ALLOCATE pennu (v)

determined penderfynol (adj)

develop datblygu (v)

development datblygiad/–au (m)

device dyfais/dyfeisiadau (m)

devise dyfeisio (v)

devil diawl/–iaid (m), diafol/–iaid (m)
go to the devil! cer i'r diawl!

devolution datganoli (m)

dew gwlith (m)

diagram diagram/–au (m)

dial deialu (v); deial/–au (m)

dialect tafodiaith/tafodieithoedd (f)

dialogue deialog/–au (f)

diamond diemwnt/–au (m)

diarrhoea dolur rhydd (m)
I have diarrhoea mae dolur rhydd arna i

diary dyddiadur/–on (m)

dice deis (m)

dictator unben/–iaid (m)

dictionary geiriadur/–on (m)

did gwnaeth (v)

die marw (v)
he has died mae e wedi marw

diet deiet (m), ymborth (m)
I'm on a diet rydw i ar ddeiet

difference gwahaniaeth/–au (m)

different gwahanol (adj)

difficult anodd, HARD caled (adj)

difficulty anhawster/anawsterau (m)

dig palu (v)

dine ciniawa, EAT bwyta (v)

dining room ystafell fwyta (f)

dinner cinio/ciniawau (mf)

direct uniongyrchol (adj); DRAMA, WORK cyfarwyddo, TO SOMEWHERE cyfeirio (v)

direction cyfeiriad/–au (m)
follow the directions dilynwch y cyfarwyddiadau

director cyfarwyddwr/cyfarwyddwyr (m), cyfarwyddwraig/cyfarwyddwragedd (f)

dirt baw (m)

dirty brwnt (adj)

disabled anabl (adj)
the disabled yr anabl

disadvantage anfantais/anfanteision (f)
the disadvantaged y rhai dan anfantais

disagree anghytuno (v)
disagree with someone anghytuno â rhywun

disappear diflannu (v)

disappoint siomi (v)

disappointed siomedig (f)
I'm extremely disappointed rwy'n siomedig dros ben

disaster trychineb/–au (fm)

disc disg/–iau (fm)
compact disk cryno-ddisg
plural crynodisgiau

disco disgo/–s (m)

discontented anfodlon (adj)

discover darganfod (v)

discovery darganfyddiad/-au (m)

discuss trafod, ymdrin â +A.M. (v)
   I discussed the matter with her trafodes i'r peth â hi

discussion trafodaeth/-au (f)

disease ILLNESS clefyd/-au (m), haint/heintiau (m)

disgusting ffiaidd (adj)

dish dysgl/-au (f), llestr/-i (m)
   to wash the dishes golchi'r llestri

disheartened digalon (adj)

dishonest anonest (adj)

disinfectant diheintydd/-ion (m)

dislike HATE casáu, ddim yn hoffi (v)
   I dislike the film dydw i ddim yn hoffi'r ffilm

dismiss SACK FROM WORK diswyddo (v)

display arddangos (v)

disorder anhrefn (m)

dispute anghydfod/-au (m)

dissatisfied anfodlon (adj)

distance pellter/-oedd (m)
   in the distance yn y pellter
   a long distance pellter mawr

distant pell (adj)

distribute dosbarthu (v)

district rhanbarth/-au (m), AREA ardal/-oedd (f)

disturb aflonyddu ar + S.M., INTERRUPT torri ar draws (v)

ditch ffos/-ydd (f)

dive plymio (v); HOLE OF A PLACE twll o le (m)

divide rhannu (v)
   divide and rule rhannu a rheoli

division SPORT adran/-nau (f), SPLIT rhaniad/-au (m)

divorce ysgariad/-au (m)

do MAKE gwneud (v)
   when used with verbs, e.g. do you like?, the appropriate form of bod *is used*
   do you want coffee? ydych chi'n moyn coffi?
   how do you do? sut ydych chi?
   a pound will do bydd punt yn ddigon
   to do housework gwneud gwaith tŷ

dock doc/-iau (m); SHIP cyrraedd y doc, TREES tocio (v)

doctor meddyg/-on (m), doctor/-iaid (m)

document dogfen/-nau (f)

dog ci/cŵn (m), BITCH gast/geist (f)

dole
   on the dole ar y clwt

doll doli/doliau (f)

donate cyfrannu (v)
   to donate to cyfrannu i +S.M.
   to donate towards cyfrannu at +S.M.

donation cyfraniad/-au (m)

done wedi gwneud (v)
   I have done the work rydw i wedi gwneud y gwaith

donkey asyn/-nod (m)

don't FAMILIAR paid â +A.M., POLITE peidiwch â +A.M.
   don't sleep! paid â chysgu!
   don't go! peidiwch â mynd!

door drws/drysau (m)
   front door drws blaen, drws ffrynt
   back door drws cefn

double dwbwl/dyblau (m); dwbwl (adj)
   double bed gwely dwbwl

doubt amheuaeth/amheuon (f); amau (v)

doubtful amheus (adj)

dough toes (m)

down lawr, i lawr (prep) (adv)
   to go down the road mynd lawr yr heol

downwards i lawr, tuag i lawr (adv)

dozen dwsin/-au (m)

drag llusgo (v)

dragon draig/dreigiau (f)
   the red dragon y ddraig goch

drain draen/-iau (m); draenio (v)

drama drama/dramâu (f)

dramatic dramatig (adj)

dramatist dramodydd/dramodwyr (m)

drank *form of* yfed (v)
   I drank the tea yfes i'r te

draw arlunio, PULL tynnu (v)
   to draw a picture tynnu llun

drawer drôr/droriau (m)

dream breuddwyd/-ion (mf); breuddwydio (v)

drill dril/-iau (m)

drink diod/-ydd (f); yfed (v)
   alcoholic drink diod gadarn
   soft drink diod ysgafn
   drinking water dŵr yfed

drive gyrru (v)
driver gyrrwr/gyrwyr (m)
drop gollwng (v); diferyn/diferion (m)
    to drop in galw (ar) +S.M.
drown boddi (v)
drum drwm/drymiau (m)
drunk wedi meddwi (v)
    he's drunk mae e wedi meddwi
    to get drunk meddwi
dry sych (adj); sychu (v)
dull SILLY twp, dwl, UNPLEASANT diflas (adj)
dumb mud (adj)
during yn ystod (prep)
    during the summer yn ystod yr haf
dust llwch (m)
duster dwster/–i (m)
duty dyletswydd/–au (f)
    it's my duty mae'n ddyletswydd arna i

E

each pob (adj)
    each girl pob merch
    each one of them pob un ohonyn nhw
    each other ei gilydd
eager awyddus, KEEN brwd (adj)
eagle eryr/–od (m)
ear clust/–iau (f)
early cynnar, SOON buan (adj)
    an early reply ateb buan
    five minutes early pum munud yn gynnar
earn ennill (v)
earnings enillion (pl)
earrings clustdlws/clustdlysau (m)
earth daear/–oedd (f)
    what on earth..? beth ar y ddaear..?
earthquake daeargryn/–fâu (fm)
east dwyrain (m)
    to the east i'r dwyrain
    east of Cardiff i'r dwyrain o Gaerdydd
eastern dwyreiniol (adj)
easy hawdd, rhwydd (adj)
eat bwyta (v)
echo adlais/adleisiau (m), atsain/atseiniau (f)
economic economaidd (adj)

economical cynnil (adj)
economist economegydd/economegwyr (m)
economy economi/economïau (f)
edge ymyl/–on (fm)
edible bwytadwy (adj)
edit golygu (v)
edition MAGAZINE ETC. rhifyn/–nau (m)
editor golygydd/–ion (m)
educate addysgu (v)
education addysg (f)
    adult education addysg oedolion
educational addysgiadol (adj)
eel llysywen/llyswennod (f)
effect effaith/effeithiau (f); CAUSE achosi (v)
    come into effect dod i rym
effective effeithiol (adj)
efficient effeithlon (adj)
effort ymdrech/–ion (f)
egg wy/–au (m)
    boiled egg wy wedi'i ferwi
    fried egg wy wedi'i ffrïo
    scrambled egg wy wedi'i malu
    egg cup cwpan wy
Egypt yr Aifft (f)
Egyptian Eifftiwr/Eifftwyr (m), Eifftes/ –au (f), LANGUAGE Eiffteg (f)
eight wyth (num)
    + N.M. *with* blwydd, blynedd
    eight girls wyth merch, wyth o ferched
    eight years wyth mlynedd
    eight years old wyth mlwydd oed
eighteen un deg wyth, deunaw (num)
    +N.M. *with* blwydd *and* blynedd
    eighteen years old deunaw mlwydd oed, un deg wyth mlwydd oed, deunaw oed
    eighteen years deunaw mlynedd, un deg wyth o flynyddoedd
eighteenth deunawfed (ord)
    +S.M. *with f.* nouns
    the eighteenth time y deunawfed tro
    the eighteenth year y ddeunawfed flwyddyn
eighth wythfed (ord)
    +S.M. *with f.* nouns
    the eighth year yr wythfed flwyddyn
eighty wyth deg, pedwar ugain (num)
either EITHER...OR naill ai (pron), NOT AS

WELL (y)chwaith (adv)
either...or naill ai...neu
I don't know her either dydw i ddim yn ei nabod hi chwaith
either of them un o'r ddau
elastic elastig (m) (adj)
elbow penelin/–oedd (fm)
elder hŷn (adj)
elderly oedrannus (adj)
the elderly yr henoed, yr oedrannus
eldest hynaf (adj)
elect ethol (v)
election etholiad/–au (m)
general election etholiad cyffredinol
local election etholiad lleol
elector etholwr/etholwyr (m)
electric trydanol (adj)
electric fire tân trydan
electric train trên trydan
electrician trydanwr/trydanwyr (m)
electricity trydan (m)
electronic electronig (adj)
elegant gosgeiddig (adj)
element elfen/–nau (f)
in his element wrth ei fodd
elementary elfennol (adj)
eleven un deg un, un ar ddeg (num)
eleventh unfed ar ddeg (ord)
else arall (adv)
anyone else unrhywun arall
where else? ble arall?
e-mail ebost/ebyst (m)
embarrassed AWKWARD chwithig (adj)
embarrassing chwithig (adj)
embarrassment chwithdod (m)
emergency argyfwng/argyfyngau (m)
emergency service gwasanaeth brys
emergency exit allanfa frys
emigrate ymfudo (v)
emotion emosiwn/emosiynau (m)
emphasize pwyslais/pwysleisiau (m)
empire ymerodraeth/–au (f)
employ cyflogi (v)
employer cyflogwr/cyflogwyr (m)
employment gwaith (m), cyflogaeth (f)
empty gwag (adj); gwacáu, gwagio (v)
enable galluogi (v)
enclose amgau (v)
enclosed amgaeedig (adj)

the enclosed letter y llythyr amgaeedig
encounter cyfarfod â +A.M. (v)
encyclopaedia gwyddoniadur/–on (m)
end diwedd (m), TOP PART pen/–nau (m); gorffen, dibennu (v)
the end of the film diwedd y ffilm
in the end yn y pen draw
to put an end to gorffen, terfynu
hours on end oriau di-ben-draw
endeavour ymrech/–ion (f); ymdrechu (v)
ending diwedd (m)
endless diddiwedd, di-ben-draw (adj)
enemy gelyn/–ion (m)
energetic egnïol (adj)
energy egni (m), POWER ynni (m)
wind energy ynni gwynt
atomic energy ynni atomig
engaged wedi dyweddïo (v); PHONE ar waith (adv)
she's engaged mae hi wedi dyweddïo
to become engaged with dyweddïo â +A.M.
engagement dyweddïad (m)
engine peiriant/peiriannau (m)
engineer peirianwr/peirianwyr (m)
engineering peirianneg (f)
England Lloegr (f)
English LANGUAGE Saesneg (f); ATTITUDE ETC Seisnig (adj)
Englishman Sais/Saeson (m)
Englishwoman Saesnes/–au (f)
enjoy mwynhau (v)
enjoyable pleserus (adj)
enlighten goleuo (v)
enormous enfawr, anferth (adj)
enough digon (m)
enough food digon o fwyd
enough children digon o blant
enquire holi (v)
enrage gwylltio (v)
ensure sicrhau (v)
enter dod i mewn (v)
enter! dewch i mewn!
enterprise VENTURE menter/mentrau (f), antur/–iau (fm)
entertain difyrru (v)

entertaining difyr (adj)
entertainment adloniant (m)
enthusiasm brwdfrydedd (m)
enthusiastic brwd (adj)
entire ALL holl, WHOLE cyfan (adj)
 the entire world yr holl fyd, y byd cyfan, y byd i gyd
entirely hollol (adv) +S.M.
 entirely wrong hollol anghywir
 entirely right hollol gywir
entrance WAY IN mynedfa/mynedfeydd (f), ACCESS mynediad (m)
 main entrance prif fynedfa
 entrance free mynediad am ddim
entry mynediad/–au (m)
 no entry dim mynediad
envelope amlen/–ni (f)
envious eiddigeddus (adj)
envy eiddigedd (m)
 I envy you rydw i'n eiddigeddus ohonot ti
equal MATHS ETC cyfartal, cydradd (adj)
 equal opportunity cyfle cyfartal
equality cydraddoldeb (m)
equipment offer (m)
error camsyniad/–au (m)
escape FLEE ffoi, dianc (v)
especially yn enwedig (adv)
 especially good eithriadol o dda
essay traethawd/ traethodau (m)
essential hanfodol (adj)
establish sefydlu (v)
establishment sefydliad/–au (m)
estate ystad/–au (f), stad/–au (f)
 housing estate ystad dai
estimate amcangyfrif (v); amcangyfrif/–on (m)
estuary aber/–oedd (fm)
Europe Ewrop (f)
European Ewropead/Ewropeaid (mf); Ewropeaidd (adj)
 the European community y gymuned Ewropeaidd
 the European Union yr Undeb Ewropeaidd
even hyd yn oed (adv); SMOOTH llyfn, FLAT gwastad (adj)
evening noswaith/nosweithiau (f)
 good evening noswaith dda

evening paper papur nos
 in the evening fin nos
event digwyddiad/–au (m)
eventually yn y pen draw, AT LAST o'r diwedd (adv)
every pob (adj)
 every boy pob bachgen
everybody pawb (pl)
everyday bob dydd (adj) (adv)
everyone pob un (m)
everything popeth (m)
everywhere ym mhobman (adv)
evident amlwg (adj)
evil drwg (adj); drwg/drygau (m)
exact union (adj)
exactly yn union (adv)
exaggerate gor-ddweud, gorliwio (v)
examination arholiad/–au (m)
 to sit an exam sefyll arholiad
examine arholi (v)
examiner arholwr/arholwyr (m)
example enghraifft/enghreifftiau (f)
excellent ardderchog (adj)
except heblaw, ac eithrio (prep)
exception eithriad/–au (m)
 without exception heb eithriad
exceptional eithriadol (adj)
exchange cyfnewid (v)
excite cyffroi (v)
exciting cyffrous (adj)
excuse esgus/–odion (m)
exercise ymarfer (v)
exhaust TIRE blino, EMPTY gwacáu (v)
 exhaust pipe piben wacáu
exhausted wedi blino (v)
 I'm exhausted rydw i wedi blino'n lân
exhibit arddangos (v)
exhibition arddangosfa/arddangosfeydd (f)
exist bodoli, bod (v)
exit allanfa/allanfeydd (f)
expand lledu (v)
expect disgwyl, erfyn (SW) (v)
 she's expecting mae hi'n feichiog, mae hi'n erfyn
expenses treuliau (pl)
expensive drud (adj)
experience profiad/–au (m); profi (v)
experienced profiadol (adj)

experiment arbrawf/arbrofion (m)
explain esbonio, egluro (v)
explanation esboniad/–au (m)
explode ffrwydro (v)
explosion ffrwydrad/–au (m)
export allforio (v)
exports allforion (pl)
express SAY OPINION mynegi (v); cyflym (adj)
    to express an opinion mynegi barn
    express train trên cyflym
expression mynegiant (m)
extend estyn (v)
extension estyniad/–au (m)
exterior allanol (adj)
extinguish diffodd (v)
extra ychwanegol (adj)
extraordinary arbennig (adj)
extreme eithafol (adj)
eye llygad/llygaid (fm)
eyebrow ael/–iau (f)

F

fable chwedl/–au (f)
face wyneb/–au (m); wynebu (v)
    face to face wyneb yn wyneb
facilities adnoddau (pl)
fact ffaith/ffeithiau (f)
    as a matter of fact fel mater o ffaith, a dweud y gwir
    in fact mewn gwirionedd
factor ffactor/–au (m)
factory ffatri/ffatrïoedd (f)
factual ffeithiol (adj)
faculty ABILITY gallu/–oedd (m), COLLEGE cyfadran/–nau (f)
fade LOSE COLOUR colli lliw, pylu (v)
fail methu, ffaelu (SW) (v)
    I fail to see why rydw i'n methu gweld pam
    I completely fail to see why rydw i'n methu'n lân â gweld pam
failure methiant/methiannau (m)
faint llewygu (v); PALE gwelw (adj)
    I feel faint rydw i'n teimlo'n wan
fair teg, NOT BAD gweddol, HAIR golau (adj);

ffair/ffeiriau (f)
    fair play chwarae teg
    fair hair gwallt golau
    book fair ffair lyfrau
    fair weather tywydd teg
    it's not fair! dyw hi ddim yn deg!
    fair enough! digon teg!
    a fair number cryn nifer
fairly yn deg, NOT BAD gweddol (adv)
    fairly good gweddol dda
fairness tegwch (m)
faith ffydd (f)
faithful ffyddlon (adj)
    yours faithfully yn ffyddlon
fall cwympo, syrthio, disgyn (v); cwymp (m)
    to fall out cweryla (v)
false ffug (adj)
    false teeth dannedd gosod, dannedd dodi (SW)
fame enwogrwydd (m)
familiar cyfarwydd (adj)
    to become familiar with cynefino â +A.M.
family teulu/–oedd (m)
famous enwog (adj)
fancy ffansi (m); ffansïo (v)
fantastic ffantastig (adj)
far pell (adj)
    so far hyd yn hyn
    far too much llawer gormod
    as far as I know hyd y gwn i
    the Far East y Dwyrain Pell
    far off ymhell i ffwrdd
    far better llawer gwell
fare pris tocyn/prisiau tocyn (m)
farewell ffarwél (m); ffarwelio (v)
farm fferm/–ydd (f), ffarm/ffermydd (f); ffermio (v)
    wind farm fferm wynt
    sheep farm fferm ddefaid
farmer ffermwr/ffermwyr (m)
farmhouse ffermdy/ffermdai (m)
farther pellach (adj)
farthest pellaf (adj)
fashion ffasiwn/ffasiynau (mf)
    new fashion ffasiwn newydd
fashionable ffasiynol (adj)
fast cyflym, (SW) clou (adj); NO FOOD

ympryd (m); NO FOOD ymprydio (v)
fasten clymu (v)
faster cyflymach, cynt (adj)
   to go faster cyflymu
   faster than cynt na +A.M.
fat tew (adj); braster (m)
fatal marwol (adj)
fate ffawd (f)
father tad/–au (m)
father-in-law tad-yng-nghyfraith/
   tadau-yng-nghyfraith (m)
fatty brasterog (adj)
fault bai/beiau (m)
   I am at fault rydw i ar fai, mae'r bai
   arna i
favour ffafr/–au (f), cymwynas/–au (f);
   ffafrio (v)
   to do (someone) a favour gwneud
   cymwynas â (rhywun) +A.M.
   to ask a favour of someone gofyn
   ffafr gan rywun
favourable ffafriol (adj)
favourite hoff (adj); ffefryn/–nau (m)
   my favourite food fy hoff fwyd
fear ofn/–au (m); ofni (v)
   I fear rydw i'n ofni, mae ofn arna i
fearful ofnus (adj)
fearless eofn (adj)
feast gwledd/–oedd (f); gwledda (v)
feat camp/–au (f)
feather pluen/plu (f)
feature nodwedd/–ion (f)
February mis Chwefror (m)
   in February ym mis Chwefror
federal ffederal (adj)
fee ffi/–oedd (m), tâl/taliadau (m)
feeble gwanllyd, egwan (adj)
feed bwydo (v); FOR ANIMALS porthiant (m)
feel teimlo (v)
feeling teimlad/–au (m)
female benywaidd (adj); menyw/–od (f)
feminine benywaidd (adj)
fence ffens/–ys (f); TO MAKE A FENCE
   ffensio (v), WITH SWORD cleddyfa (v)
fern rhedyn (pl)
fertile ffrwythlon (adj)
festival gŵyl/gwyliau (f)
   arts festival gŵyl y celfyddydau
fetch nôl (v)

fever twymyn/–au (f), gwres (m)
   he has a high fever mae gwres uchel
   arno fe
   hay fever clefyd y gwair
few ychydig, ambell +S.M. (adj); ambell
   un (m)
   few people ychydig bobl
   a few things ambell beth, ychydig
   bethau
   there are a few here mae ambell un
   yma
fewer llai (adj)
   fewer than llai na +A.M.
   fewer people llai o bobl
fiancé cariad/–on (m)
fiancée cariad/–on (f)
fiction ffuglen (f)
field cae/–au (f), maes/meysydd (m)
   playing field maes chwarae
fierce ffyrnig (adj)
fifteen un deg pump, pymtheg, pymtheng
   (num)
   pymtheng +N.M. *is used before* blwydd
   and blynedd
   fifteen pence pymtheg ceiniog, un
   deg pump o geiniogau
   fifteen apples pymtheg afal, un deg
   pump o afalau
   fifteen times pymtheg gwaith,
   pymtheg o weithiau
   fifteen years old pymtheng mlwydd
   oed
fifteenth pymthegfed (ord)
   +S.M. with f. nouns
   the fifteenth girl y bymthegfed ferch
fifth pumed (ord)
   +S.M. with f. nouns
   the fifth year y bumed flwyddyn
fifty pum deg, hanner cant (num)
   fifty children hanner cant o blant
fight ymladd (v); ymladdfa/ymladdfeydd
   (f)
figure ffigur/–au (m)
file ffeil/–iau (f); ffeilio (v)
   filing cabinet cwpwrdd ffeilio
fill llanw, llenwi (v)
film ffilm/–iau (f); ffilmio (v)
filthy brwnt, mochaidd (adj)
final terfynol, LAST olaf (adj)

financial ariannol (adj)

find ffeindio, dod o hyd i +S.M., DISCOVER darganfod (v)

fine WEATHER braf, DELICATE cain (adj); dirwy/–on (f); dirwyo (v)
  it's fine today mae hi'n braf heddiw

finger bys/–edd (m); byseddu (v)

finish gorffen, cwblhau, dibennu (SW), cwpla (SW) (v)

fire tân/tanau (m)
  fire alarm larwm tân

fireplace lle tân/llefydd tân (m)

firm cadarn (adj); cwmni/cwmnïau (m)

first cyntaf (adj)
  the first team y tîm cyntaf
  first aid cymorth cyntaf
  first name enw cyntaf, enw bedydd

fish pysgodyn/pysgod (m); pysgota (v)
  fish and chips pysgod a sglodion
  fishing rod gwialen bysgota

fisherman pysgotwr/pysgotwyr (m)

fist dwrn/dyrnau (m)

fit ffit (adj); ffitio (v)

fitness ffitrwydd (m)

five pump, pum (num)
  use pum *before consonants and* +N.M. *with* blwydd *and* blynedd; *use* pump *before vowels*
  five apples pump afal
  five boys pum bachgen
  five hundred pum cant
  five years old pum mlwydd oed, pump oed
  five years pum mlynedd

fix STICK glynu, MEND trwsio (v)

flag baner/–i (f)

flame fflam/–au (f)

flash fflachio (v); fflach/–iadau (f)

flat gwastad (adj); fflat/–iau (f)
  block of flats bloc o fflatiau

flatten gwastatáu (v)

flatter seboni (v)

flavour blas/–au (m)

flea chwannen/chwain (f)

flee ffoi (v)

flesh cnawd (m)

flexible ystwyth, hyblyg (adj)
  the working hours are flexible mae'r oriau gwaith yn hyblyg

flexibility ystwythder (m)

flight ehediad/–au, (m), hediad/–au (m), hedfaniad/–au (m)

float arnofio (v)

flock praidd/preiddiau (m); heidio (v)
  a flock of sheep praidd o ddefaid
  a flock of birds haid o adar

flood llifogydd (pl); FLOW OVER llifo dros +S.M., gorlifo (v)

floodlights llifoleuadau (pl)

floor llawr/lloriau (m)
  first floor llawr cyntaf
  second floor ail lawr
  ground floor llawr daear
  on the floor ar y llawr

flour blawd (m), can (SW) (m)

flow llif (m); llifo (v)

flower blodyn/blodau (m); blodeuo (v)

flu ffliw (m)
  I have flu mae ffliw arna i

fluent rhugl (adj)
  fluently yn rhugl (adv)
  I don't speak Welsh fluently dydw i ddim yn siarad Cymraeg yn rhugl

fluid hylif/–au (m)

flute ffliwt/–iau (f)

fly hedfan (v), pryf/–ed (m), pryfyn/pryfed (m), cleren/clêr (SW) (f)

fog niwl (m)

foggy niwlog (adj)

fold plygu (v); plyg/–ion (m)

folk gwerin/–oedd (f)
  folk museum amgueddfa werin
  folk culture diwylliant gwerin
  folk dance dawns werin
  folk song cân werin
  folk singing canu gwerin

follow dilyn (v)

following canlynol (adj)

food bwyd/–ydd (m)
  vegetarian food bwyd llysieuol

fool ffŵl/ffyliaid (m); CHEAT twyllo (v)

foot troed/traed (f)
  foot of the mountain troed y mynydd
  to foot the bill talu'r bil

football pêl-droed (f)
  football match gêm bêl-droed

footballer pêldroediwr/pêldroedwyr (m)

footpath llwybr troed/llwybrau troed (m)

for
   1. i (prep) +S.M.
   for men i ddynion
   for me i fi
   for Wales i Gymru
   for dinner i ginio
   for breakfast i frecwast
   for tea i de
   2. WITH TIME am (prep) +S.M.
   for two hours am ddwy awr
   for a while am dipyn
   for ever am byth
   3. ON BEHALF OF dros (prep) +S.M.
   for Wales dros Gymru
   4. IN FAVOUR OF o blaid (prep)
   I'm for devolution rydw i o blaid
   datganoli
   5. BECAUSE achos, gan (conj)
   I went for it was late fe es i achos ei
   bod hi'n hwyr, fe es i gan ei bod hi'n
   hwyr
   6. at (prep) +S.M.
   a book for learning Welsh llyfr at
   ddysgu Cymraeg
   to aim for anelu at
   7. er (prep)
   for goodness' sake er mwyn popeth
   for example er enghraifft
   8. ar (prep) +S.M.
   for sale ar werth
forbid gwahardd (v)
force GROUP llu/–oedd (m), STRENGTH
   nerth/–oedd (m), VIOLENCE trais (m);
   gorfodi (v)
forecast rhagolygon (pl); proffwydo (v)
   weather forecast rhagolygon y
   tywydd
forehead talcen/–ni (m)
foreign tramor (adj)
   foreign affairs materion tramor
   foreign minister gweinidog tramor
   foreign country gwlad dramor
   foreign money arian tramor
foreigner tramorwr/tramorwyr (m)
forest fforest/–ydd (f), coedwig/–oedd (f)
forgive maddau (v)
   I have forgiven her rydw i wedi
   maddau iddi hi
fork fforc/ffyrc (f); fforchio (v)

form TO BE FILLED IN ffurflen/–ni (f), SHAPE
   ffurf/–iau (f), CLASS dosbarth/–iadau
   (m); ffurfio (v)
formal ffurfiol (adj)
former cyn +S.M., hen +S.M. (adj)
   former Mayor cyn Faer
   former Yugoslavia yr hen Iwgoslafia
formerly gynt (adv)
fortnight pythefnos (m)
   for a fortnight am bythefnos
fortress caer/caerau/ceyrydd (f)
fortune ffortiwn (m)
forty pedwar deg, deugain (num)
   + N.M. *with* blwydd *and* blynedd
   deugain mlynedd forty years
   I'm forty years old rydw i'n ddeugain
   oed, rydw i'n ddeugain mlwydd oed
forward ymlaen (adv); SPORT blaenwr/
   blaenwyr (m); SEND ON anfon ymlaen
   (v)
found sefydlu, wedi ffeindio (v)
   **it was he who founded the
   company** fe a sefydlodd y cwmni
   I have found the book rydw i wedi
   ffeindio'r llyfr
fountain ffynnon/ffynhonnau (f)
   fountain pen cronbin/–nau (m)
four pedwar, pedair (num)
   use pedair *with f. nouns*
   four men pedwar dyn
   the four women y pedair menyw
fourteen un deg pedwar, pedwar ar ddeg,
   pedair ar ddeg (num)
   use **un deg pedair** or **pedair ar ddeg**
   with f. nouns
   fourteen houses un deg pedwar o dai,
   pedwar tŷ ar ddeg
   fourteen gardens un deg pedair
   gardd, pedair gardd ar ddeg
fourteenth pedwerydd ar ddeg, pedwaredd
   ar ddeg (ord)
   use **pedwaredd ar ddeg** +S.M. with f.
   nouns
   the fourteenth chapter y bedwaredd
   bennod ar ddeg
   the fourteenth day y pedwerydd
   dydd ar ddeg
fourth pedwerydd, pedwaredd (ord)
   use **pedwaredd** +S.M. with f. nouns

the fourth man y pedwerydd dyn
the fourth woman y bedwaredd
fenyw
fox llwynog/–od (m), cadno/–id (SW) (m)
fragile bregus, brau (adj)
frame ffrâm/fframiau (f); fframio (v)
France Ffrainc (f)
fraud twyll (m)
free NOT CAPTIVE rhydd, NO COST rhad ac
am ddim, NO COST am ddim (adj);
rhyddhau (v)
Free Wales Cymru rydd
free drinks diodydd am ddim
free entry mynediad am ddim
free of charge am ddim, rhad ac am
ddim
freedom rhyddid (m)
freedom for Wales rhyddid i Gymru
freeze rhewi (v)
freezer rhewgell/–oedd (f)
French LANGUAGE Ffrangeg (f); Ffrengig
(adj)
Frenchman Ffrancwr/Ffrancwyr (m)
Frenchwoman Ffrances/–au (f)
frequent mynych (adj); mynychu (v)
frequently yn aml (adv)
fresh ffres (adj)
Friday dydd Gwener/dyddiau Gwener (m)
Friday night nos Wener
Friday morning bore Gwener
Friday afternoon prynhawn Gwener
Good Friday dydd Gwener y Groglith
Fridays dyddiau Gwener
fridge oergell/–oedd (f)
friend ffrind/–iau (m), cyfaill/cyfeillion (m)
friendly cyfeillgar (adj)
friendship cyfeillgarwch (adj)
fright ofn/–au (m), braw (m)
I had a fright ces i fraw
frighten dychryn (v)
I am frightened mae ofn arna i
frock ffrog/–iau (f)
frog broga/–od (m)
from o +S.M., ON GREETINGS CARDS ETC
oddi wrth +S.M. (prep)
from one o'clock o un o'r gloch
from Huw oddi wrth Huw
to fall from the wall cwympo oddi
ar y wal

front blaen (m) (adj)
in front of the house o flaen y tŷ
the front seat y sedd flaen
frontier ffin/–iau (f)
frost rhew (m)
frown gwg (m); gwgu (v)
frozen wedi rhewi, rhewedig (adj)
frozen food bwyd rhew
fruit ffrwyth/–au (m) *usually used in the
plural*; ffrwytho (v)
fruit and vegetables ffrwythau a
llysiau
I like fruit rydw i'n hoffi ffrwythau
fry ffrio (v)
fried egg wy wedi'i ffrio
fuel tanwydd (m)
full llawn (adj)
**she's not in full possession of her
faculties** dyw hi ddim yn ei llawn
bwyll
full board llety â phrydau
full back cefnwr
full stop atalnod llawn
full of stones llawn cerrig
fun hwyl/–iau (f)
full of fun llawn hwyl
funeral angladd/–au (fm), cynhebrwng
(NW) (m)
funny doniol (adj)
fur ffwr (m)
fur coat cot ffwr/cotiau ffwr (f)
furnish dodrefnu (v)
furnished room ystafell â dodrefn
furniture dodrefn (pl), celfi (SW) (pl)
further pellach (adj); ymhellach (adv);
hyrwyddo (v)
further education addysg bellach
fuss ffwdan (m)
fussy ffwdanus (adj)
future dyfodol (m)
in future yn y dyfodol

G

Gaelic Gaeleg (f)
gain ennill (v)
gale storm/–ydd (f)
gallery oriel/–au (f)
   art gallery oriel gelf
game gêm/ gemau (f)
   football game gêm bêl-droed
gaol carchar/–au (m); carcharu (v)
gap bwlch/bylchau (m)
garage garej/–ys (m), modurdy/modurdai (m)
garden gardd/gerddi (f); garddio (v)
   in the garden yn yr ardd
   vegetable garden gardd lysiau
gardener garddwr/garddwyr (m)
gas nwy/–on (m)
   gas cooker ffwrn nwy
gate gât/gatiau (m), clwyd/–i (NW) (f)
gather casglu (v)
   to gather together casglu ynghyd, ymgynnull
gay hapus, hoyw, HOMOSEXUAL hoyw, gwrywgydiol (adj)
gaze syllu (v)
gear gêr/gerau (m)
   first gear gêr cyntaf
   top gear gêr uchaf
gem gem/–au (f)
gender OF WORDS cenedl (f), SEX rhyw (f)
general cyffredinol (adj); cadfridog/–ion (m)
   in general yn gyffredinol
generally yn gyffredinol (adv)
generation cenhedlaeth/cenedlaethau (f)
generous hael (adj)
gentle tyner (adj)
gentleman gŵr bonheddig/gwŷr bonheddig (m)
gents dynion (pl)
genuine dilys (adj)
geography daearyddiaeth (f)
geology daeareg (f)
germ germ/–au (m)
German LANGUAGE Almaeneg (f), Almaenwr/Almaenwyr (m), Almaenes/ Almaenesau (f); Almaenig (adj)

Germany yr Almaen (f)
get HAVE cael, FETCH nôl, WIN ennill (v)
   to get on in the world dod ymlaen yn y byd
   to get up codi
   to get angry mynd yn gas
   to get better gwella
   to get old heneiddio
   to get off the bus mynd allan o'r bws
   to get back dod yn ôl
   to get even talu'r pwyth
   to get over the flu gwella o'r ffliw
ghost ysbryd/–ion (m)
giddiness pendro (f)
   I'm giddy mae'r bendro arna i
gift anrheg/–ion (f), rhodd/–ion (f)
   Christmas gift anrheg Nadolig
   birthday gift anrheg pen blwydd
gifted dawnus (adj)
   a gifted child plentyn dawnus
gin jin (m)
   gin and tonic jin a thonic
ginger sinsir (m); coch (adj)
gipsy sipsi/–wn (m)
giraffe jiraff/–od (m)
girl merch/–ed (f), geneth/–od (NW) (f)
   a little girl merch fach
   when I was a little girl pan o'n i'n ferch fach
   girlfriend cariad/–on (f)
give rhoi, rhoddi (v)
   to give up rhoi'r gorau i +S.M., rhoi i fyny (NW), rhoi lan (SW)
   I've given up rydw i wedi rhoi lan
   I've given up smoking rydw i wedi rhoi'r gorau i smygu
   to give in rhoi i mewn +i +S.M., ildio
   I'm giving her a book rydw i'n rhoi llyfr iddi hi
   to give someone something rhoi rhywbeth i rywun
glad balch (adj)
   I'm glad that you've come rydw i'n falch eich bod chi wedi dod
gland chwarren/chwarennau (f)
   my glands are swollen mae fy chwarennau wedi chwyddo
glass gwydr (m), FOR DRINKING gwydryn/ gwydrau (m)

glasses SPECTACLES sbectol (m)

glen glyn/-noedd (m)

glide llithro (v)

glisten disgleirio (v)

global byd-eang (adj)

globe glob/-au (m), WORLD byd (m)

gloom DUSK gwyll (m), MISERY digalondid (m), diflastod (m)

gloomy digalon (adj)

glorious gogoneddus (adj)

　　the weather was glorious roedd y tywydd yn ogoneddus

glory gogoniant/ gogoniannau (m)

glove maneg/menig (f)

glue glud/-ion (m); glud(i)o (v)

go mynd (v)

　　to go away mynd i ffwrdd

　　to go home mynd adre

　　to go back mynd yn ôl, dychwelyd

　　to go in mynd i mewn

　　to go out mynd allan, mynd mas (SW)

　　to go off MILK troi

goal gôl/goliau (m)

　　to score a goal sgorio gôl

goalkeeper golwr/golwyr (m)

goat gafr/geifr (f)

god duw/-iau (m)

　　to believe in God credu yn Nuw

　　God is love Duw, cariad yw

godchild mab bedydd/meibion bedydd (m), merch fedydd/merched bedydd (f)

goddess duwies/-au (f)

godfather tad bedydd/tadau bedydd (m)

godmother mam fedydd/mamau bedydd (f)

gold aur (m) (adj)

　　Welsh gold aur Cymru

golden aur, euraid (adj)

golf golff (m)

　　a round of golf rownd o golff

　　golf course cwrs golff

　　golf club clwb golff

gone wedi mynd (v)

　　she's gone mae hi wedi mynd

good da (adj)

　　good morning bore da

　　good afternoon prynhawn da

　　good evening noswaith dda

　　good night nos da

　　good enough digon da

good looking golygus

good natured rhadlon

good will ewyllys da

good bye hwyl fawr, pob hwyl

　　as good as cystal â +A.M.

goods nwyddau (pl)

goose gŵydd/gwyddau (f)

gooseberry eirin Mair (pl)

gorgeous gwych (adj)

gossip clecs (pl) (SW); hel clecs (SW), hel straeon (NW), cloncian, clebran (v)

got gan +S.M., gyda +A.M. (prep)

　　I've got a car mae car gen i, mae car 'da fi

govern RULE rheoli, llywodraethu (v)

government llywodraeth/-au (f)

　　self-government hunanlywodraeth

graceful gosgeiddig (adj)

grade gradd/-au (f)

　　to make the grade SUCCEED llwyddo, REACH THE STANDARD cyrraedd y safon

gradual graddol (adj)

graduate graddio (v); STUDENT myfyriwr graddedig/myfyrwyr graddedig (m), myfyrwraig raddedig/myfyrwragedd graddedig (f)

grain gronyn/grawn (m)

gram gram/-au (m)

grammar gramadeg/-au (mf)

　　grammar school ysgol ramadeg

grammatical gramadegol (adj)

grand mawreddog (adj)

grandchild ŵyr/wyrion (m), wyres/-au (f)

grandfather tad-cu/tadau cu (m), taid/ teidiau (NW) (m)

grandmother mam-gu/mamau cu (f), nain/neiniau (NW) (f)

grandparent rhiant-cu/rhieni cu (m)

grant grant/-iau (m); ALLOW caniatáu (v), GIVE rhoi (v)

grapefruit grawnffrwyth/-au (m)

grapes grawnwin (pl)

graph graff/-iau (m)

grasp gafael, UNDERSTAND deall (v); gafael (f), UNDERSTANDING OF LANGUAGE crap (m)

　　to grasp something gafael yn rhywbeth

grass glaswellt (m), porfa (f)

181

gypsy

grate grat/–iau (m); crafu (v)
grateful diolchgar (adj)
  I'm grateful to you rydw i'n
  ddiolchgar i chi
gratis am ddim (adv)
grave bedd/–au (m); SERIOUS difrifol (adj)
  in the grave yn y bedd
gravestone carreg fedd/cerrig beddau (f)
graveyard mynwent/–ydd (f)
gravy grefi (m)
graze SHEEP EATING pori, SCRATCH crafu (v)
grease saim (m); iro (v)
greasy seimlyd (adj)
great BIG mawr, IMPORTANT pwysig, FAMOUS
  enwog (adj)
Great Britain Prydain Fawr (f)
greatly yn fawr (adv)
  it has improved greatly mae e wedi
  gwella'n fawr
Greece Groeg (f)
Greek LANGUAGE Groeg (f), MAN Groegwr/
  Groegwyr (m), WOMAN Groeges/–au (f)
green gwyrdd, BLUE/NEW glas (adj)
  the Green Party y Blaid Werdd
greengrocer groser ffrwythau a llysiau/
  groseriaid ffrwythau a llysiau (m)
greenhouse tŷ gwydr/tai gwydr (m)
greet cyfarch (v)
greetings cyfarchion (pl)
  Christmas greetings cyfarchion y
  Nadolig
  with greetings gyda chyfarchion
grey llwyd (adj)
  to become grey llwydo
grief galar (m)
grieve galaru (v)
grill gril/–iau (m); grilio (v)
  grilled fish pysgod wedi eu grilio
grim SERIOUS difrifol (adj)
grind malu (v)
grinder malwr/malwyr (m)
grip TELEVISION grip (m), gafael/–ion (f)
groan ochneidio (v); ochenaid/ocheneidiau
  (f)
grocer groser/–iaid (m)
groceries bwydydd (pl)
ground LAND tir/–oedd (m), EARTH daearu
  (f); daearu (v)

ground floor llawr daear
grounds tir/–oedd (m)
group grŵp/grwpiau (m); grwpio (v)
grove BUSH llwyn/–i (m), TREES ON HILL
  gallt/gelltydd (f)
  ash grove llwyn onn
grow tyfu (v)
  to grow old mynd yn hen
  to grow up tyfu
growth tyfiant/tyfiannau (m), twf (m)
grumble grwgnach (v)
guarantee gwarant/–au (m); gwarantu (v)
guard gwarchod (v); gwarchodwr/
  gwarchodwyr (m), TRAIN gard/–iau (m)
  to guard against gwarchod rhag,
  DEFEND amddiffyn rhag
guess dyfalu (v); dyfaliad/–au (m)
  I guess (so) sbo, tebyg iawn
  Guess who came Dyfala pwy ddaeth
guest gwestai/gwesteion (m)
guest-house gwesty/gwestai (m)
guide HANDBOOK llawlyfr/–au (m),
  PERSON tywysydd/tywyswyr (m);
  tywys, DIRECT cyfarwyddo (v)
guidebook llawlyfr/–au (m)
guilty euog (adj)
  not guilty dieuog
guitar gitâr/gitarau (m)
  to play the guitar canu'r gitâr
gulf SEA culfor/–oedd (m), SEA gwlff (m),
  GAP gagendor (fm)
gum GLUE glud/–ion (m), TEETH cig y
  dannedd (m)
gun dryll/–au (mf), gwn/gynnau (m)
gust chwa/–on (f)
gutter cwter/cwteri/cwterydd (f)
  in the gutter yn y gwter
Guy Fawkes Guto Ffowc
  Guy Fawkes' night
  noson Guto Ffowc
gymnasium campfa/–oedd (f)
gymnastics gymnasteg (f)
gypsy sipsi/–wn (m)
  (see **gipsy**)

H

habit arfer/–ion (m)
   a good habit arfer da
habitual CONSTANT cyson, USUAL arferol
(adj)
had *form of* bod…wedi; *form of* bod…gan
+S.M., *form of* bod…gyda +A.M., *form
of* bod…'da (v)
   I had come roeddwn i wedi dod
   you had read FAMILIAR roeddet ti wedi
darllen, POLITE roeddech chi wedi
darllen
   she had gone roedd hi wedi mynd
   he had not lost doedd e ddim wedi
colli
   we had never seen doedden ni
erioed wedi gweld
   they had won roedden nhw wedi
ennill
   I've had a party rydw i wedi cael parti
   I had a car roedd car gen i, roedd car
'da fi
   she had a cold roedd annwyd arni hi,
roedd annwyd 'da hi
   he hadn't a clue doedd dim clem
'da fe
hail cesair (pl); bwrw cesair (v);
hawddamor! (interj)
hair gwallt (m)
   hair brush brws gwallt
   hair cut toriad gwallt
   to cut hair torri gwallt
hairdresser trinydd gwallt (m)
half hanner/haneri (m)
   half price hanner pris
   half way hanner ffordd
hall neuadd/–au (f), HOUSE cyntedd/–au
(m)
halve haneru (v)
ham ham (m)
hammer morthwyl/–ion (m);
morthwylio (v)
hand llaw/dwylo (f); GIVE rhoi, FOOTBALL
llawio (v)
   at hand wrth law, gerllaw
   hand in hand law yn llaw

   second hand ail law
   to hand in rhoi i mewn
handbag bag llaw/bagiau llaw (m)
handbook llawlyfr/–au (m)
handful llond llaw (m), dyrnaid/dyrneidiau
(m)
handicraft crefft/–au (m)
handkerchief hances/–i (NW) (f),
neisied/–i (SW) (f)
handle dolen/dolenni/dolennau (f); trafod
(v)
handsome golygus (adj)
handwriting llawysgrifen (f)
handy CONVENIENT cyfleus, hwylus, handi
(adj)
hang hongian, DIE FROM crogi (v)
happen digwydd (v)
   to happen to call digwydd galw
happening digwyddiad/–au (m)
happiness hapusrwydd (m)
happy hapus (adj)
harbour harbwr (m), DOCKS porthladd/–
oedd (m)
hard STONE caled, DIFFICULT anodd (adj)
   hard of hearing trwm ei glyw
hardly prin, bron dim (adv)
   there's hardly any bread left prin
fod unrhyw fara ar ôl, does bron dim
bara ar ôl
harm INJURY niwed (m), BAD drwg (m);
niweidio (v)
   it's done us great harm mae e wedi
gwneud drwg mawr i ni
   to cause harm achosi niwed
harmful niweidiol (adj)
harmless INNOCENT diniwed (adj)
harmony cytgord (m), STRICT METRE
POETRY cynghanedd/cynganeddion (f)
harp telyn/–au (f)
   to play the harp canu'r delyn
harsh ROUGH garw, HARSH SOUND aflafar
(adj)
harvest cynhaeaf/cynaeafau (m); cynaeafu
(v)
has mae…wedi, mae…gan +S.M.,
mae…gyda +A.M., mae…'da +A.M.
(v)
   ydy…wedi, oes…gan *etc. are used in
questions*; dydy…ddim wedi *is used in*

the negative
she has gone mae hi wedi mynd
he has been here mae e wedi bod yma
has it finished? ydy e wedi gorffen?
she has not left dydy hi ddim wedi gadael, dyw hi ddim wedi gadael
he has a car mae car 'da fe
has he a sister? oes chwaer 'da fe?
haste brys (m)
  I'm in great haste mae brys mawr arna i, rydw i ar frys mawr
hasten brysio (v)
hat het/–iau (f)
hate casineb (m); casáu (v)
  I hate the food rydw i'n casáu'r bwyd, mae'n gas gen i'r bwyd
have OBTAIN cael, POSSESS bod...gan +S.M. bod...gyda +A.M., MUST bod rhaid i +S.M. (v)
  I have a coat mae cot gen i (NW), mae cot 'da fi (SW)
  she is having a party mae hi'n cael parti
  we have to go mae rhaid i ni fynd
  they have no house does dim tŷ 'da nhw
  we haven't got to go does dim rhaid i ni fynd
hay gwair/gweiriau (m)
  to make hay lladd gwair
  hay fever twymyn y gwair
hayrick tas wair (f)
haze MIST, FOG niwl (m), RISING FROM RIVER OR FIELD tarth (m), SUMMER HAZE tes (m)
he e, fe (SW), LITERARY ef, fo (NW), BIBLICAL efe (pron)
  he is coming mae e'n dod
  it's he who's here fe sy yma
  where is he? ble mae e?
  it is he fe yw e
  he is a teacher athro yw e
head pen/–nau (m), SCHOOL HEAD pennaeth/penaethiaid (m); LEAD arwain, TO HEAD A BALL penio (v)
  heads of the valleys blaenau'r cymoedd
headache pen tost (SW) (m),

cur pen (NW) (m)
  I have a headache mae pen tost 'da fi (SW), mae gen i gur pen (NW)
heading IN PAPER pennawd/penawdau (m)
headlamp flaen/lampau blaen (f)
headmaster prifathro/prifathrawon (m)
headmistress prifathrawes/–au (f)
head-phone ffôn pen/ffonau pen (m)
headquarters pencadlys/–oedd (m)
heal GET, MAKE BETTER gwella, MAKE HEALTHY iacháu (v)
health iechyd (m)
  good health iechyd da
healthy iach (adj)
heap pentwr/pentyrrau (m)
hear clywed (v)
  to hear a story clywed stori
  to hear about something clywed am rywbeth
hearing clyw (m)
  he's hard of hearing mae e'n drwm ei glyw
  she's hard of hearing mae hi'n drwm ei chlyw
heart calon/–nau (f)
  by heart ar gof
  with all my heart â'm holl galon
hearth aelwyd/–ydd (f)
heat gwres (m), RACE rhagras/–ys (f); TO HEAT A ROOM gwresogi, TO HEAT WATER, FEEL WARMER twymo (v)
  heating system system wresogi
  central heating gwres canolog
heater gwresogydd/–ion (m)
heath rhos/–ydd (f)
heather grug (m)
heaven nef/–oedd (f)
  good heavens!, heavens above! FAIRLY STRONG nefoedd wen! NOT SO STRONG bobol bach! (
heavenly nefolaidd (adj)
heavy trwm (adj)
  the food was heavy roedd y bwyd yn drwm
Hebrew LANGUAGE Hebraeg (f); JEWISH Hebreig, Iddewig (adj)
hedge perth/–i (f), clawdd/cloddiau (SW) (m), gwrych/–oedd (NW) (m)
hedgehog draenog/–od (mf)

heel sawdl/sodlau (mf); sodli (v)
    from head to heel o'i gorun i'w sawdl, o'i chorun i'w sawdl
height OF BUILDING uchder (m), OF PERSON taldra (m)
    a great height uchder mawr
heir etifedd/–ion (m), etifeddes/–au (f)
helicopter hofren(n)ydd/hofrenyddion (m)
hell uffern/–au (f)
    hell! uffern!, diawl!
help help (m), AID cymorth/cymorthion (m); helpu, cynorthwyo, rhoi cymorth i +S.M. (v)
    to help someone helpu rhywun, rhoi cymorth i rywun
helper cynorthwywr/cynorthwywyr (m), cynorthwywraig/cynorthwywragedd (f), helpwr/helpwyr (m)
helpful USEFUL defnyddiol (adj)
hen iâr/ieir (f)
her
    1. hi (pron)
    object of short form of verb
    I saw her gwelais i hi
    2. ei…hi (pron)
    +A.M; *object of long form of verb; +h to initial vowel*
    I have heard her rydw i wedi ei chlywed hi
    I have answered her rydw i wedi ei hateb hi
    3. ei…hi (pron)
    +A.M.; *+h to initial vowel*
    her book ei llyfr hi
    her coat ei chot hi
    her hero ei harwr hi
hers ei hun hi (pron)
    ei hun hi yw e it's hers
herb perlysieuyn/perlysiau (m)
    plural used more often
herd gyr/–roedd (m)
    a herd of cattle gyr o wartheg
here yma, WHEN STRESSING PLACE fan hyn (adv); HERE IS, ARE dyma (v)
    here and there yma ac acw (NW), hwnt ac yma (SW)
    here is Siân dyma Siân
    it's here mae e fan hyn
hero arwr/arwyr (m)

heroine arwres/–au (f)
herself hi ei hun(an), ei hun(an) (pron)
    she herself came daeth hi ei hunan
    she saw herself on the screen gwelodd (hi) ei hunan ar y sgrin
hesitate petruso (v)
hiccup yr ig (m); igian (v)
    I've got hiccups mae'r ig arna i, mae'r ig 'da fi
hide cuddio (v)
    to hide something from someone cuddio rhywbeth rhag rhywun
hideous hyll (adj)
high uchel (adj)
    it's high time mae hi'n hen bryd
    high tide pen llanw
    high above the town yn uchel uwchben y dref
    as high as mor uchel â +A.M., cyn uched â +A.M.
higher uwch (adj)
    higher than uwch na +A.M.
highest uchaf (adj)
highway priffordd/priffyrdd (f)
hike WANDER heicio, crwydro (v); heic/–iau (m), taith gerdded/teithiau cerdded (f)
hill bryn/–iau (m)
    on top of the hill ar ben y bryn
hillside ochr y bryn/ochrau'r bryniau (f)
hilltop pen y bryn (m)
him
    1. fe, e, fo (NW), o (NW), BIBLICAL efe (pron)
    I saw him gwelais i fe, gwelais i e, gwelais i o
    2. ei…hi (pron)
    +S.M; *object of long form of verb*
    I have heard him rydw i wedi ei glywed e
    I have answered him rydw i wedi ei ateb e
himself fe ei hun(an), ei hun(an) (pron)
    he's here himself fe ei hunan sy yma
    he saw himself in the paper gwelodd ei hunan yn y papur
hinder rhwystro (v)
    to hinder someone from doing something rhwystro rhywun rhag gwneud rhywbeth

hinge colfach/–au (m)

hint awgrym/–iadau (m); awgrymu (v)

hip clun/–iau (f)

hire hurio, llogi (v)

hire-purchase hurbwrcas/–iadau (m)

his ei +S.M....(e(f)), ei un e (pron)
    his book ei lyfr e, ei lyfr ef, ei lyfr
    it's his ei un e yw e

historian hanesydd/haneswyr (m)

historic hanesyddol (adj)

history hanes (m)
    the history of Wales hanes Cymru
    history book llyfr hanes

hit taro, bwrw (v)
    to hit the nail on the head taro'r hoelen ar ei phen

hitchhike bodio (v)

hoarse cryg (adj)

hobby hobi/hobïau (m), INTEREST diddordeb/–au (m)

hockey hoci (m)
    a game of hockey gêm hoci

hold dal, GRASP gafael, TO HOLD A MEETING cynnal (v)
    to hold a concert cynnal cyngerdd
    to hold a post dal swydd
    to hold a book dal llyfr, gafael mewn llyfr
    to hold on to the book KEEP cadw'r llyfr
    to hold up the traffic rhwystro'r traffig

hole twll/tyllau (m); tyllu (v)

holiday gŵyl/gwyliau (f)
    summer holidays gwyliau'r haf
    Christmas holidays gwyliau'r Nadolig
    to go on holiday mynd ar wyliau
    holiday camp gwersyll gwyliau

hollow EMPTY gwag (adj); VALE pant/–iau (m)

holly celynen/celyn (f)

holy sanctaidd (adj)

home cartref/–i (m)
    at home gartref
    to go home HOMEWARDS mynd adref
    in the home yn y cartref

home-made cartref (adj)
    home-made jam jam cartref

home-rule ymreolaeth (f),

hunanlywodraeth (f)

homesickness hiraeth (m)

honest onest (adj)

honey mêl (m)

honeymoon mis mêl (m)
    to go on honeymoon mynd ar fis mêl

honour anrhydedd/–au (m); anrhydeddu (v)

honourable anrhydeddus (adj)

hood cwfl/cyflau (m)

hook bachyn/bachau (m); bachu (v)

hop hercian (v); herc/–iau (m)
    hop, step and jump herc, cam a naid

hope gobaith/gobeithion (m); gobeithio (v)
    I hope, it is hoped gobeithio

hopeful gobeithiol (adj)

horizon gorwel/–ion (m)

horizontal llorweddol (adj)

horn corn/cyrn (m)

horrible AWFUL ofnadwy, erchyll (adj)

horse ceffyl/–au (m)

horseshoe pedol/–au (f)

hospital ysbyty/ysbytai (m)
    in hospital yn yr ysbyty

host gwestai/gwesteion (m)

hostel hostel/–au (m)
    youth hostel hostel ieuenctid

hot poeth (adj)

hotel gwesty/gwestai (m)
    to stay in a hotel aros mewn gwesty

hour awr/oriau (f)
    for an hour am awr
    half an hour hanner awr
    quarter of an hour chwarter awr

hourly bob awr (adv)

house tŷ/tai (m)
    House of Commons Tŷ'r Cyffredin
    House of Lords Tŷ'r Arglwyddi

housewife gwraig tŷ/gwragedd tŷ (f)

housework gwaith tŷ (m)

how? sut? (interrog)
    how are you? sut ych chi?, shwd ych chi? (SW), FAMILIAR sut wyt ti?
    I don't know how dw i ddim yn gwybod sut
    how is she coming? sut mae hi'n dod?
    how far? pa mor bell?

however serch hynny, beth bynnag (adv)

hug coflaid/cofleidiau (f); cofleidio (v)

huge enfawr (adj)
human dynol (adj); bod dynol/bodau dynol (m)
   human being bod dynol
humanity dynoliaeth (f)
humble diymhongar (adj)
humorous doniol, digrif (adj)
humour doniolwch (m), hiwmor (m)
hundred cant/cannoedd (m); can, cant (num)
   use can *before noun;* +N.M. *with* blwydd *and* blynedd
   a hundred years can mlynedd
   a hundred pounds can punt
   How many are there? A hundred Faint sy 'na? Cant.
hunger FAMINE newyn (m), WANT FOOD chwant bwyd (m)
hungry chwant bwyd (m)
   I'm hungry Mae chwant bwyd arna i
hurry brysio (v); brys (m)
   in a hurry ar frys
   they're in a great hurry mae brys mawr arnyn nhw
hurl hyrddio (v)
hurt brifo, niweidio, INJURE anafu (v); niwed/niweidiau (m), INJURY anaf/–iadau (m)
husband gŵr/gwŷr (m)
   my husband fy ngŵr
hut caban/–au (m), cwt/cytiau (m)
hymn emyn/–au (m)
hypocrisy rhagrith (m)

I

I fi, i (pron)
   I am listening rydw i'n gwrando
   It's me fi sy 'ma
   I was here roeddwn i yma
   I saw the game gwelais i'r gêm,
   I will be there bydda i yno
ice iâ (m)
   ice cream hufen iâ
   to break the ice torri'r garw
iceberg mynydd iâ/mynyddoedd iâ (m)
icy rhewllyd (adj)

idea syniad/–au (m)
   I've got an idea mae syniad 'da fi
ideal delfryd/–au (f); delfrydol (adj)
identity hunaniaeth (f)
idiom idiom/–au (f), priod-ddull/–iau (m)
idiot twpsyn/twpsod (m), ffŵl/ffyliaid (m)
idle NOT WORKING segur, LAZY diog (adj)
if
   1. os (conj)
   if it rains os yw hi'n bwrw glaw
   2. pe (conj)
   + conditional or imperfect verb
   if it were to rain pe byddai hi'n bwrw glaw
   3. a (conj) +S.M.
   indirect question
   he asked if it was raining gofynnodd a oedd hi'n bwrw glaw
ignorant OF FACTS anwybodus, BAD BEHAVIOUR anfoesgar (adj)
ignore anwybyddu (v)
ill sâl, tost (SW) (adj); drwg (m)
   she's ill mae hi'n sâl, mae hi'n dost
illegal anghyfreithlon (adj)
illness salwch (m)
illuminate goleuo (v)
illustrate darlunio (v)
imaginary dychmygol (adj)
imagination dychymyg (m)
imagine dychmygu (v)
imitate dynwared (v)
immature anaeddfed (adj)
immediate DIRECT uniongyrchol, WITHOUT HESITATING di-oed, PRESENT presennol, CLOSE agos (adj)
   the immediate past y gorffennol agos
immediately ar unwaith (adv)
immense enfawr (adj)
immigrant mewnfudwr/mewnfudwyr (m)
immigration mewnfudiad (m)
immoral anfoesol (adj)
immorality anfoesoldeb (m)
impair amharu (v)
   to impair the work amharu ar y gwaith
impatient diamynedd (adj)
impede rhwystro, STOP atal (v)
imperfect amherffaith (adj)
imperial imperialaidd, ymerodrol (adj)

imperialism imperialaeth (f)
imperialistic imperialistig, ymerodraethol (adj)
impersonal amhersonol (adj)
implement gweithredu (v); arf/–au (f)
implore erfyn, ymbil (v)
    I implore you rydw i'n erfyn arnoch chi
impolite anghwrtais (adj)
import mewnforio (v)
imports mewnforion (pl)
importance pwysigrwydd (m)
important pwysig (adj)
impossible amhosibl (adj)
impractical anymarferol (adj)
impress SHINE disgleirio, PRINT argraffu, INFLUENCE dylanwadu (v)
impression argraff/–iadau (f)
    to make an impression gwneud argraff
impressionists ART argraffiadwyr (pl)
impressive SUBSTANTIAL sylweddol, GRAND mawreddog (adj)
    it's impressive mae'n gwneud argraff
imprison carcharu (v)
improbable annhebygol (adj)
improper anaddas (adj)
improve gwella (v)
improvement gwelliant (m)
impudent haerllug (adj)
in
    1. mewn (prep)
    used for in a *with indefinite nouns or general nouns*
    in a car mewn car
    in a hurry mewn brys
    in love mewn cariad
    in a minute mewn munud
    in time mewn pryd
    in writing mewn ysgrifen
    in it goes! i mewn â fe!, i mewn â hi!
    in fact mewn gwirionedd
    2. yn, yng, ym (prep)
    used for in the *with definite nouns or names;* +N.M.; *use* yng *before* ng *and* ngh; *use* ym *before* m *and* mh
    in the car yn y car
    in Nant-y-moch yn Nant-y-moch

in Tal-y-bont yn Nhal-y-bont
in the headmaster's class yn nosbarth y prifathro
in Gwent yng Ngwent
in Cardiff yng Nghaerdydd
in Wales yng Nghymru
in Merthyr ym Merthyr
in Bangor ym Mangor
in Pwllheli ym Mhwllheli
in general yn gyffredinol
in particular yn enwedig
in the meantime yn y cyfamser
in advance o flaen llaw
in order to er mwyn
in spite of er gwaethaf
in- an- (pref) +N.M.
    incorrect anghywir
inactive segur, OUT OF WORK di-waith (adj)
inaccurate INCORRECT anghywir (adj)
inadequate annigonol (adj)
incapable annalluog (adj)
inch modfedd/–i (f)
    inch by inch fesul modfedd
incident digwyddiad/–au (m)
include cynnwys (v)
inclusive cynwysedig (adj); yn gynwysedig (adv)
income incwm/incymau (m), EARNINGS enillion (pl)
    income tax treth incwm (f)
incompetent analluog, anghymwys (adj)
incomplete anghyflawn (adj)
incomprehensible annealladwy (adj)
inconvenient anhwylus, anghyfleus (adj)
incorrect anghywir (adj)
increase cynyddu (v); cynnydd (m)
incredible anghredadwy, anhygoel (NW) (adj)
incurable anwelladwy (adj)
indecent anweddus (adj)
indeed REALLY yn wir, VERY dros ben (adv)
    very good indeed da dros ben
    indeed? wir?
indefinite amhendant (adj)
indescribable annisgrifiadwy (adj)
independence annibyniaeth (f)
independent annibynnol (adj)
India India (f)
Indian Indiad/Indiaid (mf); Indiaidd (adj)

indicate NOTE nodi, SHOW dangos, EXPRESS mynegi (v)

indigestion diffyg traul (m)
I've got indigestion mae diffyg traul arna i

indignant dig (adj)

indirect anuniongyrchol (adj)

indistinct aneglur (adj)

individual unigolyn/unigolion (m); unigol (adj)

indoor UNDER ROOF dan do (adj) (prep)
indoor swimming pool pwll nofio dan do

indoors yn y tŷ (adv)
to stay indoors aros yn y tŷ

industrial diwydiannol (adj)

industry diwydiant/diwydiannau (m)
the coal industry y diwydiant glo
the steel industry y diwydiant dur
industry and commerce diwydiant a masnach

industrious diwyd, BUSY prysur, ACTIVE gweithgar (adj)

ineffective aneffeithiol (adj)

inefficient aneffeithlon (adj)

inexpensive rhad (adj)

inexperienced dibrofiad (adj)

infamous cywilyddus (adj)

infant plentyn/plant (m), baban/–od (m)
infant school ysgol fabanod

infect heintio (v)

inferior israddol (adj)

infirm gwan (adj)

inflation chwyddiant (m)

influence dylanwad/–au (m); dylanwadu (v)
to influence someone dylanwadu ar rywun

influential dylanwadol (adj)

influenza ffliw (m)
I've got flu mae ffliw arna i, mae ffliw 'da fi

inform hysbysu, rhoi gwybod i (v)
I am informing you rydw i'n rhoi gwybod i chi

informal anffurfiol (adj)

information gwybodaeth (f)

infrequent anaml (adj)

ingredient cynhwysyn/cynhwysion (m)

inhabit LIVE byw, TO LIVE IN A PLACE trigo, TO LIVE IN A BUILDING preswylio (v)

inhabitant trigolyn/trigolion (m)

inhospitable digroeso (adj)

initial cychwynnol (adj); llythyren gyntaf/ llythrennau cyntaf (f)

inject chwistrellu (v)

injection chwistrelliad/–au (m)

injure niweidio, anafu (v)

injured wedi'i anafu (v)
use wedi'i hanafu *with f. nouns and* wedi'u hanafu *with pl. nouns*

injury niwed/niweidiau (m)

injustice anghyfiawnder/–au (m)

ink inc/–iau (m); incio (v)

inlet cilfach/–au (f)

inn tafarn/–au (f), tafarndy/tafarndai (m)

inner mewnol (adj)

innkeeper tafarnwr/tafarnwyr (m)

innocent HARMLESS diniwed, NOT GUILTY dieuog (adj)

inquest cwest (m)

inquire holi (v)

inquiry QUESTION ymholiad/–au (m), REVIEW ymchwiliad/–au (m)
public inquiry ymchwiliad cyhoeddus
inquiry office swyddfa ymholiadau

insane gwallgof (adj)

insect pryfyn/pryfed (m), trychfilyn/ trychfilod (m)

insecure UNCERTAIN ansicr, NOT SAFE anniogel (adj)

insert PLACE gosod, PUT rhoi…INTO, IN yn, i mewn i (v)

inside y tu mewn i +S.M. (prep); tu mewn (m); mewnol (adj); i mewn, WITHIN o fewn (adv)
inside the house y tu mewn i'r tŷ
come inside dewch i mewn
the inside wall y wal fewnol
inside half an hour o fewn hanner awr
inside out o chwith

inside-half mewnwr/mewnwyr (m)

insignificant di-nod (adj)

insincere annidwyll (adj)

insist mynnu (v)

insistent taer (adj)

insolent haerllug (adj)

inspect SEARCH archwilio, REVIEW arolygu (v)

instance enghraifft/enghreifftiau (f)
   for instance er enghraifft
   in this instance yn yr achos hwn
instant SECOND eiliad/–au (f), WINK
amrantiad (m); parod (adj)
   in an instant mewn eiliad, mewn
   amrantiad
   instant coffee coffi parod
instantly ar unwaith (adv)
instead yn lle, ON BEHALF OF dros +S.M.
(adv)
   instead of coming yn lle dod
   instead of Siân yn lle Siân
   I'll do it instead of you mi wna i e
   drosot ti
institute TEACHING athrofa/athrofeydd (f),
INSTITUTION sefydliad/–au (m); START
cychwyn (v)
   institute of higher education athrofa
   addysg uwch
institution sefydliad/–au (m)
instruct TEACH dysgu, TRAIN hyfforddi,
DIRECT cyfarwyddo (v)
instructor DIRECTOR cyfarwyddwr/
cyfarwyddwyr (m), TRAINER
hyfforddwr/hyfforddwyr (m)
instrument offeryn/–nau (m), TOOL teclyn/
taclau (m)
   musical instrument offeryn cerdd
insufficient annigonol (adj)
insulate ynysu (v)
insult sarhau (v)
insurance yswiriant/yswiriannau (m)
   National Insurance Yswiriant
   Gwladol
insure yswirio (v)
intellect deall (m)
intellectual deallusol (adj)
intelligent deallus (adj)
intend bwriadu, bod am +S.M. (v)
   I intend doing it tomorrow rydw i'n
   bwriadu gwneud hynny yfory, rydw i
   am wneud hynny fory
intense dwys, PASSIONATE angerddol (adj)
intensive dwys (adj)
   intensive (Welsh) course cwrs dwys
   (Cymraeg), Wlpan
intention bwriad/–au (m)
intentional bwriadol (adj)

interest diddordeb/–au (m), FINANCIAL llog
(m), BENEFIT budd/buddiannau (m);
diddori (v)
   for the interest of the country er
   budd y wlad
   high interest rate cyfradd llog uchel
   an interest in art diddordeb mewn
   celf
   an interest in the subject diddordeb
   yn y pwnc
   to take an interest in SPECIFIC
   ymddiddori yn +N.M., NON-SPECIFIC
   ymddiddori mewn
   I'm interested in gardening mae gen
   i ddiddordeb mewn garddio
interesting diddorol (adj)
interfere ymyrryd (v)
   to interfere in something ymyrryd
   yn rhywbeth
interior tu mewn (m); mewnol (adj)
interlude egwyl/–iau (f)
internal mewnol (adj)
international rhyngwladol (adj)
   an international rugby match gêm
   rygbi ryngwladol
internet rhyngrwyd (m)
interpret dehongli, TRANSLATE cyfieithu (v)
interpreter TRANSLATOR cyfieithydd/
cyfieithwyr (m), SPOKESMAN
lladmerydd/–ion (m)
interrogate holi, CROSS EXAMINE croesholi (v)
interrupt torri ar draws (v)
   to interrupt the meeting torri ar
   draws y cyfarfod
interval egwyl/–iau (f)
interview cyfweliad/–au (m); cyf-weld (v)
into i mewn i (prep) +S.M.
   into the car i mewn i'r car
   into battle! i'r gad!
intolerable annioddefol (adj)
intoxicated meddw (adj)
intricate cymhleth (adj)
introduce cyflwyno (v)
introduction cyflwyniad/–au (m)
invade goresgyn, ATTACK ymosod ar +S.M.
(v)
invalid PATIENT claf/cleifion (m), DISABLED
person methedig (m); NOT VALID di-rym
(adj)

invasion goresgyniad/–au (m)

invent dyfeisio (v)

invention dyfais/dyfeisiadau (f)

invest buddsoddi (v)

investigate ymchwilio i +S.M., archwilio (v)

investiture arwisgiad/–au (m)

invisible anweledig (adj)

invitation gwahoddiad/–au (m)

invite gwahodd (v)

invoice anfoneb/–au (f)

involve INCLUDE cynnwys, MEAN golygu (v)

    it involves a lot of work mae'n golygu llawer o waith

    the story involves two characters mae'r stori'n cynnwys dau gymeriad, mae'r stori'n ymwneud â dau gymeriad

inward mewnol (adj)

inwards tuag i mewn (adv)

iron haearn (m)

    cast iron haearn bwrw

    wrought iron haearn gyr

    Iron Age Oes Haearn

    iron works gwaith haearn

irony eironi (m)

irregular afreolaidd (adj)

irrelevant amherthnasol (adj)

irritate poeni (v)

is

    1. mae (v)

    used to begin sentences

    the girl is watching mae'r ferch yn edrych

    2. yw, ydy (v)

    used to ask and answer specific questions

    Is she here? Yes Ydy hi yma? Ydy

    Is Huw singing? Ydy Huw yn canu?

    used to link two nouns or names

    he is a teacher athro yw e

    Siân is a student myfyrwraig yw Siân

    3. oes *is used to ask and answer non-specific questions*

    Is there bread here? Yes Oes bara yma? Oes

    4. sy, sydd *is used after a noun, proper noun, who and what and also to replace* who is, which is, that is

    it's Mair who is here Mair sy yma

    I know the girl who is reading the news rydw i'n nabod y ferch sy'n darllen y newyddion

    who is it? pwy sy 'na?

    what's on? beth sy ymlaen?

    5. mae…yn +S.M. *with nouns and adjectives*

    Daniel is blind mae Daniel yn ddall

    Daniel is a typist mae Daniel yn deipydd

island ynys/–oedd (f)

isn't dyw…ddim, dydy…ddim (NW), LITERARY STYLE nid yw, USED WITH GENERAL NOUNS does dim (v)

    Siân isn't here dyw Siân ddim yma, nid yw Siân yma

    it isn't raining dyw hi ddim yn bwrw glaw, nid yw hi'n bwrw glaw

    there isn't any milk here does dim llaeth yma

Israel Israel (f)

Israeli Israeliad/Israeliaid (mf)

issue OF MAGAZINE rhifyn/–nau (m), SUBJECT pwnc/pynciau (m); PUBLISH cyhoeddi, GIVE rhoi (v)

it

    1. MASC fe, e, FEM hi (pron)

    subject of verb; hi *is used for* **it** *in statements about weather, time, possibility etc;* hi *or* fe *are used according to the gender of the noun to which they refer*

    it is warm WEATHER mae hi'n dwym

    it is on the table THE BOTTLE mae hi ar y bwrdd

    it is eating the meat THE DOG mae e'n bwyta'r cig

    2. MASC fe, e, fo (NW), o (NW), FEM hi (pron)

    I saw it gwelais i fe, gwelais i e, gwelais i o, gwelais i hi

    3. ei…e, ei…hi (pron)

    +S.M; *object of long form of verb*

    I have heard it rydw i wedi ei glywed e

    I have opened it THE BOTTLE rydw i wedi ei hagor hi

Italian LANGUAGE Eidaleg (f); Eidalaidd (adj); PERSON Eidalwr/Eidalwyr (m), Eidales/–au (f)

Italy yr Eidal (f)

itch cosi, SCRATCH crafu, ysu (v)

item eitem/–au (f)
its ei...(e), ei...hi (pron)
ei +S.M. *with m. nouns*, ei +A.M. *with f. nouns*
   its food DOG ei fwyd e
   its food CAT ei bwyd hi
itself (fe, hi) ei hun(an) (pron)
   the film itself y ffilm ei hunan
ivy eiddew (m), iorwg (m)

J

jacket siaced/–i (f)
jail carchar/–au (m); carcharu (v)
jam jam (m); CATCH dal (v)
   strawberry jam jam mefus
   traffic jam tagfa draffig
   the door is jammed mae'r drws wedi glynu
   I've jammed my finger in the door rydw i wedi dal fy mis yn y drws
January Ionawr (m)
   in January ym mis Ionawr
Japanese LANGUAGE Siapaneg (f), PERSON Siapanead/Siapaneaid (mf)
jar jar/–iau (f)
   jam jar pot jam
jaundice y clefyd melyn (m)
jaw CHIN gên/genau (f)
jazz jazz (m)
jealous eiddigeddus, cenfigennus (adj)
jealousy cenfigen (m), eiddigedd (m)
jeans jîns (pl)
jelly jeli (m)
jersey siwmper/–i (f)
jet jet (m)
Jew Iddew/–on (m), Iddewes/–au (f)
Jewish Iddewig (adj)
jigsaw jig-so (m)
job WORK gwaith (m), POST swydd/–i (f), TASK tasg/–au (f), job (f)
   I've got a job mae gwaith 'da fi
jog loncian (v)
join MOVEMENT, SOCIETY, CLUB uno, ymuno â +A.M., ymaelodi â +A.M. (v)
   have you joined Plaid Cymru? ydych chi wedi ymuno â Phlaid Cymru

joke cellwair, jocan (v); jôc/–s (f)
jolly llawen (adj)
journal cylchgrawn/cylchgronau (m)
journalist gohebydd/gohebwyr (m)
journey taith/teithiau (f); teithio (v)
joy llawenydd (m)
judge CRITICIZE, ADJUDICATE barnu, beirniadu (v); barnwr/barnwyr (m)
jug jwg/–iau (f)
juice sudd/–oedd (m)
   orange juice sudd oren
   apple juice sudd afal
July Gorffennaf (m)
   in July ym mis Gorffennaf
jump neidio (v); naid/neidiau (f)
   high jump naid uchel
   long jump naid hir
   hop, step and jump herc, cam a naid
jumper siwmper/–i (f), ATHLETE neidiwr/neidwyr (m)
junction cyffordd/cyffyrdd (f)
June Mehefin (m)
   in June ym mis Mehefin
juror rheithiwr/rheithwyr (m)
jury rheithgor/–au (m)
just cyfiawn (adj); dim ond, yn unig, WITH VERBS newydd +S.M. (adv)
   just one dim ond un, un yn unig
   I have just arrived rydw i newydd gyrraedd
justice cyfiawnder (m)
   Justice of the Peace Ynad Heddwch
justify cyfiawnhau (v)
juvenile person ifanc /personau ifanc (m); ifanc (adj)

K

keen EAGER brwd, KEEN MIND craff (adj)
keep CONTINUE cadw, dal i +S.M. (v)
   to keep quiet cadw'n dawel
   to keep away cadw draw
   to keep on dal ymlaen
   to keep company cadw cwmni
   to keep in with bod ar delerau da â
   to keep doing something dal i wneud rhywbeth

keep it up daliwch ati
kennel cynel (m)
kettle tegell/–au (m)
key allwedd/–i (f), agoriad/–au (NW) (m), OF PIANO ETC bys/–edd (m), MUSIC cyweirnod (m)
    key worker gweithiwr allweddol
kick cicio (v); cic/–iau (f)
    free kick cic rydd, cic gosb
    penalty kick FOOTBALL cic o'r smotyn, RUGBY cic gosb
    drop kick cic adlam
kid CHILD plentyn/plant (m), GOAT myn gafr (m); twyllo (v)
kidney aren/–nau (f)
    kidney beans ffa dringo, cidnabêns
kill lladd (v)
kilogram kilogram/–au (m)
kilometre kilometr/–au (m)
kind caredig (adj); math (m) +S.M.
    to be kind to bod yn garedig wrth +S.M.
    what kind of? pa fath o? +S.M., sut? +S.M.
    what kind of car is it? sut gar yw e?
    what kind of thing pa fath beth
kindergarten PLAYGROUP cylch chwarae/cylchoedd chwarae (m), NURSERY CLASS dosbarth meithrin/dosbarthiadau meithrin (m)
king brenin/brenhinoedd (m)
kingdom teyrnas/–oedd (f)
    the kingdom of heaven teyrnas nef
kiosk caban/–au (m)
kiss cusanu (v); cusan/–au (f)
kit taclau (pl)
kitchen cegin/–au (f)
    back kitchen cegin gefn
knee pen-lin/penliniau (f)
kneel penlinio (v)
knickers nicer/–i (f)
knife cyllell/cyllyll (f)
    pocket knife cyllell boced
    meat knife cyllell gig
    bread knife cyllell fara
knit gwau (v)
    knitted jumper siwmper wedi'i gwau
knob dwrn/dyrnau (m), HANDLE dolen/–ni/–nau (f)

knock curo (v)
    to knock on the door curo wrth y drws
knot cwlwm/clymau (m); clymu (v)
know TO KNOW SOMETHING gwybod, TO KNOW A PERSON nabod, adnabod (v)
    I don't know wn i ddim
    I know Siân rydw i'n nabod Siân
    she knows the work mae hi'n gwybod y gwaith
knowledge gwybodaeth (f)
knowledgeable gwybodus (adj)

L

label label/–i (f)
laboratory labordy/labordai (m)
labour llafur (m); llafurio (v)
    the Labour Party y Blaid Lafur
labourer llafurwr/llafurwyr (m), WORKER gweithiwr/gweithwyr (m)
lace FOR SHOES carrai/careiau (f), CLOTH les (m); TIE clymu (v)
lack diffyg/–ion (m), SCARCITY prinder (m)
    lack of food diffyg bwyd
    good will is lacking mae diffyg/prinder ewyllys da
lad llanc/–iau (m), crwt/cryts (SW) (m), hogyn/hogiau (NW) (m)
ladder ysgol/–ion (f)
ladies merched (pl), WOMEN menywod (pl), FORMAL USE boneddigesau (pl)
lady FORMAL bonedigess/–au (f), GIRL merch/–ed (f), WOMAN menyw/–od (f)
    the lady behind the counter y ferch y tu ôl i'r cownter
lake llyn/–noedd (m)
    Bala lake llyn Tegid
    Llangorse lake llyn Safaddan
lakeside glan y llyn (f)
    by the lake side wrth lan y llyn
lamb oen/ŵyn (m)
    lamb's meat cig oen
lame cloff (adj); cloffi (v)
lameness cloffni (m)
lamp lamp/–au (f)

lamp-post postyn lamp/pyst lamp (m)
land tir/–oedd (m), EARTH daear (f),
COUNTRY gwlad/gwledydd (f),
COUNTRYSIDE gwlad (f)
landlady landledi (f)
landlord landlord/–iaid (m)
landscape VIEW, SCENERY golygfa/
golygfeydd (f), LAND AND PAINTINGS
tirlun/–iau (m), RELIEF tirwedd/–au (f)
lane lôn/lonydd (f)
back lane lôn gefn
two lanes dwy lôn
language iaith/ieithoedd (f)
language course cwrs iaith/cyrsiau
iaith
Welsh Language Board Bwrdd yr
Iaith Gymraeg
language centre canolfan iaith/
canolfannau iaith
Welsh Language Act Deddf yr Iaith
Gymraeg
Welsh Language Society
Cymdeithas yr Iaith Gymraeg
lantern llusern/–au (m)
lap arffed/–au (f), côl (f), OF TRACK cylch
(m)
lard bloneg (m)
large BIG mawr, BROAD eang (adj)
as large as cymaint â +A.M.
larger than mwy na +A.M.
largest mwya, mwyaf
lark BIRD ehedydd (m), FUN hwyl (f)
last LAST OF ALL ola, olaf, LAST, BUT MORE TO
COME diwetha, diwethaf (adj);
CONTINUE para (v)
at last o'r diwedd
the last chapter y bennod olaf
last month mis diwethaf
last night neithiwr
lasting parhaol (adj)
late hwyr, LATE, OR MOST RECENT diweddar
(adj)
better late than never gwell hwyr na
hwyrach
late (recent) history hanes diweddar
the late Mr Evans y diweddar Mr
Evans
lately yn ddiweddar (adv)
latest diweddaraf (adj)

the latest news y newyddion
diweddaraf
Latin Lladin (f)
Latin-America America Ladin (f)
latter olaf (adj)
the latter yr olaf, yr un olaf
laugh chwerthin (v); chwarddiad/–au (m)
to laugh at someone chwerthin am
ben rhywun
laughable chwerthinllyd (adj)
laughter chwerthin (m)
launch lansio (v); BOAT bad modur/badau
modur (m), PARTY lansiad/–au (m)
lavatory tŷ bach/tai bach (m),
CONVENIENCES cyfleusterau (pl),
lle chwech/llefydd chwech (NW) (m)
law LEGAL LAW cyfraith/cyfreithiau (f), ACT
OF PARLIAMENT, LAWS OF NATURE deddf/
–au (f)
law and order cyfraith a threfn
law court llys barn/llysoedd barn (m)
according to law yn unol â'r gyfraith
Welsh Law Cyfraith Hywel
common law cyfraith gwlad
lawful cyfreithlon (adj)
lawn lawnt/–iau (f)
lawsuit achos/–ion (m)
lawyer cyfreithiwr/cyfreithwyr (m)
lay EGGS dodwy, PUT gosod, dodi (v)
to lay the table gosod y bwrdd
lay-by arhosfan/arosfannau (f)
lay-out cynllun/–iau (m)
lazy diog (adj)
lead arwain (v); METAL plwm (m), CORD
tennyn/tenynnau (m)
in the lead ar y blaen
leaf deilen/dail (f); TREE deilio, TURN PAGES
troi tudalennau (v)
leak gollwng, DRIP diferu (v); gollyngiad/–
au (m)
lean pwyso (v); tenau (adj)
leap neidio (v); naid/neidiau (f)
leap year blwyddyn naid
learn dysgu (v)
also means **to teach**
learner dysgwr/dysgwyr (m)
least lleiaf (adj)
at least o leiaf
the least thing y peth lleiaf

leather lledr (m) (adj)
    leather shoes esgidiau lledr
leave TO LEAVE SOMETHING gadael, A PERSON
    LEAVING ymadael â +A.M. (v);
    PERMISSION caniatâd (m), HOLIDAYS
    gwyliau (pl)
    to leave someone to do something
    gadael i rywun wneud rhywbeth
lecture darlith/–iau (f); darlithio (v)
lecturer darlithydd/darlithwyr (m)
leek cenhinen/cennin (f)
    leek soup cawl cennin
left chwith (adj); ar ôl (adv); wedi gadael
    (v)
    left out wedi ei adael allan
    left hand llaw chwith
    how many are left? sawl un sy ar ôl?
    he has left mae e wedi ymadael
    he left the book on the table
    gadawodd e'r llyfr ar y bwrdd
leg coes/–au (f)
    leg of lamb coes oen
    first leg gêm gyntaf
legal cyfreithiol (adj)
    legal aid cymorth cyfreithiol
legible darllenadwy, CLEAR clir (adj)
legion lleng/–oedd (f)
    the British Legion y Lleng Brydeinig
leisure hamdden (adj); hamddena (v)
    leisure centre canolfan hamdden
lemon lemwn/–au (m)
    lemon juice sudd lemwn
lend benthyca, rhoi benthyg (v)
    to lend someone something rhoi
    benthyg rhywbeth i rywun
length hyd/–oedd (m)
    at length o'r diwedd
    ten lengths deg hyd
lengthen hirhau (v)
lens lens/–ys (fm)
Lent Y Grawys (m)
less llai (adj)
    less than llai na +A.M.
    much less llawer llai
lessen lleihau (v)
lesson gwers/–i (f)
    Welsh lesson gwers Gymraeg
    to teach someone a lesson dysgu
    gwers i rywun

let gadael, RENT rhentu (v)
    to let someone do something gadael
    i rywun wneud rhywbeth
    let them come gadewch iddyn nhw
    ddod
    to let someone down siomi rywun
letter llythyr/–au/–on (m)
letter-box blwch llythyrau/blychau
    llythyrau (m)
lettuce letysen/letys (f), llaethygen/
    llaethyg (f)
level lefel/–au (f); gwastad (adj); lefelu,
    gwastatáu (v)
liar celwyddgi/celwyddgwn (m)
libel enllib (m); enllibio (v)
liberal rhyddfrydol (adj); rhyddfrydwr/
    rhyddfrydwyr (m)
    the Liberal Party y Blaid Ryddfrydol
    the Liberal Democrats y
    Democratiaid Rhyddfrydol
liberty rhyddid (m)
librarian llyfrgellydd/llyfrgellwyr (m)
library llyfrgell/–oedd (f)
licence trwydded/–au (f)
    driving licence trwydded yrru
    television licence trwydded deledu
license trwyddedu (v)
lick llyfu (v)
lid clawr/cloriau (m)
lie celwydd/–au (m); ON BED gorwedd, TO
    TELL A LIE celwydda (v)
    absolute lie celwydd noeth
    to lie down gorwedd
life bywyd/–au (m)
lifetime oes (f), bywyd (m)
    in my lifetime yn ystod fy oes
lift codi (v); lifft/–iau (m)
    can you give me a lift? allwch chi roi
    lifft i fi?, allwch chi fynd â fi?
light golau/goleuadau (m); WEIGHT ysgafn,
    COLOUR golau (adj); goleuo, A FIRE
    cynnau (v)
    to light a fire cynnau tân
    a light meal pryd ysgafn
    have you got a light? oes tân 'da chi?
lighten ysgafnhau (v)
lighter taniwr/tanwyr (m)
lighthouse goleudy/goleudai (m)
lighting goleuo (m)

lightning mellten/mellt (f), llucheden/ lluched (SW) (f)

like hoffi (v); fel (prep); tebyg (adj)

  I like to eat rydw i'n hoffi bwyta

  she is like her sister mae hi fel ei chwaer, mae hi'n debyg i'w chwaer

likely tebygol (adj)

  it's likely to rain mae hi'n debygol o lawio

likewise yn yr un modd (adv)

lilac lelog (fm)

lily lili/lilïau (f)

limb aelod/–au (m), aelod o'r corff (m)

lime STONE calch (m), FRUIT leim (m)

limit ffin/–iau (f); cyfyngu (v)

  over the limit dros y ffin (alcohol)

limited cyfyngedig, SCARCE prin (adj)

  limited company cwmni cyfyngedig

limp cloffni (m); llipa (adj); cloffi (v)

line llinell/–au (f), ROW rhes/–i (f), CORD llinyn/–nau (m), RAILWAY, PHONE lein/ –iau (f)

  half-way line llinell hanner, llinell ganol

  in line with yn gyson â +A.M.

  on the line ar y ffôn

  to line up sefyll mewn rhes

linen lliain (m)

liner llong deithio/llongau teithio (f)

linesman llumanwr/llumanwyr (m)

linger oedi (v)

lining leinin (m)

link cysylltu â +A.M. (v); CONNECTION cyswllt/cysylltiadau (m), CHAIN dolen/– ni/–nau (f)

links maes golff/meysydd golff (ger y môr) (m)

lion llew/–od (m)

  the lion's share y rhan fwyaf

lip gwefus/–au (f)

lipstick minlliw (m)

liquid hylif/–au (m)

liquidize hylifo (v)

liquidizer hylifwr/hylifwyr (m)

liquor gwirod/–ydd (m)

list rhestr/–au/–i (f)

  waiting list rhestr aros

  wine list rhestr win

listen gwrando (v)

  to listen to something gwrando ar rywbeth

  to listen to the radio gwrando ar y radio

listener gwrandawr/gwrandawyr (m)

literal llythrennol (adj)

literary llenyddol (adj)

literature llenyddiaeth/–au (f), llên (f)

  Welsh literature llenyddiaeth Gymraeg

litre litr/–au (m)

litter sbwriel (m)

little bach, ychydig +S.M. (adj); ychydig (m)

  a little girl merch fach

  a little food ychydig o fwyd, ychydig fwyd

  little by little bob yn dipyn, yn araf deg

live byw (v); byw (adj)

  live music cerddoriaeth fyw

lively bywiog (adj)

living bywoliaeth (f); byw (adj)

  living Welsh Cymraeg Byw

  to earn a living ennill bywoliaeth

living-room ystafell fyw/ystafelloedd byw (f)

load llwytho (v); llwyth/–i (m)

loaf torth/–au (f)

  a loaf of bread torth o fara

  to loaf around LAZE diogi, LOITER loetran

loan benthyciad/–au (m); benthyg, rhoi benthyg (v)

lobby cyntedd/–au (m)

lobster cimwch/cimychod (m)

local lleol (adj)

  local call galwad leol

locality cymdogaeth/–au (f), REGION ardal/ –oedd (f)

locate lleoli (v)

location lleoliad/–au (m)

  on location ar leoliad

lock clo/–eon (m), LOCK GATE llifddor/–au (f); cloi (v)

  under lock and key dan glo

locked ar glo (adj)

lodge llety/lletyau (m); lletya (v)

lodger lletywr/lletywyr (m)

lodging llety/lletyau (m)

loft llofft/–ydd (m), ATTIC taflod/–ydd (f)

log boncyff/–ion (m)

    log book llyfr cofnodion

logic rhesymeg (f)

lonely unig (adj)

    the lonely boy y bachgen unig

    should not be confused with

    the only boy yr unig fachgen

long hir, maith (adj); hiraethu (v)

    to long for something hiraethu am rywbeth

    long ago, a long time ago amser maith yn ôl

    all day long trwy gydol y dydd

    in the long run yn y pen draw

    as long as cyhyd â +A.M.

long-winded hirwyntog (adj)

longer hirach, hwy (adj)

    longer than hirach na +A.M., hwy na +A.M.

longest hiraf, hwyaf (adj)

longing hiraeth (m)

look edrych (v); golwg/golygon (fm)

    to look at edrych ar +S.M.

    to look at television edrych ar y teledu

    to look for edrych am +S.M.

    to look forward to edrych ymlaen at +S.M.

    to look up something edrych am rywbeth

    to look after gofalu am +S.M., gwarchod, edrych ar ôl

loose FREE rhydd, CLOTHES llac (adj)

loosen rhyddhau, UNTIE datod (v)

lord arglwydd/–i (m)

    House of Lords Tŷ'r Arglwyddi

lorry lorri/lorïau (f)

lose colli (v)

loser collwr/collwyr (m)

loss colled/–ion (f)

lost ar goll (adv)

    I'm lost rydw i ar goll

lot llawer (m), FATE tynged (f)

    a lot of food llawer o fwyd

lotion OINTMENT eli/eliau (m), CREAM hufen (m)

lottery loteri (m)

    national lottery loteri cenedlaethol

loud uchel (adj)

    a loud noise sŵn uchel

loud-speaker uchelseinydd/–ion (m)

lounge lolfa/lolfeydd (f); lolian (v)

love cariad (m), serch (m); caru (v)

    I love you rydw i'n dy garu di

    I love ice cream rydw i'n hoff iawn o hufen iâ

    love letter llythyr caru

    love story stori garu

    with love gyda chariad

    with lots of love gyda llawer o gariad

lover cariad/–on (m)

lovely hyfryd, FINE braf, BEAUTIFUL prydferth (adj)

loving cariadus (m)

    with loving memories gyda chofion cariadus

low isel (adj); COWS brefu (v)

lower is (adj); gostwng, LET GO gollwng (v)

    lower than is na +A.M.

    to lower the price gostwng y pris

    the lower of the two yr isaf o'r ddau

lowest isaf (adj)

loyal teyrngar (adj)

Loyalist Teyrngarwr/Teyrngarwyr (m)

loyalty teyrngarwch (m)

lubricate iro (v)

luck lwc (f), ffawd/ffodion (f)

    good luck lwc dda, pob lwc

lucky lwcus (adj)

luggage bagiau (pl)

lukewarm claear, UNCONCERNED difater (adj)

lump lwmpyn/lympiau (m), COAL cnepyn/cnapiau (m)

lunatic lloerig, MAD gwallgof (adj); gwallgofddyn/gwallgofiaid (m)

lunch cinio/ciniawau (fm); ciniawa (v)

    for lunch i ginio

lung ysgyfaint (pl)

lust PASSION nwyd (m); COVETOUSNESS trachwant (m)

luxurious moethus (adj)

luxury moeth (m)

lying UNTRUTHFUL celwyddog (adj); PROSTRATE yn gorwedd (v)

lyric telyneg/–ion (f)

M

M.P. A.S.

machine peiriant/peiriannau (m); peiriannu (v)

machinery peiriannau (pl)

mackerel macrell/mecryll (fm)

mackintosh cot law/cotiau glaw (f), côt law/cotiau glaw (f)

mad gwallgof (adj)

madam madam (f)
  dear madam annwyl fadam

madden gwylltio (v)

made gwnaed, gwnaethpwyd (v)
  made in Wales gwnaed yng Nghymru

madman gwallgofddyn/gwallgofiaid (m)

magazine cylchgrawn/cylchgronau (m)

magic hud (m)

magical hudol, ENCHANTING cyfareddol (adj)

magician dewin/–iaid (m)

magistrate ynad/–on (m)
  magistrates' court llys ynadon

magnet magned/–au (m)

magnetic magnetig (adj)

magnificent gwych, gogoneddus (adj)

magpie pioden/piod (f)

maid morwyn/morynion (f)

maiden morwyn/morynion (f)
  maiden over pelawd ddi-sgôr
  maiden name enw morwynol

mail post (m); postio (v)
  royal mail post brenhinol
  by mail gyda'r post

main prif (adj)
  main road priffordd
  mains CABLE prif gebl, PIPE prif bibell
  main street heol fawr
  main line prif lein
  in the main gan mwyaf

mainland tir mawr (m)

mainly yn bennaf (adv)

maintain cynnal, ASSERT haeru (v)

maintenance cynhaliaeth (f)

majesty mawrhydi (m)
  your majesty eich mawrhydi

major MAIN prif, BIG mawr, SERIOUS difrifol (adj); uwchgapten/–iaid (m)
  major disaster trychineb ddifrifol
  the major problem y brif broblem

majority mwyafrif/–au/–oedd (m)
  the majority of people y mwyafrif o bobl, y rhan fwyaf o bobl

make gwneud, CAUSE peri (v); gwneuthuriad/–au (m)
  to make a noise cadw sŵn
  to make someone do something peri i rywun wneud rhywbeth
  to make love caru
  to make ends meet dod â dau ben llinyn ynghyd

make-up colur/–on (m); coluro (v)

male gwryw/–od (m); gwryw, gwrywaidd (adj)

malicious maleisus (adj)

mallet gordd/gyrdd (f)

man dyn/–ion (m), MAN, HUSBAND gŵr/gwŷr (m)

manage RULE rheoli, ARRANGE trefnu, SUCCEED llwyddo, COPE ymdopi (v)

manager rheolwr/rheolwyr (m)
  general manager rheolwr cyffredinol

mankind dynoliaeth (f)

manger preseb (m)

manly gwrol (adj)

manner dull/–iau (m)

manners ymddygiad (m)
  he has good manners mae e'n ymddwyn yn dda

manor maenordy/maenordai (m), maenor/–au (f)

mansion plas/–au (m), plasty/plastai (m)

manslaughter dynladdiad (m)

mantelpiece silff ben tân/silffoedd pen tân (f)

mantle mantell/mentyll (f)

manual llawlyfr/–au (m); â llaw (adj) (adv)

manufacture PRODUCE cynhyrchu, MAKE gwneud (v)

manufacturer gwneuthurwr/gwneuthurwyr (m)

manuscript llawysgrif/–au (f)

many llawer (m)
  many girls llawer o ferched
  how many boys? sawl bachgen?

map 198

how many? sawl un?, faint?
as many as cymaint â +A.M.
many times sawl gwaith
map map/–iau (m); mapio (v)
maple masarnen/masarn (f)
marble STONE marmor (m), GAME marblen/ marblys (f)
march ymdeithio (v); WALK ymdaith/ ymdeithiau (f), SONG ymdeithgan/ ymdeithganiadau (f)
the Marches y Gororau, y Mers
March Mawrth (m)
in March ym mis Mawrth
mare caseg/cesyg (f)
margarine margarîn (m)
margin ymyl/–on (fm)
mariner morwr/morwyr (m)
maritime morol (adj)
maritime museum amgueddfa fôr
mark MARK, CORRECT marcio, NOTE nodi (v); marc/–iau (m), nod/–au (m)
market marchnad/–oedd (f); marchnata (v)
marmalade marmalêd (m)
marriage priodas/–au (f)
marriage feast gwledd briodas, neithior
marry priodi, priodi â +A.M. (v)
married couple pâr priod
Mars Mawrth (m)
marsh cors/–ydd (f)
martyr merthyr/–on (m)
marvel rhyfeddu at +S.M. (v); rhyfeddod/ –au (m)
marvellous EXCELLENT ardderchog, rhyfeddol (adj)
masculine gwrywaidd (adj)
mass CROWD torf/–eydd (f), SERVICE offeren/–nau (f), SCIENTIFIC màs (m), LUMP talp/–au (m)
the masses y bobl gyffredin, y werin
massive enfawr, anferth (adj)
mass-produce masgynhyrchu (v)
master TEACHER athro/athrawon (m), EXPERT meistr/–i (m)
mat mat/–iau (m)
match GAME gêm/–au (f), TO LIGHT FIRE matsen/matsys (f); CORRESPOND cyfateb i +S.M. (v)

to match something cyfateb i +S.M.
they match each other maen nhw'n siwtio'i gilydd
match-box blwch matsys/blychau matsys (m)
material defnydd/–iau (m); materol (adj)
maternity mamolaeth (f)
maternity leave seibiant mamolaeth
mathematics mathemateg (f)
matron metron/–au (f)
matter mater/–ion (m), MATERIAL defnydd/ –iau (m), SUBJECT pwnc/pynciau (m), TOPIC testun/–au (m), BE OF IMPORTANCE bod o bwys (v)
what's the matter? beth sy'n bod?
it doesn't matter does dim ots
mattress matras/matresi (fm)
mature aeddfed (adj); aeddfedu (v)
may TO BE ABLE gallu, TO BE ALLOWED cael, PERHAPS IT WILL efallai y bydd...(v)
I may ca i
you may FAMILIAR cei di, POLITE cewch chi
he/she/it may caiff e/hi
we may cawn ni
they may cân nhw
it may rain efallai y bydd hi'n bwrw glaw
may I come? yes ga i ddod? cewch
may I have a drink? ga i ddiod?
May Mai (m)
in May ym mis Mai
May day calan Mai
maybe efallai (adv)
mayor maer/meiri (m)
mayoress maeres/–au (f)
me
   1. fi, i (pron)
   object of short form of verb
   he saw me gwelodd e fi
   2. fy +N.M...i (pron)
   +S.M; *object of long form of verb*
   he sees me mae e'n fy ngweld i
   3. minnau (pron)
   me too a minnau
mead medd (m)
meadow dôl/dolydd (f), gwaun/gweunydd (f)
meal pryd/–au (m), pryd o fwyd/prydau o

fwyd (m), FLOUR blawd (m)
main meal prif bryd
mean MISERLY cybyddlyd, AVERAGE
cymedrig (adj); INTEND golygu, bwriadu
(v)
   what does it mean beth mae e'n (ei)
olygu?
   does she mean to come? ydy hi'n
bwriadu dod?
meaning ystyr/-on (fm)
meaningful ystyrlon (adj)
means modd (m)
   by all means ar bob cyfri, wrth gwrs
   by no means dim o gwbl
   after negative verb use ddim o gwbl
meantime cyfamser (m)
   in the meantime yn y cyfamser
measles y frech goch (f)
measure mesur (v)
meat cig/-oedd (m)
mechanic peiriannydd/peirianwyr (m)
mechanical peirannol, mecanyddol (adj)
mechanics mecaneg (f)
medal medal/-au (f)
   gold medal medal aur
   silver medal medal arian
   bronze medal medal efydd
medieval canoloesol (adj)
   medieval times oesoedd canol
medical meddygol (adj); swyddog
meddygol/swyddogion meddygol (m)
medicine TO BE TAKEN moddion (pl),
SUBJECT meddygaeth (f)
Mediterranean Sea Y Môr Canoldir (m)
medium AVERAGE canolig, MIDDLE canol
(adj)
meet cwrdd â +A.M., cyfarfod â +A.M.
(v)
   to meet a friend cwrdd â chyfaill,
cwrdd â ffrind
meeting cyfarfod/-ydd (m), RELIGIOUS
cwrdd/cyrddau (m)
melody alaw/-on (f)
melon melon/-au (m)
melt toddi, SNOW dadlaith (v)
member aelod/-au (m)
   (some) members of the team
aelodau o'r tîm
   the members of the team aelodau'r

tîm
   Member of Parliament (MP) Aelod
Seneddol (AS)
memorable cofiadwy (adj)
memorial cofeb/-au (f); coffa (adj)
   memorial stone carreg goffa
memorize dysgu ar gof (v)
memory cof/-ion (m)
   **a nation without memory, a nation
without heart** cenedl heb gof, cenedl
heb galon
   in memory of er cof am +S.M.
men dynion (pl)
mend trwsio (v)
mental meddyliol (adj)
   mental health iechyd meddwl
mention sôn am +S.M. (v)
   to mention something sôn am
rywbeth
   don't mention it peidiwch â sôn,
croeso (WELCOME)
menu bwydlen/-ni (f)
merchant masnachwr/masnachwyr (m)
   merchant navy llynges masnach
merry llawen (adj)
   Merry Christmas Nadolig Llawen
mess llanast (m), REFECTORY ffreutur/-
iau (m)
message neges/-euon (f)
   to send a message anfon neges
   good-will message neges ewyllys da
Messiah Meseia (m)
metal metel/-au (m)
meter mesurydd/-ion (m); mesur (v)
method dull/-iau (m)
methodical trefnus (adj)
Methodist Methodist/-iaid (m)
metre metr/-au (m)
   hundred metres can metr
Mexico Mecsico, Mexico (f)
microphone meicroffôn/meicroffonau (m)
mid canol (adj) (m)
   Mid Wales Canolbarth Cymru
   mid term canol tymor
midday canol dydd (m)
middle canol (adj) (m)
   in the middle of ynghanol, yng
nghanol
   in the middle of the forest ynghanol

y goedwig
in the middle (centre) of the town
yng nghanol y dref
middle class dosbarth canol
midnight canol nos (m)
midsummer canol haf (m)
midsummer day Gŵyl Ifan
midway hanner ffordd (m)
midwife bydwraig/bydwragedd (f)
might PERHAPS efallai (adv); STRENGTH
nerth/–oedd (m), FORCE grym/–oedd
(m)
I might come efallai y dof
mighty STRONG nerthol, FIRM cadarn (adj)
migrate mudo (v)
mild mwyn, GENTLE tyner (adj)
mild weather tywydd mwyn
mild cheese caws gwan
mildew llwydni (m)
mile milltir/–oedd (f)
hundred miles can milltir
milestone carreg filltir/cerrig milltir (f)
militant milwriaethus (adj)
military milwrol (adj)
milk llaeth (m), llefrith (NW) (m)
milkman dyn llaeth/dynion llaeth (m)
Milky Way Llwybr Llaethog (m), Caer
Arianrhod (f)
mill melin/–au (f)
water mill melin ddŵr
steel mill melin ddŵr
millennium mileniwm (m)
million miliwn/miliynau (f)
millionaire miliwnydd, miliynydd/
miliynyddion (m)
mince malu (v); briwgig (m)
mind meddwl/meddyliau (m), OPINION
barn/–au (f), MEMORY cof/–ion (m);
LOOK AFTER gofalu am +S.M., CARE
hidio (v)
in my mind yn fy marn i
I don't mind does dim ots 'da fi
mine pwll/pyllau (m), EXPLOSIVE ffrwydryn/
ffrwydron (m); mwyngloddio (v); fy un
i (pron)
coal mine pwll glo
it's mine fy un i yw e
miner glöwr/glowyr (m)
mineral mwyn/–au (m)

mineral water dŵr mwynol
minimum minimwm (m)
mining mwyngloddio (m)
minister gweinidog/–ion (m)
Minister of State Gweinidog Gwladol
ministry RELIGIOUS gweinidogaeth/–au (f),
POLITICAL gweinyddiaeth/–au (f)
minor SMALL lleiaf, bach (adj); YOUNG
PERSON person o dan oedran (m)
minor key cywair lleiaf, cywair lleddf
minority lleiafrif/–oedd (m)
mint HERB mintys (m), MONEY bathdy/
bathdai (m); bathu (v)
minus minws/minysau (m)
minute TIME munud/–au ((f) in S.W., (m)
in N.W.), OF MEETINGS cofnod/–ion
(m); VERY SMALL bach iawn (adj)
the minutes of the meeting
cofnodion y cyfarfod
miracle gwyrth/–iau (f)
miraculous gwyrthiol (adj)
mirror drych/–au (m)
misbehave camymddwyn (v)
miscellaneous amrywiol (adj)
mischief drygioni (m), HARM niwed (m)
mischievous drygionus (adj)
miser cybydd/–ion (m)
miserable diflas, UNHAPPY anhapus (adj)
to feel miserable teimlo'n ddiflas
he's miserable mae e mewn hwyliau
drwg
misery diflastod (m), PITY, WRETCHEDNESS
trueni (m)
miserly cybyddlyd (adj)
misfortune anffawd/anffodion (f)
mishap damwain/damweiniau (f)
mislay LOSE colli (v)
mislead camarwain (v)
misleading camarweiniol (adj)
miss FAIL methu, LOSE colli (v); IN LETTERS
Miss (f), NAME TITLE bones/–au (f)
Dear Miss Jones Annwyl Miss Jones
to miss the bus colli'r bws
missing coll (adj)
mist niwl/–oedd (m), niwlen (f), VAPOUR
tarth/–au (m)
mistake camsyniad/–au (m),
camgymeriad/–au (m)
to make a mistake gwneud

camsyniad
mister LETTERS Mr (m), IN NAME TITLES bonwr/bonwyr (m)
mistress meistres/–au (f), TEACHER athrawes/–au (f), IN LETTERS Mrs (f)
misty niwlog (adj)
misunderstand camddeall (v)
misuse camddefnyddio (v)
    to misuse drugs camddefnyddio cyffuriau
mix cymysgu (v); cymysgedd/–au (m)
mixed cymysg (adj)
    mixed up cymysglyd, wedi drysu
    I'm mixed up rydw i wedi drysu
mixer cymysgydd/cymysgwyr (m)
mixture cymysgedd/–au (m), MIX-UP cymysgfa/cymysgfeydd (f)
moan COMPLAIN cwyno, GROAN ochneidio (v)
mock gwawdio, gwatwar (v); ffug (adj)
    mock examination ffug arholiad
moderate cymedrol (adj)
modern modern (adj)
modest diymhongar, SHY gwylaidd (adj)
modify CHANGE newid, ADAPT addasu (v)
moist WET gwlyb, DAMP llaith (adj)
moisten gwlychu (v)
moisture gwlybaniaeth (f), lleithder (m)
moment SECOND eiliad/–au (f), moment/–au (f)
    the great moment yr eiliad fawr
monarch brenin/brenhinoedd (m)
monastery mynachlog/–ydd (f)
Monday dydd Llun/dyddiau Llun (m)
    Monday morning bore Llun
    Monday afternoon prynhawn Llun
    Monday night nos Lun
    he's coming on Monday mae e'n dod ddydd Llun
    on Mondays ar ddydd Llun
money arian (m)
monk mynach/–od (m)
monkey mwnci/mwncïod (m)
monoglot uniaith (adj)
monopoly monopoli/monopolïau (m)
monotonous undonog (adj)
monster anghenfil/–od (m)
month mis/–oedd (m)
monthly misol (adj)
monument MEMORIAL COLUMN cofgolofn/–

au (f), cofadail/cofadeiliau (f)
mood tymer/tymherau (f), hwyl/–iau (f)
    in a good mood mewn hwyliau da
    in a bad mood mewn hwyliau drwg
moon lleuad/–au (f)
    full moon lleuad lawn
moor rhos/–ydd (f), gwaun/gweunydd (f)
moral moesol (adj)
morals moesau (pl)
more rhagor (m); mwy (adj)
    more work rhagor o waith, mwy o waith
    more and more difficult mwyfwy anodd
    once more unwaith eto
    the more...the more po fwyaf...mwyaf
morning bore/–au (m)
    good morning bore da
    in the morning yn y bore
    yesterday morning bore ddoe
    tomorrow morning bore yfory
    coffee morning bore coffi
mortgage morgais/morgeisiau (m); morgeisio (v)
Moslem Moslemiad/–iaid (m)
moss mwsogl/–au (m), mwswgl (m)
most mwyaf (adv); mwyaf (adj); y rhan fwyaf (f)
    most beautiful mwyaf prydferth
    most of the work y rhan fwyaf o'r gwaith
    most of the girls y rhan fwyaf o'r merched
mostly gan mwyaf, MOST OFTEN gan amlaf (adv)
moth gwyfyn/–nod (m)
mother mam/–au (f)
    mother tongue mamiaith
    mother country mamwlad
mother-in-law mam-yng-nghyfraith/mamau-yng-nghyfraith (f)
motion IN CONFERENCE cynnig/cynigion (m), MOVEMENT symudiad/–au (m); GIVE A SIGN rhoi arwydd (v)
motor modur/–on (m)
    motor car car modur
motorway traffordd/traffyrdd (f)

motorcycle beic modur/beiciau modur (m)
motoring moduro (m)
motorist modurwr/modurwyr (m)
mound twmpath/–au (m)
mount HILL bryn/–iau (m), MOUNTAIN mynydd/–oedd (m), HORSE ceffyl/–au (m); CLIMB dringo, GO UP esgyn, PUT gosod (v)
    to mount a horse mynd ar gefn geffyl
mountain mynydd/–oedd (m)
    mountain range cadwyn o fynyddoedd
mountaineering mynydda (v)
mountainous mynyddig (adj)
mourn galaru (v)
mouse llygoden/llygod (f)
moustache mwstas (m)
mouth ceg/–au (f)
    mouth of river aber
movable symudol (adj)
move symud (v)
movement symudiad/–au (m)
movie ffilm/–iau (f)
moving PLACE symudol, EXCITING cyffrous, EMOTIONAL emosiynol (adj)
mow torri gwair, lladd gwair (v)
    to mow the lawn torri'r lawnt
mower torrwr gwair/torwyr gwair (m)
much llawer (m); llawer, mawr (adj)
    much more llawer mwy
    how much? faint?
    how much is it? faint yw e?
    too much gormod
    too much bread gormod o fara
    as much as cymaint â +A.M.
mud llaid (m), mwd (m)
muddle dryswch (m), penbleth (m); drysu, gwneud cawl (v)
mug CUP cwpan/–au (fm), mẁg/mygiau (m)
mule mul/–od (m)
multiply lluosi (v)
    to multiply by lluosi â +A.M.
mumps y dwymyn doben (f)
munch cnoi (v)
murder llofruddiaeth/–au (f); llofruddio (v)
    to commit a murder cyflawni llofruddiaeth
murderer llofrudd/–ion (m)
murmur murmur/–on (m); murmur (v)
muscle cyhyr/–au (m)

muse awen (f)
museum amgueddfa/amgueddfeydd (f)
    Museum of Welsh Life Amgueddfa Werin Cymru
    National Museum of Wales Amgueddfa Genedlaethol Cymru
music cerddoriaeth (f)
    rock music cerddoriaeth roc, canu roc
    pop music cerddoriaeth bop, cerddoriaeth boblogaidd
    folk music canu gwerin
    country and western music canu gwlad
musician cerddor/–ion (m)
must mae rhaid i . . . (v)
    I must mae rhaid i fi + S.M.
    you must FAMILIAR mae rhaid i ti, POLITE mae rhaid i chi
    he/it must mae rhaid iddo fe
    she must mae rhaid iddi hi
    we must mae rhaid i ni
    they must mae rhaid iddyn nhw
    she must go mae rhaid iddi hi fynd
    we must leave mae rhaid i ni adael
    must you go? oes rhaid i chi fynd?
    he mustn't drink rhaid iddo fe beidio yfed
mustard mwstard (m)
mutton cig oen (m)
my fy +N.M…i., 'm (pron)
    'm *used after* a, â, i, o, fe
    my coat fy nghot (i)
    and my father a'm tad
    my father fy nhad, 'nhad
myself fi fy hun(an) (pron)
mysterious dirgel (adj)
mystery dirgelwch (m)
    deep mystery dirgelwch mawr
myth chwedl/–au (f), myth/–au (m)

N

nail METAL hoelen/hoelion (f), FINGER ewin/–edd (fm); hoelio (v)
naked noeth, porcyn (S.W) (adj)
    stark naked noethlymun

name enw/–au (m); enwi (v)
    Christian name enw bedydd
    surname cyfenw
namely sef (adv)
nappy cewyn/–nau (m)
narrow cul (adj); culhau (v)
nasty cas (adj)
nation cenedl/cenhedloedd (f)
national cenedlaethol (adj)
    Welsh national party Plaid Cymru
    national anthem anthem
    genedlaethol
    national dress gwisg genedlaethol
    national park parc cenedlaethol
nationalism cenedlaetholdeb (m)
nationalist cenedlaetholwr/
    cenedlaetholwyr (m)
nationality cenedligrwydd (m)
native brodor/–ion (m); brodorol (adj)
    native country mamwlad
    native language mamiaith
    native place HABITAT cynefin
natural naturiol (adj)
nature natur (f)
    nature reserve gwarchodfa natur
naught dim (m)
naughty drygionus, PLAYFUL direidus, BAD
    drwg (adj)
    naughty boy bachgen drwg
nausea cyfog (m)
navy llynges/–au (m)
near agos, NEARBY cyfagos (adj); yn agos at
    + S.M., yn ymyl (prep); agosáu (v)
    near the house yn agos at y tŷ
nearby gerllaw (adv); cyfagos (adj)
nearer nes, agosach (adj)
    nearer than nes na +S.M., agosach
    na +A.M.
nearest agosaf (adj)
nearly bron (adv)
    it's nearly eight mae hi bron yn
    wyth
    we are nearly there rydyn ni bron
    yno
neat taclus (adj)
neatly yn daclus (adv)
neatness taclusrwydd (m)
necessary angenrheidiol (adj)
    it's necessary to go mae rhaid mynd

necessity anghenraid/angenrheidiau (m),
    NEED angen/anghenion (m)
neck gwddf/gyddfau (m); LOVE caru (v)
    neck and neck ochr yn ochr
necklace mwclis (pl)
need angen/anghenion (m); bod
    angen…ar +S.M. (v)
    I need something mae angen
    rhywbeth arna i
    I don't need the book does dim
    angen y llyfr arna i
    I don't need it does mo'i angen e
    arna i
    I am in need rydw i mewn angen
    children in need plant mewn angen
needle nodwydd/–au (f)
    knitting needle gwaell/gweill
negative negyddol (adj)
neglect esgeuluso (v); esgeulustod (m)
negotiate DISCUSS trafod (v)
Negro Negro/–aid (m)
neighbour cymydog/cymdogion (m)
neighbourhood cymdogaeth/–au (f)
neighbouring cyfagos (adj)
neighbourly cymdogol (adj)
neither…nor na…na (adj) (adv), nac…nac
    (conj)
    na +A.M.; nac *is used before vowels*
    neither dog nor cat na chi na chath
    neither here nor there nac yma nac acw
    neither this one nor that one nid y
    naill na'r llall
nephew nai/neiaint (m)
nerve nerf/–au (m)
nervous nerfus (adj)
nest nyth/–od (fm); nythu (v)
net rhwyd/rhwydau/rhwydi (f); rhwydo
    (v); PROFIT clir (adj)
    the Net y Rhyngrwyd
    net profit elw clir
net-ball pêl-rwyd (f)
nettle danadl poethion (pl)
network rhwydwaith/rhwydweithiau (m)
neuter di-ryw (adj)
neutral niwtral (adj)
never (ni/nid…) byth, (ni/nid…) erioed
    (adv)
    erioed *is only used in past tense*
    I have never seen it dydw i erioed

wedi ei weld e, nid ydw i erioed wedi ei
weld
she never drinks dyw hi byth yn
yfed, nid yw hi byth yn yfed
she would never do such a thing
(ni) fyddai hi byth yn gwneud y fath
beth
nevertheless er hynny, serch hynny (adv)
new newydd (adj)
    New Year's Day Dydd Calan
    in the new year yn y flwyddyn
    newydd
    happy new year blwyddyn newydd
    dda
new-born newydd-anedig (adj)
news newyddion (pl)
newsagent siop bapur/siopau papur (f)
newspaper papur newydd/papurau
    newydd (m)
next nesa, nesaf (adj) (prep)
    next day trannoeth
    next week wythnos nesaf
    next to NEAR yn ymyl, ger, BY wrth
    +S.M.
    next door drws nesaf
nice neis, FINE braf (adj)
niece nith/–oedd (f)
night nos/–au (f)
    good night nos da
    last night neithiwr
    tomorrow night nos yfory
    night before last echnos
    by night liw nos
    all through the night ar hyd y nos,
    drwy'r nos
night-club clwb nos/clybiau nos (m)
night-dress gŵn nos/gynau nos (f)
nightfall cyfnos (m)
night-gown gŵn nos/gynau nos (f)
nightly nosol (adj); bob nos (adv)
nightmare hunllef/–au (f)
night-school ysgol nos/ysgolion nos (f)
nil dim (m)
nimble sionc, heini (adj)
nine naw (num)
    +N.M. with **blwydd** and **blynedd**
    nine girls naw merch
    nine years old naw mlwydd oed, naw
    oed

    nine years naw mlynedd
nineteen un deg naw, pedwar ar bymtheg
    (num)
    nineteen books un deg naw o lyfrau,
    pedwar llyfr ar bymtheg
nineteenth un deg nawfed, pedwerydd ar
    bymtheg, pedwaredd ar bymtheg (ord)
    pedwaredd ar bymtheg + S.M. *is used*
    with f. nouns
    the nineteenth girl y bedwaredd
    ferch ar bymtheg
ninetieth naw degfed (ord)
ninety naw deg (num)
ninth nawfed (ord) +S.M. *with f. nouns*
    ninth child nawfed plentyn
    ninth girl nawfed ferch
nipple teth/–au (f)
no
    1. na (adv)
    can be used in speech instead of all the
    following variations
    ANSWERING OES? nag oes
    ANSWERING A NOUN nage
    no, it/he/she isn't ANSWERING YDY?
    nag ydy, nag yw
    no, I am not nag ydw, nagw
    no, you won't TO FRIENDS nag wyt
    no, you're not nag ydych
    no, we/they are not nag ydyn,
    nag'yn
    no, I wasn't nag oeddwn, nago'n
    no, it/he/she wasn't nag oedd
    no you weren't TO FRIENDS nag
    oeddet, nag o't
    no, you weren't nag oeddech, nag
    o'ch
    no, it/he/she will not na fydd
    no, I won't na fydda
    no, we won't na fyddwn
    no, you won't na fyddwch
    no we/they won't na fyddan
    is it a dog? no ci yw e? nage
    are you coming? no ydych chi'n dod?
    nag ydw
    were they here? no oedden nhw
    yma? nag oedden
    will they come? no fyddan nhw'n
    dod? na fyddan
    2. dim (m)

no entry dim mynediad
no more dim mwy
no parking dim parcio
no smoking dim smygu
there's no food here does dim bwyd
yma
nobody neb (m)
   nobody is coming does neb yn dod
   I saw nobody welais i neb
noise sŵn/synau (m)
   a loud noise sŵn uchel
noisy swnllyd (adj)
nom de plume ffugenw/–au (m)
non-alcoholic dialcohol (adj)
nonconformist anghydffurfiwr/
anghydffurfwyr (m); anghydffurfiol (adj)
   the nonconformist denominations
yr enwadau anghydffurfiol
none dim (m), NO PERSON neb (m)
   there's none left does dim ar ôl
nonsense lol (m)
noon canol dydd (m)
no-one neb (m)
   there's no-one here does neb yma
nor na, nac (conj)
na +A.M.; nac *is used before vowels*
   man nor woman dyn na dynes
   dog nor cat ci na chath
   man nor animal dyn nac anifail
normal normal (adj)
normalize normaleiddio (v)
   language normalization
normaleiddio iaith
north gogledd (m)
   to the north i'r gogledd
   north-east gogledd-ddwyrain
   north-west gogledd-orllewin
   north of Swansea i'r gogledd o
Abertawe
Norwegian LANGUAGE Norwyeg (f),
Norwywr/Norwywyr (m), Norwyes/–
au (f)
nose trwyn/–au (m)
nostalgic hiraethus (adj)
nosy busneslyd (adj)
   she's very nosy mae hi'n fusneslyd
iawn
not
   1. ni…dim/ddim (negative)

+A.M. *otherwise* + S.M.; *either* ni *or*
dim/ddim *can be omitted*
   he did not come ni ddaeth e, ddaeth
e ddim
   he did not see ni welodd, welodd e
ddim
   he did not hear ni chlywodd,
chlywodd e ddim
   2. nid…(dim/ddim) (negative)
use nid *before vowels to negate verb
otherwise use before vowels and
consonants; either* nid *or* dim/ddim *can
be omitted*
   he did not look nid edrychodd e,
edrychodd e ddim
   she is not going nid yw hi'n mynd,
dyw hi ddim yn mynd
   she is not Dafydd's wife nid gwraig
Dafydd ydy hi
   I wasn't born yesterday nid ddoe y
ganed fi
   not here nid yma, nid fan hyn
   not so nid felly
   3. na (particle)
+A.M., *otherwise* + S.M.; *used in
negative commands*
   na phoenwch! do not worry
   thou shalt not kill na ladd
   4. mo (negative)
used with specific nouns and pronouns;
+S.M.*when it precedes noun*
   **he did not see the garage door
opening** welodd e mo ddrws y garej
yn agor
   he didn't hear the story chlywodd e
mo'r stori
   he didn't hear it chlywodd e moni hi,
chlywodd e mono fe
   5. not at all dim o gwbl, WELCOME
croeso
note WRITTEN nodyn/nodiadau (m),
MUSICAL nodyn/nodau (m); nodi (v)
   of note FAMOUS enwog
notebook llyfr nodiadau/llyfrau nodiadau
(m)
notepaper papur ysgrifennu (m)
nothing dim (m), dim byd (m)
   there's nothing here does dim byd yma
notice sylwi (v); SIGN arwydd/–ion (fm),

WARNING rhybudd/–ion (m)
  to notice something sylwi ar rywbeth
noticeable amlwg (adj)
notify hysbysu, rhoi gwybod i +S.M. (v)
noun enw/–au (m)
  noun clause cymal enwol
novel nofel/–au (f); NEW newydd (adj)
  crime novel nofel dditectif
  adventure novel nofel antur
  romantic novel nofel serch
  historical novel nofel hanesyddol
  autobiographical novel nofel
  hunangofiannol
novelist nofelydd/nofelwyr (m)
November Tachwedd (m)
  in November ym mis Tachwedd
  November the fifth Tachwedd y
  pumed
now nawr, yn awr (adv)
  now and then nawr ac yn y man,
  ambell waith
nowhere (ddim) yn unman (adv)
  it was nowhere to be seen doedd e
  ddim i'w weld yn unman
nuclear niwclear (adj)
  nuclear reactor adweithydd niwclear
  nuclear bomb bom niwclear
nude noeth (adj)
nudist noethlymunwr/noethlymunwyr (m)
nuisance niwsans (m), PAIN poendod (m),
  TROUBLE trafferth/–ion (m)
  he made a nuisance of himself
  roedd e'n dipyn o boendod
number nifer/–oedd (fm), MATHEMATICS
  rhif/–au (m)
  a large number nifer fawr
numerous niferus (adj)
nun lleian/–od (f)
nurse nyrs/–ys (f)
nursery meithrinfa/meithrinfeydd (f)
  Welsh Nursery (Playgroup)
  Movement Mudiad Ysgolion Meithrin
  nursery school ysgol feithrin/ysgolion
  meithrin (f)
nut FRUIT cneuen/cnau (f), FOR BOLTS
  nyten/nytiau (f)
nutter ffwlcyn/–od (m)
nylon neilon (m)
nylons sanau neilon (pl)

oak derwen/derw (f)
oar rhwyf/–au (f)
oats ceirch (pl)
obedience ufudd-dod (m)
obedient ufudd (adj)
obey ufuddhau (v)
  to obey someone ufuddhau i rywun
object GRAMMAR gwrthrych/–au (m), THING
  peth/–au (m), AIM nod/–au (m);
  gwrthwynebu (v)
  to object to something
  gwrthwynebu rhywbeth
objection gwrthwynebiad/–au (m)
obligatory gorfodol (adj)
oblong hirsgwar (adj)
obscene INDECENT anweddus (adj)
obscure UNCLEAR aneglur, UNIMPORTANT
  di-nod (adj); HIDE cuddio (v)
observant sylwgar (adj)
observe sylwi ar +S.M., OBSERVE CLOSELY
  arsylwi (v)
obstacle rhwystr/–au (m)
  obstacle race ras rwystrau
obstinate (y)styfnig (adj)
obstruct rhwystro (v)
obstruction rhwystr/–au (m)
obtain HAVE cael, WIN ennill, RECEIVE,
  ACCEPT derbyn (v)
obvious amlwg (adj)
occasion HAPPENING achlysur/–on (m),
  TIME adeg/–au (f), REASON rheswm/
  rhesymau (m)
  on this occasion THIS TIME y tro hwn
  on this happy occasion ar yr
  achlysur hapus hwn
occasionally weithiau, ambell waith (adv)
occupant RESIDENT preswylydd/preswylwyr
  (m), HOLDER deiliad/deiliaid (m)
occupy meddiannu, LIVE byw (v)
  to occupy one's mind dal meddwl
  rhywun
occur digwydd (v)
occurrence digwyddiad/–au (m)
ocean cefnfor/–oedd (m), môr/moroedd
  (m)
  the Atlantic Ocean y Môr Iwerydd

the Pacific Ocean y Môr Tawel
the Indian Ocean Môr India
o'clock o'r gloch (adv)
  it's nine o'clock mae hi'n naw o'r gloch
octave wythfed/–au (m)
octet wythawd/–au (m)
October Hydref (m)
  in October ym mis Hydref
odd STRANGE rhyfedd, od (adj)
  that's odd dyna beth od
  odd number odrif/–au (m)
ode STRICT METRE POEM awdl/–au (f), POEM cerdd/–i (f)
odour arogl/–au (m), PERFUME persawr/–au (m), gwynt/–oedd (SW) (m)
of
  1. PART OF o (prep)
  +S.M.
  pound of butter pwys o fenyn
  a part of Wales rhan o Gymru
  one of us un ohonon ni
  2. am (prep)
  +S.M.
  to hear of something clywed am rywbeth
  3. of course wrth gwrs
  4. *often left out, when denoting possession, or relationship between two nouns*
  the University of Wales Prifysgol Cymru
  the mother of the girl mam y ferch
off
  1. i ffwrdd (NW), bant (SW) (adv)
  to turn the T.V. off troi'r teledu i ffwrdd, troi'r teledu bant, diffodd y teledu
  off we go! i ffwrdd â ni, bant â ni
  2. FROM o (prep) +S.M.
  to go off the field mynd o'r cae
  3. OFF SOMETHING oddi ar (prep) +S.M.
  to fall off the deck of a ship cwympo oddi ar fwrdd llong
  4. well off WITH M. NOUN da ei fyd, WITH F. NOUN da ei byd
  off and on nawr ac yn y man
  the milk is off SOUR mae'r llaeth

wedi suro
  the water is off NO WATER does dim dŵr yn y tap
offence trosedd/–au (f)
offend BREAK LAW troseddu, OFFEND SOMEONE tramgwyddo (v)
offensive atgas (adj); ATTACK ymosodiad/–au (m)
offer cynnig/cynigion (m); cynnig (v)
  to offer someone something cynnig rhywbeth i rywun
office swyddfa/swyddfeydd (f)
  at the office yn y swyddfa
  office work gwaith swyddfa
officer swyddog/–ion (m)
official swyddogol (adj)
off-side camsefyll (v)
  he is off-side mae e'n camsefyll
often yn aml (adv)
oil olew/–on (m); iro, oelio (v)
  olive oil olew olewydd
oily seimlyd (adj)
ointment eli/elïau (m)
old hen, OF AGE blwydd oed (adj)
  usually used before nouns +S.M.
  an old woman hen fenyw
  two years old dwy flwydd oed
  six years old chwe blwydd oed
  ten years old deng mlwydd oed
  old age henaint (m)
  old fashioned henffasiwn (adj)
older henach, hŷn (adj)
  older than henach na +A.M., hŷn na +A.M.
oldest henaf, hynaf (adj)
olive olewydden/olewydd (f)
Olympics Olympau (pl)
  Olympic games gemau Olympaidd
omelette omled/–au (m)
omit LEAVE OUT gadael allan, DO WITHOUT hepgor, NEGLECT esgeuluso (v)
omnipotent hollalluog (adj)
on
  1. ar (prep) +S.M.
  on the table ar y bwrdd
  on behalf of ar ran
  on business ar fusnes
  on holiday ar wyliau
  on average ar gyfartaledd

on top of ar ben
on loan ar fenthyg
on the go ar waith
2. ymlaen (adv)
to play on chwarae ymlaen
to turn the light on troi'r golau
ymlaen
on you go! ymlaen â chi!
3. am (prep)
+S.M.
a hat on her head het am ei phen
gloves on her hands menig am ei
dwylo
shoes on her feet sgidiau am ei
thraed
4. to turn the engine on tanio'r
peiriant
on time mewn pryd
once ONE TIME unwaith, ONCE UPON A TIME
un tro, SOME TIME AGO gynt (adv)
at once ar unwaith
once more unwaith eto
one un (num)
+S.M. *with f. nouns except* ll *and* rh; y
naill (adj) +S.M.
one girl un ferch
one boy un bachgen
one way un ffordd
one hand un llaw
one spade un rhaw
one year old un flwydd oed
one little one un fach
one by one fesul un
on the one hand ar y naill law
one thing and another y naill beth a'r
llall
oneself ei hun, ei hunan (pron)
one-sided unochrog (adj)
onion wynwynen/wynwyn (NW)/wynwns
(SW) (f)
on-line ar-lein (adj)
only unig (adj) +S.M.; dim ond, yn unig
(adv)
unig *and* dim ond *precede words,*
the only girl yr unig ferch
they came only yesterday dim ond
ddoe daethon nhw
he will only be coming tomorrow
fory yn unig y bydd e'n dod

onwards ymlaen (adv)
open agored (adj); agor (v); ar agor (adv)
an open mind meddwl agored
open the door! agorwch y drws!
the shop is open mae'r siop ar agor
open air awyr iach
opencast brig (adj)
opencast coal glo brig
opener agorwr/agorwyr (m)
opera opera/operâu (f)
opera house tŷ opera
operate gweithredu, TREAT trin, WORK
gweithio (v)
operation MEDICAL TREATMENT triniaeth/–
au (f), SURGICAL llawfeddygaeth (f),
ACTION gweithred/–oedd (f)
in operation ar waith
operator TELEPHONIST teleffonydd/–ion
(m), WORKER gweithiwr/gweithwyr (m)
opinion barn/–au (f)
in my opinion yn fy marn i
to express an opinion mynegi barn
opponent gwrthwynebydd/
gwrthwynebwyr (m)
opportunity cyfle/–oedd (m)
equal opportunity cyfle cyfartal
oppose gwrthwynebu (v)
opposite gyferbyn â (prep) +A.M.
opposite the station gyferbyn â'r
orsaf
opposition gwrthwynebiad/–au (m)
opposition party gwrthblaid
oppress gormesu (v)
oppression gormes (m)
optician optegydd/optegwyr (m)
option dewis/dewisiadau (m)
optional dewisol (adj)
or neu (conj) +S.M.
man or woman dyn neu fenyw
oral llafar (adj)
oral examination arholiad llafar
orange oren/–au (f)
orchard perllan/–nau (f)
orchestra cerddorfa/cerddorfeydd (f)
order trefn (f), COMMAND gorchymyn/
gorchmynion (m), CLASS dosbarth/–
iadau (m), BOOKING archeb/–ion (f);
trefnu, BOOK archebu, COMMAND
gorchymyn (v)

in order mewn trefn

in this order yn y drefn hon

it's on order mae e wedi ei archebu

in order to er mwyn, i +S.M.

to order someone to do something gorchymyn rhywun i wneud rhywbeth

ordinary cyffredin (adj)

ordinary people pobl gyffredin, y werin

organ organ/–au (fm)

organisation MOVEMENT mudiad/–au (m), BODY corff/cyrff (m), CORPORATION corfforaeth/–au (f), SOCIETY cymdeithas/–au (f)

organize trefnu (v)

orient dwyrain (m); dwyreiniol (adj)

origin tarddiad/–au (m), BEGINNING dechreuad/–au (m)

original gwreiddiol (adj)

originally yn wreiddiol (adv)

originate tarddu, hanu (v)

ornament tlws/tlysau (m), addurn/–iadau (m)

orphan plentyn amddifad/plant amddifad (m)

other arall/eraill (adj); y llall/y lleill (m)

the other book y llyfr arall

the other girls y merched eraill

the others y lleill

on the one hand ar y naill law

on the other hand ar y llaw arall

otherwise fel arall (adv)

ought dylai etc. (v)

I ought to drive dylwn i yrru

you ought to eat FAMILIAR dylet ti fwyta, POLITE dylech chi fwyta

she ought to go dylai hi fynd

we ought to come dylen ni ddod

they ought to sing dylen nhw ganu

she ought not ddylai hi ddim

our ein…(ni) (pron)

after vowels 'n…(ni); +h *before vowels*

our school ein hysgol (ni)

to our town i'n tref (ni)

ours ein... ni (pr)

the car is ours ein car ni yw e

ourselves ni ein hunain (pron)

out allan (adv)

out of order allan o drefn, BROKEN wedi torri

out with it! allan â fe!, allan â hi!

out of the country allan o'r wlad

out in the country allan yn y wlad

out of date hen

outdoor awyr agored (adj)

outdoor swimming pool pwll nofio awyr agored

outdoors yn yr awyr iach (adv)

outing gwibdaith/gwibdeithiau (f)

to go on an outing mynd ar wibdaith

outline amlinell/–au (f)

outlay traul/treuliau (f)

outlook rhagolygon (pl)

output cynnyrch (m)

outrageous SERIOUS difrifol, MAD gwallgo, sobor (adj)

outrageously bad sobor o wael

outside tu allan, tu fas (SW) (adv); y tu allan i (prep)

outside the town y tu allan i'r dref

outside-half RUGBY maswr/maswyr (m)

outsider dieithryn/dieithriaid (m)

outskirts cyrion (pl)

on the outskirts of the town ar gyrion y dref

outstanding EXCELLENT arbennig (adj)

outward allanol (adj)

oval hirgrwn (adj)

ovation cymeradwyaeth (f)

oven ffwrn/ffyrnau (f)

over

1. dros (prep) +S.M.

over a thousand dros fil

over the counter dros y cownter

2. ABOVE uwchben (prep)

over the tree uwchben y goeden

3. gor- (pref) +S.M.

over anxious gorbryderus

4. FINISHED ar ben (adv)

we're finished! mae ar ben arnon ni!

5. over there draw fan'na, yno, acw

how much money is over? faint o arian sy dros ben?

overcharge gorgodi (v)

overcoat cot fawr/cotiau mawr (f), côt fawr/cotiau mawr (f)

overcome gorchfygu, BEAT trechu (v)
over-confident gorhyderus (adj)
overdo gor-wneud (v)
overdraw gorgodi (v)
overeat gorfwyta (v)
overflow gorlifo (v)
overload gorlwytho (v)
overlook NEGLECT esgeuluso, OVERSEE goruchwylio (v)
overnight dros nos (adv)
oversight MISUNDERSTANDING camddealltwriaeth/–au (f)
overtake pasio (v)
overtime goramser (m)
overtire gorflino (v)
overture agorawd/–au (f)
overweight rhy drwm (adj)
overwork gorweithio (v)
owe BE IN DEBT bod mewn dyled, bod ar +S.M. (v)
    I owe you ten pence mae arna i ddeg ceiniog i chi
owing
    owing to BECAUSE oherwydd (conj)
    there's a pound owing to you mae punt i ddod i chi
owl tylluan/–od (f)
own meddu ar +S.M., perchen, pia, ADMIT cyfaddef (v)
    pia *is often used as* bia *or* sy bia
    I own it (it's mine) fi bia fe, fi sy bia fe
owner perchennog/perchenogion (m)
ox ychen/ych (m)
oxygen ocsigen (m)

P

pace STEP cam/–au (m), SPEED cyflymder (m); STEP camu (v)
pacifism heddychiaeth (f)
pacifist heddychwr/heddychwyr (m)
pacify heddychu (v)
pack pecyn/–nau (m); pacio (v)
    three packs of crisps tri phecyn o greision
    a pack of cards pecyn o gardiau

packet paced/–i (m)
pad pad/–iau (m)
pagan pagan/–iaid (m); paganaidd (adj)
page tudalen/–nau (fm); CALL galw (v)
    front page tudalen flaen
pager galwr/galwyr (m)
paid talwyd (v)
    paid with thanks talwyd â diolch
pail bwced/–i (m)
pain poen/–au (fm)
    I have a pain in my back mae poen 'da fi yn fy nghefn
painful poenus (adj)
painless di-boen (adj)
paint paent (m); peintio (v)
    oil paint paent olew
    watercolour paint paent dyfrlliw
    gloss paint paent gloyw
painted wedi ei beintio (v)
    painted by wedi ei beintio gan +S.M.
painter peintiwr/paentwyr (m)
painting PICTURE darlun/–iau (m), peintiad/–au (m)
pair pâr/parau (m); paru (v)
Pakistan Pacistan (f)
Pakistani Pacistaniad/Pacistaniaid (mf); Pacistanaidd (adj)
pal cyfaill/cyfeillion (m)
palace palas/–au (m)
pale gwelw (adj)
palm HAND cledr llaw/cledrau llaw (m), TREE palmwydden/palmwydd (f)
    Palm Sunday Sul y Blodau
palsy parlys (m)
pamphlet pamffled/–i (m)
pan padell/–i/–au (f)
    frying pan padell ffrïo
pancake crempog/–au (m), ffroesen/ffroes (f), pancosen/pancos (f)
pane cwarel/–i (m)
panel panel/–i (m)
panic TERROR dychryn (m), panig (m)
panties nicers (pl)
pants pans (m), trôns (m)
paper papur/–au (m); papuro (v)
    paper back clawr papur, llyfr clawr papur
    paper bag bag papur
parable dameg/damhegion (f)

paradise paradwys (f)
paragraph paragraff/–au (m)
parallel cyfochrog (adj)
paralyse parlysu (v)
parcel parsel/–i (m); parselu (v)
pardon pardwn (m), FORGIVENESS maddeuant (m); FORGIVE maddau (v)
   pardon me pardwn, mae'n ddrwg gen i, mae'n flin 'da fi
parent rhiant/rhieni (m)
parents-in-law rhieni-yng-nghyfraith (pl)
parish plwyf/–i (m)
park parc/–iau (m); parcio (v)
   National Park Parc Cenedlaethol
   parking zone ardal barcio
   no parking dim parcio
parliament senedd/–au (f)
   Houses of Parliament Senedd-dy/Senedd-dai
   Member of Parliament Aelod Seneddol/Aelodau Seneddol
parliamentary seneddol (adj)
parlour parlwr/parlyrau (m)
parsley persli (m)
parsnip panasen/pannas (f)
part rhan/–nau (f); rhannu (v)
   to be a part of something bod yn rhan o rywbeth
   to part company ymadael â'i gilydd
   to take part cymryd rhan
   part time rhan amser
parting rhaniad/–au (m)
partly yn rhannol (adv)
partner partner/–iaid (m), cymar/cymheiriaid (m)
party FUN parti/partïon (m), POLITICAL plaid wleidyddol/pleidiau gwleidyddol (f); cael parti, partïa (v)
pass GO PAST, OF BALL, SUCCEED pasio, HAND estyn, SUCCEED llwyddo (v); MOUNTAIN bwlch/bylchau (m), TICKET tocyn/–nau (m), SUCCESS llwyddiant/llwyddiannau (m)
   to pass time treulio amser
   to pass the exam pasio'r arholiad, llwyddo yn yr arholiad
passenger teithiwr/teithwyr (m)
passive goddefol (adj)
passport pasbort/–au (m), teitheb/–au (f)

past gorffennol (m); heibio (adv); OLD, FORMER hen (adj)
   times past gynt
   in the past yn y gorffennol, gynt
   past heroes arwyr y gorffennol
   past history hen hanes
   to go past mynd heibio
   to go past something mynd heibio i rywbeth
paste past (m); pastio (v)
pastime diddordeb/–au (m)
pastor gweinidog/–ion (m)
pastry DOUGH toes (m), PASTY paste/pasteiod (m), TART tarten/–nau (f)
path llwybr/–au (m)
patience amynedd (m)
patient amyneddgar (adj); claf/cleifion (m)
patriot gwladgarwr/gwladgarwyr (m)
patron noddwr/noddwyr (m)
pattern patrwm/patrymau (m); patrymu (v)
pause REST gorffwys, STAY, WAIT aros (v); saib/seibiau (m), LEISURE hamdden (f)
pave gosod pafin (v)
   to pave the way paratoi'r ffordd
pavement pafin (m)
pavilion pafiliwn (m)
paw pawen/–nau (f); pawennu (v)
pay talu (v); tâl (m), cyflog (fm)
payment taliad/–au (m)
pea pysen/pys (f)
peace heddwch (m)
peaceful heddychol (adj)
peach eirinen wlanog/eirin gwlanog (f)
peak MOUNTAIN TOP copa/–on (m), CLIMAX uchafbwynt/–iau (m); cyrraedd uchafbwynt (v)
pear gellygen/gellyg (f), peren/pêr (f)
pearl perl/–au (m)
peasant gwerinwr/gwerinwyr (m)
   the peasants y werin
pebble carreg/cerrig (f)
peculiar STRANGE rhyfedd, SPECIAL arbennig (adj)
pedal pedal/–au (m)
pedestrian cerddwr/cerddwyr (m)
   pedestrian zone ardal gerdded
pee piso (v)
peel pilio (v); pil (m), SKIN croen (m)

peer LORD arglwydd/–i (m), SAME AGE cyfoedion/cyfoedwyr (m)

peg peg/–iau (m)

pen WRITING PEN ysgrifbin/–nau (m), SHEEP corlan/–nau (f); SHEEP corlannu, WRITE ysgrifennu (v)

penalty cosb/–au (f)
   penalty kick RUGBY cic gosb (f), FOOTBALL cic o'r smotyn (f)

pencil pensil/–iau (m)

penetrate treiddio (v)
   to penetrate something treiddio i rywbeth

penguin pengwyn/–nod (m)

penknife cyllell boced/cyllyll poced (f)

penny ceiniog/–au (f)
   half penny dime/–iau
   not a penny dim dime goch

pension pensiwn (m)
   on pension ar bensiwn

pensioner pensiynwr/pensiynwyr (m)

people pobl/–oedd (f)
   the people of Wales y Cymry, pobl Cymru

pepper pupur (m)
   salt and pepper halen a phupur

per y (prep)
   per cent y cant
   per year y flwyddyn
   per person y person
   per pound WEIGHT y pwys
   per pound MONEY y bunt

perfect perffaith (adj); perffeithio (v)

perform perfformio (v)

performance perfformiad/–au (m)

perfume persawr/–au (m)

perhaps efallai (adv) +S.M. *followed by noun clause*
   perhaps she is here efallai ei bod hi yma
   perhaps the film is on tonight efallai fod y ffilm ymlaen heno

peril perygl/–on (m)
   in peril mewn perygl

period cyfnod/–au (m), TIME amser/–au (m), adeg/–au (f) AGE oes/–au (f), MENSES misglwyf (m)

periodical MAGAZINE cylchgrawn/cylchgronau (m); ysbeidiol (adj)

periodically weithiau, o bryd i'w gilydd, ambell waith (adv)

perm perm/–au (m)

permanent parhaol (adj)

permission caniatâd (m)
   to have permission cael caniatâd

permit caniatáu (v); LICENCE trwydded/–au (f), TICKET tocyn/–nau (m)
   to permit someone to fish caniatáu i rywun bysgota

persecute erlid (v)

person person/–au (m)

personal personol (adj)

personality personoliaeth/–au (f)

perspiration chwys (m)

perspire chwysu (v)

persuade perswadio (v)

pessimistic pesimistig, digalon, di-obaith (adj)

pest pla/plâu (m)
   he's a pest mae e'n boen

pester poeni (v)

pet anifail anwes/anifeiliaid anwes (m); mwytho (v)

petal petal/–au (m)

petition deiseb/–au (f); deisebu (v)
   a petition for something deiseb o blaid rhywbeth

petrol petrol (m)
   unleaded petrol petrol di-blwm
   four star petrol petrol pedair seren

petticoat pais/peisiau (f)

petty dibwys (adj)
   petty cash arian mân

pharmacy fferyllfa/fferyllfeydd (f)

philosopher athronydd/athronwyr (m)

philosophy athroniaeth/–au (f)

phone ffôn/ffonau (m); ffonio (v)
   on the phone ar y ffôn

photo ffoto/–s (m), llun/–iau (m)
   to take a photo tynnu llun

photograph ffotograff/–au (m)

photographer ffotograffydd/ffotograffwyr (m)

photography ffotograffaeth (f)

phrase ymadrodd/–ion (m)
   phrase book llyfr ymadroddion

physical BODY corfforol, PHYSICS ffisegol (adj)

physical exercise ymarferion corfforol
physics ffiseg (f)
pianist pianydd/–ion (m)
piano piano (m)
    to play the piano canu'r piano
pick pigo, CHOOSE dewis, PULL tynnu, (v); caib/ceibiau (f)
    to pick up codi
pickle picl (m), DIFFICULTY anhawster/anawsterau (m); piclo (v)
    in a pickle mewn picil
picnic picnic/–au (m)
picture darlun/–iau (m), llun/–iau (m); darlunio, IMAGINE dychmygu (v)
    to go to the pictures mynd i'r sinema
picturesque pert (adj)
pie pei/–s (m), pastai, paste/pasteiod (m) (SW), tarten/–nau (f) (NW)
    apple pie paste 'fale (SW), tarten afalau (NW)
piece darn/–au (m)
    to fall to pieces cwympo'n ddarnau
    to piece together gosod ynghyd
pier pier (m)
pierce HOLE tyllu (v)
pig mochyn/moch (m)
pigeon colomen/–nod (f)
pigsty twlc mochyn/tylcau moch (m)
pile pentwr/pentyrrau (m); pentyrru (v)
piles clwyf y marchogion (m)
pilgrim pererin/–ion (m)
pilgrimage pererindod/–au (fm)
pill pilsen/pils (f), tabled/–i (f)
pillar colofn/–au (f)
pillow clustog/–au (f), gobennydd/gobenyddion (m)
pilot peilot/–iaid (m); llywio (v)
pimple ploryn/plorynnod/plorod (m)
pin pin/–nau (m); pinio (v)
pincers gefel/gefeiliau (f)
pinch pinsio, STEAL dwyn, PRESS gwasgu (v); pinsiad (m)
    a pinch of salt pinsiad o halen
pine pinwydden/pinwydd (f)
pineapple pinafal/–au (m)
pink pinc (adj)
pint peint/–iau (m)
    a pint of milk peint o laeth

a pint of beer peint o gwrw
    to draw a pint tynnu peint
    a pint bottle potel beint
pioneer arloeswr/arloeswyr (m); arloesi (v)
pip carreg/cerrig (f)
pipe pibell/–au (f), pib/–au (f); pibellu (v)
pirate môr-leidr/môr-ladron (m)
    pirate video fideo-ladrad
pistol pistol/–au (m)
pit pwll/pyllau (m)
    coal pit pwll glo
pitch FIELD cae/–au (m), MUSIC traw (m), TAR pyg (m); THROW taflu (v)
pity tosturi (m), trueni (m); tosturio wrth +S.M. (v)
    what a pity dyna drueni, trueni mawr
    to feel pity for someone teimlo trueni dros rywun
    pity him druan â fe
place lle/–fydd (m), man/–nau (fm); PUT gosod, PUT dodi, LOCATE lleoli (v)
    in this place yn y fan hon
    in his place yn ei le fe
    in place of him yn ei le fe
plague pla/plâu (m); poeni (v)
plaice lleden (f)
plain plaen, OBVIOUS eglur, amlwg, clear ORDINARY cyffredin, SIMPLE syml (adj); gwastadedd/–au (m)
plan cynllun/–iau (m); cynllunio, ARRANGE trefnu (v)
plane AEROPLANE awyren/–nau (f), WOODWORK plaen/–au (m); FLAT gwastad (adj); plaenio, SMOOTH llyfnhau (v)
planet planed/–au (f)
plank astell/estyll (f)
planning cynllunio (m)
    town planning cynllunio tref
plaster plastr (m); plastro (v)
plastic plastig/–au (m); plastig (adj)
    plastic dishes llestri plastig
plate plât/platiau (m)
    tin plate tunplat
platform platfform/–iau (m)
play chwarae (v); DRAMA drama/dramâu (f)
    to play the piano canu'r piano
player chwaraewr/chwaraewyr (m)
playground maes/meysydd chwarae (m)

playing-cards cardiau chwarae (pl)
playwright dramodydd/dramodwyr (m)
plea ple (m), REQUEST cais/ceisiadau (m); pledio (v)
pleasant dymunol, hyfryd (adj)
   have a pleasant journey! taith dda!
please plesio (v)
   (if you) please os gwelwch yn dda, plîs
pleased bodlon (adj)
   she was extemely pleased roedd hi wrth ei bodd
pleasure pleser/–au (m)
   it's a pleasure! mae'n bleser
plenty digonedd (m)
   plenty of food digon o fwyd
plot CONSPIRACY cynllwyn/–ion (m), LAND darn/–au o dir (m); CONSPIRE cynllwynio, PLAN cynllunio (v)
plough aredig (v); aradr/erydr (fm)
plug plwg/plygiau (m); plygio (v)
plum eirinen/eirin (f)
   plum jam jam eirin
   a plum job swydd wych
plumber plymwr/plymwyr (m)
plump tew (adj); dewis, mynd am +S.M. (v)
   to plump for something mynd am rywbeth
plural lluosog (adj) (m)
plus plws (m); a +A.M. (conj)
pneumonia niwmonia (m)
pocket poced/–i (f); pocedu (v)
   trouser pocket poced trowsus
pocket-book llyfr poced/llyfrau poced (m)
pocket-knife cyllell boced/cyllyll poced (f)
poem cerdd/–i (f), SONG cân/caneuon (f)
poet bardd/beirdd (m)
poetry barddoniaeth (f)
point pwynt/–iau (m), PLACE man/–nau (fm); pwyntio, SHOW dangos (v)
   what's the point? beth yw'r pwynt?
pointed SHARP miniog (adj)
poison gwenwyn (m); gwenwyno (v)
poisonous gwenwynig (adj)
Poland Gwlad Pwyl (f)
pole polyn/polion (m), EXTREMITY pegwn/

pegynau (m)
   South pole pegwn y de
   North pole pegwn y gogledd
   pole vault naid bolyn
   pole star seren y gogledd
Pole Pwyliad/Pwyliaid (m), Pwyles/–au (f)
police heddlu/–oedd (m)
   police station swyddfa'r heddlu
policeman plismon/plismyn (m), heddwas/heddweision (m)
policy polisi/polisïau (m)
   bilingual policy polisi dwyieithog
polish cabol (m); caboli, gloywi (v)
Polish Pwylaidd (adj); LANGUAGE Pwyleg (f)
polite cwrtais, boneddigaidd (adj)
political gwleidyddol (adj)
politician gwleidydd/–ion (m)
politics gwleidyddiaeth (f)
poll VOTE pleidleisio (v); VOTES pleidlais/ pleidleisiau (f)
   opinion poll arolwg barn
pollute llygru (v)
   to pollute the environment llygru'r amgylchedd
pollution llygredd (m)
pond pwll/pyllau (m)
ponder ystyried (v)
pony merlyn/merlod (m), merlen/merlod (f)
   pony trekking merlota
pool pwll/ pyllau (m)
   swimming pool pwll nofio
   open air pool pwll awyr agored
   indoor pool pwll dan do
poor tlawd (adj)
   poor boy, girl, etc. druan bach
   a poor boy bachgen tlawd
pop pop (m)
   pop music cerddoriaeth bop
pope pab/–au (m)
popular poblogaidd (adj)
population poblogaeth/–au (f)
   an increase in population cynnydd yn y boblogaeth
porch cyntedd/–au (m)
pork porc (m), BACON cig moch (m)
port HARBOUR porthladd/–oedd (m), DOOR porth/pyrth (m), WINE port (m)

portable symudol (adj)
    portable television teledu symudol
porter porthor/–ion (m)
portion darn/–au (m)
    a portion of cake darn o deisen
portrait portread/–au (m)
Portugal Portiwgal (f)
Portuguese LANGUAGE Portiwgaleg (f);
    Portiwgeaidd, Portiwgalaidd (adj);
    Portiwgead/Portiwgeaid (mf)
position sefyllfa/–oedd (f), PLACE safle/–
    oedd (m), JOB swydd/–i (f); PLACE lleoli,
    PUT gosod (v)
positive cadarnhaol, positif (adj)
possess OWN meddu ar +S.M., TAKE
    POSSESSION OF meddiannu, bod…gan
    +S.M. (v)
    I possess a car mae gen i gar, mae car
    'da fi, mae car gen i
possession meddiant/meddiannau (m)
possessions PROPERTY eiddo (m)
possibility posibilrwydd (m)
possible posibl (adj)
    it's possible mae hi'n bosibl
post MAIL post (m), PILLAR postyn/pyst, JOB
    swydd/–i (f); postio (v)
postage-stamp stamp/–iau (m)
postal order archeb bost/archebion post
    (f)
postcard cerdyn post/cardiau post (m),
    carden bost/cardiau post (f)
postman postmon/postmyn (m)
post-office swyddfa bost/swyddfeydd post
    (f)
postpone gohirio (v)
pot pot/–iau (m), DISH llestr/–i (f); potio (v)
potato taten/tatws (f), twten/tatws (f)
potential potensial, posibl (adj)
potter crochenydd/ crochenwyr (m)
pottery crochenwaith (m)
pound punt/punnoedd (f) (£), LB pwys/–i
    a pound of meat pwys o gig
    half a pound hanner pwys
    a ten pound note papur degpunt
    a five pound note papur pumpunt
pour arllwys (v)
powder powdr (m); powdro (v)
power pŵer/pwerau (m), ABILITY gallu/–
    oedd (m), STRENGTH nerth/–oedd (m),

AUTHORITY awdurdod/–au (fm), ENERGY
ynni (m)
    power station gorsaf bŵer
    in power mewn grym
powerful nerthol (adj)
practical ymarferol (adj)
    practical examination arholiad
    ymarferol
practice ymarfer/–ion (fm)
practise ymarfer (v)
praise canmol (v); canmoliaeth (f)
pray gweddïo (v)
    let us pray cydweddïwn
    to pray for something gweddio am
    rywbeth
prayer gweddi/gweddïau (f)
    the Lord's prayer gweddi'r Arglwydd
preach pregethu (v)
preacher pregethwr/pregethwyr (m)
precious gwerthfawr (adj)
precise manwl (adj)
precisely yn union, yn hollol (adv)
predecessor rhagflaenydd/rhagflaenwyr (m)
predict proffwydo (v)
preface rhagymadrodd/–ion (m)
prefer bod yn well gan +S.M. (v)
    I prefer milk mae'n well gen i laeth,
    mae'n well 'da fi laeth (SW)
pregnant beichiog (adj)
premier prif (adj); PRIME MINISTER prif
    weinidog/prif weinidogion (m)
    premier league prif gynghrair
preparation paratoad/–au (m)
prepare paratoi (v)
    to prepare for something paratoi am
    rywbeth
preposition arddodiad/arddodiaid (m)
prescription presgripsiwn/presgripsiynau
    (m)
presence presenoldeb (m)
    in the presence of yng ngŵydd
present anrheg/–ion (f), rhodd/–ion (f);
    presennol (adj); cyflwyno (v)
    at present ar hyn o bryd
    present tense amser presennol
preserve KEEP cadw, SAFEGUARD diogelu (v)
president llywydd/–ion (m), OF COUNTRY
    arlywydd/–ion (m)
press gwasgu (v); gwasg/gweisg (f)

pressing taer (adj)

pressure pwysau (pl), gwasgedd (m), pwysedd (m)

    blood pressure pwysedd gwaed

    pressure group grŵp pwyso

presume tybio (v)

presumption tybiaeth/–au (f)

pretend esgus (v)

pretty pert (adj)

prevent rhwystro (v)

    to prevent someone from doing something rhwystro rhywun rhag gwneud rhywbeth

previous blaenorol (adj)

price pris/–iau (m)

    price list rhestr brisiau

pride balchder (m)

priest offeiriad/offeiriaid (m)

prime prif, BEST gorau (adj)

    prime minister prif weinidog

    prime beef y cig eidion gorau

primitive cyntefig (adj)

prince tywysog/–ion (m)

    Llywelyn, prince of Wales Llywelyn, tywysog Cymru

princess tywysoges/–au (f)

principal prif (adj); HEAD TEACHER prifathro/prifathrawon (m), HEAD pennaeth/penaethiaid (m)

principality tywysogaeth/–au (f)

principle egwyddor/–ion (f)

    in principle mewn egwyddor

print argraffu, printio (v); print (m)

    in print mewn print

prioritize blaenoriaethu (v)

priority blaenoriaeth/–au (f)

prison carchar/–au (m)

    in prison yng ngharchar/yn y carchar

    in a prison mewn carchar

prisoner carcharor/–ion (m)

private preifat (adj)

privilege braint/breintiau (f)

prize gwobr/–au (f)

    first prize gwobr gyntaf

    to give a prize gwobrwyo

probable tebygol (adj)

problem problem/–au (f)

    no problem dim problem

procedure trefn/–iadau (f)

proceed mynd ymlaen (v)

process proses/–au (fm); prosesu (v)

    word processing prosesu geiriau

produce cynnyrch (m); cynhyrchu (v)

producer cynhyrchydd/cynhyrchwyr (m)

product cynnyrch/cynhyrchion (m)

production cynhyrchiad/–au (m)

profession galwedigaeth/–au (m)

professional proffesiynol (adj)

professor athro/athrawon (m)

    Professor T.Jones yr Athro T.Jones

profit elw/–on/–au (m); elwa (v)

    to profit from something elwa ar rywbeth

programme rhaglen/–ni (f); rhaglennu (v)

    on the programme ar y rhaglen

programmer rhaglennydd/rhaglenwyr (m)

progress cynnydd (m)

prohibit gwahardd (v)

    to prohibit someone from doing something gwahardd rhywun rhag gwneud rhywbeth

project prosiect/–au (m); PLAN cynllunio (v)

prominent amlwg (adj)

promise addo (v); addewid/–ion (mf)

    to keep a promise cadw addewid

promote hybu, hyrwyddo (v)

promotion SPORTS esgyniad/–au (m), JOB dyrchafiad/–au (m)

prompt prydlon (adj)

promptly yn brydlon (adv)

pronoun rhagenw/–au (m)

pronounce ynganu, REPORT datgan (v)

    how do you pronounce...? sut ydych chi'n ynganu...?

pronunciation ynganiad/–au (m)

proof prawf/profion (m), PRINTING proflen/–ni (f)

propaganda propaganda (m)

proper SUITABLE addas, RIGHT iawn, NAME priod (adj)

properly yn iawn (adv)

property eiddo (m)

prophecy proffwydoliaeth/–au (f); proffwydo (v)

prophet proffwyd/–i (m)

proportion cyfartaledd/–au (m)

in proportion to mewn cyfartaledd i +S.M.

proposal cynnig/cynigion (m)

propose cynnig (v)

proprietor perchennog/perchenogion (m)

prose rhyddiaith (f)

prosecute erlyn (v)

prosper ffynnu, SUCCEED llwyddo (v)

prosperity ffyniant (m), SUCCESS llwyddiant (m)

prosperous RICH cefnog, SUCCESSFUL llwyddiannus (adj)

protect amddiffyn (v)

    to protect someone from something amddiffyn rhywun rhag rhywbeth

protection amddiffyniad (m)

protest protestio, gwrthdystio (v)

    to protest against gwrthdystio yn erbyn

Protestant Protestant/Protestaniaid (m); Protestannaidd (adj)

protester protestiwr/ protestwyr (m)

proud balch (adj)

    to be proud of something bod yn falch o rywbeth

prove profi (v)

proverb dihareb/diarhebion (f)

provide darparu (v)

    provided that she comes os bydd hi'n dod

province talaith/taleithiau (f)

provincial taleithiol (adj)

provision darpariaeth/–au (f)

provisions FOOD bwyd (m), FOOD AND DRINK bwyd a diod (m), lluniaeth (m)

provoke profocio, ANGER cythruddo (v)

prune eirinen sych/eirin sych (f); tocio (v)

psalm salm/au (f)

psychiatrist seiciatrydd/–ion (m)

psychological seicolegol (adj)

psychology seicoleg (f)

pub tafarn/–au (f)

public cyhoeddus (adj)

    in public ar goedd, yn gyhoeddus

    public school ysgol fonedd/ysgolion bonedd (f)

    public relations cysylltiadau cyhoeddus

publicity cyhoeddusrwydd (m)

publish cyhoeddi (v)

publisher cyhoeddwr/cyhoeddwyr (m)

pudding pwdin/–au (m)

    rice pudding pwdin reis

pull tynnu (v)

    to pull off clothes diosg, tynnu dillad

    SUCCEED **to pull it off** llwyddo

    ATTRACT **to pull in** denu

    to pull out tynnu allan, LEAVE gadael

    ON ROAD **to pull in** mynd i'r ymyl

pullover siwmper/–i (f)

pulpit pulpud/–au (m)

pulse curiad y galon (m), pyls (m)

pump pwmp/pympiau (m); pwmpio (v)

punch dyrnod/–au (fm); dyrnu, HIT taro (v)

punctual prydlon (adj); yn brydlon (adv)

punctuation atalnodi (v) (m)

punish cosbi (v)

punishment cosb/–au (f)

    capital punishment y gosb eithaf

pupil disgybl/–ion (m)

    school pupil disgybl ysgol

purchase prynu (v)

purchaser prynwr/prynwyr (m)

pure pur, CLEAN glân (adj)

purify puro (v)

Puritan Piwritan/–iaid (m)

purple porffor (adj)

purpose pwrpas/–au (m), amcan/–ion (m), INTENTION bwriad/–au (m)

    on purpose ar bwrpas, yn fwriadol

purse pwrs/pyrsau (m)

push gwthio (v)

put dodi, PLACE gosod (v)

    to put off DELAY gohirio, MAKE MISERABLE diflasu

    to put out FIRE diffodd

    to put on WEAR gwisgo

    to put something by rhoi rhywbeth i gadw

puzzle pos/–au (m); CONFUSE drysu (v)

    I'm puzzled rydw i mewn penbleth

pyjamas pyjama/–s (m)

pylon peilon/–au (m)

pyramid pyramid/–iau (m)

Q

quadrangle pedrongl/–au (m)
quadrant cwadrant (m)
quadrilateral pedrochr/–au (f); pedrochrog (adj)
quaint UNCOMMON anarferol, OLD-FASHIONED henffasiwn (adj)
Quaker Crynwr/Crynwyr (m)
qualification cymhwyster/cymwysterau (m)
qualify cymhwyso, SPORTS ennill lle (v)
quality ansawdd/ansoddau (m), STANDARD safon/–au (f)
    of high quality o ansawdd uchel, o safon
    quality control rheoli ansawdd
quantity SUM swm/symiau (m), SIZE maint/meintiau (m)
quarrel cweryl/–on (m); cweryla, ffraeo (v)
quarry chwarel/i (f)
    slate quarry chwarel lechi
quarryman chwarelwr/chwarelwyr (m)
quarter cwarter/–i (m), chwarter/–i (m), DISTRICT rhanbarth/–au (m), REGION ardal/–oedd (mf); cwarteru, chwarteru (v)
quarterly chwarterol (adj)
quay cei/–au (m)
queen brenhines/breninesau (f)
    queen of Belgium brenhines Gwlad Belg
queer STRANGE rhyfedd, REMARKABLE hynod (adj)
query cwestiwn/cwestiynau (m); ASK holi, DOUBT amau (v)
question cwestiwn/cwestiynau (m); ASK holi, DOUBT amau (v)
    question mark gofynnod
queue cwt (f), cynffon/–nau (f); ciwio (v)
quick cyflym, clou (SW) (adj)
quicken cyflymu (v)
quickly yn gyflym, yn glou (SW) (adv)
quickness cyflymder (m)
quid punt/punnoedd (f)
quiet tawel, distaw (adj); tawelu, distewi (v)
quilt cwilt/–iau (m), cwrlid/–au (m)

quintet pumawd/–au (m)
quisling cwisling/–iaid (m), TRAITOR bradwr/bradwyr (m)
quit LEAVE gadael, GIVE UP SOMETHING rhoi'r gorau i rywbeth (v)
quite go, lled, pur, cryn (adv)
    cryn *is used before nouns* +S.M.; go, lled, pur *are used before adjectives* +S.M.
    quite good go dda, lled dda, pur dda
    quite full go lawn
    quite fair go lew
    quite wide lled lydan
    quite a lot cryn dipyn
    quite a distance cryn bellter
quiver crynu (v)
quiz cwis/–iau (m)
quota cwota/cwotâu (m)
quotation dyfyniad/–au (m)
quotation marks dyfynnod/dyfynodau (m)
quote dyfynnu (v); PRICE pris/–iau (m)

R

rabbit cwningen/cwningod (f)
race ras/–ys (f), HUMAN RACE hil/–iau (f)
    the human race yr hil ddynol
    100 metre race ras can metr
    cross country race ras draws gwlad
    race relations board bwrdd cysylltiadau hiliol
racial hiliol (adj)
racist hiliwr/ hilwyr (m)
rack rhac/–iau (f)
racket TENNIS raced/–i (f), DIN mwstwr (m)
    to make a racket creu mwstwr
radar radar (m)
radical LIBERAL radical, rhyddfrydol (adj); radical/–iaid (m)
radio radio/setiau radio (m)
    to listen to the radio gwrando ar y radio
    on the radio ar y radio
radioactive ymbelydrol (adj)
radioactivity ymbelydredd (m)
radish rhuddygl (m)

radius radiws/radiysau (m)
raffle raffl/–au (f); rafflo (v)
    raffle ticket tocyn raffl
raft rafft/–iau (m)
rag rhecsyn/rhacs (m)
rage dicter (m); ffyrnigo (v)
    all the rage yn y ffasiwn
raid cyrch/–oedd (m); gwneud cyrch (v)
    air raid cyrch awyr
    air raid shelter lloches cyrch awyr
rail rheilen/–iau (f), reil (m), TRACK cledr/–au (m)
    go by rail mynd ar y trên
    railway station gorsaf reilffordd
railway rheilffordd/rheilffyrdd (f)
railing reilin (v)
rain glaw (m); bwrw glaw, glawio (v)
rainbow enfys/–au (f)
rainy glawog (adj)
raise codi (v)
raisin rhesinen/rhesin (f)
rally rali/ralïau (f)
    to rally around rhoi cefnogaeth i +S.M
ram hwrdd/hyrddod (m); taro (v)
range amrediad/–au (m), LIST rhestr/–i (f), VARIETY amrywiaeth (m), MOUNTAINS cadwyn/–au (f); LIST rhestru, ARRANGE trefnu, STRETCH ymestyn (v)
    a range of goods amrywiaeth o nwyddau
rape trais (m), VEGETABLE rêp (m); treisio (v)
rapid cyflym (adj)
rapids rhaeadr/–au (f)
rare prin, UNCOMMON anghyffredin (adj)
rash byrbwyll (adj); brech (f)
raspberry mafonen/mafon (f), afans (SW) (pl)
rat llygoden fawr/llygod mawr (f)
rate cyfradd/–au (m), PRICE pris/–iau (m), SPEED cyflymder (m), TAX treth/–i (f); LIST rhestru, PRICE prisio, JUDGE barnu (v)
    rate of interest cyfradd llog
    rate of exchange cyfradd cyfnewid
ratepayer trethdalwr/trethdalwyr (m)
rather lled +S.M., FAIRLY braidd yn +S.M., INSTEAD yn hytrach (adv); bod yn well gan (v)
    rather good lled dda
    rather a full cup cwpan lled lawn
    rather silly braidd yn wirion
    rather than yn hytrach na +A.M.
    I'd rather wine mae'n well 'da fi win, mae'n well gen i win
ratio cymhareb/cymarebau (f)
ration dogn/–au (f); dogni (v)
rational rhesymol (adj)
ravage difrodi (v)
raven cigfran/cigfrain (f)
ravine ceunant/ceunentydd (m)
raw ROUGH, MEAT amrwd, MATERIAL crai, COLD oerllyd, INEXPERIENCED dibrofiad (adj)
    raw meat cig amrwd
    raw material deunydd crai
ray pelydryn/pelydrau (m)
razor ellyn/ellau (m), raser/–i (m)
    as sharp as a razor mor finiog a raser
reach ARRIVE cyrraedd, REACH estyn (v)
react adweithio (v)
reaction adweithiad/–au (m)
reactor adweithydd/–ion (m)
    nuclear reactor adweithydd niwclear
read darllen (v)
readable darllenadwy (adj)
reader darllenydd/darllenwyr (m)
reading darlleniad/–au (m)
    reading room ystafell ddarllen
ready parod (adj)
    are you ready? ydych chi'n barod?
    ready-made parod
real TRUE gwir +S.M., REALISTIC real (adj)
    the real reason y gwir reswm
reality TRUTH gwirionedd/–au (m), realiti (m)
    in reality mewn gwirionedd
realize UNDERSTAND sylweddoli, deall (v)
really wir, yn wir (adv)
    it's really bad mae hi'n wir wael
realm teyrnas/–oedd (f)
reap medi (v)
rear cefn/–au (m); codi, magu (v)
reason rheswm/rhesymau (m), CAUSE achos/–ion (m); rhesymu (v)
    without reason heb reswm

reasonable rhesymol (adj)
rebel gwrthryfelwr/gwrthryfelwyr (m), rebel/–iaid (m); gwrthryfela (v)
rebellion gwrthryfel/–oedd (m)
rebuild ailadeiladu (v)
rebuke ceryddu (v)
recall REMEMBER galw'n ôl, cofio (v)
receipt derbynneb/derbynebau (f)
receive derbyn (v)
receiver derbynnydd/derbynwyr (m)
recent diweddar (adj)
reception derbyniad/–au (m), WELCOME croeso (m), MEAL gwledd/–oedd (f)
   reception desk desg groesawu
receptionist derbynnydd/ derbynwyr (m), croesawferch/–ed (f)
recession ECONOMY dirwasgiad/–au (m)
recipe rysáit/ryseitiau (m)
recital PERFORMANCE perfformiad/–au (m)
recitation adroddiad/–au (m)
recite adrodd (v)
reckon JUDGE barnu, COUNT cyfrif (v)
reclaim LAND adennill, CLAIM hawlio (v)
recognize A PERSON adnabod, ACKNOWLEDGE cydnabod (v)
recognition OF A PERSON adnabyddiaeth (f), ACKNOWLEDGEMENT cydnabyddiaeth (f)
recollect cofio (v)
recollection atgof/–ion (m), MEMORY cof (m)
recommend argymell (v)
recommendation argymhelliad/ argymhellion (m)
reconsider ailystyried (v)
record SPORT, MUSIC record/–iau (fm), MEETING cofnod/–ion (m), REPORT adroddiad/–au (m), MUSIC recordio, TAKE NOTES cofnodi (v)
   to break the record torri'r record
   on record ar glawr
   off the record yn answyddogol
recorder MUSIC recorder/–s (m), LEGAL cofiadur/–on (m)
   tape recorder recordydd tâp
recount TELL A TALE adrodd, COUNT AGAIN ailgyfrif (v)
recover GET BETTER gwella, RESTORE adfer, WIN BACK adennill (v)

recovery adferiad (m)
   swift recovery adferiad buan
   recovery service gwasanaeth achub
recreation ENTERTAINMENT adloniant (m), LEISURE hamdden (f)
   recreation centre canolfan adloniant
   recreation ground maes chwarae
recruit recriwtio (v); recriwt/–iaid (m)
rectangle petryal/–au (m)
rector rheithor/–iaid (m)
red coch (adj)
   Red Cross y Groes Goch
   red tape tâp coch
redden cochi (v)
reduce LESSEN lleihau, LOWER gostwng (v)
reduction gostyngiad/–au (m)
redundancy UNEMPLOYMENT diweithdra (m), DISMISSAL diswyddiad/–au (m); MAKE UNEMPLOYED gwneud yn ddi-waith (v)
reed corsen/cyrs (f)
reef craig/creigiau (f)
reek drewi (v)
refer cyfeirio at +S.M. (v)
   to refer to something cyfeirio at rywbeth
referee dyfarnwr/dyfarnwyr (m)
reference cyfeiriad/–au (m)
referendum refferendwm (m)
refill ail-lanw (v)
refine puro (v)
refined coeth (adj)
refinery purfa/purfeydd (f)
   oil refinery purfa olew
reflect adlewyrchu, THINK myfyrio (v)
reflection adlewyrchiad/–au (m)
reform diwygio (v); diwygiad/–au (m)
reformation diwygiad/–au (m)
refreshment lluniaeth (m)
refrigerator oergell/–oedd (f)
refuge noddfa/noddfeydd (f)
refugee ffoadur/–iaid (m)
refund ad-dalu (v); ad-daliad/–au (m)
refuse SAY NO gwrthod (v); RUBBISH sbwriel (m)
regard CONSIDERATION ystyriaeth/–au (f), RESPECT parch (m); edrych ar +S.M., CONSIDER ystyried (v)
   with kind regards dymuniadau gorau

regards GREETINGS cyfarchion, dymuniadau gorau
regarding ynglŷn â +A.M.
region rhanbarth/–au (m), AREA ardal/–oedd (f)
regional rhanbarthol (adj)
register cofrestr/–i (f); cofrestru (v)
registration form ffurflen gofrestru
regret edifarhau, edifaru (v)
I regret mae'n flin 'da fi, mae'n flin gen i
regular rheolaidd, CONSTANT cyson (adj)
regulate rheoli (v)
regulation rheoliad/–au (m)
rehearsal rihyrsal/–s (m), practis (m), ymarfer/–ion (m)
rehearse ymarfer (v)
reign teyrnasu (v)
reindeer carw/ceirw (m)
reject gwrthod (v)
rejection gwrthodiad/–au (m)
rejoice llawenhau, gorfoleddu (v)
relate TELL A TALE adrodd, CONNECT TO cysylltu â +A.M., RELATED TO perthyn i +S.M. (v)
are we related? ydyn ni'n perthyn?
I'm related to him rydw i'n perthyn iddo fe
this relates to the story mae hyn yn gysylltiedig â'r stori
relation perthynas/perthnasau (fm), CONNECTION cysylltiad/–au (m)
I've got many relations mae llawer o berthnasau 'da fi/ gen i
relative perthynas/perthnasau (fm); COMPARATIVE cymharol, perthynol (adj)
relative clause cymal perthynol
relax ymlacio (v)
reliable dibynadwy (adj)
relief FEELING gollyngdod (m), HELP cymorth (m)
relief map map tirwedd
relieve HELP cynorthwyo, RELIEVE PAIN lliniaru, FREE rhyddhau (v)
religion crefydd/–au (f)
religious crefyddol (adj)
rely dibynnu (v)
to rely on dibynnu ar +S.M.
remain STAY aros, BE LEFT OVER bod ar ôl (v)

it remains to be seen rhaid aros i weld
six games remain mae chwe gêm ar ôl
she remained here arhosodd hi yma
remains gweddillion (pl)
remark sylw/–adau (m); gwneud sylw, dweud (v)
remarkable hynod, WONDERFUL rhyfeddol (adj)
remedy moddion (m), meddyginiaeth/–au (f); gwella (v)
remember cofio (v)
remind atgoffa (v)
remote anghysbell (adj)
remove symud (v)
remover symudwr/ symudwyr (m)
stain remover gwaredwr staeniau
renew adnewyddu (v)
renewable energy ynni adnewyddol
rent rhent/–i (m); rhentu (v)
to rent i'w rentu
reopen ailagor (v)
repair trwsio, cyweirio, atgyweirio (v)
repairs atgyweiriad/–au (m)
repay ad-dalu (v)
repeat ailadrodd (v); ailadroddiad/–au (m)
replace PUT BACK ailosod, TAKE THE PLACE OF cymryd lle (v)
reply ateb (v); ateb/–ion (m)
report adroddiad/–au (m); adrodd, NEWS gohebu (v)
reporter gohebydd/gohebwyr (m)
represent cynrychioli (v)
representative cynrychiolydd/ cynrychiolwyr (m)
reproduce atgynhyrchu, COPY copïo (v)
reptile ymlusgiad/ymlusgiaid (m)
republic gweriniaeth/–au (f)
republican gweriniaethwr/gweriniaethwyr (m)
request cais/ceisiadau (m); ASK FOR gofyn am +S.M., gwneud cais (v)
require bod eisiau (v)
I require a doctor mae eisiau doctor arna i
rescue achub (v)
research ymchwil/–iadau (f); ymchwilio (v)
to research into ymchwilio i +S.M.

resemble bod yn debyg (v)
   to resemble something bod yn debyg i rywbeth
resent OPPOSE gwrthwynebu, BE ANGRY bod yn ddig (v)
reservation NATURE gwarchodfa/ gwarchodfeydd (f), lle cadw/llefydd cadw (m)
   Indian reservation gwarchodfa Indiaid
reserve cadw (v); FUND, STORE cronfa/ cronfeydd (f), SHYNESS swildod (m); wrth law, wrth gefn (adj) (adv)
   reserve fund cronfa wrth gefn
   in reserve wrth gefn
   nature reserve gwarchodfa natur
   to reserve a place cadw lle
reserved SHY swil, BOOKED cadw (adj)
   reserved seat sedd gadw, sedd wedi ei chadw
reservoir WATER cronfa ddŵr/cronfeydd dŵr (f), FUND cronfa/cronfeydd (f)
reside preswylio, LIVE byw, trigo (v)
residence HOME cartref/–i (m), LIVING PLACE preswylfa/preswylfeydd (f)
resident preswylydd/preswylwyr (m), trigolion (pl)
   the residents of Swansea trigolion Abertawe
resign ymddiswyddo (v)
resignation ymddiswyddiad/–au (m)
resist gwrthsefyll (v)
resistor gwrthydd/–ion (m)
resolve penderfynu (v); penderfyniad/– au (m)
resort man gwyliau/mannau gwyliau (m)
respect parch (m); parchu (v)
   respects GREETINGS cyfarchion
   with respect to ynglŷn â +A.M.
   respect for someone parch i rywun
respectability parchusrwydd (m)
respectable parchus (adj)
respective priodol (adj)
respond ateb (v)
response ymateb/–ion (m)
responsibility cyfrifoldeb/–au (m)
responsible cyfrifol (adj)
rest gorffwys, gorffwyso (v); gorffwys (m)
restaurant tŷ bwyta/tai bwyta (m), bwyty/ bwytai (m)
restful QUIET tawel, STILL llonydd, gorffwysol (adj)
restless aflonydd (adj)
restore adfer (v)
restrain PREVENT atal, HINDER rhwystro (v)
restraint rhwystr/–au (m)
restrict cyfyngu (v)
restriction cyfyngiad/–au (m)
result canlyniad/–au (m)
   as a result of o ganlyniad i +S.M.
resume ailddechrau (v)
resurrect atgyfodi (v)
resurrection atgyfodiad (m)
retail manwerthu (v); manwerthiant (m)
retailer manwerthwr/manwerthwyr (m), siopwr/ siopwyr (m)
retain cadw, KEEP HOLD OF dal gafael ar +S.M. (v)
retaliate dial (v)
   to retaliate dial ar rywun
retire ymddeol (v)
retired wedi ymddeol (v)
   he's retired mae e wedi ymddeol
retreat encilio, ESCAPE ffoi, ESCAPE dianc (v); ffo (m)
   on retreat ar ffo
return dychwelyd (v); dychweliad/–au (m)
   to return home dychwelyd adref
return ticket tocyn dwy ffordd/tocynnau dwy ffordd (m), tocyn dychwel/ tocynnau dychwel (m)
revenge dial (v), dialedd (m); dial (v)
   to take revenge on someone dial ar rywun
revenue INCOME incwm (m), FINANCE cyllid (m)
   inland revenue cyllid y wlad
reverend parchedig (adj)
   Reverend Evans Y Parchedig Evans
   Rev Evans Y Parch. Evans
reverse A DECISION gwrthdroi, CAR bacio, TURN BACK troi'n ôl (v); MISFORTUNE anffawd/anffodion (f)
review adolygu, EXAMINE archwilio (v); adolygiad/–au (m)
revise WORK adolygu, REFORM diwygio (v)
revision CORRECTION cywiriad/–au (m), REVIEW adolygiad/–au (m)

revival RELIGIOUS diwygiad/–au (m), adfywiad (m)

revive adfywio (v)

revolt gwrthryfel/–oedd (m); gwrthryfela (v)

 the revolt of Owain Glyn Dŵr gwrthryfel Owain Glyn Dŵr

revolution chwyldro/–adau (m)

 the Russian revolution chwyldro Rwsio

revolutionary chwyldroadol (adj); chwyldroadwr/chwyldroadwyr (m)

reward gwobr/–au (f); gwobrwyo (v)

rheumatism gwynegon (pl), cryd cymalau (m)

rhinoceros rhinoseros (m)

rhubarb rhiwbob (m)

rhyme odl/–au (f), NURSERY RHYME rhigwm/rhigymau (m); odli (v)

rib asen/–nau (f)

ribbon ruban/–au (m)

rice reis (m)

rich cyfoethog (adj)

 to become rich ymgyfoethogi

 the rich and the poor y cyfoethog a'r tlawd

rid gwaredu (v)

 to get rid of cael gwared â +A.M.

ride RIDE A HORSE marchogaeth (v); reid/–iau (m)

rider marchog/–ion (m)

ridge crib/–au (fm), cefnen/–nau (f)

ridicule gwawdio (v)

ridiculous chwerthinllyd (adj)

rifle dryll/–iau (fm), reiffl/–au (fm)

right IN LAW hawl/–iau (f), PRIVILEGE braint/breintiau (f), CUSTOM defod/–au (f); yn iawn (adv); CORRECT iawn, DIRECTION de, dde (adj)

 it's all right mae'n iawn

 all right o'r gorau

 on the right ar y dde

 the right hand y llaw dde

 on the right side ar yr ochr dde

 right away ar unwaith

rights hawliau (pl)

rim ymyl/–on (fm)

ring ON FINGER modrwy/–on (f), CIRCLE cylch/–oedd (m); BELL canu,

REVERBERATE atseinio (v)

 the phone is ringing mae'r ffôn yn canu

rink cylch sgefrio (m)

rinse golchi (v)

riot terfysg/–oedd (m)

 the Merthyr riots terfysgoedd Merthyr

rip rhwygo (v); rhwyg/–iadau (m)

ripe aeddfed (adj)

ripen aeddfedu (v)

rise GET UP, PICK UP, GO UP codi, INCREASE cynyddu (v); PAY codiad/–au (m), INCREASE cynnydd (m)

risk DANGER pergyl/–on (m), risg (m); ENDANGER peryglu, VENTURE mentro (v)

 at risk mewn perygl

risky DANGEROUS peryglus, ADVENTUROUS mentrus (adj)

river afon/–ydd (f)

river-bank glan yr afon (f)

road heol/–ydd (f), WAY ffordd/ffyrdd (f)

 road works gwaith heol

 main road priffordd

 country road heol wledig

roam crwydro (v)

roar rhuo (v)

roast rhostio (v); rhost (adj)

 roast potatoes tatws rhost

 roast beef eidion rhost

rob lladrata (v)

robber lleidr/lladron (m)

robbery lladrad/–au (m)

rock craig/creigiau (f), MUSIC AND SWEET STICK roc (m); siglo (v)

 rock music cerddoriaeth roc

 rock and roll roc a rôl

rocket roced/–i (f)

rocky creigiog (adj)

rod FISHING ROD gwialen/gwiail/gwialenni (f), MECHANICS rhoden/–ni (f)

role PART rhan/–nau (f), rôl (f)

 to play a role chwarae rôl

roll rholio (v); rholyn/rholiau (m)

rolling-pin rholbren/–ni (m)

Roman Rhufeiniwr/Rhufeiniaid (m); Rhufeinig (adj)

romance rhamant/–au (f), LOVE AFFAIR carwriaeth/–au (f); rhamantu (v)

romantic rhamantaidd (adj)
roof to/–eon (m)
room ystafell/–oedd (f), stafell/–oedd (f), SPACE lle (m)
   front room ystafell flaen
   back room ystafell gefn
   there's enough room mae digon o le
root gwreiddyn/gwreiddiau (m); gwreiddio (v)
   square root ail isradd
rope rhaff/–au (f); rhaffu (v)
rose rhosyn/–nau (f)
rot pydru (v); pydredd (m)
rotten pwdr (adj)
rough garw, ESTIMATE bras (adj)
roughen garwhau (v)
round crwn, cron *with f. noun* (adj); o gwmpas, o amgylch (prep); OF GAME rownd/–iau (f), CIRCLE cylch/–oedd (m)
   a round of golf gêm o golff
   first round rownd gyntaf
   round the garden o gwmpas yr ardd
   the round table y ford gron
roundabout cylchfan/–nau (f)
rounders rownderi (pl)
route ffordd/ffyrdd (f)
routine trefn (f); arferol (adj)
row rhes/–i (f), cweryl/–on (m), QUARREL ffrae/–on (f); QUARREL cweryla, QUARREL ffraeo, WITH OARS rhwyfo (v)
   rowing boat cwch rhwyfo
royal brenhinol (adj)
rub rhwbio (v)
rubber rwber/–i (m)
rubbish NONSENSE sbwriel (m), lol (f)
ruck sgarmes/–oedd (f), RUGBY ryc/–iau (m); rycio (v)
rucksack sach gefn/sachau cefn (f)
rudder llyw/–iau (m)
rude anfoesgar, anghwrtais (adj)
rug ryg/–iau (fm)
rugby (football) rygbi (m)
   rugby match gêm rygbi
ruin OF BUILDING adfail/adfeilion (fm), DESTRUCTION distryw (f); distrywio (v)
   in ruins yn adfail, wedi dadfeilio
rule rheoli (v); rheol/–au (f), GOVERNMENT llywodraeth (f)
   as a rule fel rheol

ruler rheolwr/rheolwyr (m), FOR MEASURING pren mesur/prennau mesur (m)
rum rwm (m)
rumour sôn (m)
   I have heard a rumour rydw i wedi clywed sôn
run rhedeg, FLOW llifo, CONTROL rheoli (v)
   in the long run yn y pen draw
   to run into (a person) taro ar +S.M. (berson)
   run a business rhedeg/rheoli busnes
runway glanfa/glanfeydd (f)
rural gwledig (adj)
   rural Wales Cymru wledig
rush rhuthro (v); REED brwynen/brwyn (f)
   rush-hour awr frys
rust rhwd (m); rhwdu (v)
rusty rhydlyd (adj)
rut rhigol/–au (f)
   in a rut mewn rhigol

S

Sabbath Sabath/–au (m), Saboth/–au (m), SUNDAY Sul/–iau (m)
sack sach/–au (f), DISMISSAL diswyddiad/–au (m); DISMISS diswyddo, DESTROY difrodi (v)
   to get the sack cael y sac, colli swydd
   to sack someone diswyddo rhywun, rhoi'r sac i rywun
sacred cysegredig, HOLY sanctaidd (adj)
sad trist (adj)
saddle cyfrwy/–au (m)
sadness tristwch (m)
safe diogel (adj)
   to make safe diogelu
safety diogelwch (m)
safety-pin pìn cau/pinnau cau (m)
saga saga/sagâu (f), TALE chwedl/–au (f)
sail hwyl/–iau (f); hwylio, morio (v)
   sailing boat cwch hwylio
   sailing ship llong hwylio
sailor morwr/morwyr (m)
saint sant/saint/seintiau (m)
   Saint David Dewi Sant
   Saint Patrick Sant Padrig

Saint George Sant Siôr
Saint Andrew Sant Andreas
sake
    for the sake of er mwyn
    for goodness' sake er mwyn dyn
    for God's sake er mwyn Duw
salad salad/–au (m)
salami salami (m)
salary cyflog/–au (fm), PAY tâl/taliadau (m)
sale gwerthiant/gwerthiannau (m), sêl (m)
    for sale ar werth
salesman gwerthwr/gwerthwyr (m)
saliva poer (m)
salmon eog/–iaid (m)
salt halen (m); halltu (v)
salty hallt (adj)
same yr un (adj)
    +S.M. *off. nouns except* ll *and* rh
    the same book yr un llyfr
    the same year yr un flwyddyn
    the same (kind) yr un fath
    the same kind of work yr un math o
    waith
    same again yr un peth eto
    IN SPITE OF THAT **all the same** er
    hynny
    it's all the same mae e i gyd yr un
    fath
sample sampl/–au (m), EXAMPLE
    enghraifft/enghreifftiau (f); samplu,
    TEST, TASTE profi (v)
sand tywod (m)
    BEACH **sands** traeth/–au (m)
sandal sandal/–au (m)
sandwich brechdan/–au (f)
    cheese sandwich brechdan gaws
sandy tywodlyd (adj)
sardine sardîn/sardinau (m)
Satan Satan/–iaid (m)
satellite lloeren/–nau/–ni (f)
satin satin (m)
satire dychan (m); dychanu (v)
satirical dychanol (adj)
satisfaction bodlonrwydd (m)
satisfy bodloni, SATISFY A NEED diwallu (v)
Saturday dydd Sadwrn/dyddiau Sadwrn
    (m)
    on Saturday dydd Sadwrn
    on Saturdays, on a Saturday ar

    ddydd Sadwrn
Saturn Sadwrn (m)
    the planet Saturn y blaned Sadwrn
sauce saws/–iau (m)
    mint sauce saws mintys
saucepan sosban/sosbenni (f)
saucer soser/–i (f)
sauna sawna (f)
sausage selsigen/selsig (f), sosej/–ys (f)
savage ffyrnig (adj); anwariad/ anwariaid
    (m)
save MONEY cynilo, NOT TO WASTE arbed,
    LIFE achub (v)
    savings bank banc cynilo
savings cynilion (pl)
saviour ESP. RELIGIOUS gwaredwr/gwaredwyr
    (m), achubwr/achubwyr (m)
savoury sawrus (adj)
saw llif/–iau (f); llifio, SEE *form of* gweld (v)
    I saw gwelais i, gweles i
    you saw FAMILIAR gwelaist ti, gwelest
    ti, POLITE gweloch chi
    he/she/it saw gwelodd e/hi
    we saw gwelon ni
    they saw gwelon nhw
Saxon Sacson/–iaid (m), ENGLISH Sais/
    Saeson (m)
say dweud (v)
    you don't say! taw â sôn! (NW), paid
    â dweud!
saying dywediad/–au (m)
scale FOR WEIGHING clorian/–nau (f),
    FOR MEASURING, MUSIC graddfa/
    graddfeydd (f); WEIGH pwyso, MEASURE
    mesur, CLIMB dringo (v)
scandal sgandal/–au (m)
scant prin (adj)
scar craith/creithiau (f); creithio (v)
scarce prin (adj)
scared ofnus (adj)
scarf sgarff/–iau (f)
scarlet sgarlad (adj)
    scarlet fever y dwymyn goch
scatter gwasgaru (v)
scene golygfa/golygfeydd (f), PLACE lle/–
    fydd (m)
scenery golygfa (f)
scent persawr/–au (m), SMELL arogl/–au
    (m); arogleuo (v)

on the scent ar y trywydd
schedule trefn (f), PROGRAMME rhaglen/–ni (f), trefnlen/–ni (f), LIST rhestr/–au (f); ARRANGE trefnu (v)
scheme cynllun/–iau (m)
scholar ACADEMIC ysgolhaig/ysgolheigion (m)
scholarship PRIZE ysgoloriaeth/–au (f), ACADEMIC ABILITY ysgolheictod (m)
school ysgol/–ion (f), OF FISH haig/heigiau (f)
  nursery school ysgol feithrin
  primary school ysgol gynradd
  junior school ysgol iau
  secondary school ysgol uwchradd
  comprehensive school ysgol gyfun
  public school ysgol fonedd
  private school ysgol breifat
  state school ysgol wladwriaeth
  Sunday school ysgol Sul
  to go to school mynd i'r ysgol
  at school yn yr ysgol
schoolboy bachgen ysgol/bechgyn ysgol (m)
schoolgirl merch ysgol/merched ysgol (f)
schoolmaster athro/athrawon (m)
schoolmistress athrawes/–au (f)
schoolteacher athro/athrawon (m), athrawes/–au (f)
science gwyddoniaeth (f)
  social science y gwyddorau cymdeithasol
scientific gwyddonol (adj)
scientist gwyddonydd/gwyddonwyr (m)
scissors siswrn/sisyrnau (m)
scold dwrdio (v)
scone sgon/–au (f)
scooter sgwter/–s (m)
score MUSIC sgôr/sgorau(mf), ugain (num); sgorio (v)
scorn dirmygu (v)
scornful dirmygus (adj)
Scot Albanwr/Albanwyr (m), Albanes/–au (f)
Scotland yr Alban (f), LANGUAGE Albaneg (f)
Scots Albanaidd (adj)
Scottish Albanaidd (adj)
scout sgowt/–iaid (m)
scramble ysgarmes/–au (f); CLIMB dringo,

sgramblo (v)
  scrambled eggs wyau wedi'u sgramblo, wyau wedi'u malu
scrap tamaid/tameidiau (m), PIECE darn/–au (m); FIGHT ymladd (v)
scrapbook llyfr lloffion/llyfrau lloffion (m)
scrape crafu (v); crafiad/–au (m)
  in a scrape mewn sgarmes
scratch crafu (v); crafiad/–au (m)
scream sgrech/–au/–feydd/–iadau (f); sgrechian (v)
screen sgrin/–au (f)
  television screen sgrin deledu
screw sgriw/–iau (f); sgriwio (v)
screwdriver tyrnsgriw/–iau (m)
script sgript/–iau (m)
scripture ysgrythur/–au (f)
scrub sgwrio (v)
sculptor cerflunydd/cerflunwyr (m)
sculpture cerflun/–iau (m)
sea môr/moroedd (m)
  the Black Sea y Môr Du
  Severn Sea Môr Hafren
  Irish Sea Môr Iwerddon
  sea water dŵr y môr
  at sea ar y môr
seaboard arfordir/–oedd (m)
sea-gull gwylan/–od (f)
seal morlo/–i (m)
seam gwnïad (m)
seaman morwr/morwyr (m)
search chwilio (v); ymchwil (f)
  to search for chwilio am +S.M.
seaside glan y môr (f)
season tymor/tymhorau (m); TO GIVE TASTE cyflasu (v)
  season ticket tocyn tymor
seat sedd/–au (f)
  front seat sedd flaen
  seat belt gwregys diogelwch
second ail +S.M. (adj); eiliad/–au (f); A MOTION eilio (v)
  the second girl yr ail ferch
  second class ail ddosbarth
  in a second mewn eiliad
second-hand ail-law (adj)
secondary SCHOOL uwchradd, SECOND RATE eilradd (adj)
  secondary school ysgol uwchradd

secret cyfrinach/–au (f); cyfrinachol, HIDDEN dirgel, cudd (adj)
   in secret yn gyfrinachol
secretary ysgrifennydd/ysgrifenyddion (m), ysgrifenyddes/–au (f)
section adran/–nau (f), PART rhan/–nau (f)
secure diogel (adj); SAFEGUARD diogelu, ENSURE sicrhau, TIE clymu (v)
security diogelwch (m), CERTAINTY sicrwydd (m)
see gweld, UNDERSTAND deall (v)
seed hedyn/hadau (m)
seek chwilio (v)
seem ymddangos, edrych fel pe bai (v)
   it seems to be open mae e fel pe bai ar agor, mae'n ymddangos ei fod ar agor
seen wedi gweld (v)
   I have seen rydw i wedi gweld
seize gafael (v)
   to seize the opportunity dal ar y cyfle
   to seize the bag gafael yn y bag
seldom yn anaml (adv)
select CHOOSE dewis, dethol (v)
selection detholiad/–au (m)
self hun, hunan/hunain (pron)
   myself fy hun(an)
   yourself FAMILIAR dy hun(an), POLITE eich hun(an)
   himself ei hun(an)
   herself ei hun(an)
   ourselves ein hunain
   yourselves eich hunain
   themselves eu hunain
self-defence hunanamddiffyniad (m)
self-determination ymreolaeth (f)
self-government hunanlywodraeth (f)
selfish hunanol (adj)
self-service hunanwasanaeth (m)
sell gwerthu (v)
semi- hanner (m)
   semi-circle hanner cylch
senate senedd/–au (f)
senator seneddwr/seneddwyr (m)
send anfon (v)
senior hŷn, HIGHER uwch (adj)
   senior lecturer darlithydd uwch
sense synnwyr (m), MEANING ystyr (m); synhwyro (v)

the senses y synhwyrau
   common sense synnwyr cyffredin
   in what sense? ym mha ystyr?
senseless disynnwyr (adj)
sensible synhwyrol (adj)
sensitive sensitif (adj)
sensuous synhwyrus (adj)
sentence GRAMMAR brawddeg/–au (f), LAW dedfryd/–au (f); dedfrydu (v)
sentimental sentimental, FULL OF FEELING teimladol (adj)
separate DIFFERENT gwahanol (adj); ar wahân (adv); gwahanu (v)
   to separate something from something gwahanu rhywbeth oddi wrth rywbeth
September mis Medi (m)
   in September ym mis Medi
serene QUIET tawel, tangnefeddus (adj)
serf taeog/–ion (m)
sergeant rhingyll/–iaid (m)
serial stori gyfres/storïau cyfres (f)
series cyfres/–i (f)
serious difrifol (adj)
sermon pregeth/–au (f)
serpent sarff/seirff (f)
servant gwas/gweision (m)
serve gwasanaethu, FOOD gweini (v)
service gwasanaeth (m)
   service station gorsaf betrol (f)
serviette napcyn/–au (m)
servile gwasaidd (adj)
session sesiwn/sesiynau (m)
set PUT gosod, PUT dodi, SUN machlud, HARDEN caledu, ARRANGE trefnu (v)
   to set off cychwyn
   to set on fire rhoi ar dân, tanio
settle AGREE cytuno, DECIDE penderfynu, TO SETTLE DOWN IN A PLACE ymgartrefu, setlo (v)
seven saith (num)
seventeen un deg saith, dau ar bymtheg (num)
seventeenth ail ar bymtheg (ord)
   +S.M. *with f. nouns*
   the seventeenth girl yr ail ferch ar bymtheg
seventh seithfed (ord)
   +S.M. *with f. nouns*

seventy saith deg (num)
several sawl (adj)
   several women sawl menyw
severe HARD caled, SHARP, HARSH llym (adj)
   severe winter gaeaf caled
sew gwnïo (v)
   sewing-machine peiriant gwnïo (m)
sex rhyw/–iau (f)
sexual rhywiol (adj)
shade cysgod/–ion (m), COLOUR lliw/–iau
   (m); cysgodi, DARKEN tywyllu (v)
shadow cysgod/–ion (m); cysgodi, FOLLOW
   dilyn (v)
shady cysgodol, SUSPICIOUS amheus (adj)
shake HANDS, MAT ysgwyd, SHIVER crynu,
   SWING siglo (v)
   to shake hands ysgwyd llaw
shall *future of* bod (v)
   I shall bydda i
   we shall byddwn ni
shallow WATER bas, LOW isel, SUPERFICIAL
   arwynebol (adj)
sham ffug (adj); ffugio (v)
shame cywilydd (m); cywilyddio (v)
   shame on him rhag ei gywilydd
   shame on her rhag ei chywilydd
shameful cywilyddus (adj)
shampoo siampŵ (m); golchi gwallt (v)
shan't *future of* bod (v)
   I shan't fydda i ddim
   we shan't fyddwn ni ddim
shape siâp/siapiau (m), FORM ffurf/–iau (f);
   TO FORM siapio, ffurfio (v)
share rhannu (v); PART rhan/–nau (f),
   PORTION cyfran/–nau (f), STOCKS AND
   SHARES cyfranddaliad/–au (m)
sharp miniog (adj); MUSIC llonnod/
   llonodau (m)
sharpen hogi (v)
shave eillio (v); eilliad (m)
shaver eilliwr/eillwyr (m)
shawl siôl/siolau (f)
she hi (pron)
   she is here mae hi yma
shear cneifio (v)
shears gwellau/gwelleifiau (m)
shed sied/–iau (m); LOSE colli, TAKE OFF
   CLOTHES diosg (v)
   to shed tears colli dagrau

sheep dafad/defaid (f)
   sheep dog ci defaid
sheer STEEP serth, PURE pur (adj)
sheet llen/–ni (f), ON BED cynfas/–au (m),
   OF PAPER dalen/–nau (f)
shelf silff/–oedd (f)
shell cragen/cregyn (f), EGG plisgyn/plisg
   (m)
shell-fish pysgod cregyn (pl)
shelter cysgod/–ion (m), REFUGE lloches/–
   au (f); cysgodi, REFUGE llochesu (v)
shepherd bugail/bugeiliaid (m); bugeilio
   (v)
shift MOVE symud, COPE ymdopi (v); shifft/
   –iau (f)
shilling swllt/sylltau (m)
shine disgleirio (v); disgleirdeb (m)
shining disglair (adj)
shiny gloyw (adj)
ship llong/–au (f); TRANSPORT cludo (v)
shire sir/–oedd (f)
shirt crys/–au (m)
shiver crynu (v)
shock sioc (m); TO GIVE A SHOCK rhoi sioc,
   TO HAVE A SHOCK cael sioc (v)
shocking arwydus (adj)
shoe esgid/–iau (f); HORSE pedoli (v)
   horse shoe pedol/–au (f)
shoemaker crydd/–ion (m)
shoot saethu (v); OF PLANT blaguryn/
   blagur (m)
shop siop/–au (f); siopa (v)
shopkeeper siopwr/siopwyr (m)
shopping siopa (m)
   to do the shopping siopa, gwneud y
   siopa
   shopping centre canolfan siopa
shop-window ffenest siop/ffenestri siop (f)
shore glan y môr (f), BEACH traeth/–au (m)
short byr (adj)
shortage prinder (m)
   shortage of food prinder bwyd
shorten byrhau (v)
shorts trowsus/–au byr (m)
shorthand llaw-fer (f)
shot ergyd/–ion (f)
should *form of incomplete verb* dylwn (v)
   I should dylwn i
   you should FAMILIAR dylet ti, POLITE

dylech chi
he/she/it should dylai fe/hi
we should dylen ni
they should dylen nhw
shoulder ysgwydd/–au (f); ysgwyddo (v)
shouldn't *form of incomplete verb* dylwn (v)
    she shouldn't go ddylai hi ddim
    mynd, ni ddylai hi fynd
shout gwaedd/–au/–iadau (f),
    bloedd/–iau/–iadau (f); gweiddi (v)
shove gwthio (v)
shovel rhaw/rhofiau (f)
show dangos, EXHIBIT arddangos (v); sioe/–
    au (f), EXHIBITION arddangosfa/
    arddangosfeydd (f)
    to show up APPEAR ymddangos
shower cawod/–ydd (f); cael cawod (v)
shrink crebachu, LESSEN lleihau, TO BECOME
    LESS mynd yn llai (v)
Shrove Tuesday Dydd Mawrth Ynyd (m)
shut cau (v); caeedig (adj)
    the shop is shut mae'r siop ar gau
shuttle-cock pluen/plu (f)
shy swil (adj); THROW taflu (v)
shyness swildod (m)
sick ILL sâl (adj); TO BE SICK cyfogi (v)
    I'm sick of it rydw i wedi alaru arno fe
sickness salwch (m)
side ochr/–au (f); ochri (v)
sideboard seld/–au (f), dresel/–i (m)
side-step ochrgamu (v)
sieve rhidyll/–au (m); rhidyllu (v)
sigh ochneidio, GROAN griddfan (v);
    ochenaid/ocheneidiau (f)
sight golwg/golygon (f), SCENE golygfa/
    golygfeydd (f)
    out of sight o'r golwg
    at first sight ar yr olwg gyntaf
sign arwydd/–ion (fm); arwyddo,
    SIGNATURE llofnodi (v)
signal arwydd/–ion (fm); arwyddo (v)
signature llofnod/–ion (m)
significance arwyddocâd (m)
significant arwyddocaol (adj)
signpost arwyddbost/arwyddbyst (m)
silence tawelwch (m), distawrwydd (m);
    tawelu, rhoi taw ar +S.M. (v)
silencer tawelydd/–ion (m)
silent tawel, distaw (adj)

silk sidan/–au (m)
silky sidanaidd (adj)
silly ffôl, (SW) dwl, twp (adj)
silver arian (m); arian (adj); ariannu (v)
silvery ariannaidd (adj)
similar tebyg (adj)
    similar to yn debyg i +S.M.; THE SAME
    AS yr un fath â +A.M.
similarity tebygrwydd (m)
simmer mudferwi (v)
simple syml (adj)
simplicity symlrwydd (m)
simultaneous ar y pryd (adj)
    simultaneous translation cyfieithu ar
    y pryd
sin pechod/–au (f); pechu (v)
since BECAUSE oherwydd, FOR am +S.M.,
    AS gan +S.M. (conj); er + *definite time*,
    ers +*indefinite time* (prep)
    since 1995 er 1995
sincere didwyll (adj)
    yours sincerely yn ddidwyll, yn gywir
sinful pechadurus (adj)
sing canu (v)
singer canwr/cantorion (m), cantores/–au
    (f)
single sengl, UNMARRIED di-briod, ONE un
    (adj)
    to single out dewis
    single bed gwely sengl
    single ticket tocyn unffordd
singular unigol, STRANGE rhyfedd (adj)
sink sinc/–iau (mf); suddo (v)
sir syr (m)
sister chwaer/chwiorydd (f)
sister-in-law chwaer-yng-nghyfraith/
    chwiorydd-yng-nghyfraith (f)
sit eistedd (v)
    to sit down eistedd (v)
site safle/–oedd (m); lleoli (v)
sitting-room LIVING ROOM ystafell fyw/
    ystafelloedd byw (f), LOUNGE lolfa/
    lolfeydd (f)
situated wedi ei leoli (v)
    wedi ei lleoli *is used with f. nouns and*
    wedi eu lleoli *with pl. nouns*
situation sefyllfa/–oedd (f)
six chwech, chwe (num)
    use chwech *before vowels and* chwe

+A.M. *before consonants*
six aeroplanes chwech awyren
six houses chwe thŷ
six children chwe phlentyn
six pence chwe cheiniog
sixteen un deg chwech, un ar bymtheg (num)
sixteenth unfed ar bymtheg (ord)
+S.M. *with f. nouns*
sixth chweched (ord)
+S.M. *with f. nouns*
sixty chwe deg, trigain (num)
+N.M. *with* blwydd *and* blynedd
sixty people chwe deg o bobl
sixty years old trigain mlwydd oed
sixty years trigain mlynedd
size maint/meintiau (m)
size six maint chwech
skate sglefrio (v); esgid sglefrio/esgidiau sglefrio (f)
skating rink cylch sglefrio/cylchoedd sglefrio (m)
skeleton sgerbwd/sgerbydau (m)
sketch braslun/–iau (m); braslunio (v)
ski sgio (v); sgi/–s (m)
ski lift lifft sgio
skid SLIP llithro, sgido (v)
skier sgïwr/sgïwyr (m)
skilful medrus (adj)
skill medr/–au (m), sgil/sgiliau (m)
skin croen/crwyn (m); blingo (v)
skinny tenau (adj)
skip sgipio (v)
skirt sgert/–iau (f)
skull penglog/–au (f)
sky wybren/–nau (f), AIR awyr (f), HEAVEN nen (f)
skyscraper nengrafwr/nengrafwyr (m)
slack llac (adj); llacio (v)
slacks trowsus/–au (m)
slacken llacio (v)
slam clepian (v)
grand slam RUGBY y gamp lawn
slang bratiaith (f)
slant goleddf (g); goleddfu (v)
on a slant ar oleddf
slap slap/–iau (m); slapio (v)
slate llechen/llechi (f); CRITICIZE beirniadu (v)

slate quarry chwarel lechi (f)
slaughter lladdfa (f), cyflafan (f); lladd (v)
slave caethwas/caethweision (m); slafo, llafurio (v)
slavery caethwasanaeth (m)
sleep cysgu (v); cwsg (m)
go to sleep POLITE ewch i gysgu, FAMILIAR cer i gysgu
sleeping-bag sach gysgu/sachau cysgu (f)
sleepy cysglyd (adj)
sleeve llawes/llewys (f)
slender main, tenau (adj)
slice tafell/–au (f); tafellu (v)
slide llithro (v); llithren/–nau (f)
slight THIN main, THIN tenau, LIGHT ysgafn (adj); INSULT sarhad (m); sarhau (v)
slim main, THIN tenau (adj); LOSE WEIGHT colli pwysau (v)
slip llithro (v)
slipper llopan/–au (f), sliper/sliperi (f)
slippery llithrig (adj)
slit hollt/–au (fm); hollti (v)
slope llethr/–au (f); goleddfu (v)
slow araf (adj); arafu (v)
slow down arafu
slow down! arafwch!
slowly yn araf (adv)
slug malwoden/malwod (f)
slum slym/–iau (m)
sly cyfrwys (adj)
smack clec/–iadau (f); HIT taro (v)
small bach, bychan (adj)
in the small hours yn oriau mân y bore, yn y bore bach
small coal glo mân
small change newid mân
small talk mân siarad
smaller llai (o faint) (adj)
smaller than llai (o faint) na +A.M.
small-pox y frech wen (f)
smart TIDY taclus, smart, FAST cyflym (adj); PAIN brifo (v)
smell arogl/–au (m), gwynt (SW) (m); arogleuo, gwynto (SW) (v)
smile gwên/gwenau (f); gwenu (v)
to smile at gwenu ar +S.M.
smith gof/–aint (m)
smoke mwg (m); smygu, smocio, smoco (SW) (v)

to have a smoke cael mwgyn
no smoking dim smygu
smooth esmwyth, llyfn (adj); llyfnhau (v)
smuggle smyglo (v)
snack byrbryd/–au (m), tamaid (f)
snail malwoden/malwod (f), malwen/ malwod (f)
snake neidr/nadredd (f)
snapshot llun/–iau (m)
   to take a snap tynnu llun (v)
snatch cipio (v)
sneeze tisian (v)
snob crachach (pl)
snore chwyrnu (v)
snow eira (m); bwrw eira (v)
so mor +S.M.*except for* ll *and* rh (adv); felly (conj)
   so beautiful mor brydferth
   so happy mor llawen
   so I came felly des i
   so far so good popeth yn iawn hyd yn hyn
   so far hyd yn hyn
   so that fel bod
   so that the team wins fel bod y tîm yn ennill
soak gwlychu (v)
soap sebon/–au (m); seboni (v)
   soap opera opera sebon
social cymdeithasol (adj)
   social security nawdd cymdeithasol
   social studies astudiaethau cymdeithasol
socialism sosiaeth (f)
socialist sosialaidd (adj); sosialydd/ sosialwyr (m)
   socialist party plaid sosialaidd
society cymdeithas/–au (f)
sociology cymdeithaseg (f)
sock hosan/hosanau/sanau (f)
socket soced/–i (f)
soda soda (m)
   soda water dŵr soda
sofa soffa/–s (f)
soft meddal, SILLY dwl (adj)
   don't be soft paid â bod yn ddwl
   soft drink diod ysgafn
soften meddalu (v)
soil pridd/–oedd (m); EARTH daear (f)

soldier milwr/milwyr (m); brwydro (v)
sole unig (adj); gwadn/–au (m)
   unig *precedes noun* +S.M.
   the sole reason yr unig reswm
solemn INTENSE dwys, SERIOUS difrifol (adj)
sol-fa sol-ffa (m)
solicitor cyfreithiwr/cyfreithwyr (m)
solid soled/–au (m); solet, STRONG cadarn (adj)
solo unawd/–au (m); SINGLE unigol (adj)
soluble hydawdd (adj)
solution ANSWER ateb/–ion (m),
   EXPLANATION esboniad/–au (m),
   DISSOLVE toddiant/toddiannau (m)
solve datrys (v)
some A FEW, A LITTLE ychydig (m) (adj)
   +S.M., SEVERAL rhai (pron) (adj), rhyw
   +S.M. (adj); tua +A.M. (adv)
   some people rhai
   some bread ychydig fara
   some boy rhyw fachgen
   some hundred metres tua chan metr
   some more food ychydig mwy o fwyd
   some time rhyw bryd
   do you have some idea? oes gen ti unrhyw syniad?, oes unrhyw syniad 'da ti?
something rhywbeth (m)
sometime rhywbryd (adv)
sometimes weithiau (adv)
somewhere rhywle (adv)
son mab/meibion (m)
song cân/caneuon (f)
son-in-law mab-yng-nghyfraith/meibion- yng-nghyfraith (m)
sonnet soned/–au (f)
soon yn fuan (adv)
sooner yn gynt (adv)
soprano soprano (f)
sore poenus (adj); dolur/–iau (m)
   I have a sore throat mae llwnc tost 'da fi, mae'n flin gen i (NW)
sorrow SADNESS tristwch (m), MOURNING galar (m); tristáu (v)
sorrowful SAD trist, SORRY blin (adj)
sorry blin (adj)
   I'm sorry mae'n flin 'da fi, mae'n ddrwg gen i
   to feel sorry for someone teimlo'n

flin am rywun

sort math/–au (m); dosbarthu, ARRANGE trefnu (v)

   nothing of the sort dim byd o'r fath

   of this sort o'r math hwn

   this sort of thing y math hwn o beth

   what sort of car? pa fath o gar? sut gar?

soul enaid/eneidiau (m)

sound NOISE sŵn/synau (m), TONE sain/seiniau (f); STRONG cadarn (adj); swnio (v)

soup cawl (m)

   leek soup cawl cennin

sour sur (adj); suro (v)

source tarddiad/–au (m)

south de (f)

   to the south i'r de

south-east de-ddwyrain (m)

south-west de-orllewin (m)

souvenir cofrodd/–ion (f), PRESENT rhodd/–ion (f)

sow hwch/hychod (f); hau (v)

space gofod (m), EMPTY SPACE gwagle/–oedd (m)

spade rhaw/rhofiau (f)

Spain Sbaen (f)

Spaniard Sbaenwr/Sbaenwyr (m), Sbaenes/–au (f)

Spanish LANGUAGE Sbaeneg (f); Sbaenaidd (adj)

spanner sbaner/–i (m)

spare SAVE arbed, DO WITHOUT gwneud heb (v); LEFT OVER dros ben (adv); sbâr (adj)

   spare wheel olwyn sbâr

   spare time amser rhydd

spark gwreichionen/gwreichion (f); gwreichioni (v)

sparkling gloyw (adj)

sparrow aderyn y to/adar y to (m)

speak siarad (v)

   to speak Welsh siarad Cymraeg

   I don't speak Welsh dw i ddim yn gallu siarad Cymraeg

spear gwaywffon/gwaywffyn (f)

special arbennig (adj)

specialist arbenigwr/arbenigwyr (m)

specialize arbenigo (v)

specially yn enwedig (adv)

speck smotyn/smotiau (m)

spectacles sbectol/–au (f)

spectator gwyliwr/gwylwyr (m)

speech ADDRESS araith/areithiau (f), ABILITY TO SPEAK lleferydd (m)

speed cyflymder (m); TO GO FASTER cyflymu, RUSH rhuthro (v)

   speed limit ffin cyflymder

   at full speed WHEN RUNNING nerth ei draed, nerth ei thraed *with f. nouns,* AS QUICKLY AS POSSIBLE mor gyflym ag sy'n bosibl (adv)

spell sillafu (v); MAGIC swyn/–ion (m), SHORT TIME ysbaid/ysbeidiau (fm)

spend SPEND TIME treulio, SPEND MONEY gwario (v)

sphere sffêr/sfferau (m), BALL pelen/peli (f)

spice sbeis (m)

spin troelli, SPIN WOOL nyddu (v)

spinner CRICKET troellwr/troellwyr (m)

spine asgwrn cefn/esgyrn cefn (m)

spinster hen ferch/hen ferched (f)

spire meindwr/meindyrau (m)

spirit ysbryd (m), GHOST ysbryd/–ion (m), DRINK gwirod/–ydd (m)

   in good spirit(s) mewn hwyliau da

   in low spirit(s) yn ddiflas

spit poeri (v); poer (m)

splash sblasio, tasgu (v), sblas/–ys (m), tasgu (m)

splendid gwych, ysblennydd, EXCELLENT ardderchog, GLORIOUS gogoneddus (adj)

splinter sblinter/–i (m), pigyn/pigau (m)

split hollti (v); hollt/–au (fm)

spoil difetha, sbwylio (v); ysbail/ysbeiliau (f)

spoken llafar (adj)

spokesman llefarydd/llefarwyr (m)

sponge sbwng/sbyngau (m); DRY sychu (v)

spoon llwy/–au (f)

   tea spoon llwy de

   soup spoon llwy gawl

   dessert spoon llwy bwdin

   wooden spoon llwy bren

spoonful llwyaid/llwyeidiau (f)

sport chwaraeon (pl)

sports GAMES chwaraeon (pl), ATHLETICS mabolgampau (pl)

sportsman mabolgampwr/mabolgampwyr (m)

sportswoman mabolgampwraig/
    mabolgampwragedd (f)
spot PLACE man/–nau (fm), PLACE llecyn/–
    nau (m), DOT smotyn/smotiau (m);
    RECOGNIZE adnabod, smotio (v)
spotless BLAMELESS di-fai, CLEAN glân (adj)
sprain ysigo (v); ysigiad/–au (m)
spray chwistrellu (v); chwistrell/–au (f)
spread gwasgaru, taenu (v); lledaeniad/–au
    (m)
spring METAL sbring/–iau (m), SEASON
    gwanwyn (m), WATER ffynnon/
    ffynhonnau (f); JUMP neidio, WATER
    tarddu (v)
    in the spring yn y gwanwyn
sprout BRUSSELS SPROUTS ysgewyll Brwsel
    (pl), SHOOT eginyn/egin (m); SHOOT
    egino, FLOWER blaguro, GROW tyfu (v)
spy sbïwr/sbïwyr (m); sbio (v)
square sgwâr/sgwar(i)au (m); sgwâr (adj)
    square centimetre centimetr sgwâr
    square root ail isradd
    town square sgwâr y dref
squash gwasgu (v); DRINK diod/–ydd (f)
    orange squash diod oren (f)
    GAME sboncen (f)
stable stabl/–au (f); sefydlog, STRONG
    cadarn (adj)
stadium stadiwm/stadiymau (m), FIELD
    maes/meysydd (m)
    national stadium maes cenedlaethol
staff staff (pl), STICK ffon/ffyn (f)
stag carw/ceirw (m)
stage llwyfan/–nau (f); llwyfannu (v)
stain staen/–iau (m); staenio (v)
stair staer/–au (f), gris/–iau (m)
    up the stairs i fyny'r grisiau (NW),
    lan staer (SW)
    down the stairs i lawr y grisiau
    (NW), lawr staer (SW)
stale hen (adj) +S.M.
stall MARKET stondin/–au (f); STAND, STOP
    sefyll, CEASE peidio â (v)
stamp stamp/–(i)au (m); stampio (v)
stand sefyll, SUFFER dioddef (v); MARKET
    stondin/–au (f), STANCE safiad/–au (m)
    to stand up sefyll
    I can't stand it alla ddim ei
    ddioddef e

standard safonol (adj); safon/–au (f), CLASS
    dosbarth/–iadau (m)
    standard of living safon byw
star seren/sêr (f); serennu (v)
stare syllu (v)
start cychwyn, dechrau (v); dechrau (m),
    BEGINNING dechreuad/–au (m),
    cychwyn (m)
    to start off cychwyn
    starting point man cychwyn
starter cychwynnydd (m)
starve llwgu, newynu (v)
state COUNTRY gwladwriaeth/–au (f),
    POSITION cyflwr/cyflyrau (m); EXPRESS
    mynegi, datgan (v)
statement datganiad/–au (m)
statesman gwladweinydd/–ion (m)
station gorsaf/–oedd (f)
stationary llonydd (adj)
stationer's siop bapur/siopau papur (f)
stationery deunydd papur/–au (m)
statue cerflun/–iau (m)
status statws (m)
    status for the language statws i'r
    iaith
stay WAIT, STAY aros, DELAY oedi (v);
    arhosiad (m), BREAK egwyl (f)
    to stay at home aros gartref
steady CONSTANT cyson, STRONG cadarn
    (adj); STOP atal (v)
    steady on ara deg, gan bwyll
steak stecen (f), stêc (f), golwyth/–(i)on
    (m)
steal lladrata, dwyn (v)
steam ager (m); ageru (v)
steel dur (m)
steep serth (adj)
steeple meindwr/meindyrau (m)
steer llywio (v)
    steering wheel olwyn lywio
stem atal (v); coesyn/–nau (m)
step cam/–au (m), ON STAIRS gris/–iau (m);
    camu (v)
step- llys- (pref) +S.M.
stepbrother llysfrawd/llysfrodyr (m)
stepfather llystad/–au (m)
stepmother llysfam/–au (f)
stern llym (adj); OF SHIP ôl (m)
stew cawl (m), stiw (m); stiwio (v)

steward stiward/–iaid (m)
stick ffon/ffyn (f); glynu (v)
  to stick to something glynu wrth rywbeth
sticky gludiog (adj)
  sticky tape tâp glud(i)o
stiff INFLEXIBLE anystwyth, DIFFICULT anodd (adj)
stiffen sythu (v)
stifle mygu (v)
still llonydd, QUIET tawel (adj); llonyddu, BECOME QUIET distewi (v); CONTINUALLY o hyd, ALTHOUGH er hynny, YET eto (adv)
stimulate symbylu (v)
sting pigo (v); colyn/–nau (m), PLANT STING llosg (m)
stingy pigog (adj) MEAN cybyddlyd (adj)
stink drewi (v)
stir STIR DRINK troi, EXCITE cyffroi (v); cynnwrf (m), cyffro (m)
stitch pwyth/–au (m); pwytho (v)
stock stoc/–iau (m), GOODS nwyddau (pl), TRUNK bôn/bonion (m); stocio, KEEP cadw (v)
  stock exchange cyfnewidfa stoc
  stock market marchnad stoc
stocking hosan/–au/sanau (f)
stomach stumog/–au (f); stumogi (v)
  stomach ache poen stumog (f)
stone carreg/cerrig (f), IN WEIGHT stôn (m); HIT WITH STONE taro â charreg, TAKE STONE OUT tynnu carreg (v)
stony caregog (adj)
stool stôl/stolion (f)
stop stopio, HINDER rhwystro, HINDER atal, WAIT, STAY aros (v); stop (m), SPELL ysbaid/ysbeidiau (fm), STAY arhosiad (m)
store stôr/storiau (m), STORE ROOM storfa/ storfeydd (f), FUND cronfa/cronfeydd (f); storio (v)
storey llawr/lloriau (m)
storm storm/–ydd (f)
stormy stormus (adj)
story stori/storïau (f)
  short story stori fer
stout tew (adj)
straight syth (adj)

  straight ahead yn syth ymlaen
  straight away ar unwaith
straighten unioni (v)
strain straen (m); straenio (v)
strange UNKOWN dieithr, ODD rhyfedd (adj)
stranger dieithryn/dieithriaid (m); FOREIGNER estronwr/estronwyr (m)
strangle llindagu (v)
strap strapen (f); strapio (v)
strategy strategaeth/–au (f)
straw gwellt (pl), gwelltyn (m)
strawberry mefusen/mefus (f)
stray crwydro (v)
stream BROOK nant/nentydd (f), RIVER afon/–ydd (f), FLOW llif (m); llifo (v)
street stryd/–oedd (f)
  high street stryd fawr
strength cryfder/–au (m), nerth (m)
strengthen cryfhau (v)
stress STRAIN straen (m), ACCENT acen/–ion (f), EMPHASIS pwyslais (m); EMPHASIZE pwysleisio (v)
stretch estyn, STRETCH ITSELF ymestyn, PULL tynnu (v); estyniad/–au (m)
strict llym, strict (adj)
strike streic/–iau (f); AT WORK streicio, HIT taro, HIT bwrw (v)
  on strike ar streic
striking trawiadol (adj)
string llinyn/–nau (m), HARP STRING tant/ tannau (f); TIE clymu (v)
strip stripio (v); LAND llain/lleiniau (f)
stripe streipen/streipiau (f)
stroke HIT ergyd/–ion (f), HEART strôc (m); A CAT mwytho (v)
stroll tro (m); mynd am dro (v)
strong cryf, abl (adj)
structure strwythur/–au (m), BUILDING adeilad/–au (m), adeiladwaith/ adeiladweithiau (m)
struggle EFFORT ymdrech/–ion (f), BATTLE brwydr/–au (f); MAKE AN EFFORT ymdrechu, BATTLE brwydro (v)
stubborn (y)styfnig (adj)
student myfyriwr/myfyrwyr (m), myfyrwraig/ myfyrwragedd (f)
studio stiwdio/–s (f)
study astudio (v); stydi (m), astudfa/ astudfeydd (f)

stuffing stwffin (m)

stuffy myglyd, clòs (adj)

stupid dwl, twp (adj)

sty twlc/tylc(i)au (m)

    pig-sty twlc mochyn

style steil/–iau (m), MEANS dull/–iau (m),
ART arddull/–iau (m)

    in style mewn steil

sub- is- +S.M.

    sub-committee is-bwyllgor

subject GRAMMAR goddrych/–au (m),
PEOPLE deiliad/deiliaid (m), TOPIC
testun/–au (m); darostwng (v)

sublime aruchel (adj)

submerge suddo (v)

submit PRESENT cyflwyno, GIVE IN
ymostwng (v)

subsequent dilynol (adj)

subsidy cymhorthdal/cymorthdaliadau
(m)

substance sylwedd/–au (m), MATERIAL
defnydd/–iau (m)

substantial sylweddol (adj)

subtitle is-deitl/is-deitlau (m); is-deitlo (v)

subtle cynnil (adj)

subtract tynnu, tynnu allan (v)

suburb maestref/–i (f)

succeed llwyddo (v)

    succeed in doing something
llwyddo i wneud rhywbeth

success llwyddiant/llwyddiannau (m)

successful llwyddiannus (adj)

successive olynol (adj)

such math, cyfryw (adj)

    used before nouns + S.M.

    such a thing y fath beth

    such person y cyfryw berson

    any such thing unrhyw beth o'r fath

    such as fel

suck sugno (v)

sudden sydyn (adj)

suddenly yn sydyn (adv)

sue PROSECUTE erlyn (v)

suffer dioddef, goddef, ALLOW caniatáu (v)

suffering dioddefaint (m)

sufficient digonol (adj)

sugar siwgr/–au (m); siwgro (v)

suggest awgrymu (v)

suggestion awgrym/–iadau (m)

suggestive awgrymog (adj)

suicide hunanladdiad (m)

    to commit suicide cyflawni
hunanladdiad

suit siwt/–iau (f); siwtio, gweddu (v)

suitable addas (adj)

    to be suitable for something bod yn
addas i rywbeth

suitcase ces/–ys (m)

suite SERIES, MUSIC cyfres/–i (f), FURNITURE
celfi (pl)

sulphur sylffwr (m)

    sulphuric acid asid sylffwrig

sum swm/symiau (m), TOTAL cyfanswm/
cyfansymiau (m)

    to sum up crynhoi

summary crynodeb/–au (fm)

summer haf/–au (m)

    in summer yn yr haf

    Indian summer haf bach Mihangel

summit copa/–on (m), pen (m), brig (m)

    on the summit ar y copa

sun haul/heuliau (m)

sunbathe torheulo (v)

sunburn llosg haul (m)

Sunday dydd Sul/dyddiau Sul (m)

    on Sunday dydd Sul

    on Sundays ar ddydd Sul

    Sunday afternoon prynhawn Sul

    Sunday night nos Sul

sunflower blodyn haul/blodau haul (m)

sunglasses sbectol haul/sbectolau haul (f)

sunny heulog (adj)

sunrise codiad haul (m)

sunset machlud haul (m)

sunshine heulwen (f)

suntan lliw haul (m)

superb EXCELLENT ardderchog, rhagorol
(adj)

superintendent arolygydd/arolygwyr (m)

superior uwchraddol, BETTER gwell (adj)

superlative GRAMMAR eithaf (adj)

    superlative degree y radd eithaf

supermarket archfarchnad/–oedd (f)

supernatural uwchnaturiol (adj)

supervise arolygu (v)

supper swper/–au (fm)

    for supper i swper

    after supper ar ôl swper

supple ystwyth (adj)
supplement MAGAZINE atodiad/–au (m),
    ADDITION ategiad (m); atodi,
    STRENGTHEN cryfhau (v)
suppleness ystwythder (m)
supplier cyflenwr/cyflenwyr (m)
supply cyflenwi (v)
support cefnogaeth (f), FOOD, FOR HOLDING
    UP cynhaliaeth (f); cefnogi, HOLD UP
    cynnal (v)
supporter cefnogwr/cefnogwyr (m)
suppose tybio (v)
sure siŵr, sicr (adj)
surely yn sicr, WITHOUT DOUBT heb
    amheuaeth (adv)
surf ewyn (m); brigdonni, syrffio (v)
surface FACE wyneb/–au (m), arwyneb/–au
    (m), AREA arwynebedd (m)
    on the surface of the water ar
    wyneb y dŵr
    a smooth surface arwynebedd
    esmwyth
surfboard bwrdd syrffio/byrddau syrffio
    (m), bwrdd brigdonni/byrddau
    brigdonni (m)
surgeon llawfeddyg/–on (m)
surgery DOCTOR'S meddygfa/
    meddygfeydd (f), OPERATION
    llawdriniaeth/–au (f)
surname cyfenw/–au (m)
surprise syndod (m); TO BE SURPRISED
    synnu, TO SURPRISE peri syndod (v)
    I was surprised roeddwn i'n synnu
surprising syn (adj)
surround amgylchu (v)
surrounding o gwmpas (adj)
    the surrounding country y wlad o
    gwmpas
survey archwilio (v); arolwg/arolygon (m)
survive goroesi, STILL ALIVE para i fyw, STILL
    IN EXISTENCE para i fod (v)
suspect drwgdybio, DOUBT amau (v)
suspend HANG hongian, HANG crogi,
    PROHIBIT gwahardd, STOP atal (v)
    he has been suspended mae e wedi
    cael ei wahardd
suspension PROHIBIT gwaharddiad/–au
    (m), CAR crogiant (m)
    suspension bridge pont grog (g)

suspicion drwgdybiaeth (f), DOUBT
    amheuaeth/amheuon (f)
swallow llyncu (v); BIRD gwennol/
    gwenoliaid (f), THROAT llwnc (m)
swamp cors/–ydd (f)
swan alarch/elyrch (f)
swank swanc, crand (adj)
swear rhegi (v)
sweat chwys (m); chwysu (v)
sweater siwmper/–i (f)
Swede Swediad/Swediaid (mf)
Sweden Sweden (f)
Swedish LANGUAGE Swedeg (f); Swedaidd
    (adj)
sweep sgubo, ysgubo (v)
sweeper sgubwr/sgubwyr (m), ysgubwr/
    ysgubwyr (m)
sweeping ysgubol (adj)
sweet melys (adj); losinen/losin (SW) (f),
    melysion (NW) (pl), da-da (NW) (pl)
sweeten melysu (v)
sweetheart cariad/–on (mf)
sweetshop siop losin/siopau losin (f)
swell chwyddo (v); crand (adj)
swelling chwydd/–iadau (m)
swift cyflym (adj); BIRD gwennol ddu/
    gwenoliaid du (f)
swim nofio (v)
swimmer nofiwr/nofwyr (m)
swimming nofio (m)
swimming pool pwll nofio/pyllau nofio
    (m)
swimming trunks siwt nofio/siwtiau nofio
    (f)
swim-suit siwt nofio/siwtiau nofio (f)
swine mochyn/moch (m)
    you swine! y mochyn!
swing siglen/–ni (m); swingio, ROCK siglo
    (v)
Swiss Swistirwr/Swistirwyr (m),
    Swistirwraig/Swistirwragedd (f);
    Swistirol (adj)
Switzerland y Swistir (m)
switch swits/–ys (m); TURN troi, switsio (v)
    to switch on troi ymlaen
    to switch off troi i ffwrdd, troi bant
    (SW)
sword cleddyf/–au (m)
syllable sillaf/–au (f)

syllabus maes llafur/meysydd llafur (m), sylabws (m)
symbol symbol/–au (m)
symbolize symboleiddio (v)
symmetrical cymesur (adj)
symmetry cymesuredd (m)
sympathetic cydymdeimladol, KIND caredig (adj)
sympathy cydymdeimlad (m)
symphony symffoni/symffonïau (m)
symptom arwydd/–ion (m)
synagogue synagog/–au (m)
synonym gair cyfystyr/geiriau cyfystyr (m)
synonymous cyfystyr (adj)
synthetic synthetig (adj)
syringe chwistrell/–i/–au (f); chwistrellu (v)
syrup suddog (m)
system system/–au (f), ORDER trefn (f)
systematic systematig, ORDERLY trefnus (adj)

T

T.V. teledu (m.)
table bwrdd/byrddau (m), MATHS tabl/–au (m)
    table tennis tennis bwrdd
table-cloth lliain bwrdd/llieiniau bwrdd (m)
tablespoon llwy fwrdd/llwyau bwrdd (f)
tablet tabled/–i (m), pilsen/pils (f)
tackle taclo (v); tacl/–au (f)
tact tact (m)
tactful llawn tact, WISE doeth (adj)
tactics tacteg/–au (f)
tactless di-dact (adj)
tail cynffon/–nau (f), cwt/cytau/cwtau (SW) (m)
tailor teiliwr/teilwriaid (m); teilwra (v)
take cymryd, mynd â +A.M., RECEIVE dwyn, derbyn (v)
    take it! cymerwch e!
    to take away cymryd i ffwrdd
    to take a dog for a walk mynd â chi am dro

to take something from someone dwyn rhywbeth oddi ar rywun
    I take *Golwg* **every week** rydw i'n derbyn *Golwg* bob wythnos
    to take place digwydd
    to take care of cymryd gofal o +S.M.
    to take off cychwyn
tale chwedl/–au (f)
talent talent/–au (f), dawn/doniau (f)
talk siarad (v); sgwrs/sgyrsiau (f)
    to talk to someone siarad â rhywun
tall tal (adj)
tame dof, LIFELESS difywyd (adj); dofi (v)
tan lliw haul (m); cael lliw haul (v)
tank tanc/–iau (v)
tanker tancer/–i (m)
tap tap/–iau (m); HIT taro, TOUCH cyffwrdd (v)
tape tâp/tapiau (m)
tape-recorder recordydd tâp/recordwyr tâp (m)
tart tarten/tartennau (f), pastai/pasteiod (m)
task tasg/–au (f)
taste blas/–au (m), CLOTHES chwaeth (f); blasu, cael blas (v)
tasteless di-flas (adj)
tasty blasus (adj)
tax treth/–i (f); trethu (v)
tax-free di-dreth (adj)
taxi tacsi/–s (m)
tea te (m)
    tea bag cwdyn te
teach dysgu, EDUCATE addysgu (v)
teacher athro/athrawon (m), athrawes/–au (f)
teaching dysgu (m), TEACHINGS dysgeidiaeth (f), athrawiaeth/–au (f)
teacup cwpan te, cwpan de/cwpanau te (mf)
team tîm/timau (m)
teapot tebot/–au (m)
tear OF EYE deigryn/dagrau (m), RIP rhwyg/–iadau (m); RIP rhwygo, RUSH rhuthro (v)
teaspoon llwy de/llwyau te (f)
teaspoonful llond llwy de (m)
teat teth/–i (f)
technical technegol (adj)
    technical college coleg technegol

technician technegwr/technegwyr (m)

technique techneg/–au (f)

technology technoleg/–au (f)

teenage arddegau (pl)

    teenage children plant yr arddegau

teenager glaslanc/–iau (m), glaslances/–au (f)

teetotal, to be llwyrymwrthod (v)

teetotaller llwyrymwrthodwr/llwyrymwrthodwyr (m)

telegram telegram/–au (m)

telephone teleffon/–au (m), ffôn/ffonau (m); ffonio(v)

    on the 'phone ar y ffôn

    telephone book llyfr ffôn

    telephone booth blwch ffôn

    telephone call galwad ffôn

    telephone directory llyfr ffôn, cyfeirlyfr ffôn

    telephone operator teleffonydd/–ion (m)

telephoto teleffoto (adj)

televise teledu (v)

television teledu/setiau teledu (m)

    television programme rhaglen deledu

tell dweud (v)

    to tell someone dweud wrth rywun

    to tell someone off rhoi stŵr i rywun, dweud y drefn wrth rywun

temper tymer/tymherau (f)

    bad temper tymer ddrwg

    good temper tymer dda

temperature tymheredd (m), FEVER gwres (m)

    she's got a temperature mae gwres arni hi, mae gwres 'da hi

temple teml/–au (f)

temporary dros dro (adj)

    temporary post swydd dros dro

tempt temtio (v)

ten deg (num)

    use deng + N.M. *with* mlwydd *and* mlynedd

    ten men deg dyn, deg o ddynion

    ten years deng mlynedd

tenant tenant/–iaid (m)

tend tueddu (v)

    to tend to be… tueddu i fod yn…, yn dueddol o fod yn…

tender tyner (adj); FOR WORK cynnig/cynigion (m)

tennis tennis (m)

    table tennis tennis bwrdd

    lawn tennis tennis lawnt

    tennis court cwrt tennis

    to play tennis chwarae tennis

tenor tenor/–iaid (m)

tense TIGHT tyn, EXCITING cyffrous (adj); GRAMMAR amser/–au (m)

    past tense amser gorffennol

    perfect tense amser perffaith

    future tense amser dyfodol

tension tyndra (m)

tent pabell/pebyll (f); pabella (v)

tenth degfed (ord)

tepid claear (adj)

term SEASON tymor/tymhorau (m), PHRASE ymadrodd/–ion (m), PHRASE term/–au (m); NAME enwi (v)

terms telerau (pl)

    on good terms ar delerau da

    terms of the agreement telerau'r cytundeb

terminal terfynell/–au (f); LAST terfynol, DEADLY marwol (adj)

terminate terfynu, FINISH gorffen (v)

terrace teras/–au (m)

terrible AWFUL ofnadwy, dychrynllyd (adj)

terrific TERRIBLE erchyll, REMARKABLE rhyfeddol, MARVELLOUS gwych (adj)

terrify brawychu (v)

territory tiriogaeth/–au (f), LAND tir/–oedd (m)

terror dychryn (m)

terrorise brawychu (v)

terrorism teroristiaeth (f), terfysgaeth (f)

terrorist terfysgwr/terfysgwyr (m), terorist/–iaid (m)

test prawf/profion (m); profi (v)

text testun/–au (m)

text-book gwerslyfr/–au (m)

textile tecstil/–au (m)

texture QUALITY ansawdd (m), WEAVE gwead (m)

than na +A.M., nag

    nag *is used before vowels*

    better than ever gwell nag erioed

more than a hundred mwy na chant
more beautiful than her mwy
prydferth na hi
thank diolch (v)
    thank you diolch, diolch i chi
    thank you very much diolch yn fawr
    to thank someone diolch i rywun
thankful diolchgar (adj)
    I'm very thankful to you rydw i'n
ddiolchgar iawn i chi
thanks diolch/–iadau (m)
    thanks a lot diolch yn fawr, llawer o
ddiolch
that
    1. bod, fod (conj)
    introducing noun clauses, long form of
    verb
    I know that the bus is coming rydw
i'n gwybod bod y bws yn dod
    2. i (conj)
    +S.M.; *introducing noun clauses, past*
    tense, short form of verb
    I know that the bus came rydw i'n
gwybod i'r bws ddod
    3. y (conj)
    introducing noun clauses, future tense,
    imperfect tense
    I know that it will come rydw i'n
gwybod y daw
    I knew that it would come roeddwn
i'n gwybod y byddai fe'n dod
    4. mai, taw (SW) (conj)
    followed by noun clause where emphasis is
    on first word
    I know that it is a blue bus rydw i'n
gwybod taw bws glas yw e, rydw i'n
gwybod mai bws glas yw e
    5. a (rel pron)
    +S.M.; *with short form of verb*
    the car that he drove y car a yrrodd e
    6. sy(dd) (rel pron)
    with subject of long form of verb
    the train that's arriving at the
    station y trên sy'n cyrraedd yr orsaf
    the book that is on the table y llyfr
sy ar y bwrdd
    the book that is not on the table y
llyfr sy ddim ar y bwrdd
    7. y, yr (rel pron)

used with prepositions and with object of
long form of verb
    the book that she talked about y
llyfr y siaradodd hi amdano
    the book that she bought y llyfr y
mae hi wedi ei brynu
    8. na, nad (conj) (rel pron)
    use with negative verb; before consonants
    use na +A.M.*otherwise* +S.M.; *use* nad
    before vowels
    mae Mam yn dweud na cha i ddod
Mother says (that) I can't come
    mae e'n dweud na fydd yn mynd he
says (that) he will not be going
    mae e'n gwybod nad oes lle he
knows (that) there's no room
    the train that is never on time y trên
nad yw byth yn brydlon
    9. hwnnw, honno, hynny (pron) (adj);
yna (adj)
    that one hwnna, hwnnw *for m. noun,*
honno *for f. noun*
    I'll have that one, please fe ga i
hwnna, os gwelwch yn dda
    I know that rydw i'n gwybod hynny
    that girl y ferch honno, y ferch yna
    that's the one dyna'r un, hwnna yw e
thatch THATCHED ROOF to gwellt (m)
thaw meirioli, dadlaith (v)
the
    1. y, yr, 'r (definite article)
    yr *is used before vowels,* 'r *after vowels;*
    + S.M. *with f. nouns except* ll *and* rh
    the man is here mae'r dyn yma
    in the garden yn yr ardd
    on the table ar y bwrdd
    the girl y ferch
    the spade y rhaw
    2. po (particle) +S.M.
    used when the *is followed by comparative*
    of adj
    the bigger the better gorau po fwyaf
theatre theatr/–au (f)
theft lladrad/–au (m)
their eu, 'u, 'w (pron)
    'u *is used after vowels,* 'w *after* i; *add* h *to*
    vowels following all of these forms
    their car eu car
    their school eu hysgol

to their house i'w tŷ

them
1. eu…nhw, eu…hwy, 'u…nhw *after vowels* (pron)
used with long forms of verbs
I have seen them rydw i wedi'u gweld nhw
2. nhw, hwy (pron)
used with short forms of verbs, prepositions or independently
I saw them gwelais i nhw
to them iddyn nhw, iddynt hwy

theme thema/themâu (f)

themselves eu hunain (pron)

then AFTERWARDS wedyn, yna, AT THAT TIME y pryd hwnnw (adv); SO yna, BECAUSE OF THAT am hynny , AT END OF SENTENCE 'te (conj)
well then wel 'te
now and then nawr ac yn y man, o bryd i'w gilydd

theology diwinyddiaeth (f)

theorem theorem/–au (f)

theory SCIENTIFIC theori/theorïau (m), damcaniaeth/–au (f)

there yno, acw (NW) (adv)
there is… mae…, dacw… +S.M.
there isn't… does dim…
there isn't any food there does dim bwyd yno
there is a car there mae car yno
there it is dyna fe, dyna hi
there is/are LITERARY ceir
there are many problems mae llawer o broblemau, ceir llawer o broblemau

therefore felly (conj)

thermometer thermomedr/–au (m)

these y rhain (pron); hyn, yma, 'ma (adj)
these books y llyfrau hyn, y llyfrau yma
these are on the floor mae'r rhain ar y llawr

they LITERARY nhw, hwy (pron)
they are going maen nhw'n mynd

thick trwchus, FAT tew (adj)

thicken tewhau (v)

thief lleidr/lladron (m)

thieve dwyn, lladrata (v)

thigh clun/–iau (f)

thimble gwniadur/–on (m)

thin tenau (adj); teneuo (v)

thing peth/–au (m), OBJECT gwrthrych/–au (m)

think meddwl (v)
to think about meddwl am +S.M.
to think of meddwl am +S.M.
to think over CONSIDER ystyried

third trydydd, trydedd (ord)
use trydedd +S.M. *with f. nouns*
the third chapter y drydedd bennod
the third class y trydydd dosbarth
the third best y drydedd orau

thirst syched (m)

thirsty sychedig (adj)
I am thirsty mae syched arna i
I'm very thirsty mae syched mawr arna i, rydw i'n sychedig iawn

thirteen un deg tri, un deg tair, tri ar ddeg, tair ar ddeg (num)
use un deg tair *and* tair ar ddeg *with f nouns*
thirteen boys un deg tri o fechgyn, tri bachgen ar ddeg
thirteen girls un deg tair o ferched, tair merch ar ddeg

thirteenth trydydd ar ddeg, trydedd ar ddeg (ord)
use trydedd ar ddeg *with f. nouns*
thirteenth boy trydydd bachgen ar ddeg
thirteenth girl trydedd ferch ar ddeg

thirtieth degfed ar hugain (ord)
thirtieth day degfed dydd ar hugain

thirty tri deg, deg ar hugain (num)

this hwn, hon (pron); hwn, hon, yma, 'ma (adj)
use hwn *for or with m. noun,* hon *for or with f. nouns,* hyn *for pl. nouns and whole clauses*
this (one) is good mae hwn yn dda, mae hon yn dda
this is true mae hyn yn wir
this girl y ferch hon, y ferch yma
this morning bore 'ma
this evening heno

thorn draenen/drain (f)

thorough trylwyr (adj)

those y rhai hynny, y rheiny, y rhai yna

(pron); hynny, yna (adj)
those people y bobl yna
have you seen those? ydych chi wedi
gweld y rheiny?
though er (conj); serch hynny (adv)
er *is followed by noun clause*
thought meddwl/meddyliau (m)
thoughtful meddylgar, ystyriol (adj)
thousand mil/–oedd (f) (num)
a thousand children mil o blant
a thousand years mil o flynyddoedd
thousandth milfed (ord)
thread edau/edafedd (f)
threat bygythiad/–au (m)
threaten bygwth (v)
threatening bygythiol (adj)
three tri, tair (num)
use tri +A.M. *with m. nouns,* tair
+S.M.*with f. nouns*
three dogs tri chi
three cats tair cath
three-quarter tri chwarter (m)
thrill gwefr (f), ias/–au (f); gwefreiddio,
EXCITE cyffroi (v)
thrilling EXCITING cyffrous, gwefreiddiol
(adj)
thrive SUCCEED llwyddo, FLOURISH
blodeuo (v)
throat NECK gwddf/gyddfau (m), llwnc (m)
I have a soar throat mae llwnc tost
'da fi, mae llwnc tost arna i
throne gorsedd/–au (f)
through trwy, drwy +S.M. (prep); drwodd
(adv)
go through ewch drwodd
through the door trwy'r drws
through the night drwy'r nos, ar hyd
y nos
through the year ar hyd y flwyddyn
throughout trwy +S.M., trwy gydol (prep)
throughout the day trwy gydol y
dydd
throw taflu (v); tafliad/–au (m)
thumb bys bawd/bysedd bawd (m), bawd/
bodiau (m); bodio (v)
thump pwnio, HIT taro, BEAT curo (v);
pwniad/–au (m)
thunder taran/–au (f); taranu (v)
thunder and lightning mellt a

tharanau, tyrfau a lluched (SW)
Thursday dydd Iau/dyddiau Iau (m)
on Thursdays ar ddydd Iau
Thursday night nos Iau
thus felly, LIKE THIS fel hyn (adv)
thyme teim (m)
tick CLOCK tipian, MARK ticio (v); tic/–iau
(m), CLOCK tipian (m)
tick-tock tic-toc
ticket tocyn/–nau (m)
single ticket tocyn unffordd/tocynnau
unffordd (m)
return ticket tocyn dwy ffordd, tocyn
dychwel
tickle goglais (v)
tide llanw (m)
high tide penllanw
tidy taclus, ORDERLY trefnus (adj); tacluso
(v)
tie clymu, BIND rhwymo (v); KNOT cwlwm/
clymau (m), AROUND NECK tei/–s (m)
tiger teigr/–od (m)
tight tyn (adj)
tightly yn dynn (adv)
tighten tynhau (v)
tile teilsen/teils (f); teilio (v)
till UP TO hyd +S.M., UNTIL tan +S.M., UP
TO hyd at +S.M. (prep); nes (conj); TILL
THE LAND trin y tir (v); SHOP til/–iau
(m)
till five o'clock hyd bump o'r gloch,
tan bump o'r gloch
till she comes nes y daw
timber pren/–nau (m)
time amser/–au (m), adeg/–au (f), TURN tro/–
eon (m), TURN gwaith/gweithiau (f);
amseru (v)
at the time ar y pryd
at times weithiau
for some time ers tro
for the time being am y tro
from time to time o bryd i'w gilydd
in time mewn pryd
it's high time mae hi'n hen bryd
it's time to go home mae hi'n bryd
mynd adre
many times sawl tro, lawer gwaith
on time yn brydlon
what's the time? faint o'r gloch yw

hi?, beth yw'r amser?

timetable amserlen/–ni (f)

timid AFRAID ofnus, SHY swil (adj)

tin tun/–iau (m)

    tinned food bwyd tun

tin-opener agorwr tuniau/agorwyr tuniau (m)

tint arlliw/–iau (m)

tiny SMALL bach, PUNY pitw, MINUTE mân (adj)

tip blaen/–au (m), SUGGESTION awgrym/–iadau (m), ADVICE cyngor/cynghorion (m), MONEY cildwrn (m), COAL tomen/–ni (f); GIVE A TIP rhoi cildwrn, OVERTURN dymchwel (v)

tire blino (v)

title teitl/–au (m)

to

    1. i (prep) +S.M.

    to send to somewhere anfon i rywle

    2. TOWARDS at (prep) +S.M.

    to send to someone anfon at rywun

    3. UP TO hyd at (prep) +S.M.

    I was paid to the end of the month cefais fy nhalu hyd at ddiwedd y mis

    4. â (prep) +A.M.

    to speak to siarad â

    to be used to arfer â

    4. *no equivalent in verb-nouns*

    to go mynd

    5. ar (prep) +S.M.

    to pray to God gweddïo ar Dduw

    to listen to them gwrando arnyn nhw

    6. wrth (prep) +S.M.

    to say to someone dweud wrth rywun

toast tost (m), WITH DRINK llwncdestun/–au (m); tostio, OFFER A TOAST, WITH DRINK cynnig llwncdestun (v)

tobacco baco (m), tybaco (m)

today heddiw (adv)

toe bys troed/bysedd traed (m)

toffee toffi (m), taffi (m), cyflaith (NW) (m)

together gyda'i gilydd (adv)

    WE **together** gyda'n gilydd

    YOU **together** gyda'ch gilydd

    together with ynghyd â +A.M.

toil llafurio (v)

toilet tŷ bach/tai bach (m); lle chwech/llefydd chwech (NW) (m)

    toilet paper papur tŷ bach

token TICKET tocyn/–nau (m), SIGN arwydd/–ion (fm)

toll toll/–au (f), TAX treth/–i (f); TO CHARGE A TOLL codi toll, RING OF BELL canu (v)

toll-gate tollborth/tollbyrth (m)

tomato tomato/–s (m)

tomb bedd/–au (m)

tomorrow yfory (adv)

    the day after tomorrow trennydd

ton tunnell/tunelli (f)

tone tôn/tonau (f), COLOUR lliw/–iau (m), KEY cywair/cyweiriau (m)

tongs gefel/gefeiliau (f)

tongue tafod/–au (m), LANGUAGE iaith/ieithoedd (f)

tonic tonig (m)

tonight heno (adv)

tonsillitis llid y tonsil (m)

too rhy +S.M., hefyd (adv)

    too good rhy dda

    too much gormod

    me too a finnau hefyd

tool offeryn/offer (m)

tooth dant/dannedd (m)

    toothache dannodd (f)

    I have toothache mae'r ddanodd arna hi, mae'r ddanodd 'da fi

toothbrush brws dannedd/brwsys dannedd (m)

toothpaste past dannedd (m)

top top (m), HEAD pen (m), OF MOUNTAIN copa/–on (m); HIGHEST uchaf (adj); COVER gorchuddio (v)

    to top up llenwi

topic testun/–au (m), SUBJECT pwnc/pynciau (m)

torch torts/–ys (m), LAMP lamp/–au (f)

torture arteithio (v); artaith/arteithiau (f)

Tory Tori/Torïaid (m); torïaidd (adj)

total cyfanswm/cyfansymiau (m)

touch cyffwrdd (v); cyffyrddiad/–au (m)

    to touch something cyffwrdd â rhywbeth

touch-line ystlys/–au (f)

tough gwydn, HARD caled (adj)

tour taith/teithiau (f)

tow DRAG llusgo, PULL tynnu (v)
towards tua +A.M., tuag at +S.M., at
+S.M., am +S.M. (prep)
    towards the town tuag at y dref
    towards my aunt's house tua thŷ fy
    modryb, at dŷ fy modryb
    to set off towards home ei throi hi
    am adre, mynd tuag adre, mynd tsha
    thre (SW)
towel tywel/–ion (m)
tower twr/tyrau (m)
town tref/–i (f)
    town centre canol y dref
    town council cyngor y dref
    town hall neuadd y dref
toxic gwenwynig (adj)
toy tegan/–au (m)
    toy-shop siop deganau/siopau
    teganau (f)
trace olrhain, FOLLOW dilyn, ON PAPER
    dargopïo (v); REMAINS ôl/olion (m)
track trac/–iau (m), PATH llwybr/–au (m),
    TRACE ôl/olion (m); TRACE olrhain,
    FOLLOW dilyn (v)
track-suit tracwisg/–oedd (f)
tractor tractor/–au (m)
trade masnach/–au (f), CRAFT crefft (f);
    masnachu (v)
trader masnachwr/masnachwyr (m)
trade-union undeb llafur/undebau llafur
    (m)
tradition traddodiad/–au (m)
traditional traddodiadol (adj)
traffic trafnidiaeth (f), traffig (m)
    traffic jam tagfa
    traffic lights goleuadau traffig
tragedy trasiedi/trasiedïau (f)
tragic trychinebus (adj)
trail ôl/olion (m), trywydd (m), PATH
    llwybr/–au (m); dilyn trywydd (v)
    on his trail ar ei drywydd
train trên/trenau (m); hyfforddi, EXCERCISE
    ymarfer (v)
trainer hyfforddwr/hyfforddwyr (m)
trainers daps (pl)
training hyfforddiant (m)
    training course cwrs hyfforddi
traitor bradwr/bradwyr (m)
tram tram/–iau (m)

tramp crwydryn/crwydriaid (m); crwydro (v)
tranquil QUIET tawel, STILL llonydd,
    MOTIONLESS digyffro (adj)
tranquillizer tawelydd/–ion (m)
transaction AGREEMENT cytundeb/–au (m),
    DISCUSSION trafodaeth/–au (f)
transactions trafodion (pl)
transfer trosglwyddo (v); trosglwyddiad/–
    au (m)
transform trawsffurfio (v)
translate cyfieithu (v)
translation cyfieithiad/–au (m)
translator cyfieithydd/cyfieithwyr (m)
transmit trosglwyddo (v)
transparent tryloyw (adj)
transport cludiant (m), TRAFFIC
    trafnidiaeth (f); cludo (v)
trap trap/–iau (m), magl/–au (f); maglu,
    CATCH dal (v)
travel teithio (v); taith/teithiau (f)
    travel agency swyddfa deithio/
    swyddfeydd teithio (f)
traveller teithiwr/teithwyr (m)
    traveller's cheque siec deithio
travelling teithiol (adj)
trawler llong bysgota/llongau pysgota (f)
tray hambwrdd/hambyrddau (m)
treacherous twyllodrus (adj)
treachery brad (m), twyll (m)
tread sangu, troedio (v)
treason brad (m)
treasure trysor/–au (m); trysori (v)
treasurer trysorydd/–ion (m)
treasury trysorlys/–oedd (m)
treat trin, DISCUSS trafod ymdrin â +A.M.
    (v); PLEASURE pleser/–au (m)
treatment triniaeth/–au (f)
treaty cytundeb/–au (m)
treble trebl, soprano (m); triphlyg (adj);
    treblu (v); teirgwaith (adv)
tree coeden/coed (f), pren (m)
tremble crynu (v)
tremendous HUGE anferth, AWFUL ofnadwy,
    MARVELLOUS gwych (adj)
trench ffos/–ydd (f)
trend tuedd/–iadau (f)
trespass tresmasu (v)
trial prawf/profion (m)
triangle triongl/–au (m)

tribe llwyth/–au (m)

tributary llednant/llednentydd (f)

tribute teyrnged/–au (f)

trick tric/–iau (m); twyllo (v)

trifle PUDDING treiffl/–au (m), DETAIL manylyn/manylion (m); cellwair (v)

trim trwsiadus, TIDY taclus (adj); MEND trwsio, CUT tocio (v)

trip gwibdaith/gwibdeithiau (f); FALL baglu (v)

triple triphlyg (adj)

    the triple crown y goron driphlyg

triumph buddugoliaeth/–au (f)

triumphant buddugoliaethus (adj)

troops SOLDIERS milwyr (pl)

tropic trofan/–nau (m)

    in the tropics yn y trofannau

tropical trofannol (adj)

trouble trafferth/–ion (m); TO TAKE TROUBLE trafferthu, WORRY poeni (v)

    in trouble mewn trafferth

troublesome trafferthus (adj)

trough cafn/–au (m)

trousers trowsus/–au (m)

trout brithyll/–od (m)

truck tryc/–iau (m); EXCHANGE cyfnewid (v)

true gwir (adj)

truly yn wir (adv)

    yours truly yn gywir, yr eiddoch yn gywir

trumpet utgorn/utgyrn (m), trwmped/–i (m)

trunk OF TREE bôn/bonion (m), OF TREE boncyff/–ion (m), BOX cist/–iau (f), OF ELEPHANT trwnc (m)

    trunk call galwad bell

trunks SHORT TROUSERS trowsus byr/trowsusau byr (m), SWIMMING TRUNKS siwt nofio/siwtiau nofio (f)

trust ymddiried yn +N.M. (v); FEELING ymddiriedaeth (f), BODY ymddiriedolaeth (f)

    National Trust Ymddiriedolaeth Genedlaethol

truth gwir (m), gwirionedd/–au (m)

truthful onest (adj)

try ceisio, IN COURT profi (v); RUGBY, APPLICATION cais/ceisiadau (m)

    to score a try sgorio cais

tub twba (m)

tube tiwb/–iau (m)

tuberculosis darfodedigaeth (f), dicáu (m)

Tuesday dydd Mawrth/dyddiau Mawrth (m)

    on Tuesdays ar ddydd Mawrth

    Tuesday night nos Fawrth

tug tynnu (v); tynfad/–au (m)

tumble cwympo (v); codwm (m)

tumbler gwydryn/gwydrau (m)

tune tôn/tonau (f); tiwnio (v)

tuneful soniarus (adj)

tunic tiwnig/–au (m)

tunnel twnnel/twnelau (m)

Turk Twrc/Twrciaid (m), Twrces/–au (f)

Turkey Twrci (f)

turkey twrci/twrcïod (m)

Turkish LANGUAGE Twrceg (f); Twrcaidd (adj)

turn troi, CHANGE newid, WOODWORK turnio (v); tro/–eon (m), MACHINE turn (m)

    to turn back troi'n ôl

    to turn on troi ymlaen

    to turn off diffodd, troi i ffwrdd

turning tro/–eon (m)

turnip erfinen/erfin (f), meipen/maip (f)

tutor tiwtor/–iaid (m)

tutorial tiwtorial (m)

twelfth deuddegfed (ord)

    twelfth night nos Ystwyll

twelve un deg dau, un deg dwy, deuddeg (num)

    use un deg dwy *with f. noun,* deuddeg *with both m. and f.; always use* deuddeg *with time, age and money; use* deuddeg +N.M. *with* blwydd *and* blynedd

    twelve men un deg dau o ddynion, deuddeg dyn

    it's twelve o'clock mae hi'n ddeuddeg o'r gloch

    twelve years old deuddeng mlwydd oed, deuddeg oed

    deuddeng mlynedd twelve years

twenty dau ddeg, ugain (num)

    always use **ugain** *with time*

    it's twenty past twelve mae hi'n

ugain munud wedi deuddeg
twenty-first unfed ar hugain (ord)
twice dwywaith (adv)
twig brigyn/brigau (m); UNDERSTAND
deall (v)
twilight cyfnos (m)
twin gefell/gefeilliaid (m)
twine llinyn/–nau (m)
twist TURN troi (v); tro/–eon (m)
two dau, dwy (num)
use dau +S.M *with m. noun and* dwy
+S.M *with f. noun*
the two y ddau, y ddwy
two hundred thousand dau can mil
two boys dau fachgen
two girls dwy ferch
type teipio (v); KIND math/–au (m), PRINT
teip (m)
typewriter teipiadur/–on (m)
typical nodweddiadol (adj)
typist teipydd/–ion (m), teipyddes/–au (f)
tyranny gormes (m)
tyrant gormeswr/gormeswyr (m)
tyre teiar/–s (m)

U

ugly salw, hyll (adj)
ulcer wlser/–au (m)
ultimate diwethaf (adj)
ultimately o'r diwedd, yn y pen draw (adv)
umbrella ymbarél/ymbarelau (m)
umpire dyfarnwr/dyfarnwyr (m); dyfarnu (v)
unable analluog (adj)
to be unable to…methu…
unacceptable annerbyniol (adj)
unaccountable anesboniadwy (adj)
unaccustomed anghyfarwydd (adj)
unaccustomed to anghyfarwydd â
+A.M.
unanimous unfrydol (adj)
unavoidable anorfod (adj)
unaware anymwybodol (adj)
unaware that she was here heb
wybod ei bod hi yma
unbalanced ansefydlog (adj)
unbearable annioddefol (adj)

uncertain ansicr (adj)
uncertainty ansicrwydd (m)
unchristian anghristnogol (adj)
uncivilised anwar (adj)
uncle ewythr/–edd (m), wncwl (m)
unclean DIRTY brwnt (adj)
uncomfortable anghysurus (adj)
uncommon anghyffredin (adj)
unconscious anymwybodol (adj)
unconstitutional anghyfansoddiadol (adj)
uncooked heb ei goginio (v)
use heb ei choginio *with f. nouns and*
heb eu coginio *with pl. nouns*
uncover REVEAL datguddio, TAKE OFF COVER
dadorchuddio (v)
under (o) dan +S.M., tan +S.M. (prep);
oddi tano(dd) (adv)
under the table dan y bwrdd
under the kitchen table dan fwrdd y
gegin
underdeveloped tanddatblygedig (adj)
underdeveloped countries gwledydd
tanddatblygedig
underground tanddaearol (adj)
underhand llechwraidd (adj)
underline tanlinellu (v)
undermine tanseilio (v)
underneath dan +S.M., tan +S.M.
(prep); oddi tano(dd) (adv)
understand deall (v)
understanding dealltwriaeth (f);
cydymdeimladol (adj)
undertake ymgymryd â (v) +A.M.
undertaker trefnydd angladdau/trefnwyr
angladdau (m)
undertaking COMMITMENT ymrwymiad/–
au (m), BUSINESS busnes/–au (m)
underwater tanddŵr (adj)
underwear dillad isaf (pl)
undesirable annymunol (adj)
undeveloped heb ei ddatblygu (v)
use heb ei datblygu *for f. nouns and* heb
eu datblygu *for pl. nouns*
undo UNTIE datod, SPOIL difetha (v)
undress dadwisgo (v)
uneasy anesmwyth (adj)
uneducated di-ddysg (adj)
unemployed di-waith (adj)
unemployment diweithdra (m)

unequal anghyfartal (adj)
uneven anwastad, UNEQUAL anghyfartal (adj)
unexpected annisgwyl (adj)
unfair annheg (adj)
unfaithful anffyddlon (adj)
unfasten datod, FREE rhyddhau (v)
unfavourable anffafriol (adj)
unfold datblygu (v)
unfortunate anffodus (adj)
unfortunately yn anffodus (adv)
unfriendly anghyfeillgar (adj)
unfurnished heb gelfi (adj)
ungrateful anniolchgar (adj)
unhappy anhapus (adj)
unharmed dianaf (adj)
unhealthy afiach (adj)
unhurt dianaf (adj)
uniform gwisg swyddogol/gwisgoedd swyddogol (f); unffurf (adj)
    school uniform gwisg ysgol
unimportant dibwys (adj)
unintelligent anneallus (adj)
unintentional anfwriadol (adj)
union undeb/–au (m)
    trade union undeb/–au llafur
unionist undebwr/undebwyr (m), NORTHERN IRELAND unoliaethwr/ unoliaethwyr (m)
unique unigryw (adj)
unit uned/–au (f)
Unitarian Undodwr/Undodiaid (m); Undodaidd (adj)
unite uno (v)
united unedig, unol (adj)
United Kingdom y Deyrnas Unedig (f)
    U.K. D.U.
United States Unol Daleithiau (pl)
    USA UDA (Unol Daleithiau America)
universal cyffredinol, WORLD-WIDE byd-eang (adj)
universe bydysawd (m)
university prifysgol/–ion (f)
    The University of Wales Prifysgol Cymru
unjust anghyfiawn (adj)
unjustly ar gam (adv)
unkind angharedig (adj)
unknown anadnabyddus (adj)

unlawful anghyfreithlon (adj)
unless oni, onid, oni bai (conj)
    use oni +A.M. *otherwise* +S.M., *except for forms of* bod; *use* onid *before vowels and nouns*
    unless he comes oni bai ei fod e'n dod, oni ddaw e
    unless you hear to the contrary oni chlywch chi'n wahanol
    unless he asks oni bydd e'n gofyn
    unless you're ready onid wyt ti'n barod
    unless it's she who is here onid hi sy yma
    unless she's Dafydd's wife onid gwraig Dafydd ydy hi
    unless you were born yesterday onid ddoe y ganed chi
unlike annhebyg (adj)
    unlike someone annhebyg i rywun
unlikely annhebygol (adj)
    unlikely to come annhebygol o ddod
unlimited diderfyn (adj)
unload dadlwytho (v)
unlock datgloi (v)
unlucky anlwcus (adj)
unmarried dibriod (adj)
unnatural annaturiol (adj)
unnecessary diangen (adj)
unoccupied EMPTY gwag, IDLE segur (adj)
unopposed diwrthwynebiad (adj)
unpack dadbacio (v)
unpaid di-dâl, NOT PAID heb gael tâl (adj)
unpleasant annymunol (adj)
unpopular amhoblogaidd (adj)
unprejudiced diragfarn (adj)
unprotected diamddiffyn (adj)
unqualified heb gymhwyster, WITHOUT CONDITION diamod (adj)
    an unqualified success llwyddiant diamod
unreal afreal (adj)
unreasonable afresymol (adj)
unrelated diberthynas, IRRELEVANT amherthnasol (adj)
unreliable annibynadwy (adj)
unrest aflonyddwch (m)
unripe anaeddfed (adj)
unsafe anniogel (adj)

unsatisfactory anfoddhaol (adj)
unsatisfied anfodlon (adj)
unscrew dadsgriwio (v)
unseen anweledig (adj)
unselfish anhunanol (adj)
unskilled di-grefft (adj)
unstable ansefydlog (adj)
unsteady ansefydlog, simsan (adj)
unsuccessful aflwyddiannus (adj)
unsuitable anaddas (adj)
    unsuitable for something anaddas i
    rywbeth
untidy annhaclus (adj)
untie datod (v)
    to untie the knot datod y cwlwm
until UP TO hyd +S.M., TILL tan +S.M., nes
(prep, conj)
    until three o'clock hyd dri o'r gloch,
    tan dri o'r cloch
    until she comes nes y daw
untrue cywyddog (adj)
untruth celwydd/–au (m), anwiredd/–au
(m)
unusual anghyffredin (adj)
unwelcome digroeso (adj)
unwell claf, anhwylus (adj)
unwilling anfodlon (adj)
    unwilling to come anfodlon dod
unwise annoeth (adj)
unworthy annheilwng (adj)
up i fyny, lan (SW) (pron) (adv)
    to go up mynd i fyny, mynd lan
    up and down lan a lawr
    up to hyd +S.M.
uphill lan y bryn, i fyny'r bryn (adv)
upon ar (prep) +S.M.
upper uchaf (adj)
    upper Swansea Valley pen uchaf
    Cwm Tawe
upright union, unionsyth (adj)
uproar terfysg/–oedd (m)
upset TO UPSET SOMEONE cynhyrfu, TO BE
UPSET bod wedi cynhyrfu, ypseto (v)
upside-down wyneb i waered, ben-i-wared
(adv)
upstairs lan llofft (SW), i fyny'r grisiau,
ar y llofft (adv)
upwards i fyny (adv)
urban trefol (adj)

urgent brys, IMPORTANT pwysig (adj)
urine wrin (m), dŵr (m)
us ni, ein…ni with long form of verbs,
'n…ni after vowels (pron)
    he saw us gwelodd e ni
    he has seen us mae e wedi'n gweld ni
use defnyddio (v); defnydd/–iau (m),
CUSTOM arfer/–ion (m)
    in use ar waith
used ACCUSTOMED cyfarwydd, OLD hen
+S.M. (adj); wedi ei ddefnyddio (v)
use wedi ei defnyddio with f. nouns and
wedi eu defnyddio with pl. nouns
    used clothes hen ddillad
    to become used to arfer â +A.M.;
    cynefino â +A.M.
    to be used to bod yn gyfarwydd â
    +A.M.
    I'm used to it rydw i'n gyfarwydd ag
    e, rydw i wedi arfer ag e, rydw i wedi
    cynefino ag e
useful defnyddiol (adj)
useless annefnyddiol (adj)
user defnyddiwr/defnyddwyr (m)
usual arferol (adj)
    as usual fel arfer
usually fel arfer (adv)
utilize defnyddio (v)
utmost eithaf (adj)
    to the utmost i'r eithaf
    he did his utmost gwnaeth ei orau
    glas
utter yngan (v)

V

vacancy lle gwag/llefydd gwag (m)
vacant gwag (adj)
vacation gwyliau (pl)
    to be on vacation bod ar wyliau
vaccinate brechu (v)
vaccination brechiad/–au (m)
vacuum gwactod (m)
vacuum-cleaner sugnydd llwch/
    sugnyddion llwch (m)
vacuum-flask fflasg/–au (f), fflasg
    wactod (f)

vague annelwig (adj)

vain PROUD balch, USELESS ofer (adj)
in vain yn ofer

vale dyffryn/–noedd (m), VALLEY cwm/cymoedd (m)

valid dilys, IN FORCE mewn grym (adj)

validity dilysrwydd (m)
equal validity dilysrwydd cyfartal

valley cwm/cymoedd (m)

valour dewrder (m)

valuable gwerthfawr (adj)

value gwerth/–oedd (m); APPRECIATE gwerthfawrogi (v)

valueless diwerth (adj)

valve falf/–iau (f)

van fan/–iau (m)

vanish diflannu (v)

vapour anwedd (m)

variable cyfnewidiol (adj); newidyn/–nau (m)

variation amrywiad/–au (m)

varied amrywiol, DIFFERENT gwahanol (adj)

variety amrywiaeth/–au (m), TYPE math/–au (m)

various amrywiol, DIFFERENT gwahanol + S.M. (adj)
various reasons gwahanol resymau

varnish farnais/farneisiau (m); farneisio (v)

vary amrywio, CHANGE newid (v)

vase cawg/–iau (m), fas/–au (m)

vast anferth, enfawr (adj)

Vatican Fatican (f)

vault GRAVE claddgell/–oedd (f), JUMP naid/neidiau (f), ROOF to/–eon crwm (m)
pole vault naid bolyn (f)

veal cig llo (m)

vegetable llysieuyn/llysiau (m); llysieuol (adj)

vegetarian llysfwytäwr/llysfwytawyr (m); llysieuol (adj)

vegetation llystyfiant (m)

vehicle cerbyd/–au (m)

veil llen/–ni (f), COVER gorchudd/–ion (m); gorchuddio (v)

vein gwythïen/gwythiennau (f)

velocity cyflymder/–au (m)

velvet melfed (m)

vend gwerthu (v)
vending machine peiriant gwerthu/peiriannau gwerthu (m)

ventilate awyru (v)

ventilation awyriad (m)

venture mentro (v); antur/–iau (fm)

venue PLACE man/–nau (fm)

Venus Gwener (f)

verb berf/–au (f)

verbal IN WORDS geiriol, ORAL llafar, TO DO WITH VERBS berfol (adj)

verb-noun berfenw/–au (m)

verdict dyfarniad/–au (m)
a guilty verdict dyfarniad o euogrwydd

verge ymyl/–on (fm); ymylu (v)
to verge on ymylu ar +S.M.

verify CHECK gwirio, REALIZE gwireddu (v)

verse OF POEM pennill/penillion (m), BIBLICAL adnod/–au (f), POETRY barddoniaeth (f)
free verse mesur penrydd
strict metre verse cynghanedd

version fersiwn/fersiynau (m), FORM ffurf/–iau (f)

versus yn erbyn (prep)

vertical fertigol, unionsyth (adj)

very iawn (adv) (adj); tra (adv)
iawn *follows adjective*, tra *precedes* +A.M.
very good da iawn
very well (OK) o'r gorau
the very thing yr union beth
very kind caredig iawn, tra charedig

vessel DISH llestr/–i (m), DISH dysgl/–au (f), SHIP llong/–au (f)

vest fest/–iau (f), crys isaf/crysau isaf (m)

vestry festri/festrïoedd (f)

vet milfeddyg/–on (m); archwilio (v)

via trwy (prep) +S.M.

viaduct traphont/–ydd (f)

vibrate dirgrynu (v)

vibration dirgryniad/–au (m)

vicar ficer/–iaid (m)

vicarage ficerdy/ficerdai (m)

vice-chairman is-gadeirydd/–ion (m)

vice-president is-lywydd/–ion (m)

vicinity cymdogaeth/–au (f)
in the vicinity of the town yng nghyffiniau'r dref

vicious ffyrnig (adj)

victim dioddefwr/dioddefwyr (m), PREY ysglyfaeth/–au (f)

victorious buddugol (adj)

victory buddugoliaeth/–au (f)

video fideo/–s (m)

view OF LANDSCAPE golygfa/golygfeydd (f), OPINION barn (f), IN PLANS golwg/ golygon (f); LOOK edrych, SEE gweld, WATCH gwylio (v)
   front view blaenolwg
   side view ochrolwg

viewpoint STANDPOINT safbwynt/–iau (m)

vigilant gwyliadwrus (adj)

vigour egni (m)

Viking Llychlynnwr/Llychlynwyr (m), Ficingiad/Ficingiaid (m)

vile ffiaidd (adj)

village pentref/–i (m)

villager pentrefwr/pentrefwyr (m)

villain dihiryn/dihirod (m)

vine gwinwydden/gwinwydd (f)

vineyard gwinllan/–nau (f)

vinegar finegr (m)

violence trais (m)

violent treisgar (adj)

violin ffidil/–au (m)

virgin gwyryf/–on (f), morwyn/morynion (f); morwynol, gwyryfol (adj)

virtue rhinwedd/–au (m)
   in virtue of oherwydd

virus firws/firysau (m)

visa fisa/fisâu (m)

visible gweladwy (adj)

visit ymweld â +A.M. (v); ymweliad/– au (m)
   visiting hours oriau ymweld

visitor ymwelydd/ymwelwyr (m)

visual gweledol (adj)
   audio-visual clyweled (adj)

vital ESSENTIAL hanfodol (adj)

vitamin fitamin/–au (m)

vivid CLEAR clir, VERY BRIGHT llachar (adj)

vocabulary geirfa/geirfâu (f)

vocal lleisiol (adj)

vocation galwedigaeth/–au (f)

vocational galwedigaethol (adj)

vodka fodca (m)

voice llais/lleisiau (m); EXPRESS mynegi, lleisio (v)
   to voice an opinion mynegi barn

volcano llosgfynydd/–oedd (m)

volt folt/–iau (m)

voltage foltedd/–au (m)

volume PHYSICS cyfaint/cyfeintiau (m), BOOK cyfrol/–au (f)

voluntary gwirfoddol (adj)

volunteer gwirfoddolwr/gwirfoddolwyr (m); gwirfoddoli (v)

vomit cyfog (m), chwydiad (m); cyfogi, chwydu (v)

vote pleidleisio, fotio (v); pleidlais/ pleisleisiau (f), fot/–iau (f)
   to vote for pleidleisio dros +S.M., pleidleisio o blaid

voter pleidleisiwr/pleidleiswyr (m)

vow addunedu (v); adduned/–au (f)

vowel llafariad/llafariaid (f)

voyage mordaith/mordeithiau (f); morio, hwylio (v)

vulgar RUDE aflednais, ORDINARY cyffredin (adj)

vulture fwltur/–iaid (m)

W

wafer weffyr/–s (m)

wage cyflog/–au (fm)
   to wage war rhyfela

wager bet/–iau (m); VENTURE mentro, betio (v)

wagon wagen/–i (f)

waist gwasg/gweisg (f)

waistcoat gwasgod/–au (f)

wait aros, IN CAFÉ gweini (v); arhosiad (m), PAUSE egwyl (f)
   to wait for aros am +S.M.
   waiting room ystafell aros (f)
   waiting list rhestr aros (f)

waiter gweinydd/–ion (m)

waitress gweinyddes/–au (f), morwyn/ morynion (f)

wake deffro, dihuno (v)
   to wake up deffro, dihuno

walk cerdded (v); tro/–eon (m), GAIT cerddediad (m)

to go for a walk mynd am dro
walker cerddwr/cerddwyr (m)
wall wal/–iau (f), mur/–iau (m)
wallet waled/–i (f)
wall-paper papur wal (m)
wander crwydro (v)
wanderer crwydryn/crwydriaid (m)
want eisiau (m), NEED angen (m); moyn, bod am +S.M. (v)
   I want a cup of tea rydw i'n moyn cwpaned o de, mae eisiau cwpaned o de arna i, rydw i am baned o de
war rhyfel/–oedd (m)
   war zone ardal ryfel (f)
   war memorial cofeb ryfel (f)
warden warden/–iaid (m)
ware nwydd/–au (m)
warm twym, cynnes (adj); WATER twymo, cynhesu, HOUSE gwresogi (v)
warmth gwres (m)
warn rhybuddio (v)
   to warn someone from doing something rhybuddio rhywun rhag gwneud rhywbeth
warning rhybudd/–ion (m)
wart dafaden/–nau (f)
was form of bod (v)
   I was roeddwn i
   he/she/it was roedd e/hi
wash golchi, TO WASH ONESELF ymolchi (v)
   to wash the dishes golchi'r llestri
washing golch (m)
wasp cacynen/cacwn (f)
waste gwastraffu (v); gwastraff (m); LAND anial (adj)
wasteful gwastraffus (adj)
wastepaper-basket basged sbwriel/ basgedi sbwriel (f)
watch gwylio (v); TIME oriawr/oriorau (m), wats/–ys (m)
   to watch for something edrych am rywbeth
   watch out! gofal!
water dŵr/dyfroedd (m); dyfrhau (v)
water-colour dyfrlliw (adj)
waterfall rhaeadr/–au (f)
waterproof diddos (adj)
wave ton/–nau (f); chwifio, RAISE A HAND codi llaw (v)

wavelength tonfedd/–i(f)
wavy tonnog (adj)
wax cwyr (m)
way ffordd/ffyrdd (f)
   on the way ar y ffordd
   all the way yr holl ffordd
   in what way? ym mha ffordd?
   way in mynedfa
   way out allanfa
we ni (pron)
   we are going rydyn ni'n mynd
weak gwan (adj)
weaken gwanhau (v)
weak-hearted gwangalon (adj)
wealth cyfoeth (m)
wealthy cyfoethog (adj)
weapon arf/–au (f)
   nuclear weapons arfau niwclear
wear gwisgo, DETERIORATE treulio (v)
   to wear out treulio
   I'm worn out rwy wedi ymlâdd
weary blinedig (adj)
weather tywydd (m)
   good weather tywydd da
   weather report adroddiad tywydd
weave gwehyddu (v)
weaver gwehydd/–ion (m)
wedding priodas/–au (f)
Wednesday dydd Mercher/dyddiau Mercher (m)
   Wednesday night nos Fercher
   Wednesday afternoon prynhawn Mercher
   on Wednesday dydd Mercher
   on Wednesdays ar ddydd Mercher
weed chwynnyn/chwyn (m); chwynnu (v)
week wythnos/–au (f)
   weekdays dyddiau gwaith
weekly wythnosol (adj)
weep crio, wylo, llefain (v)
weigh pwyso (v)
weight pwys/–au (m)
   usually used in plural
welcome croeso (m); croesawu (v)
   welcome to Wales croeso i Gymru
   you're welcome croeso
welfare lles (m)
   welfare state gwladwriaeth les (f)
   welfare hall neuadd les (f)

well yn dda (adv); ffynnon/ffynhonnau (f); HEALTHY iach (adj); ALL RIGHT iawn (adv); wel! (int)
  very well o'r gorau
  well done da iawn
  well read llengar
well-known adnabyddus (adj)
well-off cefnog (adj)
Welsh LANGUAGE Cymraeg (f); Cymreig, WELSH-SPEAKING Cymraeg (adj)
  Welsh Language Act Deddf yr Iaith Gymraeg
  Welsh Language Society Cymdeithas yr Iaith Gymraeg
  Welsh League of Youth Urdd Gobaith Cymru (Yr Urdd)
Welshman Cymro/Cymry (m)
Welshwoman Cymraes/Cymraësau (f)
went *form of* mynd (v)
  I went there es i
  you went FAMILIAR est ti, polite aethoch chi
  he went aeth e
  we went aethon ni
  they went aethon nhw
west gorllewin (m); gorllewinol (adj)
  to the west of Cardiff i'r gorllewin o Gaerdydd
westerly gwynt y gorllewin/gwyntoedd y gorllewin (m)
westwards tua'r gorllewin (adv)
wet gwlyb (adj); gwlychu (v)
whale morfil/–od (m)
what? beth?, pa? (interrog)
  pa *precedes a noun* +S.M.
  what are you doing? beth ydych chi'n 'i wneud?
  what good does it do? pa les mae e'n 'i wneud?
  what is it? beth yw e?
  what else? beth arall?
  what on earth? beth yn y byd?
  what is…in Welsh? beth yw…yn Gymraeg?
what a, beth (rel pron)
  that's what he said dyna a ddywedodd e, dyna beth ddywedodd e
whatever beth bynnag (m); pa…bynnag (adj)
  whatever you want beth bynnag wyt ti ei eisiau
  whatever book pa lyfr bynnag
wheat gwenith (pl), gwenithen (f)
wheel olwyn/–ion (f); olwynio (v)
wheelbarrow berfa/berfâu (f), whilber (SW) (m)
when pryd? (interrog); pan +S.M. (conj)
  when he came pan ddaeth e
  when are you going? pryd ydych chi'n mynd?
whenever pryd bynnag (adv)
where ble? (interrog); lle (adv)
  where is she? ble mae hi?
  I know where she is rydw i'n gwybod lle mae hi
whether a, ai, p'un ai (conj)
  a *precedes verb* +S.M.
  whether…or a…ai *is used with verbs*, ai…ai *is used with nouns and verb-nouns*
  he asked whether it was raining gofynnodd a oedd hi'n bwrw glaw
  he asked whether I was going or not gofynnodd a oeddwn i'n mynd ai peidio
  he asked whether Dafydd was my son gofynnodd ai Dafydd oedd fy mab i
  he asked whether I was coming or going gofynnodd p'un ai mynd neu dod yr oeddwn i
which
  1. pa? (interrog) + S.M.
  which book are you reading? pa lyfr ydych chi'n ei ddarllen?
  2. pa (adj) + S.M.
  tell her which book to buy dywedwch wrthi pa lyfr i'w brynu
  3. pa un, p'un (pron)
  show her which dangoswch iddi p'un
  4. a (rel pron) + S.M.
  before short form of verb
  the one which was here yr un a oedd yma
  the one which I bought yr un a brynais i
  5. sy(dd) (rel pron)
  as subject of clause; before long form of verbs

the one which is missing yr un sydd ar goll

the cat which has caught mice y gath sy wedi dal llygod

the book which isn't new y llyfr sy ddim yn newydd

6. y, yr (rel pron)
with prepositions and as object of long form of verb; use yr *before vowels and* h

the book the cover of which is brown y llyfr y mae ei glawr yn frown

the one about which you have heard yr un yr ydych chi wedi clywed amdano

the book which she has bought y llyfr y mae hi wedi ei brynu

7. na, nad (rel pron)
+A.M., *otherwise* +S.M.; *with negative verb*

the book which was not there y llyfr nad oedd yno

whichever pa un bynnag (pron); pa +S.M...bynnag (adj)

whichever book pa lyfr bynnag

while tra, pan +S.M., dan +S.M. (conj); ennyd (m)

while she was there tra oedd hi yno, pan oedd hi yno

while singing dan ganu

for a while am ennyd

whip chwip/–iau (f)

whipped cream hufen whip

whisper sibrwd, sisial (v); sibrwd/sibrydion (m)

whistle chwiban (m); chwibanu (v)

white gwyn, wen (adj)
wen *is used with f. noun*

whiteness gwynder (m)

Whitmonday Llungwyn (m)

Whitsun Sulgwyn (m)

who

1. pwy? (interrog) +S.M.

who is he? pwy yw e?

who is coming? pwy sy'n dod?

who isn't here? pwy sy ddim yma?

who'll be here in a hundred years? pwy fydd yma ymhen can mlynedd?

2. a (rel pron)
before short form of verbs

the people who come y bobl a ddaw

3. sy(dd) (rel pron)
as subject of long form of verbs

the girl who is playing y ferch sy'n chwarae

the people who come y bobl sy'n dod

the boy who is not here y bachgen sy ddim yma

4. y, yr (rel pron)
with long form of verbs, yr *is used before vowels and* h

the girl who has to go y ferch y mae yn rhaid iddi fynd

5. na, nad (rel pron)
+A.M., *otherwise* +S.M.; *with negative verb;* nad *is used before vowels*

the man who didn't have dinner y dyn na chafodd ginio

the man who doesn't see y dyn nad yw e'n gweld

whoever pwy bynnag (pron)

whole cwbl(m), cyfan (m); holl, cyfan (adj)
holl *precedes noun* +S.M.

the whole lot y cyfan oll

the whole world yr holl fyd, y byd cyfan, y byd i gyd

the whole thing yr holl beth

wholemeal grawn cyfan (adj)

wholemeal bread bara gwenith cyflawn, bara cyfan

wholesale cyfanwerth (m); cyfanwerthu (v)

wholesome iach (adj)

wholly yn hollol, yn gyfan gwbl (adv) +S.M.

wholly true yn hollol wir

whom

1. a (rel pron) +S.M.
before short form of verbs, object

the girl whom I saw y ferch a welais i

2. y, yr (rel pron)
before vowels and h; *with long form of verbs and with prepositions*

the girl whom I saw y ferch yr wyf i wedi ei gweld

3. na, nad (rel pron)
+ A.M., *otherwise* +S.M.

the girl I never saw y ferch na welais i

erioed mohoni

the cousin I don't know y cefnder nad ydw i'n ei nabod, y cefnder dydw i ddim yn ei nabod

4. pwy? (interrog pron) +S.M.

whom did you see? pwy welaist ti

whose y (rel pron)

the man whose car I saw y dyn y gwelais ei gar

the girl whose mother is working y ferch y mae ei mam yn gweithio

why? pam? (interrog)

why is she here? pam mae hi yma?

why are they selling? pam maen nhw'n gwerthu?

wicked BAD drwg, SINFUL pechadurus (adj)

wicket wiced/–i (f)

to keep wicket cadw wiced

wicket-keeper ceidwad wiced/ceidwaid wiced (m)

wide llydan (adj)

5cm wide 5cm o led

widen lledu, llydanu (v)

width lled (m)

wife gwraig/gwragedd (f)

my wife fy ngwraig

wig JUDGE penwisg/–oedd (f)

wild gwyllt, DESERTED anial (adj)

will ewyllys/–iau (m); dymuno, *form of* bydd (v)

you will FAMILIAR byddi di, POLITE byddwch chi

he/she/it will bydd e/hi

they will byddan nhw

willing bodlon (adj)

quite willing eitha bodlon

willow helygen/helyg (f)

win ennill (v)

wind gwynt/–oedd (m); dirwyn, weindio (v)

east wind gwynt y dwyrain

wind instruments offerynnau chwyth

windmill melin wynt/melinau gwynt (f)

window ffenest/ffenestri (f)

windscreen sgrin wynt (f), ffenest flaen (f)

windy gwyntog (adj)

wine gwin/–oedd (m)

red wine gwin coch

white wine gwin gwyn

wine bottle potel win

wine list rhestr win

wing adain/adenydd, aden/adenydd (f), asgell/esgyll (f), RUGBY asgellwr/asgellwyr (m)

wink winc/–iau (m), amrantiad (m); wincio, wincian (v)

in a wink mewn amrantiad

winner enillydd/enillwyr (m)

winning buddugol (adj)

winnings enillion (pl)

winter gaeaf/–au (m)

in winter yn y gaeaf

wintry gaeafol (adj)

wipe sychu (v)

to wipe the dishes sychu'r llestri

wire gwifren/gwifrau (f); gwifro (v)

wisdom doethineb (m)

wise doeth (adj)

wish dymuno (v); dymuniad/–au (m)

best wishes dymuniadau gorau

witch gwrach/–od (f)

with

1. gyda, efo (NW) (prep) *both* +A.M.

to go with a friend mynd gyda chyfaill

to go with you mynd gyda ti

2. ynghyd â (prep) +A.M.

two women with three children dwy wraig ynghyd â thri o blant

3. â (prep) +A.M. ag *is used before vowels*

to see with my own eyes gweld â'm llygaid fy hun

to cut with a knife torri â chyllell

girls with big feet merched â thraed mawr

a car with a flat wheel car ag olwyn fflat

4. a (conj) +A.M. use ac *before vowels*

a girl with dark hair merch a chanddi wallt tywyll

a book with a red cover llyfr ac iddo glawr coch

with his hand on her arm a'i law ar ei braich

withdraw cilio, MONEY codi arian (v)

wither gwywo, crino (v)

within tu mewn (adv); yn, yng, ym +N.M., o fewn (prep)
use yn, ym, yng *before definite nouns; use* ym *before* m, yng *before* ng
yng nghyffiniau'r within the vicinity of the
within sight o fewn golwg
within a month cyn pen mis

without heb (prep) +S.M.
without anything heb ddim
without doubt heb amheuaeth, heb os
without fail yn ddi-ffael
without her hebddi hi

witness PERSON tyst/–ion (m), EVIDENCE tystiolaeth/–au (f); tystio, bod yn dyst i +S.M., gweld (v)

witty ffraeth, FUNNY doniol (adj)

wolf blaidd/bleiddiaid (m)

woman menyw/–od (f)

womb croth/–au (f)

wonder rhyfeddod/–au (m); rhyfeddu (v)
to wonder at something rhyfeddu at rywbeth

wonderful rhyfeddol, EXCELLENT ardderchog, gwych (adj)

won't *form of* bod, *form of* gwneud (v)
it won't work wnaiff e ddim gweithio
he won't be here fydd e ddim yma

wood pren/–nau (m), coed (pl), FOREST coedwig/–oedd (f)

wooden pren (adj)

woodland coetir/–oedd (m)

wool gwlân (m)

woollen gwlân (adj)

woolly gwlanog (adj)

word gair/geiriau (m)
word processing prosesu geiriau
word for word gair am air
by word of mouth ar lafar

work gwaith/gweithiau (m); gweithio (v)
he is at work mae e yn y gwaith, mae e'n gweithio

worker gweithiwr/gweithwyr (m)

workman gweithiwr/gweithwyr (m)

works gwaith/gweithfeydd (m)
iron works gwaith haearn

coppor works gwaith copor

steel works gwaith dur

workshop gweithdy/gweithdai (m)

world byd/–oedd (m)
in the world yn y byd
first world war rhyfel byd cyntaf
second world war ail ryfel byd
all over the world dros y byd
in all corners of the world ym mhedwar ban y byd

world-famous byd-enwog (adj)

world-wide byd-eang (adj)

worm mwydyn/mwydod (m), abwyd, abwydyn/abwydod (m)

worn treuliedig (adj)

worn-out wedi ymlâdd, CLOTHES wedi treulio (v)

worry pryder/–on (m), gofid (m); pryderu, gofidio (v)

worse gwaeth (adj)
worse than gwaeth na +A.M.

worsen gwaethygu (v)

worship addoli (v); addoliad (m)

worst gwaethaf (adj)
at worst ar y gwaethaf

worth gwerth (m)
it's worth ten pounds mae e'n werth deg punt

worthless diwerth (adj)

worthy teilwng (adj)

would *form of* bod (v)
I would byddwn i
you would FAMILIAR byddet ti, POLITE byddech chi
he/she/it would byddai fe/hi
we would bydden ni
they would bydden nhw

wound clwyf/–au (m); clwyfo (v)

wrap rhwymo, lapio (v)
wrapping paper papur lapio

wrath dicter (m)

wreck dryllio, difetha (v); SHIPWRECK llongddrylliad (m)

wrench rhwygo (v); rhwyg/–iadau (m)

wrist arddwrn/arddyrnau (m)

writ gwŷs/gwysion (f)

write ysgrifennu (v)
to write about something ysgrifennu am rywbeth

writer ysgrifennwr/ysgrifenwyr (m), AUTHOR awdur/–on (m)

writing HANDWRITING ysgrifen (f), ARTICLE ysgrifeniad/–au (m)
   writing paper papur ysgrifennu
   written word gair ysgrifenedig
   in writing mewn ysgrifen

written ysgrifenedig (adj)
   to be written cael ei ysgrifennu

wrong anghywir (adj); cam (m); gwneud cam â +A.M., HARM niweidio (v)

X

Xmas y Nadolig (m)
X-ray pelydr X/pelydrau X (m)

Y

yacht cwch hwylio/cychod hwylio (m)
   yacht club clwb hwylio

yard 36 INCHES llathen/–ni (f), SCHOOL, FARM buarth/–au (m), SCHOOL, FACTORY iard/–iau (m)

yawn dylyfu gên, agor y geg (v)

year blwyddyn/blynyddoedd/blynedd (f)
blynedd *is used only after numerals*
   two years dwy flynedd
   the last two years y ddwy flynedd diwethaf
   three years tair blynedd
   the last three years y tair blynedd diwethaf
   five years pum mlynedd
   ten years deng mlynedd
   year old blwydd oed
   new year's day dydd calan
   this year eleni
   last year y llynedd
   a happy new year blwyddyn newydd dda
   within a year o fewn blwyddyn, cyn pen blwyddyn

yearly blynyddol (adj)
yearn hiraethu, ysu (v)

to yearn for something hiraethu am rywbeth

yearning hiraeth (m)
yeast burum (m)
yell gweiddi (v); gwaedd/–au/–iadau (f)
yellow melyn (adj)
   yellow fever clefyd melyn

yes
   1. ie (adv)
   in answer to questions beginning with nouns, pronouns or adjectives
   Is it a red car? Yes Car coch yw e? Ie
   2. *the verb forms the word* yes, *using the same verb as the question e.g.*
   ydy? ydy
   oes? oes
   yes, I am ydw
   yes, I shall bydda
   yes, it/he/she will bydd
   yes, I was oeddwn
   yes, it/he/she was oedd
   yes, I may caf
   yes, I do gwnaf
   yes, you may cewch

yesterday ddoe (adv)
   the day before yesterday echdoe

yet ALTHOUGH, AGAIN eto, IN SPITE OF THAT er hynny, EITHER chwaith (adv)

you
   1. POLITE chi, FAMILIAR ti (pron)
   you are going rydych chi'n mynd, rwyt ti'n mynd
   I saw you gwelais i chi, gwelais i ti
   2. POLITE eich…chi, FAMILIAR dy…di (pron)
   used with long form of verbs; 'ch…chi *is used after vowels*
   I have seen you rydw i wedi'ch gweld chi, rydw i wedi dy weld di

young ifanc (adj)
younger iau, ieuengach, ifancach (adj)
   younger than iau, ifancach na +A.M.

youngest ieuaf, ieuengaf, ifancaf (adj)
your POLITE eich, eich…chi, FAMILIAR dy, dy +S.M.…di (pron)
   your car eich car, eich car chi, dy gar, dy gar di

yours eich… chi (pr)
   the car is yours eich car chi yw e

yours sincerely yn gywir, yr eiddoch
 yn gywir
yourself eich hun, eich hunan, FAMILIAR dy
 hun, dy hunan (pron)
yourselves eich hunain (pron)
youth ieuenctid (m), BOY llanc/–iau (m),
 YOUNG PEOPLE pobl ifanc (f)
 youth hostel hostel ieuenctid
youthful ifanc (adj)

Z

zeal sêl (f)
zebra sebra/–s (m)
zero sero (m), dim (m)
zigzag igam-ogam (adj)
zinc sinc (m), zinc (m)
zip sip/–iau (m)
zone rhanbarth/–au (m), AREA ardal/–oedd
 (f), parth/–au (m)
 pedestrian zone ardal gerdded
zoo sw/sŵau (m)
zoology sŵoleg (f)